公共预算中的政治

收入与支出·借贷与平衡

（第八版）

THE POLITICS OF PUBLIC BUDGETING

Getting and Spending, Borrowing and Balancing

Eighth Edition

〔美〕艾琳·S.鲁宾 著

Irene S. Rubin

曾 嵘 刘 瑛 译

中国财经出版传媒集团

经济科学出版社
Economic Science Press

图字 01 - 2020 - 2285

图书在版编目（CIP）数据

公共预算中的政治：收入与支出·借贷与平衡：第八版/
（美）艾琳·S. 鲁宾著；曾嵘，刘瑛译 . —北京：经济科学
出版社，2020. 8
书名原文：The Politics of Public Budgeting：Getting and
Spending，Borrowing and Balancing/Eighth Edition
ISBN 978 - 7 - 5218 - 1635 - 8

Ⅰ. ①公… Ⅱ. ①艾…②曾…③刘… Ⅲ. ①公用事业 -
预算 - 研究 - 美国 Ⅳ. ①F817. 122

中国版本图书馆 CIP 数据核字（2020）第 162643 号

责任编辑：张庆杰　黄雨薇
责任校对：靳玉环
责任印制：李　鹏　范　艳
封面设计：卜建臣

公共预算中的政治
收入与支出·借贷与平衡
（第八版）
THE POLITICS OF PUBLIC BUDGETING
Getting and Spending，Borrowing and Balancing
Eighth Edition
[美] 艾琳·S. 鲁宾　著
Irene S. Rubin
曾　嵘　刘　瑛　译

经济科学出版社出版、发行　新华书店经销
社址：北京市海淀区阜成路甲 28 号　邮编：100142
总编部电话：010 - 88191217　发行部电话：010 - 88191522
网址：www. esp. com. cn
电子邮箱：esp@ esp. com. cn
天猫网店：经济科学出版社旗舰店
网址：http：//jjkxcbs. tmall. com
北京季蜂印刷有限公司印装
710×1000　16 开　24. 25 印张　380000 字
2020 年 12 月第 1 版　2020 年 12 月第 1 次印刷
ISBN 978 - 7 - 5218 - 1635 - 8　定价：98. 00 元
（图书出现印装问题，本社负责调换。电话：010 - 88191510）
（版权所有　侵权必究　打击盗版　举报热线：010 - 88191661
QQ：2242791300　营销中心电话：010 - 88191537
电子邮箱：dbts@ esp. com. cn）

The Politics of Public Budgeting

Getting and Spending, Borrowing and Balancing

Eighth Edition

Irene S. Rubin

Northern Illinois University

SSAGE | CQPRESS

本书英文原版由世哲出版公司在美国、英国和印度新德里出版
本书简体中文版经世哲出版公司授权由经济科学出版社出版

预算搭台　政治唱戏

（译者序）

曾在电视新闻上见过某些国家的国会议员在本该严肃的大会上大打出手，深感诧异之下觉得十分好笑。这些肩负着一国使命和决策，平日里不苟言笑的大人物，面对国家大事，怎么能如同孩子游戏般推搡谩骂？让人猛然觉得世事或许真如槐南一梦，只是我们不自知而已。

翻译《公共预算中的政治》一书的过程中，也不时有类似感触，书中59个完整的小案例，再加上无数信手拈来的例子，或机关算尽，或搞笑荒诞，每一个都证明着人类历史长河中不断重复，未来也将持续发生的纷争。然而，这些形式各异、满是金钱和权力味道的纷争，又似乎是人类寻求合适的治理和可持续之道的跌跌撞撞的尝试。

这些纷争，其实就是政治的一种表现形式。"政治"一词，我们再熟悉不过，但或许是因为太熟悉，很多人从未深思其真正的含义，只把它作为远离自己高高在上的意识形态或电视剧里隔岸观火的纸牌屋来看，对它与自身的关系，所思甚少。

从词源学上说，尽管"政"和"治"二字在中国均古已有之，但很少连起来作为一个具体的概念使用。而从英文的Politics翻译过来的"政治"一词，用以表达目前我们所理解的内涵与外延，则源自日本，在孙中山先生的支持下广为传播，并袭用至今。

"政"指国家的权力、制度、秩序和法令，"治"则指管理和教化人民。泛而言之，人类以某种团体形式组织在一起，进行决策并形成相互的利益关系，均可称之为政治。因此，政治与每个个体息息相关。

一国的政治，可能涉及国家内部不同阶层的权力和利益分布，也可能涉及为了整体或个体利益而做出的长短期决策，或者涉及与他国之间的战争或经济决定……既是意识形态，也包括具体操作，内容变化万千，表现林林总总，涉及千家万户。面对这么一个复杂的概念，美国北伊利诺伊大学公共管理系的荣誉教授艾琳·S. 鲁宾，撷取了一个很有趣的入手点，针对公共事务金钱方面的决策，亦即公共预算的管理，来描述和呈现她所理解的美国政治，从财政学的理论高度，沿着预算管理的流程脉络，以细致鲜活的政治争夺案例，展现了人们在经济决策中长期与短期、个体与群体利益冲突中的人性。

基于第二次世界大战以后西方世界的经济增长态势，我们一向对西方世界，尤其是美国的政治和经济，保持着比较浓厚的兴趣，关注其海外战争、总统大选、反恐活动、私生活丑闻，围观美剧，或为特朗普的税改方案纷纷发表意见，或多或少，也想要分析出这些决策可能对大洋此岸产生的蝴蝶效应。然而，要真正了解这些经济及政治决策的基本动因及影响，我们需要对美国的体制有粗略的概念。而本书，恰好提供了这么一个简明易读的入口。

本书已经出版到第八版，其主要目的是为在美国学习预算的学生提供教学辅助阅读，因此默认读者对美国的政治原则已经相当了解，书中对此着墨不多，而大洋此岸的我们，则至少需要对最基本的概念有个理解，才能在阅读过程中收获更多。由于美国的政治制度自有其特点，且延伸影响到社会的方方面面，我在此仅对阅读本书所需要的最基本概念略作介绍，有兴趣的读者，相信一定能找到不少丰富深入的论述。

　　首先，美国是三权分立，即美国在独立战争以后，于1787年在宪法中规定的立法权、行政权和司法权分属国会、总统和法院的基本原则。这三种不同的权力不仅分散，而且均衡，彼此形成了制约。在这个意义下，并不存在某个终极的"说了算的人"，法令法律经过规范程序建立之后，行政部门必须保证其执行，一旦出现争执，则由司法部门根据法令法律来进行判断，而这种判断，则完全依据法律条文，也就是"知"和"行"必须合一，并且上升到严肃的法律层面。当然，因为人的认知是有限的，所以难免出现解读、理解不同，或者立法思虑不周，或有人为了短期利益而钻空子的情况。而了解这一点，在阅读本书的时候，才能更好地理解书中提到的不同政府分支到底在干什么，为什么起争执，其基本立足点何在。

　　其次，在三权分立的基础上，美国会出现事事均可能立法的情况，一件事情需要以相对权威的方式推行的最好方式，就是走立法程序，而对于后来发现先前的立法考虑不周的情况，则需要不断对原先的法律法令进行修正，或最终废除旧法而重新立法。如此一来，无论是感觉上还是实际上，均导致美国的法律极多。宪法还规定，总统及其政府的活动经费也必须走规范的立法程序通过预算法案。此外，总统若行使否决权，国会还能以2/3的多数票将其推翻。这也是为何本书会花费两章的篇幅，来说明联邦、各州以及地方政府预算编制流程的历史沿革的原委，因为涉及复杂的每年一度的立法过程，如果这流程中出现不顺畅情况，就可能导致近年来频繁发生的"政府关门"甚至破产事件。

　　再次，是美国的联邦制。联邦制意味着各州之间独立性相对较强，中央政府对各州的掌控力则较弱，彼此间并不形成上下级的行政命令关系。联邦政府及州政府在宪法上的地位完全平等，也是权力制衡的体现之一。但在各州内部，各州与地方政府的关系却有着上下掌控和负责的紧密关系。体现在预算上，联邦政府针对自己想要在全国推行的项目，更多采用与各州"共享共担"或补贴的方式，但各州却可以对地方采用"强制支出"且未必给付配套资金支持，我们在阅读本书的时候，需要了解这一制度的具体体现，也就更能明白为什么同一个预算环节，需要在书中区别联邦、州和地方三个层级来讲，不仅因为各个层级的特点、职能、原则不同，在各州之间，法案的内容、三个权力分支的权力分配差别也极大，这是阅读本书之前需要具备的知识准备。

在前述基础上，美国还有一个重要的政治特点，就是民主党和共和党两党执政。所以我们需要了解这两个党派的主要区别，简言之，共和党主要代表中产阶级偏上层，意识形态上趋保守主义，对内主张小政府，反对政府过度干预经济和社会问题，主张降低税收和社会福利，减少公共开支，对外则强调美国利益，常常推行单边主义政策。而民主党正相反，主要代表中产阶级偏下层，倾向于自由主义，更强调人权和社会平等的价值观，主张扩大政府权力，政府应积极解决各种社会问题和经济问题，增加公共投入，增加税收和社会福利。如此意识形态和价值观对立的两个政党，与分立的三个权力支柱交织，在预算领域就产生了针对税收、公共项目决策排序以及财政支出方面的种种矛盾和冲突。

在这个政治框架下，代表着各个权力分支、利益团体、不同阶层、不同党派的人们，就在本书设定的预算大舞台上登场了，各自带着自己的诉求，演出了一幕幕好戏。

本书的结构，就是按照公共预算管理的五个环节，即预算收入、流程管理、预算支出、预算平衡、预算执行，外加一个独立监察环节来布置的舞台剧。每个环节相当于一个主题，我们能看到与这个环节相关的各个预算参与者的表演与争斗。

在这个舞台上，预算收入主要涉及税收政策，也就是"取之于民"怎么取？各级政府该收什么税？收多少？不同税种对社会经济会产生什么影响？该对谁实施税收减免？这些政策是怎么制定的？受其影响的人们在其间该如何发挥影响力？所谓的"不增税承诺"是怎么回事？政客们在什么情况下会签署该承诺？又如何被这个承诺捆住了手脚？然后又该怎么办？

流程管理则涉及整个预算决策过程中的参与者，如何尽力实现自己的利益和目标最大化的过程。在这个环节，立法分支和行政分支间的争夺最为明显，共和党和民主党的党派之争也硝烟炽烈，理由显而易见，他们最接近决策的过程。在这里，我们可以看到诸如"到底是总统说了算，还是国会说了算？""到底是州长说了算，还是议会说了算？"这种尽管老套，但不断上演的权力争夺战并非只有唯一的答案。

预算支出则主要是项目的争夺权，在既定的有限资源的情况下，"用之于民"到底应该用在哪里？如何让自己所支持的项目获得最好的优先级排序？是将其写进宪法？立法？还是动用其他的技术手段？政府花销有哪几种形式？为什么有时候支出很难控制？在这一幕剧目里，我们将看到这些令人困扰的问题如何一一呈现。

预算平衡是个从头到尾的约束性条件，但在不同层级的政府，其约束性力度未必一致，总的来说平衡对州一级的约束更强，导致在预算收入少于支出或预期的时候，各级政府被迫进行各类项目削减，但削减的时候又是新一轮争斗的时候，该砍谁的项目？砍多少？或者不减少支出有别的解决方案吗？可以借款解决吗？借款有限额规定吗？可以采用延期支付或其他会计手段来达到短期平衡吗？这些方式可取吗？

预算执行，则与最后一幕戏的主角——独立监察密切相关。因为执行的精髓在于严格有效，一旦执行的有效性得不到保障，就必然产生浪费、欺诈和权力滥用的问题，此时就需要一个独立部门来强化控制和监督。然而在这个过程中，如何避免过犹不及，如何设计最具有成本效益的监督职能，如何保证监督者真正的客观中立且值得信赖？又产生了新的问题。

本书探讨了上述种种情况，梳理了历史，展现了困境，提出了正反逻辑，探索了还可以进一步深思的方向。如前所述，本书的受众，最初是为学习预算的学生提供的辅助读物，在二十多年间更新到 2017 年已经是第八版，充分说明了本书在该领域的口碑，书中的理念与案例，均与时俱进，与美国时政的结合非常紧密。因此，不仅可以作为研究预算学、政治学的学生、学者的辅助读物，财政、金融、经济从业人员，甚至对社会学有兴趣的普罗大众，都可以在轻松愉快的阅读中有所感悟，有所收获。

本书的译者一共两人，其中笔者主要负责文前部分和第一、二、三、四、九章，刘瑛负责第五、六、七、八章，考虑到曾经有合译书籍出现前后文风及名词不一致给读者带来的困扰，最后由笔者统一进行了润色。由于本书涉及预算及政治两个领域，在翻译过程中，虽尽力就相关问题和名词询问专家，对其中所述案例也尽量对照网络原文力求做到信达雅，但囿于各方面的局限，也难免错误疏漏之处，敬请读者见谅。

曾　嵘

目录

前言

　　本书的这一版本与之前的版本一样，我均秉持如下观点，即在反映公共事务的优先次序问题上，公共预算里的政治因素既是必要的，也是适当的。将公众的需要和愿望纳入公共预算的过程非常复杂，很难一帆风顺。近年来，这一过程变得动荡，更加党派化、意识形态化。政府预算人员的工作变得更加困难，有时甚至成为噩梦。尽管法院强制支出，理论家们却主张禁止增加税负；桥梁因为缺乏足够资金及养护而垮塌，夺取了无数生命和财产，过境道路也因此而中断。社会服务提供者因拿不到合同规定的付款，只好缩减服务，裁撤员工。各州的失业基金所剩无几，只好以高于市场的利率向联邦政府借款，否则就只能缩小领取人范围，缩减失业者获取福利的时间段，或减少他们能获得的金额。

　　虽然实际问题层出不穷，但对于学习公共预算，试图理解这一过程的人而言，也的确变得更加令人兴奋。多年前，有一部系列电影《宝林历险记》，其中的女主角经历了一系列性命攸关的戏剧性事件，往往在每集结束前问题才能得以解决。预算也开始变得有点像这部片子了，只是预算还做不到每次都及时避险，因此导致政府部分或完全关门。

案例：伊利诺伊州

　　伊利诺伊州拥有一个共和党州长和由民主党主导的州议会。州长在预算上的权力非常大：他可以拒绝州议会的决定，修改部分法律，减少预算额度。除非州议会以绝大多数投票推翻，否则他所制定的政策就均能成立。目前，本州正处于严重的财政压力之下，要弄清楚产生这一问题的根源则要追溯历史。

州长的解决办法是彻底改变政府。他的政策包括削减穷人、老人和残疾人的社会服务，同时暂时停止增税，于是财政压力更加严重，从州长的角度来看，他认为服务需要被削减，公共养老金需要改革，财产税应该被冻结，公共部门工会的权力应该被剥夺。民主党主导的州议会并不赞同州长的激进方案，因为方案中也包含了对他们任期的限制。尽管他们无法推翻州长的决定，但也不是必须提交符合州长愿望的预算来让他签署，因此曾经导致过长期的预算僵局。

早在 2015 年 6 月，州长就曾通过提高资格标准大幅减少了可以领取幼托补贴的穷人数量。他还增加了父母需要支付的金额，以此分担费用。其结果之一就是导致了 90% 的新申请者遭到拒绝。州长争辩说这种削减是必要的，因为本州目前处于经济困境，负担不起。但他忽视了低收入家庭可能无法负担日托费用的后果，他们可能因此无法工作，继而开始或继续依赖公共部门。他也没有提到贫穷的父母不得不将孩子留在不安全之地的可能性。根据之前的规则，父母工作时，如果有其他家庭成员帮忙照看孩子，他们可以拿到一些工资，这样能有助于解决这些家庭的贫困问题。州长的支持者们认为，就算没人支付工资，其他家庭成员也会继续提供类似的帮助。

州长要求州议会不能恢复可领取幼托补贴的标准。而州议会的回应则是试图恢复原方案，并在未来保护它，通过设立新的法规，将日托补贴变成一种应享权益，而非可以酌情处理的项目。这就意味着，由政府支付该方案将变成一项法律要求，与州长能以其强大的修正否决权来控制的拨款级别无关。这一立法提案将保护该方案在未来免遭州长削减，就算未来需要改变也要由州议会决定。但此提案必须经绝大多数人同意才能通过，否则州长会尽其所能地行使否决权，这样一来，议员就无法聚集足够的选票来推翻州长的决定。当年早些时候，本来可以拒绝州长提出的资格限制要求的议会联合立法委员会（Joint Committee on Rules，JCAR），却未能获得绝大多数票的支持来推翻州长对这一方案的改变。反映出本州政治两极分化呈现加剧的趋势，过去一直以"两党"风格行事的 JCAR，也已经开始依照自己党派的政策投票了。

如果民主党人能获得部分共和党选票，就有机会通过这一立法提案。而州长则需要防止这一可能性的出现。在众议院关键投票的前一天晚上，部分共和党人和一些民主党人与州长进行了会晤，主张将已削减的开支恢复。面对与自己的削减做法相左的立法提案被通过的可能性，州长做出了妥协，将可以获得日托补贴的人群的收入水平提升到他裁减资格之前的大约 88%，但坚持父母必须多支付一定费用的要求。在州长削减资格之前，有资格获得补贴人群的收入水平被设定为联邦贫穷水平的 185%，削减资格以后，仅为联邦贫穷水平的 50%。州长妥协后的结果能达到联邦贫困水平的 162%。如果收入水平为联邦贫困水平的 50%，一个家庭即便以联邦最低工资水平（即每年 15 080 美元）全职工作，也没有资格获得补贴（一家日托中心平均每年的保育成本超过 11 000 美元）。根据州长的新建议，部分之前符合条件的父母仍被排除在外，但州长也同意未来对资格条件进行再次检视，并表示一旦预算通过，他将 100% 恢复最早的资格条件。如果议员真的希望对居民提供与之前一致的日托补贴，他们就必须同意不仅要剥夺公共部门工会及自身的权力，还要冻结地方政府很大一部分的收入来源。

州长和两党前来谈判的人达成妥协之后，众议院就无法获得足够的票数来通过立法全面恢复日托补助金，以及为此提供长期安全的资金来源了。短期内，比起州长最初的削减，更多穷人将有资格获得帮助，但贫困家庭可能无法负担新的更高的费用。最重要的是，根据这项妥协建议，州长保留了对该方案的完全控制权，未来无论在资格标准还是对父母收费方面，均可任意而为。

伊利诺伊州幼托补贴案例和本版书的关系

这个故事为本书的这一版本提供了不少可供强调的重点。其一是预算过程中党派的影响越来越强以及对民主产生的影响。其二是预算的故事会随着时间的推移而演化，从几年到几十年不等。其三是若想要了解美国公共预算里的政治，就首先需要了解我们的联邦体系，以及国家、州和地方政府之间的法律、司法和行为关系。虽然国家政府和州政府在许多方面都彼此独立，但他们也有联合项目，如日托补贴项目。其四是尽管对过于强势的行政长官的不信任感由来已久，而总统、州长和市长依然拥有大量预算权力。在州一级，在行政和立法分支之间，权力往往倾向于行政分支，即使反对党控制着州议会的两院，情况也是如此。而要求绝大多数投票通过才能推翻州长的决定，又强化了这一倾向。

党派和意识形态

在伊利诺伊州的案例里，党派争夺在较长时间里倾向于更加激烈，这一趋势非常明显，在这里，民主党占多数的州议会面对着共和党州长和JCAR，在投票时按照党派原则进行。近年来，在联邦和州政府层面，这种日益加剧的党派争夺已经显现。各党的政策原则表述得更加清晰，不仅在分裂的政府，即行政和立法分支分别由不同党派把持的地方，在不同党派轮流执政的地方也是如此。一方希望维持公共资金资助的健康和收入项目，另一方就会希望减少这些项目；一方想要提高税收，特别是对富人征税，另一方就会试图减税，尤其是针对富裕人口。

随着按党派政策投票情况的增加，导致意识形态方面的目标更加固化，大家越来越不愿意讨价还价或妥协。而随着意识形态的加强，个别有着特定观点的外部团体，比如由保守党议员和企业说客组成的美国立法交流委员会（American Legislative Exchange Council，ALEC），已经编写、分发，有时还大声宣讲他们所认为的立法规范。一些富有的个人，如约翰·阿诺德，已经资助了所谓的中性智囊团，以提供支持其政策目标的研究结果。一些保守党团体，如美国税制改革协会（Americans for Tax Reform），威胁甚至有时真的开展了反对自己党内未能坚定维护政治立场的人的运动。而左翼、各种工会和一些游说组织则努力抵制商业资金支持的立法提案，以及他们认为有偏见的研究。工会通常会支持那些对自己的事业忠诚的候选人，当政策伤害到他们的选区时，往往将政府告上法庭。导致的结果之一是预算更加僵化、更少选择、更不具适应性。结果之二是预算政策辩论中信息质量受损，因为有时被吹捧为无党派偏差的信息实际上是有倾向性的。结果之三是为了强制遵守意识形态政策的要求而导致预算过程受到更多裹挟，而忽视了在这一过程中可能造成的损害。

强化党派意识：修辞与分析

政治修辞已经彻底渗透到预算的故事里了，因此读者需要在分析之时将其区别出来。任何项目的拥护者和批评者都会举出从新闻报道中找出的故事，但这些故事的目的并不是告知，而是说服，第一眼看上去这些故事貌似基于事实，但进一步检视，就能发现其中包含误导或扭曲的成分。

一种常见的技巧是让一些提案显得比实际更大或更小，以唤起支持者或反对者。如果某特定的收入来源其实产生的收入有限，反对增加它的人们可能仅仅强调提案所增加的百分比，因为基数低，数字看起来就很大，因此忽略了其实际增量可能是适度的，可以承受。而那些想削减开支的人，则很可能引述最近几年大量增加的支出数额，但却不会报告说，这笔钱只是整体支出的很小部分。后者还可以通过给出几年而非一年的数字来放大这一效果。

一个典型的尽管正确却带有误导成分的例子是：最近联邦政府责任署（Federal Government Accountability Office，GAO）① 发表了一份报告，说从 2005 年到 2014 年社保残障保险项目向无资格领取的受益人多支付了 110 亿美元。[1]

这类关于超额支付的报告常常被项目的反对者们用来证明浪费，从而进一步证明削减开支的合理性。他们通常不报告或仅略微提及支付不足的情况，也不会去描述那些有资格却没有获得赔付的情况。他们将这一金额再乘以他们任意挑选的年份总和。此外，许多超支的研究报告并不描述政府最终将错误的给付收回的金额。

就残障保险这个例子而言，尽管这并非报告的重点，但 GAO 确实注意到联邦政府在十年间仅仅冲销了 14 亿美元。当我们从该项目支出的百分比的角度来看，就会发现超额支付的费用占比是相当小的，正确支付的比例为 99.88%，[2] 对这个结果，一般的反应应该是资金使用高效，但从 GAO 报告里产生的却是浪费 110 亿美元的印象。

伊利诺伊州州长的部分支持者们宣称，削减日托补贴是合理的，因为大

---

① 其前身为美国审计总署，于 2004 年更名。——译者

部分资金都被浪费了。然而，并没有拿出证据支持这一结论，看起来，削减和穷人有关的项目是基于意识形态，而非分析的结果。因为日托项目是联邦和州的联合项目，而联邦政府需要保证该项目严格执行。在这一指导思想下，GAO 于 2010 年针对五个有州补贴的日托项目进行了研究。研究发现，在伊利诺伊州，GAO 提交的假申请会遭到审查和拒绝，而在其他州却被受理了。[3] 此外，针对医疗保健和家庭服务，该州监察长在 2010 年的年度报告中提到，通过对日托项目的调查，涉及滥用补贴的案子一共 26 件，其中 5 项没有根据，最后确认 6 人有罪。[4] 正常情况下，该项目每年能为 15 万个孩子提供服务。因此，这 21 起案件仅代表了该项目中 0.01% 的孩子。而获罪的 6 人在总数中占比就更小，仅为 0.004%。2014 年，监察长在年报中甚至没有提及与日托项目有关的欺诈或补贴滥用情况。而在伊利诺伊州的案例中，既没有提供有关作弊的书面文件，也未能证明作弊是普遍现象。

旨在说服的政治修辞通常会包括极端例子，却暗示这些是常见情况。因此，只要有人领取了 6 位数的养老金，就会导致公共养老金制度受到攻击，因为结论是养老金给得过于慷慨。只要有些人获得他们无权享有的福利，就得出结论说有政府资金支持的项目充斥着欺诈和浪费。考虑到预算讨论中的这种修辞手法，读者需要养成自问所读信息是否意在劝说的习惯，是否存在可能改变解释的信息丢失的情况，需要研究包括多少年的数据、总数如何、数字是否被夸大或缩小、案件是否常见，以及最近趋势，等等。谁发起或资助某项研究，这都应该成为对信息解释的一部分，而此类信息通常并不很明显。

激烈的党派之争与裹挟

幼托补贴的例子有助于描述最近的预算趋势。这些趋势不仅表明伴随着冲突、修辞热和扭曲真相而来的更加尖锐的党派之争，也证明了存在越来越多的对政府意愿（在本案例里是儿童）的裹挟——即使大多数人并不赞同，也要满足少数人的政治要求。

伊利诺伊州的共和党州长想要切断孩子们的日托补助，让贫困的父母更难工作，以迫使州议会接受他的政策目标，这其实与预算无关，而且他也知道州议会并不支持。而如果州议会不接受他的要求，州长就不批准预算，因此本州在整个 2015～2016 财政年度里都没有预算，一直处于僵局。在没有预算的情况下，州长要求州雇员继续工作并支付薪水，并且还批准了资助公立学校的预算部分，但公立大学以及按合同提供的社会服务则没有资金来源。由于这些选区对在两院中占多数的民主党人很重要，因此州长的策略就是通过伤害穷人、老人、精神和身体残疾者，以及依赖政府补助和服务的大学生，来迫使议员们同意他的政策。如果州议会同意州长的政策目标，他就停止伤害那些最依赖州政府援助的人，并将幼托补贴恢复到以前的水平。

公共预算中的利益裹挟和各种各样对真相的扭曲已经很普遍了。有时整个预算都被推迟，甚至到了只要期望的政策不被批准，政府就只能关门的地步。在联邦层级，茶党共和党人威胁不再提高债务上限，让联邦政府的信用能力处于风险境地，目的就是想让自己倾向的政策被接受。预算僵局通常会发生在分裂的政府里，即一党主导行政，而另一党控制州议会的两院或其一，主导行政的是民主党人还是共和党人并不重要。在伊利诺伊州，州长是共和党人而州议会是民主党人，与此同时，宾夕法尼亚州的预算僵局也持续了好几个月，而这里则是民主党州长和共和党州议会之间的政策分歧导致的。早在 2011 年，明尼苏达州的民主党州长就试图利用关闭政府来迫使共和党主导的州议会通过对最高收入者增税，但最终这一策略并没有奏效。

1991 年，缅因州、康涅狄格州以及宾夕法尼亚州政府关闭，宾夕法尼亚州政府在 2007 年也曾关闭了一天（而最近其关闭的时间则长得多）；田纳西州政府在 2002 年曾部分关闭；明尼苏达州政府则于 2005 年经历了第一次关闭，新泽西州政府在 2006 年经历了第一次关闭，密歇根州政府于 2009 年短暂停工。虽然预算延迟由来已久，但导致州政府停工在过去还是可以避免的，近年来，随着不同党派在政策上的分歧加剧，政府关门停业的情况开始变得更加普遍，持续时间也更长。这些关门停业，即便只是短期部分停业，也会造成服务中断、成本增加以及产能损失。

这种策略其实是利用真正的伤害以及威胁，比如威胁关闭政府，来逼迫对方按照某特定政策就范，而非讨价还价和妥协。参与者的意识形态越强，就越不愿意妥协。在伊利诺伊州的例子里，州长对自己执意推行的某些削减项进行了一些谈判和让步，只是因为民主党和共和党的联合政府真的有可能推翻他的决定。尽管在这一问题上进行了谈判，他仍然坚持如果州议会不批准他的政策要求，他就反对通过任何预算。

对民主的影响

激烈的党派之争导致了大家都在寻找"压力点"，比如利用增加联邦债务上限来迫使同意少数群体的政策提案，而过去这一上限是自动的，亦即只要批准通过就可以支付。现在利用绝大多数人的要求，使增税提案难以通过的情况越来越多。不增税承诺也增加了预算程序中意识形态的僵化，因此削减开支似乎就成了平衡或再平衡预算的唯一选择，完全无视民众的意愿和需求。

在伊利诺伊州的例子里，绝大多数人希望推翻州长对规则的改变，绝大多数人希望通过恢复削减计划、设立保证资金稳定性的法律。但利用绝大多数人的要求，却赋予了少数群体权力，让他们反而阻碍了多数人的意愿。也就是说，通过对穷人、老人及残疾人利益的绑架，来强迫州议会通过议员们并不赞成的政策提案，这既不民主，也不公正。对施加压力所指向的政策提案，比如减小政府规模或为公立学校获得更多资金支持，人们可能同意，也可能不同意，但通过利益裹挟来强迫其实现，这未必是个好办法。

激烈的党派之争也导致利用诸如"空壳提案"一类的策略，所谓的"空壳提案"，指的是在立法会议之前完全无法确定内容的提案，这能让反对者们没有足够的时间去阅读并反应。为了支持某种政策偏好，或为了貌似中立的政策而搜寻的研究结果，其倾向性也取决于要求研究的主体或资助方，这一切都损害了政策辩论的正当性。

两个不愿妥协的政党看似不可调和的立场导致了一种结果，那就是对预算的阳奉阴违。经过一段时间的利益裹挟，通过了对联邦政府开支全面削减的提案，但保守党随后又辩称说削减不该适用于国防经费。反对支出削减的人希望以对国防经费设置上限来制造压力，以提升非国防支出的上限。在这种彼此相反的力量下，部分国防支出被拿到预算外，相应地也拿到了规则之外，因此不必与收入相抵销，也不在限额的管辖内。这是一种"爱丽丝漫游仙境"式的预算方式，能让一些开支完全消失不见。

随时间推移而发展的预算故事

本书描述的许多案例都需花费多年时间才能看到结果。在伊利诺伊州日托补贴削减的案例里，这个故事在现任州长当选之前其实进展得还不错，因为前州长和议员的花销超过了财政收入，严峻的财政压力为增加州所得税提供了有利环境，州所得税率当时相对适中，也没有采用累进制，因此富人支付的税率并不比穷人更高。增税是暂时的，但很显然，停止增税让州政府陷入了深渊。新州长支持将税率降到与之前相比较低的水平，但这却加剧了该州的财政问题，于是州长就擅自改变规则，将部分人踢出政府补贴的幼托项目之外，他认为处于这样的财政状况，这个做法是必要的。

只有时间跨度足够长，研究人员才能看到趋势，看到一系列行动或反应随时间推移的结果。如我在后面的章节将要叙述的，一座城市勉强同意设立监察署以铲除腐败，但操作过程中对其设立和经费拨付却拖延多年。某州，公民投票要求经绝大多数议员同意才能增税，但这项公投的结果却仅有几年的约束力，一旦法律上可行，州议会就取消了这项要求，迫切希望增加收入，并通过了增税提案。在联邦层级，某一年达成的削减开支协议可能会限制未来几年的支出。而税收减免涉及的总金额通常也需要在几年后纳税人最终抵免时才真正获得。一些州委员会已经开始研究缺乏资金配套的强制支出，看看能否缩减其中部分项目来为地方政府节约资金。但这些委员会可能需要数年时间才能提出建议，然后州议会还需要时间来实施或者拒绝实施这些建议，有时这些委员会还会被解散。有些事件是偶发的，比如某州接管了地方政府的收入来源，或与此相反，某州接管并资助本该是地方政府责任的项目。在州行政人员与议员之间，预算权力的平衡并非固定不变的，通常在一段时间内会从一方转移到另一方。而所有这些故事，则都会随着时间的推移而发展变化。

一个项目与其他项目相比在几年间是否增长更快，比起它在下一年是否增长更为重要，也更引人注目，当然，缩减也是一样的，比如州是否资助更高等的教育。在经济衰退结束后的恢复期间，州对地方政府的援助减少了吗？审视这些故事的时候，一段时间内的趋势比特定的时点更加重要。

联邦制

本版比以前各版更加强调联邦制。联邦制的结构是理解各级政府预算政治的关键。联邦制不仅仅意味着联邦政府给各州或各州给地方政府提供补贴，以及这些补贴所附加的条件，或强制支出是否获得足够资金支持。它也关乎税收、责任的分配或抢占某些收入来源，以及联合提供资金支持的项目，在此类项目里，联邦政府和州共担费用，但项目规则由州来决定，如资格如何确定、涉及范围及金额大小。伊利诺伊州的日托补贴项目就是这样的共担项目，但真正的大项目其实是医疗补助项目。近年来，医疗补助变得非常昂贵，也已成为党派之争的一个话题。奥巴马总统试图扩大这个项目，因此联邦政府支付了大部分费用，但一些州在这种情况下依然抵制该项目。

联邦政府对各州可以采用或说服、或激励、或要求强制支出，作为提供补贴的条件，也可以先承担某些方面的责任，但基本而言，州和国家政府均有各自的主权和独立性。各州不是联邦政府的下级机构。因此，其货币关系的关键是合作和执行政策。相对而言，各州则对地方政府有直接的管辖权，同时也对其负有责任。因此他们不需要说服，可以直接命令，可以决定地方政府的服务范围、征税权和预算编制流程。当地方政府遇到财政压力时，州政府可能会提供帮助，也可能任其缺水而死，当然这只是个比喻。在伊利诺伊州的案例里，州长就希望州议会通过冻结地方政府的财产税的法律。

因为地方政府是州政府的下属，而州要对地方政府负责。过去，这意味着各州已经采取措施以确保地方的财政健康，并在他们陷入困境时给予帮助。然而，近年来大的市县破产已经屡见不鲜。有些州接管了地方政府的财政，有些州则允许或鼓励地方根据联邦法律宣布破产。因此，州与地方政府间的关系已经发生了显著变化，从预防和帮助转向了凌驾于地方官员、接管预算、决定债权人可以获得的偿还金额。这一转变可能反映了上述党派及意识形态之争的激化，比如有些州长打算减税，减少对地方政府的帮助，剥夺他们额外的收入来源，还拒绝花钱来救助他们。

预算权力：行政对抗州议会

伊利诺伊州的案例说明了预算权力在州行政部门与州议会间的一种极端

情况。州长能随意改变幼托项目中家长的资格标准和费用多少，而负责监督行政机关发出的规则的议员，却未能召集绝大多数人的意见来推翻州长所做的变更。州长还保留了逐项削减州议会通过的拨款的权力，不管是针对幼托项目还是其他项目。这就是为什么州议会想要改变日托项目的结构，将其变成一种应享权益，因为只有这样，才能赋予州议会更多的权力来对抗州长的设计。但在这一点上，他们并没有成功。

虽然伊利诺伊州处于行政预算权力占上风的极端位置，本书随后的很多案例确实表明，目前大的变化方向就是朝着行政分支拥有更多更强的单一预算权力发展，甚至历史上曾经拥有非常强势的州议会的州也是如此。

在国家层级，总统的否决权比许多州长都相对要弱，但他对预算的权力仍然相当可观。然而这种权力也不断受到质疑，而国会也一直努力控制金钱的使用方式并对偏离国会意图和指示的部门重拳出击。总统可以命令各部门拒绝执行国会专项拨款，或签字声明他不会执行他认为违反宪法或其他合法责任的某些法律。国会可以限制行政部门在支出上的自主权，可以利用监察长来批评行政部门和总统，还有可能威胁不提高债务上限（关于这一政治因素的详情见第一章小案例：联邦债务限额），等等。

在各级政府中，行政和立法分支在预算编制流程里的平衡是有些动态的，除了正式权力外，也取决于个性和技巧。在这里，非正式的人际关系可能与正式权力一样重要。因此，当伊利诺伊州州长感觉到他可能面临民主党和共和党联手推翻他的政策时，他后退了一步，与一些议员进行谈判而达成了解决方案。

结论

要理解当今公共预算里的政治因素，人们不仅应该了解昨天发生的事情和游戏规则，而且还要明白规则会变，有时甚至可能会完全中断。近年来，指导国会预算编制流程的法律已经发生了变化，但即便了解所有晦涩难懂的细节，或许也未必能理解不时凌驾于正式规则的决策过程的特殊性。

本书以两种方式来解释预算编制流程里的政治。首先，它列出了预算决策里的不同环节，如收入、预算编制流程、支出、预算平衡和预算执行，并描述了每个环节的政治特征。其次，本书强调了随着时间推移而来的变化方向、适应模式、一系列作用和反作用。预算里的政治变化带来一系列挑战，但也能满足人们的好奇心，并带来了对本书新版本的需求。

致谢

我要感谢所有为本书修订提供信息的人，包括各立法分支的预算办公室、记者、设计并维护开放网站的人们，以及不厌其烦回答我问题的工作人员。我同时要感谢预算战壕里的那一场场斗争：与税收和支出限额奋战，与萎缩的税基斗争，与经费不足或完全没有经费来源的强制支出的斗争，与僵化的党派提出的彼此矛盾的要求奋战。最后，我还必须提到国会季刊出版社的出色团队，他们一直支持这个项目，还有对本书上一版各位评论者的雅正，是他们为本版提供了良好的指导和建议。

出版商的感谢
世哲出版公司希望对以下评论者的宝贵贡献致谢：
惠特尼·阿丰索（Whitney Afonso），北卡罗来纳大学教堂山分校
利恩·贝蒂（Leann Beaty），东肯塔基大学
詹姆斯·希门尼斯（James Jimenez），新墨西哥大学
马克·内格尔（Mark Nagel），大都会州立大学
保罗·波普（Paul Pope），蒙大拿州立大学
朗斯·桑迪-贝利（Lonce Sandy-Bailey），宾夕法尼亚希彭兹堡大学

注释

1. Government Accountability Office, "Disability Insurance: SSA Could Do More to Prevent Overpayments or Incorrect Waivers to Beneficiaries," Report to the Subcommittee on Social Security, Committee on Ways and Means, House of Representatives, October 2015, http://www.gao.gov/assets/680/673426.pdf.

2. David Dayen, "Why $11 Billion in Government Overpayments Is Actually an Insignificant Amount," The Washington Post, November 4, 2015, https://www.washingtonpost.com/news/federal − eye/wp/2015/11/04/why − 11 − billion − in − government − overpayments − is − actually − an − insignificant − amount/.

3. GAO, "Child Care and Development Fund: Undercover Tests Show Five State Programs Are Vulnerable to Fraud and Abuse," Washington, DC: GAO, 2010.

4. http://www.state.il.us/agency/oig/docs/2010% 200ig% 20annual% 20report% 20final% 20062011.pdf.

第一章
公共预算中的政治

公共预算将即将施行的任务与保证其实施所需的资源联系在一起，以确 保资金能用于支付战争费用、供给住房或维修街道。预算编制的大部分工作都是技术性的，比如需要估计用"流动供膳车项目"给一千个无法出门的病人送餐的成本，或政府可以从1%的零售销售税中获得多少收入。但公共预算不仅仅是技术性、管理性的过程，它也必然是政治性的。

• 公共预算反映了政府做什么和不做什么的选择。它反映了公众的普遍共识，即政府应该提供何种服务，哪类公民有资格享受这类服务。政府是否应该提供私营部门能提供的服务，如水、电、交通或住房？无论其支付能力如何，所有公民都应该获得医疗保障吗？所有人都应该免于流落街头吗？所有人都有资格获得某种住房吗？当市场崩塌威胁到人们的储蓄和投资时，政府应该干预吗？

• 公共预算反映了支出上的优先次序。比如花费在社会治安还是水灾控制、幼儿日托还是国防，或东北部还是西南部之间的取舍。预算编制即在对政府有着不同需求的集体和个人之间进行调节，并决定谁能够获得。这些决定可能影响是穷人得到工作培训，还是警察获得反骚乱的培训，尽管二者均是应对日益增长的失业人数的手段。

• 公共预算反映了议员将其选区及利益集团的需求放到了怎样的重要性水平。例如，议员可能基于地方经济依赖于某个军事基地而增大维持此基地运营的开支，因此导致花费在改善装备上的支出减少。

- 公共预算为那些想了解政府如何花钱以及是否遵循了他们喜好的公民提供了可查证的基础。预算将公民的喜好与政府的产出挂钩，因此是实施民主的强有力工具。

- 公共预算反映了公民对不同形式、不同水平的税收的偏好，也反映了部分纳税人群转移税负的能力。预算还能表明政府通过税收体系向上或向下转移财富的程度。

- 在国家层面，预算能影响经济，因此财政政策直接影响到任何时点的就业水平。

- 预算的决策流程描述了政府各部门内部和之间预算参与者的相对权力，以及公民、利益团体和政党的重要性。

预算是政治的一个重要而独特的竞技场。说它重要是因为其具体政策反映了以下事项，如政府决策的范围、对财富的分配、政府对利益集团的开放程度，以及政府对社会公众的责任。说它独特是因为这些决定均是在预算领域内进行的，它需要平衡，需要对环境开放，需要及时作出决定，以保证政府工作持续不间断。

公共预算显然具有政治含义，但当我们说关键的政治决定是在预算领域作出的，这又意味着什么呢？答案包含几部分内容：第一，什么是预算？第二，相对于私人或家庭或私营组织的预算而言，公共预算有什么不同？第三，在公共预算中，政治意味着什么？

什么是预算？

预算的实质是分配稀缺资源，也就意味着在潜在的支出项目间进行选择。预算意味着收入和支出之间达到平衡，因此需要一定的决策过程。

做出预算选择

所有的预算，无论是公共的还是私人的，个人的还是组织的，都需要在可能的支出之间做出选择。因为无人能拥有无限资源，因此人们总是需要做预算。假设一个孩子的钱只够买一样东西，当她决定买棉花糖，而不是巧克力兔子时候，她就是在做预算（也就是保证收入和支出平衡的花钱计划）。

空军想要替换目前正在服役的轰炸机，也可以在两架不同的机型间进行选择。这些例子都是预算最简单的形式，因为它们只涉及一个参与者、一种资源，是一次性在两种可比较的事物里做出直接选择。

而公共预算则通常比较复杂，面临许多未必可比较的选项。为了简化这种复杂性，预算编制者通常将类似事物集中起来，以期进行合理比较。我去超市的时候，通常会将主菜和主菜比较，饮料和饮料比较，甜点和甜点比较。这样能给我提供比较的基点。比如，针对主菜我大概会问问单位价钱里的蛋白质含量有什么不同，而针对甜点，我可能会比较其中胆固醇或卡路里的含量。政府的预算人员也试图在相似事物中进行比较。例如，武器与武器比较，计算机和计算机比较。这些均可从速度、可靠性和运行成本方面进行比较，其中能以最低的成本达成最多期望的就是最好的选择。只要在预期实现目标方面达成一致意见，选择就应该是直截了当的。

但是，有时预算需要比较不同的、看似无法比较的东西。比如，给无家可归者提供庇护所，以及为海军购置更多的直升机，这两者间的收益该如何比较？我或许可以转向更一般特征的比较，例如，需求的描述是否清晰，上次是谁获益，而这次又该轮到谁。有没有发生什么特殊事件，使得某种选择比另一种更有可能？例如，当有高官显要来访时，看到我们对待无家可归者的做法会不会让我们蒙羞？或者在即将到来的裁军谈判前，我们是需要展示力量，还是做出象征性的克制姿态？要比较不同的项目，就需要就事项的优先次序达成共识。而优先次序又是可能引起高度争议的事情。

公共预算编制不仅必须处理大量而且有时并不可比的潜在支出，它同时还涉及多种不同资源，结果是有时互不相干的多重预算项目。预算分配一般是对资金进行分配，但它也可以用于分配任何稀缺资源，比如时间。学生可以选择为备考而学习，或者打完垒球再去喝啤酒。在这个例子中，有价值的是时间，而非金钱。当然，需要分配的也可能是短缺的医疗技能、昂贵的装备、公寓的空间或水。

政府项目往往涉及对资源的选择，有时还是一系列资源的组合，其中每种资源均有不同的特点。例如，有些联邦农场项目涉及直接的现金给付加上低于市场利率的贷款，而福利项目往往涉及资金加食品券的组合，这样持有食品券的人就能以较低的价钱购买食物。联邦预算则经常分配机构的资金、4

人员，有时还包括借款的权力，这是政府的三种不同资源。有些项目提供税收减免，而另一些则提供直接付款，还有一些提供私营部门无法获得或格外昂贵的保险。

平衡与借贷

预算必须平衡。一个不考虑确保收入能包得住支出的计划就不能称之为预算。考虑到联邦的巨大赤字，我这么说听起来可能有点奇怪，不过从技术上讲，平衡也可以通过借债达成。平衡仅仅意味收入等于或大于支出。而借款则意味着现在花费的更多，未来需要还债的时候，支付的自然也更多。这是一种时间上的平衡。

为了说明预算平衡的性质，请再次假设我是购物者。假设在购买甜点之前，我已经花光了本周的购物经费，但我还有别的选择，只要加上时间维度，我就可以让经费限额更加灵活。我可以超预算地购买甜点或购物篮里的其他物品，然后月末少吃一些。或者我可以用信用卡来付账，假设未来我将有钱偿付信用卡。现在借款而未来偿还，已经是大部分预算的部分选择了。

如果没有计划，或无法合理预期未来能偿还贷款，预算就无法平衡。同样，如果每年拨出用于支付未来开支的钱的来源不够充分，预算也无法平衡。例如，数年前圣地亚哥市批准增加其雇员的养老金福利，但并没有相应增加其每年拨付给养老金系统的金额来保证增加的费用，养老金管理的董事会成员们希望股票迎来牛市，这样就可以减少该市必须缴纳给养老金账户的资金。但当股市表现不佳，该市的养老金就陷入了巨额赤字之中。

流程

不经过特定决策流程，预算就无法进行。这一过程决定了是谁、在什么时候对决策有发言权，以及在不同的选择间进行比较的框架。成功的预算编制流程要确保以适当的顺序及时作出决定。

再回到购物的例子。如果我先买主菜，但因为发现市场上有些鲜鱼，于是花费超过了计划，那么留下来买甜点的钱就会变少。因此，除非我对每种食材设定严格的花费限制，否则购买顺序就会对整个支出产生影响。当然，如果到最后我发现没钱买甜点了，我也可以将购物车里的东西放回去一些，

5

这样就能挤出买甜点的钱。

政府预算也涉及在各大类支出间进行权衡的过程。预算人员也许会首先确定每个类别的相对重要性，将此重要性用一个美元系数来表示，或许也能允许不同类别独立采购，以后再对原来的选择重新调整，直到各方的平衡可以接受。

从另一个意义上讲，决策的顺序也很重要。我可以先确定我大约会有多少钱，然后将之设为绝对的支出上限，或者我先决定我必须买什么，我想买什么，以及我需要为紧急情况预留多少，然后再出门想办法去找足够的金钱来负担部分或全部支出。特别是在紧急情况下，比如遇到事故或疾病，人们很可能必须先支付，然后再去考虑如何筹集这笔钱。政府预算也是如此，可能先关心收入再考虑支出，也可能先关心支出再考虑收入。和个人与家庭一样，遇到紧急情况，政府也会首先承担支出，随后再去考虑资金从何处来。

政府预算

公共预算具有一般预算的许多特征，但又在一些重要方面与个人和企业预算不同：

1. 在公共预算中，有很多不同的参与者，针对结果，这些人有不同的优先级排序，也有不同的权力。而在家庭和商业预算中，可能只有一个或少数关键人物，且对于期望预算实现的目标偏差或许并不会太大。

2. 个人和小企业者花的都是自己的钱。相形之下，在政府预算中，民选官员花的则是公民的钱，不是自己的。公职人员可以强迫公民将钱花到他们不期望的地方，但公民也可以投票将政治家踢出办公室。因此，公职人员会尽量不偏离他们认为是公众想要的东西。由于预算参与者和需求方的多样性，因此并不存在应遵循的单一需求。为了创造足够的统一性以指导决策，公共部门的预算编制流程会涉及互相竞争的利益和团体的代表之间的谈判。

3. 由于民选官员需要为公民作出支出决定，因此问责就是公共预算的一个重要组成部分。预算文件有助于向公众解释资金的支出情况，和商业预算不同，它必须公开，而且在公民不喜欢所看到的结果或无法充分理解这一结果时，很可能会成为公共争议的焦点。

6　　　4. 公共预算在财政年度开始前就计划好，并预计持续一整年甚至两年。在这一时期内，可能发生许多变化，比如经济、公众舆论、政治联盟或者天气。公共预算需要能够在这一年中对此类事件作出反应，而无须进行大的政策调整。如果在预算执行阶段，编制预算时所计划的事项没有完成，预算参与者将失去对这一流程的信任。私营机构的预算通常更为灵活：可以按周或按月重检，也可以随时进行政策调适。私营机构预算通常不会维持 18 个月以上不变，此外，还很少受到外部压力、公众舆论或官员频繁变化的影响。

　　　5. 与私营机构相比，公共预算令人难以置信地面对很多限制。通常都会有关于收入能花费在何种目的、什么时间范围的规定，还会有对预算平衡以及借款上限的要求。资本项目可能需要公众投票批准，增税可能限于通货膨胀率，除非公民在公投中批准更高的税率。其他层级的政府也可能会要求某些活动或支出，或提出征税限额或税收形式方面的要求。过去的协议也可能会约束当前的决策者。法院也可能在预算中发挥作用，有时会强制其辖区必须在教育或监狱上花更多的钱，或提案的项目违反了法律，或官员不能违宪削减在某些领域的开支。不像商业机构通常只有一个底线要求，政府机构可能有多个底线要求，针对不同的基金或账户，而其中的每个都必须做到平衡。

　　　后面关于迪卡尔布预算的小案例应该能让读者体会一下政府预算的感觉，以及它与个人或商业预算的不同之处。公共预算的一个关键特点是，在反对者和支持者之间会有持续的、不总是礼貌的对话，因为不管预算中提供了多少服务，总会有人觉得自己没有得到想要或期待的全部。有时政治家和专业人员会忽略这些问题，而换个时候再来回应这些从不间断的批评，说明反对者提出这些问题其实因为不了解情况。

　　　迪卡尔布争论的战场是当地报纸。问责不会自己发生，而预算也不会自己走入拥挤的人群，去吸引慕名而来的读者。预算必须有人解释，总得有人讲个好故事才能让读者参与进来。这就是报纸的立身之所，但新闻记者未必7　知识渊博，报纸也不一定总是立场中立的。政府官员经常认为自己已经提供了有关预算的明确解释，因而对公民的反应感到困惑。但预算可能比官员想象的更难解释。公共预算是复杂的，被各种规则约束着，而政治对话却是简单的、简化的，有时还充满了偏见。

迪卡尔布小案例说明的另一个问题是，几乎所有的新政府都必然跟前任们作对。他们上任伊始，发现前任留下个烂摊子，于是努力打扫战场。如果他们未经深思熟虑就着手工作，就很可能会因前任的财务问题而遭受责难，如本案例所示，前任可能已经花光了基金里的钱，或将某些支出推给下届政府。接到手上的预算可能已经面临各种陷阱，因为时间是预算的一个要素，既然支出可以被延后，那么收入也可能被提前挪用。

此时，前任政府说不定并未远离，可能还逡巡四周，伺机挑错，希望能东山再起。其他潜在参选对手也可能扮演类似的角色，对预算吹毛求疵，导致正常的决策看起来非常古怪，强调那些未完成或超成本的项目。纳税人团体也可能会从自己的角度出发批评预算。一旦预算公开，政治就会渗透其间。预算人员对自己行为的政治影响，以及政治对其行为可能产生的影响，都必须随时保持警惕。当有人故意摇晃船只的时候，要保持政府财政这艘船顺利航行恐怕并不容易。因此，为了防止政治反对派的大规模批评，有意模糊部分预算的诱惑也会很大。

围绕迪卡尔布市预算的攻击和辩护清楚地表明，预算中有政策问题，而不仅仅是关于发行债务的时点或提高财产税率的技术决策。报纸专栏的某些指责是错误的，但提及向开发商增加收费问题则是正确的。这些收费不仅是平衡预算的方式，还反映了谁应该向政府付费，谁应该从公共开支中受益的判断。在这个案例中，前市长实施了一项政策，导致所有居民都要为增长买单。他声称每个人都能受益，但与当前的居民和企业相比，看起来开发商和新企业受益要大得多。在许多城市，增长通常是由不直接受益或不愿意额外增长的公民的利益来进行高度补贴的。在迪卡尔布市的竞选活动中，当公民被问及是否愿意为增长提供补贴时，回答是否定的，为了改变现行政策，他们投票改选市长。如果政治家们的政策偏离公民的意愿太远，就很有可能在下次机会中被淘汰。

从政务市长给编辑的信能清楚地看到，公共预算受到多种限制，如其他 8 层级的政府先前签订的增税协议、州政府的强制支出，以及周遭辖区的竞争。针对向开发商收费的事项，政务市长辩护说邻近的城镇也是这么操作的，所以本社区不会因为收费而损害发展。

这个小案例想要说明的是，公职人员不仅要为社区做正确的事，尽可能理解并遵循公众的意愿，还要找出方法来解释和证明自己的选择正确。因为他们被卷入了这么一个对话，其中总是有代表合法利益的不同观点。同样重要的是，这种对话也是公众参与的一种方式，能通过这一途径让人们理解并接受预算决策的信息。

总而言之，公共预算与个人和企业预算不同，这不仅是必须的而且是合理的。公共预算不仅需要公开解决矛盾冲突，而且涉及一系列不同角度、不同利益的参与者。此外，做出有关开支决定的人，并非真正付账的人，而这一事实也带来了民选官员的反应能力以及向公众交代清楚的问题。公共预算由于被高度限制，被各种规则包围，因此或多或少显得僵化，但同时又对环境开放，环境的变化反过来也会对其产生影响。

小案例：政务市长回应尖刻的预算批评

伊利诺伊州的迪卡尔布市设置市议会——政务市长制。曾经有一个积极的、以政策为导向的市长，这个市长热衷于商业发展和扩张，但最近被一个主张在新发展和现有社区间保持平衡的候选人击败。就在新市长和新的政务市长上任不久，当地报纸就刊登了一篇社论，批评新任政务市长的财政实务。

这篇社论含沙射影、夸大其词、错误百出，显然是诋毁新政府及其平衡增长的政策之辞。文中说到，税费不断攀升，这座城市的基金节余已经太大（说明征税并无必要），此外新增的收入也去向不明。该社论进一步指控说，前政府管理严明，新市长接手之时该市财政状况良好，但现在工作人员不断辞职也不弥补空缺，据说是为了省钱。文章暗示新的政务市长和市长正在把事情弄砸。

作为回应，新任政务市长给编辑致信。在回复里，他列举了从前任政府承袭下来的问题，并说明他接手时，该市的财政状况并没有那么好。财产税增加是因为州政府的强制要求，而销售税增加则是由于增税特区的缘故，该区是几年前为经济发展提供资金而建立的，此外接手时已经签署的政府间协议也会产生销售税方面的义务。销售税产生的实际收入进入该市普通基金的金额非但没有增加，其实正在减少，因此关于增加的收入去了哪里的问题，完全没什么可迷惑的，与社论所说正好相反。

最后，社论说该市增加了对开发商的收费，以支付目前和未来的增长成本，这是正确的。因为新政府的目标是经济增长需要自我供血，而不是由社区居民补贴。政务市长说这种做法很普遍，不仅在全国各地，与迪卡尔布市相互竞争的邻近城市也是如此操作的。这一收费政策正好体现了现任和前任政府之间的政策差异。

各式各样的参与者

公共预算的参与者通常都有不同的，甚至经常相互冲突的动机和目标。在行政管理方面，各部门负责人、预算官员以及行政长官都会参与预算编制流程，而在议会方面，议员及其工作人员会提出建议，并对提给他们的建议作出反应。不时也会有利益集团参与其间，有时公民也会发挥作用，新闻界也会参与预算问题，法院也不时在预算中扮演角色。那么，这些参与者到底想要达到什么目的呢？

各部门负责人。许多学习预算的学生会认为，政府各部门的负责人为了扩大个人势力，总是期望自己的部门扩张，但其实很多官员的动力是有机会为人们做点好事，比如为无家可归者提供住房，让饥饿的人有饭吃，为失业者找到工作，向残疾人提供资助等。[1] 人事管理办公室（Office of Personnel Management）在 2014 年针对联邦雇员的工作态度所进行的调查表明，回应调查的 95.3% 的管理人员均认同或强烈认同自己所从事工作的重要性。其部门扩张的动机不仅比传统模式显示的结果包含更少自私的成分，而且就算遇到机会，部门负责人有时也会拒绝扩张。[2] 管理者可能更愿意雇用更少但更有能力的雇员，如果无法提升部门办好事情的能力，就会拒绝增加人手。如果新的任务导致当前的任务一团糟，或看起来和当前的任务冲突，或者如果实施一个项目所需资金超出了已有资金，因此逼迫部门若不动用当前正在进展项目的资金就干不好工作，[3] 在这些情况下，部门扩张就未必受欢迎。此外，大多数官员都认为，自己的工作就是执行行政长官及议会确立的政策。如果政策是预算削减，那么部门负责人就会裁撤机构。有时，部门负责人恰恰是因为愿意削减机构才获得任命的。[4]

因此，官员们并不总是想扩大其部门的预算。他们还有其他能与扩张匹敌的目标，有时这些目标更为重要。此外，他们的成就也可以用其他方式，而非预算的扩大来衡量。他们可能会努力获取特定的预算项目，而未必是预算总额增加，他们也可能会尽力去改变法律条款里的措辞。他们可能会为部门及安全筹资争取法律依据。他们的目标可能是提供更有效率和效果的服务，而非貌似扩大却更加昂贵的服务。

行政预算办公室。预算办公室传统的工作一直是审核各部门提出的预算申请，一旦发现有浪费就予以取消，并控制大部分新增支出的资金要求。一般来说，行政分支的预算办公室会被认为是唱反调者，是公共钱包的保护者。预算办公室的大多数员工都对预算平衡、避免赤字、管理现金流以便手头有钱付账等事项非常清楚。因此，他们往往对新的花钱需求疑虑重重。

在国家层级，从里根时代开始，预算变得更加自上而下，管理和预算办公室（Office of Management and Budget，OMB）的局长会建议具体的预算削减项，并直接与国会进行谈判，而无须对政府各部门提出的预算要求进行大量审核。从此，OMB 在通过预算实现总统的政策目标方面介入更多。[5] 在州一级情况也类似，预算办公室的功能有所演化，越来越从关心技术性目标转向关注政治和政策性目标。如果州长需要新的支出建议，预算办公室很有可能为其提供。

行政长官。如果对本人缺乏了解，行政长官（如市长或政务市长、州长、总统）的目标就很难预测。有些行政长官一直在扩张，提出新的方案；有些人则一直很节俭，不断削减议会提出的方案，进行人员重组，并试图在不增加税收或支出的情况下维持现有的服务水平。无论行政长官的政策取向如何，他们一般都希望拥有更多权力，以便将这些偏好纳入预算提案中。在大多数州，州长制定预算提案，拥有强大的否决权，而且年内如果收入没有达到预测水平，他往往还能削减预算以达到预算平衡。如下面的密苏里州小案例所示，这些权力可以用来推翻议会的偏好。同样，在威斯康星州，2008年投票通过了一项宪法修正案，以限制州长那所谓的"科学怪人否决权"，这一权力允许州长从不同的句子里划掉一些词语和数字，从而创造一个新句子，以此改变了议会的决定。道尔州长一直在利用这种权力增加学校开支，并允许地方政府增收财产税，而这些均不是议会的意愿。尽管通过了修正案，威斯康星州州长的预算权力仍然极强，仍然可以从预算提案的一个句子里删除词语，从一个数字里删掉位数上的数。

小案例：减少州长权力的密苏里宪法修正案

　　2014年11月，密苏里州的选民们以三分之二的多数意见通过了宪法修正案，允许议会推翻州长本年度扣留资金的决定。本修正案还能防止州长提交其收入尚未经议会批准的预算提案。

　　据一些观察家说，民主党州长杰伊·尼克松（Jay Nixon）利用预算扣留这一手段，防止议会通过额外的减税措施。州长希望议会通过全面税收抵免改革，批准使用联邦资金来改善和扩大医疗补助计划。对于他的预算要求之外的额外开支，他均予以否决或扣留。他反对议会增加的开支项目，认为很可能会导致未来几年花费激增。州长坚持认为，州财政不能靠可能被推翻的否决权进行管理，因而议会不能推翻他在本年度削减资金的决定。

　　尼克松州长在其任期内阻止了十亿多美元开支。仅2011年，他就削减了45个项目的资金。他声称削减的大部分资金用于风暴救济，但后来审计显示当年扣留的1.72亿美元中，只有780万美元用于救灾，导致人们认为他是通过重做当年的部分预算来将其目标强加给议会。通过宪法修正案，共和党主导的议会捆住了民主党州长的手脚，并将相当大的预算执行权还给了议会。

资料来源：Associated Press, "Voters Approve Amendment Limiting Governor's Budget Powers," November 4, 2014, http：//www.abc17news.com/news/voters－approve－amendment－limiting－governors－budget－powers/29540868; Marshall Griffin, "Schweich Releases Audit Critical of Nixon's Withholding of Money from the Budget," St. Louis Public Radio, September 8, 2014, http：//news.stlpublicradio.org/post/schweich－releases－audit－critical－nixons－withholding－money－budget. See also Jay Nixon, Office of the Governor, "Governor Nixon Restricts $400 Million From Fiscal Year 2014 Budget, Citing Costs of House Bill 253, June 28, 2013," online at https：//governor.mo.gov/news/archive/gov－nixon－restricts－400－million－fiscal－year－2014－budget－citing－costs－house－bill－253.

议员。正如行政长官有时会被错误地打上财务保守的标签，议员们有时会被描述为总是试图增加开支。[6] 之所以这么说，是人们认为议员连任的成功取决于他们给自己的选区提供服务和"猪肉"，也就是工作机会和资本项目的能力。议员们不愿意互砍"猪肉"，免得自己的提议被砍。正如一个市议会议员所描述的互惠原则，"这是个不成文的规定，如果某个议员的选区正发生某事，我们就赞成，互惠互利嘛。"[7]

虽然这幅场景有一定真实性，但"猪肉"在预算里（更恰当的称呼应该是议会专项拨款）的重要性被夸大了。专项拨款是预算提案中指定用于特定公司、特定合同、特定地点或特定项目的花销，或给予特定公司或个人的税收优惠。就算最多的情况，专项拨款也从未超过联邦预算的1%。

在国家层面，专项拨款饱受攻击，并非由于数额巨大，而是因为数量和成本似乎失控，而且其中不乏令人尴尬的浪费。更重要的是，其中存在甚至诱发腐败：一些议员已经给为其竞选提供捐款或其他好处或礼物的特定公司和个人提供专项合同或税收优惠。由此产生的丑闻促进了改革，最初的结果是花销的透明度提高，后来所有党派都承诺放弃专项拨款。2007年布什总统就指示各部门对任何未写入法律的国会专项拨款不予理会。奥巴马总统在2011年的国情咨文中也表示，他将否决任何附加专项拨款的法案。

虽然有些议员已经找到了绕开控制的方法，但证据显示，议会专项拨款的支出已经大幅下降。图1.1就说明了这一下降趋势，图1.2则显示了专项拨款数量减少的情况。

如今，议员似乎更倾向于支持小政府和减税项目，而非扩张的计划。想要预测议员的政策目标，几乎和想要预测行政长官的政策目标同样困难。都必须按项目逐一检视。

利益集团。利益集团也经常被挑出来当作支出增长背后的推动力。据说他们希望自己的成员获得更多利益，并且不在乎总体预算平衡或增税的副作用。据报道，资金充裕的利益集团经常招待议员们吃吃喝喝，还为那些同意自己主张的候选人提供竞选资金。

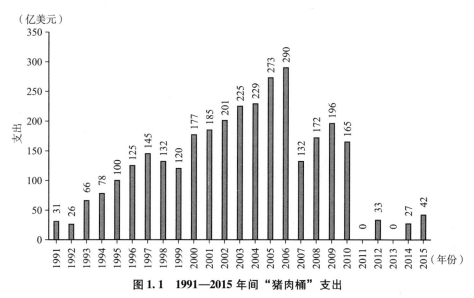

图 1.1 1991—2015 年间"猪肉桶"支出

注："猪肉桶"（pork-barrel）是美国政界经常使用的一个词汇。南北战争前，南方种植园主家里都有几个大木桶，把日后要分给奴隶的一块块猪肉腌在里面。"猪肉桶"喻指人人都有一块。后来，政界把议员在国会制定拨款法时将钱拨给自己的州（选区）或自己特别热心的某个具体项目的做法，叫作"猪肉桶"。——译者

14

资料来源：Reproduced with permission from Citizens Against Government Waste, 2015 Congressional Pig Book, online at http：//cagw. org/reporting/2015 - pig - book#historical_trends.

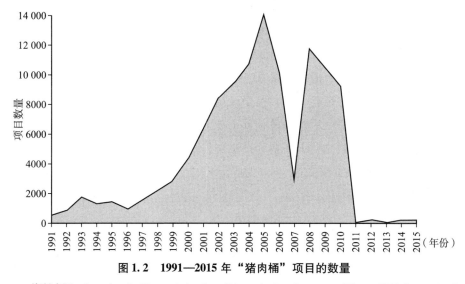

图 1.2 1991—2015 年"猪肉桶"项目的数量

资料来源：Reproduced with permission from Citizens Against Government Waste, 2015 Congressional Pig Book, online at http：//cagw. org/reporting/2015 - pig - book#historical_trends.

　　这幅图画部分真实，只是过于简单。除了预算高低外，利益集团们还有其他政策目标。大多数利益集团只有在发生危机，如出现威胁资金的情况时才会关注预算。当项目遭到威胁时利益集团通常都靠得住，他们降低了预算决策者的灵活性，因为有强大利益集团支持的项目很难被裁减。但预算的许多领域并没有强大利益集团的支持。比如，对外援助计划就几乎没有国内选区的支持。某些政府部门甚至可能有消极选区，亦即期望减少资金并终止其项目的利益集团。美国医学协会（American Medical Association）多年来就一直在努力废除健康计划这一项目。通常，当利益集团介入时，就不止一个，这些不同的利益集团可能有互相冲突的风格或目标，在争斗中彼此消减或吸收对方的能量。一个代表着更广泛地区和选区的利益集团联合体或许能

15 更为有效地进行游说。为此，联盟可能会形成，但部分联盟成员可能并不赞同他人的行事方式，因此该联合小组能够游说的项目范围也可能非常窄。想让两个或以上独立团体一起进行游说工作，需要进行大量协商和不懈的努力，但随后这种联合就可能分崩离析。有时，利益集团对保持自主权更有兴趣，而不愿加入一个虽有效但未必愿意对他们关注的问题同样热情的游说联盟。此外，有些利益集团更愿意降低税收，而不是维持或增加支出。

　　公民。在需要进行公民投票以限制政府收入、禁止某种形式的税收、要求预算平衡，或修改宪法以限制行政预算权力的时候，公民在公共预算中就能发挥作用。他们可能会发起一项提案，要求教育经费占政府收入一定的百分比，否则就锁定其预算优先级。他们有时会在预算听证会上发表意见，或回复民意测验，或致电或写信给自己选出的代表。通常，他们对预算的了解不太详细，但他们对税收是否可接受以及支出的优先次序之类的感受会对公共预算造成制约。公众对隐性税收以及指定专项支出的税收的偏好对形成税收结构尤为重要。面对有关腐败的报道，公民们已经作出反应，他们采用公民投票的方式设立监察长（Inspector General）办公室，以监督财政支出，揭露欺诈和滥用行为。

　　有 24 个州的公民可以在选票上附加一项建议。其中许多建议都涉及预算问题，有时会要求增加某项毫无收入来源的支出，或要求减税的同时不能削减开支，或要求为增税的部分做出补偿。例如，在华盛顿州，一位公民就

建议降低①学校里班级的规模，这一建议预计在 2016 及 2017 财政年度会造成大约 20 亿美元的支出，而随后两年的支出则将增加到 27 亿美元。然而公民的建议里却完全没有提及这笔钱应该从哪里来。[8]

法院。法院在预算中的作用是间歇性的。[9] 当一些预算参与者，通常是利益集团发起针对政府的诉讼时，法院才会介入。影响预算的诉讼可能会涉及政府提供的服务水平或特定税收形式的合法性。如果某一税收被判定违宪，结果通常是政府丧失财政收入。而如果诉讼关乎服务水平，政府则可能会被迫在这项服务上花费更多的钱。

宪法要求为公立学校提供充足的资金，或避免残忍和非同寻常的惩罚，往往使法院参与强制支出的决定。例如，在公立学校多年资金不足之后，华盛顿州最高法院对州政府处以罚款，对它拒不遵守法院判决、不能为教育提供足够经费、不减小班级规模、不提高教师薪酬的每一天罚款 10 万美元。法院于 2012 年做出了改进要求，但根据法院反馈，州政府几乎没有行动，于是在 2015 年 9 月，法院控告州政府藐视法庭，但同意等到 2015 年议会召开会议后再实施制裁。如果州长和议会未能拿出整改方案，便会遭到罚款。其他州政府也与法院就学校资金问题有过争斗，结果均受到制裁威胁。新泽西州最高法院就曾关闭学校 8 天，2016 年堪萨斯州最高法院也曾威胁说，如果没有足够的资金，就关闭学校。[10]

针对政府的损害诉讼也可能影响支出。而且通常都是在不考虑政府支付能力的情况下结案的。结果可能是政府必须对预算的其他项目进行强制缩减，提高税收，甚至破产。一旦法院参与，还可能强制某预算项目的优先级别。他们在预算中引入一种固化机制，说应该这样做，或应该先付那个钱。

法院还可以干预哪些参与者在预算决策上有更大权力。在纽约州，法院裁决支持州长而非议会；而在马里兰州，法院则裁决州长必须为议会几年前通过且经州长批准的项目提供资金；在芝加哥，法院已经参与决定监察长的独立性程度的事项。

法院有时会判断政府项目是否合法、是否权力受到侵犯。在国家层级，最高法院裁定奥巴马政府的医改法案符合宪法，其中包括收入增加和支出削

---

① 原文为"扩大"，疑有误，根据所附网页查询后修订。——译者

减的内容。除了学校经费问题外，州和地方政府法院会强制支出的地方，通常还包括监狱过度拥挤（被视为残忍和非同寻常的惩罚），以及不将精神病和精神障碍患者送入专门机构。从法院的角度来看，维护权力比注重当下的预算平衡、政府部门的自主权以及地方的优先事项更为重要。

法院还越来越多地参与破产案件和养老金筹资问题。在这两种情况下，最关键的问题是，政府在什么情况下可以回到有法律甚至有时是有宪法保护的承诺之前的状态（参见如下有关新泽西州的小案例）。

小案例：法院和新泽西州的养老金改革

2011 年，新泽西州长启动了一项养老金改革法案，以开始弥补多年来该州未能向其养老金计划交付年费的问题。协议要求同时提高雇员和州政府应缴的年费，以弥补以前年度资金不足的情况。该项改革包括州政府终止其之前不缴纳全款行为的承诺，而雇员们则获得州政府增加缴费这一可执行合同的权力。

然而，州长违反了自己的改革法案，并没有完整缴纳州政府应缴的份额，结果则是诉讼直达州最高法院。法官们以 5 票赞同，2 票反对，判决州长和议会依法不能增加对养老金计划缴费的金额，因为本州宪法规定，如果不经全民投票同意，禁止议员强加给州政府超过预算1%的财政义务。而根据改革法案，州政府的付款义务将接近预算的7%。

雇员工会质疑说2011 年的法案只是要求支付现存债务，而非新增债务，但法官争辩说，这并不重要，并判决2011 年防止州政府少支付养老金费用的改革法案无效。法院宣称，虽然州长和议会打算订立一项合同，但他们其实无权这么做，因此可以不遵守这一非法合同。

资料来源：Andrew Seidman and Maddie Hanna，"N. J. Supreme Court Sides With Christie in Pension Case," Inquirer Trenton Bureau, June 9, 2015 online at http：// www. philly. com/philly/news/politics/20150610_N_J_Supreme_Court_sides with_ Christie_in_pension_case. html#IUpA1 tts-FLpkJwfE99.

新闻界。新闻界在公共预算中扮演了几个角色。一是它有助于书面传播预算决定，用更加平白晓畅的语言，而非预算文件中的术语来解释这些决定的重要性，为公众提供了问题的框架。二是记者们喜欢寻找冲突、丑闻或权力滥用来营造故事。三是可以利用社论来要求减少开支、减税，或反对特别提议的开支削减。他们对应该在公民投票中投赞成票还是反对票提出建议，并告知公民通过或未通过这些措施的可能后果。

这些不同的预算参与者们，不仅预算目标不同，甚至可能彼此冲突，在 18 不同的时间段还可能行使不同级别的权力。法院、新闻界和社会公众并不经常参与决策，他们偶尔能影响预算，有时能决定预算。而对预算的常规参与者来说，不同偏好和不同权力水平的组合在预算编制流程中编排成曲，才能达成协议，大家继续遵守规则，留在游戏中。如果有些参与者在预算开始或批准阶段在重要问题上吃了亏，他们可能会在以后的预算执行阶段施加影响，让自己受惠。有些预算权力较低的参与者可能会试图改变预算编制流程，以便下次有更好的机会影响结果。如果有些参与者觉得自己对预算无能为力，也可能会退出或成为预算的阻挠者。如果不管做什么结果都对你不利，那还参加协商干什么？

纳税人和决策人分离

公共预算的主要特点之一就是付账的人并不是决定如何花钱的人。民选官员很有可能想将钱花在纳税人不愿意的地方。随着时间的推移，这个问题及其解决办法在地方层级越发明显。

19 世纪后期，解决这个问题的办法是由纳税人团体从自己的成员中选举市长、议会或委员会成员。[11]纳税人和决策者就算不是同一个人，也会拥有相同的社会阶层和利益。当时，几乎所有地方税收都是以财产税为基础的，在很多地方，只有拥有财产的人才能投票或竞选公职。在这些纳税人的控制下，地方官员把钱花在让他们受益的项目上，比如公共集市、港口、道路和桥梁。

多年后，随着更多穷人迁入城市，没有财产所有权的人也开始获得投票权，在付账的富人、受益于政府服务的穷人，以及提供服务的民选官员之间，开始出现鸿沟。决定征税和开支的人不再受主要纳税人支配。富人希望将他们缴纳的税钱花在哪里，以及民选官员实际花在哪里，开始出现分歧。当税款没有花在富人身上时，他们就反对征税，抗税动乱开始普遍。

到了20世纪，随着移民和蓝领家庭购买房屋，拥有财产所有权的人增加了。此外，在地方层级，税收已经从主要是财产税转向了依赖销售税。结果就是到了现在，并无纳税人与税收的使用者或政府服务的消费者之间的阶层区别。每个人都缴纳地方税，包括城市里相对贫穷的人也是如此。因此，关注的焦点就从是否每个人，还是仅仅少数人应该从公共税收受益。对于只惠及少数人的服务，问题就出现了，为什么每个人都要为他们买单呢？

在国家层级和部分州，纳税人和受益人之间的紧张关系依然存在，因为所得税的累进征收，免除了赤贫之人的税负，同时对富人征收的税款又远高于中产阶级。其结果就是持续不断地、以缓和的阶层战争来努力将税负上下移动。

在各级政府，那些期望只为很小的群体提供服务，同时又想要他人为之买单的人，必须具备战略性。他们可以与同样只为小群体争取利益的他人组成联盟，他们容忍一些别人想要的项目，以换取对自己喜欢的项目的支持。尽管如此，许多预算中还是有些支出项目，无法与其他群体达成利益平衡。此类支出很可能引起政治上的争议，因此可能会被伪装或隐蔽起来。

有时，是否会有政治上的压力取决于认知或表达，而非项目的真实特征。拥有固定收入的纳税人常常瞧不起那些不工作的人，认为自己为他们支付了福利费，这种支出他们认为自己当前没有受益，未来也不会受益。但换个角度看，当经济不好或老员工遭到裁减时，任何人都可能落到需要失业救济，甚至需要福利的地步。如果纳税人将自己也视为未来安全网的受益者，或许就愿意支持了；但只要将这种支出视作仅有他人受益，自己永远不会需要，他们就很有可能反对。纳税人与预算决策者之间的分离，凸显了符号政治的重要性，也就是说，支出被表达和被看待的方式。仅对极少人群有利的支出如果被表述大家共同受益，无论事实如何，都可能幸存。

有时候，针对仅仅指向少数人的支出，或少数人受益的税收减免，很难令人信服地论证说人人均能从中受益。民选官员很可能将这些成本模糊，或让其看起来比实际金额更小，以避免争议或降低反对的声音。由于某些预算决定未必每个人都会接受，因此预算决策的基础也并不总 20 是明确的。

在民主制度中，预算文件是公共问责制的重要手段，决策者向纳税人报告税款的具体用途，因此文件的清晰度和开放性至关重要。公众的代表是否按照大部分市民的希望花费税款，还是将钱花在少数有政治影响力的人群要求的项目、计划或税收减免上？公民通常看不到决策过程，但他们和新闻界可以查阅预算文件，并从中寻找答案。如果预算足够清晰，他们就能看到官员是否信守了承诺。

近年来，预算的可读性、其内容的包容性和信息量方面均有很大进步。为了实现更高的透明度，预算人员已尝试按项目对支出进行分类，并为每个项目设立绩效目标和考量方法。在国家层级，1993 年的《政府绩效和结果法案》（Government Performance and Result Act，GPRA）于 2011 年更新为《GPRA 现代化法案》，按照其要求，所有联邦部门都必须制定项目计划和绩效考量措施。对各级政府的预算设立绩效目标的目的是为了扩大问责的观念，将预算仅仅记录花费的功能，扩展到也能呈现花费的效果，进一步让公职人员对项目的结果和影响负责。预算朝着改善问责制、更好的报告体系及更具可读性的转变，表明了公职人员应该少受事先限制，应该允许他们利用自己所受的培训和最佳判断来做决定，但事后，也应该对其选择负责。对所作所为以及决策后果的准确报告，在这种工作模式下绝对必要。但如果民选官员做出了让某些公众并不赞成的选择，为免遭到公开攻击，官员们很可能不愿意报告这些决定的细节。政治对手也会利用绩效数据来攻击某政府部门、某项目或某管理者。面对攻击的脆弱性，导致官员们对收集并公开有问题项目的数据非常犹豫。如果已经犯下了错误，官员们也很可能不愿意披露这部分事实（见随后的小案例：篡改审计报告）。

每一份预算要呈现什么、如何呈现，或多或少都是选择性的。选择性呈现的艺术是公共预算的组成部分。预算里包含的秘密的数量，随着不同的管理者而发生变化，因此需要持续监控。

小案例：篡改审计报告

　　审计报告对事后问责至关重要，因此毫无疑问必须公正、公开。但想要隐藏不法行为的欲望，或存在任人唯亲、无能、监管松懈或赤裸裸的腐败行为，有时会导致拒绝公开审计报告，或对涉及前述情况的部分进行编辑（又叫编修）。在最近的一个案件里，美国国际开发署（US-AID）监察长被举报从 2011 年至 2013 的报告中删除了部分重要内容。据称，由于他当时仅是代理职务，并正在申请正式职位，因此力图避免发生争议并淡化对该机构的批评，以期有助于自己申请成功。《华盛顿邮报》指出，他办公室发出的一份报告经过编辑，从 20 页缩减到了 9 页。

　　资料来源：Scott Higham and Steven Rich，"Whistleblowers say USAID's IG removed critical details from public reports," Washington Post，October 22，2014. http：//www. washingtonpost. com/investigations/whistleblowers－say－usaids－ig－removed－critical－details－from－public－reports/2014/10/22/68fbc1 le4－b03f－de718edeb92f_ story. html? hpid＝z2.

对环境的开放性

　　对问责制的需要也就意味着，经过公开流程通过的预算应该同时也是实际执行的预算，预算应该合理反映公众的愿望及目标不同的预算参与者之间达成的协议。但公共预算对环境开放，这意味着它们也必须具有合理的灵活性和适应性。

　　对环境开放包含了许多不同因素，例如现有资源的总体水平（如应纳税财富的变化或目前的经济状况）及各种紧急情况，如大雪、龙卷风、战争、桥梁坍塌、旱涝灾害、化学物品爆炸、恐怖袭击或水污染等情况。舆论的变化也可能导致预算优先次序的改变。

　　联邦制度以及由此产生的国家、各州和地方政府之间的关系，对预算参与者来说，也是不断变化的环境的关键组成部分。州政府可以直接接管地方收入，让地方政府财政短缺，比如加利福尼亚州就这么做了；州政府还能限制地方财产税的上限，同时却强制地方进行昂贵的支出，纽约州也已经这么

做了。联邦政府可能给州政府或地方政府提供补贴，但金额却可能年年不 22
同，或要求将某些补贴用于特定项目，或要求补贴接受者执行州或地方政府
并不期望的支出模式。

说预算对环境是开放的，不仅是因为收入会发生变化、会出现紧急的支
出需求，框定了责任及收入来源的不断变化的政府间关系，而且还因为决策
本身就是公开的：委员会关于预算的听证会是公开的；收入和支出建议是公
开的；新闻媒体会报道；公众可以通过社论、博客和写给编辑的信件参与辩
论；提案及已通过的预算法案可供公众查阅，还提供了计划和实际支出间的
比较。整个预算过程都是在公众监督下进行的。在此情况下，和私营机构相
比，潜在的令人尴尬的错误更难隐藏，这可能导致某种谨慎。公职人员应该
学会适应在没有窗帘的玻璃房间里工作。

公共预算对环境的开放性意味着当意外事件发生时，预算必须具有适应
性。在国家层级，补充拨款法案可以帮助政府处理紧急情况，如战争、飓风
或地震。在州和地方各级，也可能会建立应急账户为意外事件提供资金。预
算制定者的目标是建立足够的灵活性来管理出现的问题，而不必改变不同观
点的参与者经过复杂的公共谈判达成的基本原则。

限制

公共预算比私营企业或家庭预算更受限制。联邦政府可以强制州政府拨
付无关的支出项目作为接受补贴的条件，州政府也有权告诉地方政府该做什
么以及如何做。有些州规定了地方政府预算的格式以及必须包含的信息。有
些州还可以限制地方政府的借贷，甚至要求所有地方借款均需经州一级批
准。现在之所以强调事后报告而非事先控制，是因为事前控制手段已经太
多，以至于政府管理人员一段时间内无法完成任何事情。因此，除了强调事
后报告以外，一些之前的限制因素也已经被移除。

基金结构是对公共部门的制约因素之一。公共预算是以"基金"为
基础的，也就是说，需要为不同的目的设置不同的账户。金钱只能通过
这些账户支出，而不能在账户间自由转移，若确需转账，通常也需要明
确的理由和批准。每个账户或基金都必须保持平衡，亦即收入必须等于 23
或大于支出。这结果就是不仅仅有一条底线，而是存在多条底线，这与

家庭或企业大不相同。想要在这些约束条件中创造一定的灵活性，确实需要不懈的努力。

另一个主要的限制条件是税收和借款限额。对州和地方政府而言，收入限制了支出，因为预算平衡是法定要求。如果对借款水平和累计债务总额也有限制，那就更难通过借款来规避平衡的要求了。设置税收限制是州法律及宪法的共同特征。议会绝大多数人通过才能增税的程序要求，使得某些州不管实际支出水平如何，想要增税都无比困难。

在国家层级，大部分政治方面的制约和借款水平有关（有关这一特定约束的情况，参见后文小案例：联邦债务限额）。在州一级，近年来的焦点是限制税收，其中最严的税收限制之一，就是科罗拉多州于 1992 年通过的宪法修正案：《纳税人权力法案》（Taxpayers' Bill of Rights，TABOR）。这一法案已被视为其他州应该向其看齐的典范，但其严厉的限制已经在科罗拉多州造成了许多问题，因此损害了其声望（见后面的小案例：高度约束的预算——科罗拉多 TABOR 修正案）。

小案例：联邦债务限额

与州和地方政府不同，联邦政府的预算并不需要每年平衡，因此它可以借钱来弥补收入和支出间的差距。自 1917 年以来，联邦政府就已经有了债务限额。在很长的一段历史时间里，债务限额已有所增加，以允许必要的借款。联邦借款反映了已经作出的支出承诺，因此，如果不提高债务限额，将导致不能按时付账，而这将导致影响国家公信力的重大后果。在 2011 年备受争议的运动中，共和党人就以不投票支持提高债务限额为威胁，要求民主党和总统接受削减未来开支的要求。

未能提高债务限额以及随后而来的违约后果被认为如此严重，以至于国会的民主党和总统为了增加债务上限而最终屈服，为了获得共和党人的投票而削减了亿万美元的开支。到了 2014 年 2 月，总统强硬地表示不能第二次屈服于共和党的威胁，于是国会暂停了为期一年的债务上限。到 2015 年 3 月，债务再次触顶，迫使财政部采取特别措施，以确保手头有足够的现金支付账单。到了 2015 年晚秋，当这些措施将被用尽时，国会才同意再次暂停债务上限直到 2017 年初。

资料来源：Mindy R. Levit, Clinton T. Brass, Thomas J. Nicola, Dawn Nuschler, and Alison M. Shelton, Reaching the Debt Limit: Background and Potential Effects on Government Operations, Congressional Research Service, July 27, 2011. Peter Schroeder, "Debt Limit Deadline Now Seen at End of 2015," The Hill, May 18, 2015 http://thehill.com/policy/finance/242404 – debt – limit – deadline – now – seen – at – end – of – 2015. Chad Stone, "Four Things to Like in the Budget Deal," U. S. News and World Report, November 6, 2015, http://www.usnews.com/opinion/economic – intelligence/2015/ 11/06/4 – things – to – like – in – the – debt – ceiling – budget – deal.

想要控制借款，导致了一系列限制，而想要防止滥用酌情处理权，又导致了另一系列限制。一旦措施到位，这些限制手段有时会变得很僵化，甚至受宪法保护，持续多年，有时导致限制出现的问题本身已经消失了很长时间，限制手段却依然存在。对预算采取限制手段的第三个原因是为了便于监督。如果每个地方的预算都使用不同格式、包括不同信息，对平衡的定义也不同，那各州就无法轻易地监督地方的预算和财政状况。因为州最终需要对地方政府的财政负责，因此他们对地方政府的财政健康很有兴趣，也想尽快识别可能会陷入困境的地方政府。

之前对公共预算的限制手段，包括基金或账户结构，以及限制转账、税收限额、借款限额，对增税或一般责任债券①问题需要公民投票通过、统一预算格式、统一会计规则。此外，针对雇员的数量和级别，或要求对超过某一金额的合同或购买进行招标等方面，也可能有单独的规定。

近年来的改革已经导致这些事前控制逐渐减少，比如针对支出总额单独设限或针对员工的要求等方面都放宽了。要提出减少限制的建议，有时首先会涉及最初引发这一限制的原因，而削弱控制也可能会导致有些仍有价值的政治或政策工具被移除。因此，1993—1994 年间，克林顿政府敦促

---

① 美国的市政债券大体可分为两类，一般责任债券（general obligation bonds，或 GOs）和收益债券（revenue bond）。一般责任债券指的是由州、市、县或镇（政府）发行的，而收益债券则是由为了建造某一基础设施依法成立的代理机构、委员会和授权机构，如修建医院、大学、机场、收费公路、供水设施、污水处理、区域电网或者港口的机构或公用事业机构等所发行的债券。——译者

25   给予行政部门官员更大的酌情处理权，其中包括人员配置水平。此后不久，
政府和国会就通过了《劳动力重组法案》（Workforce Restructuring Act），减
少了 27 万联邦雇员。尽管都在呼吁更多的机构自治，但每个机构仍然有编
制上限。

小案例：高度约束的预算——科罗拉多 TABOR 修正案

科罗拉多《纳税人权利法案（TABOR）》禁止州政府任何一个年度
的收入超过上年的水平（剔除人口增长和通货膨胀因素之后）。为了保
证教育经费不会因此导致削减，反对者于 2000 年成功地通过了 23 号修
正案，要求直到 2010 年之前，州政府以除了含通货膨胀率以外，每年再
加 1% 的比例以增加 K－12 教育支出。

从 2001 年开始，经济放缓影响了包括科罗拉多在内的许多州。然
而，科罗拉多的问题更由于先前存在的两个限制因素的结合而加剧，一
是收入限制，另一个则是强制增加支出。

与其说保持了政府预算的稳定，不如说 TABOR 产生了一个臭名昭
著的棘轮效应：允许的最大税基在经济衰退时会被少算，而根据此宪法
修正案的规定，则本州再也无法恢复以前的收入水平，也无法提供一个
充足的"雨天基金"来缓冲经济衰退带来的收入损失。随着收入下降，
预算的主要部分却在强制增加，官员因此被迫大幅削减预算里的其他项
目。而令人更加难逃此钳的是，TABOR 背后有共和党的强力支持，而
23 号修正案则为民主党力挺，两党都不愿妥协。

2005 年 11 月，举行了一轮新的公民投票 C。这下终于能永远消除那
臭名昭著的只减不增的棘轮效应，TABOR 对支出的限制也被暂停了五
年，但附加条件是超过 TABOR 支出限制的花费必须花在公共的 K－12
教育、高等教育、卫生保健和交通方面。[1]

2010 年，对 TABOR 的暂停到期，但由于公民投票 C 修改了经济衰
退和支出限制对预算的影响，州财政收入在多年间都低于 TABOR 上限，
因此，TABOR 并没有立即生效。然而，与 TABOR 的战斗还在继续，2011

26

年反对者提起了一项针对 TABOR 的联邦诉讼，声称修正案违反了联邦宪法，因为它取消了议会征税的权力。2015 年，美国最高法院将此案踢回巡回法庭审理，要求下级法院重新考虑其认为议员能提出这一诉讼的裁决。巡回法庭关于 TABOR 难题的裁决与最近发生在亚利桑那州的一起案件有关，在那一案件中法院裁定，人民是政府权力的来源，并认定立法权应该属于人民。因此，即使权力被明确授予议会，人民也可以自己投票通过法律。看起来，在对宪法的挑战中，TABOR 幸存下来了。

科罗拉多人只好与此法案共存，每当其限制变得过于紧张时，他们就投票决定抬高限制。由于该修正案是由道格拉斯·布鲁斯（Douglas Bruce）带到科罗拉多的，因此，通过地方公民投票突破法律局限性的做法，从此被称为"反布鲁斯行动"。现在，科罗拉多州的很多市县都开展了"反布鲁斯行动"或投票要求突破 TABOR 的制约。从 1993 年到 2015 年，在共计 543 个城市公民的"反布鲁斯行动"中，有86.4%获得了成功。[2]

2012 年丹佛市经历财政困难，针对其销售税（永久性地）和财产税采取了"反布鲁斯行动"，因此该市突破了 TABOR 的限制，其财政收入可以保持任意增长。最近，在州一级，州长提出了一个针对 TABOR 的变通做法，要求将某些专用基金不视为收入，这样就不会达到 TABOR 所规定的触发减税的收入金额。参议院否决了这项提议。

过去这些年来，超过 TABOR 所规定的收入上限可能引发的后果发生了一定变化。2015 年，首次将超额收入用于支付所得税退回（EITC），这有利于贫困的工人。退税金额为联邦退税总金额的 10%，而一旦开始，这将成为永久的税收抵免项。如果扣除这一金额后还有剩余收入，就会被用于临时降低所得税税率。如果剩下的钱不够负担税率降低，或如果降低税率后还有剩余的钱，那这些钱就会根据收入高低返回纳税人的口袋，也就是说，富人会得到更多的钱。2015 年，十五年来本州第一次能指望拥有足够的收入来触发退税。然而，如果议会通过且州长也签署了别的将导致收入减少的税收减免，那么退税的总额就会缩水。

有讽刺意味的是，退税计划于 2016 年兑现，而此时财政赤字已隐约浮现，因为退税是由于增加的收入，而不是因为由预算盈余，或盈余的规模大小引起的，只不过是收入的增幅大于人口和通货膨胀的增幅而已。收入的增长超过了 TABOR 的限制，但并不足以支付账单，因此造成了预算缺口，在公民获得退税的同时很可能也需要削减开支。而且，由于所得税退回已经成为永久基金，因此州政府对贫困工人的减税义务也必须维持下去。

---

1 Colorado Fiscal Policy Institute, Issue Brief, November 9, 2005.

2 Colorado Municipal League, "Municipal Elections, Revenue and Spending Changes," 1993—Fall 2014, pdf, online at www. cml. org.

资料来源："Lawsuit Seeking to Overturn TABOR Faces Federal Ruling on Justiciability," Huffington Post, February 15, 2012, www. huffingtonpost. com/2012/02/15/colorado – lawsuit – against – tabor_n_1279854. html. Megan Verlee, "How TABOR works: Tracking the Fate of Your 2015 Refund," Colorado Public Radio, May 7, 2015, http://www. cpr. org/news/story/how – tabor – works – tracking – fate – your – 2015 – refund.

公共预算中政治的含义

与个人或家庭预算不同，公共预算必然是政治性的。文献表明至少有五种看待预算中政治的主流观点：改革主义、渐进主义协商论、利益集团决定论、流程论、政策制定论。

- 第一种是改革取向的，它主张政治和预算应该是对立的，预算应该主要或完全是技术性的，不同项目之间的比较应该以效率和效果为基础。而政治，无论是民选官员、利益集团和选民的观点或优先排序，都是一种不必要的入侵，它降低了效率，让决策变得不够理性。改革主义的政治观，涉及专业工作人员的技术性预算决策观点和民选官员认为可以有适当政治性这一观点的界限冲突。

- 第二种是渐进主义者的观点，它视预算为发生在一组常规参与者，如政治家、预算官员、行政长官和议员之间的谈判，这些成员每年或两年开一次会，通过谈判做出决定。如果这一观点中也包含了利益集团，那也可以视为多元主义模型。这个过程是开放的,任何人都可以加入,也有胜算,总的结果是好的,因为每个人都可以得到一些东西但也不可能得到过多,于是,冲突就得到了缓和。

- 第三种观点,决定论,认为利益集团在预算过程中占主导地位。更 28
极端一点,这一论点认为越富有、越强势的利益集团越能决定预算。某些利益由利益集团代表,但还有一些利益却没有或由较弱的利益集团代表,因此结果根本谈不上民主。在这个模型中,可能存在大赢家和大输家。比起渐进模型,这个模型里冲突更广。关于政治的这一观点提出了一个问题,即利益集团是否代表了少数或多数联盟,甚至代表了某阶层的利益。这些利益集团在多大程度上代表了石油界、银行业或无家可归者,又在多大程度上代表了商界和劳工?

- 第四种观点,流程中的政治,认为预算编制流程本身就是政治的中心和焦点。那些有特定预算目标的人试图改变预算编制流程,以利于他们的政策偏好。各政府分支也会在过程中针对预算权力相互争斗。预算编制流程成为达成或否定政府分支之间制约和平衡的手段。对预算申请的审核程度,以及这种审核偏技术性还是偏政治性、粗略还是详细,均受预算编制流程的调节。利益集团影响预算的能力、公众在预算决策中的作用、预算决策的公开性,这些都属于预算编制流程里的政治。在这一观点中,具体参与者及其策略和目标或许重要,或许不重要,取决于预算编制流程中分配给具体人员的角色,也取决于外部环境是否允许一定灵活性的存在。

- 第五种观点,政策制定论,认为预算中政治的核心是关于政策的辩论,包括预算角色的辩论。支出水平、税收政策,以及经济衰退期间是否愿意借钱以维持开支,这些都是必须在预算考量中以某种方式解决的重大政策问题。预算或许能反映缓和经济周期的政策,或者能反映允许经济自由运行的政策。同样,预算必须为特定项目分配资金,并在此过程中决定联邦、州和地方政府的优先次序。这一观点强调权衡,特别是在预算的主要领域,如社会服务和国防或警察事务之间的取舍。这一观点还强调预算办公室在制定政策和预算格式以鼓励将各项目进行比较方面的作用。

这五种政治观都是随着时间的推移而发展起来的,因此常常彼此矛盾。29然而,其中某些部分均可能是事实,不同的定义可能描述了预算决策的不同部分，在不同时间从不同政府层级来看，可能都是准确的。

预算决策

本书探讨了预算决策过程中可能遇到的政治因素。那么，预算的决策过程是怎样的？我们已经知道，公共预算对环境的变化是开放的，而且必须应对政策冲突。政策冲突可能会推迟或阻碍某些特定决策，但其他预算决定则必须保证在独立的且没有遗漏的情况下做出，或就算确有遗漏，未来也能被修正。外部环境发生的紧急情况可以会更改原先的优先次序和已经确定的目标。因此，公共预算必须可分割、可中断，这一要求是通过将预算划分为独立但相互关联的如下决策环节来满足的：收入环节、流程环节、支出环节、平衡环节及执行环节。

每个环节的决策，都与其他环节不同，但可能参考其他环节已经或可能做出的决策。做支出决定的时候必须着眼于收入总额，就算还无法确定预计收入也是如此。不同环节可能会迭代进行，如用暂定的收入数来估计暂定的支出预计数，然后再用更新的收入估计数对支出的估计进行微调。决策的顺序可能年年不同。在某一年，平衡的定义可能没有改变，因此可以根据往年的定义来指导本年的权衡。但经过权衡后，到了下一年平衡的定义可能会被改变，因此需要随之调整支出或收入计划。有时，某个环节的决策速度比另一环节更快，因此可能需要猜测或预测其他环节的决定，若有必要，以后再行修改。

每个环节都吸引了不同个性特征的参与者，并形成了自己典型的政治模式。有些环节引发了利益集团的浓厚关注，有些则几乎不被关注。有些环节的特点是激烈的竞争和谈判，努力限制未来决策，努力限制公开竞争。有些被深深的意识形态分裂所烙印，而有些则似乎根本没有意识形态问题。在某些环节，技术观点盛行，而另一些环节里，则是民选官员和公众的优先次序主导，还有一些是两者的融合。

30   ### 收入环节

收入决定指的是假设在税收结构、税收水平或类型的政策均无变化的情况下，对下一年收入数额的技术估计。税收会提高还是降低？是否会有减税政策，若是，是针对何人而设计的？目的为何？会强调哪些税收？忽视哪些税源？针对哪些地区、经济阶层或年龄组？税务负担有多明显？在这个环节里，利益集团的参与度非常高。收入环节强调资源稀缺是预算编制的基本要素，同时也说明问责制和可接受性之间的紧张关系，这些，均是公共预算的特点。收入对环境也极为敏感，因为经济的变化会影响收入水平，而且社会公众的看法会影响公职人员增税的意愿。

流程环节

流程环节主要关注如何做出预算决定。谁应该参与预算权衡？各部门主管是否应该拥有独立于中央预算办公室的权力？利益集团的影响力应该有多大？议会或行政长官应该有多少权力？如何划分工作，何时作出具体决定？在这一环节里，就算有的话，利益集团所扮演的角色也是次要的。流程里的政治可能围绕着通过重新安排预算编制流程来最大化个人或团体的权力。如果相互竞争的政党分别代表行政部和议会分支，并试图影响政府各部门间的分离和平衡，这种权力争夺战就会变得很重要。流程的政治还可能围绕着诸如支出水平的政策，以及政府平衡预算的能力这类问题。

支出环节

支出环节主要涉及对将发生支出的技术性预测，例如根据公式推算的补贴，以及金额取决于失业水平的福利项目。但许多支出决定都与政策有关，如哪些项目的基金应该在什么水平，谁能从公共项目中受益，谁不能，哪些支出可以削减以及如何削减，应该保护谁的利益。比起在税收或预算编制流程的环节，各部门主管参与这些决定更多，利益集团通常也较为活跃。预算的支出部分强调为有限的资源而竞争，由此产生了权衡，也就是在不同项目 31里做选择。我们想在街头治安多花钱吗？这些花费能否减少在日托上的支出？在飓风救灾上花费更多，能否减少国防经费或为穷人提供住房的花销？

平衡环节

平衡环节考虑的基本预算问题是，预算是否必须与每年的收入相平衡，还是允许借款来达到预算平衡，如果是，可以借多少、多长时间、目的何在。预算平衡里的政治关心的问题是，是应该增加收入或减少支出还是两种手段均采取来实现预算平衡，从而反映出期望的政府职权范围大小的政策。有时，平衡里的政治还会强调定义，因为当权集团想通过将某些事项定义到预算外，而让赤字看起来小一些。平衡环节还需要处理一旦出现赤字要如何消除的问题。在国家层级，因为在经济衰退期间可能会为了帮助复苏而导致赤字，因此，利用赤字的能力就与赞成或反对利用预算来影响经济政策挂上了钩，尤其是将其用于缓解失业时。下述问题：如预算是否应该平衡、政府权力的适当边界、税收水平，以及政府在缓和失业方面的作用，均是公众关注的问题。公民关心哪些项目和服务可能被削减，以及哪些税费会提高。企业和投资者则关心哪些票据或债券可能不会按时或全额偿还。这些人，都可以通过公民投票和民意调查来参与这个环节。此外，代表更为广泛的社会阶层的不同纳税人团体及利益集团的联盟可能就这些问题进行游说。不同政党也可能在选举的政纲中包含自己的赤字政策。

预算执行环节

最后，围绕预算执行，还有一个环节的决策。实际支出与预算计划的费用应该多接近？要如何解释预算执行与计划的差异？在预算年度中，已经批准的财政预算法案能否后续重做？关键问题是是否需要准确地执行预算决定，以及遇到环境变化时作出调整的必要性。通常是通过将预算执行视为技术问题而非政策相关问题来解决潜在冲突。在预算执行中，行政分支的员工
32 承担着主要工作，而议会则扮演更小也更为临时的角色。利益集团在执行方面几乎不起什么作用。允许部分调整确实为年中政策变化开了口子，但这些变化通常会受到仔细的监控，发生时也可能导致公开的冲突。实施环节不仅要处理实际支出与计划支出的接近程度，还涉及如何有效、诚实、透明地花钱的问题。

预算的微观和宏观角度

前述五个环节概述了预算决策的性质，但并没有说明决策是如何做出

来的，以及为什么这么做。有许多预算参与者，各怀动机，千方百计从预算中获取想要的东西。对参与者及其策略的关注就是预算的微观角度。但参与者并不只是简单的讨价还价，或随便在走廊里遇到什么人就去商讨。预算编制流程不仅框定了各参与者的角色，还经常对他们所探讨的问题、需要做出决策和相互协调的时间做出了规定。并非所有选择都能自由做出，因为有些违反法律，或因为法院已颁布法令，或因为之前的决策者约束了他们的手脚。可获取的收入总额就是一种约束，对一些项目的普遍偏好或反感也是如此。预算决策不仅要考虑到预算参与者及其策略，还要顾及预算编制流程和环境的影响。对预算编制更加自上而下的系统性看法就是预算的宏观角度。当代的预算编制既重视预算的宏观角度，也关注预算的微观角度。

图 1.3 所示的因果模型可以用来表示预算结果的决定性因素。在此架构中，环境、预算编制流程和个人策略都会对结果产生影响。环境通过预算编 33 制流程和个人策略直接及间接地影响预算结果，但当紧急情况发生，环境就能无须通过任何途径而直接影响结果，导致优先次序的重新排列。因此一场战争或自然灾害就能抢夺正常的预算决定。

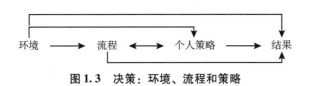

图 1.3 决策：环境、流程和策略

环境以多种方式影响预算过程。现有的资源水平，无论是实际的财富水平还是公民的纳税意愿，都会影响到预算集中的程度。在资源特别稀缺，或明显需要根据一系列政策削减预算，或针对某具体经济目标锱铢必较的情况下，就不可能满足自下而上的需求，这种需求是一种妥协，会导致不管需要与否每人都能分到少许收益的结果。而当资源充裕时，就可能采用更分散的预算模式，更少强调政策间的相互比较，不同政策支持者之间的竞争也相对较弱。

环境还可能影响预算的格式。收入增长时，可能会更强调计划，强调将预算与未来的社区目标挂钩，以刺激公众对新支出的需求。而当没有新收入时，计划就可能显得多余。面对不断下降的收入，就算当前的目标也难以维持，改变方向或设定新目标就更不可能了。

环境也可能作为之前决策的结果而影响预算过程。如果已经积累了巨额债务又找不到明显的方式来控制，或因为战争以外的原因预算快速增长，人们就可能会试图改变预算编制流程以控制支出和债务。相对而言，如果环境表明需要增加额外的支出，而当前的预算编制流程带来的增长非常缓慢，那么这个流程也会被相应改变，使支出决策做得更快更容易。

环境不仅仅影响预算编制流程，对预算参与者的策略也会产生作用。可获取的资源水平决定了参与者在是要求新项目以及扩张现有项目，还是努力防止项目遭到削减以及保护自己的收入资源免遭其他项目的侵蚀之间做出选择。资金的稳定性也会影响到行动策略。如果对一个部门承诺的资金无法到位，该部门主管就可能为了获得资金而进行持续的游说。在这种情况下，长期协议或未来协议都显得毫无价值，通过拖延预算分配时间来缓解冲突的可能性也将消失。不管需不需要，人们的注意力都会集中在追求当前可获得的东西上，因为真正想要的东西可能永远不会出现，因此不值得为之等待。

政府间的补助结构也是能影响行动策略的环境的组成部分。因为有些补助可能看起来是免费的，州和地方政府可能会把精力集中在获得补助上，而 34 不是如何提高当地收入。或者，他们可能会想办法减少想获得补助而需要自己支付的配套资金，或增加自己使用该笔补助的自主权。政府间补助可能导致一些支出相对低廉，一些缩减相对昂贵，因此，州和地方的预算官员可以从中进行选择。

法律环境也影响预算策略。例如，如果公立学校教师希望增加税收以资助教育，但州宪法却禁止所得税，教师就只有两种选择，或举行费时费力的宪法修订运动，或支持某种他们知道会加重穷人负担的税收。因此，环境也可以限制选择，进而影响预算策略。

在图 1.3 中，预算编制流程直接影响对策略的运用，对预算结果也会有一些影响。但在预算编制流程和策略之间有一个双箭头，表明个人的预算策略也会反过来影响预算编制流程。

预算编制流程以一些非常明显的方式影响着预算策略。如果流程中允许对公众和利益集团召开详细的预算听证会，实际上能影响决策，那么不同的参与者可能会集中精力在听证会上留下好印象。如果预算由行政长官编制，在议会批准前只进行肤浅的审议和形式上的听证，那么任何想影响预算提案的人，包括议员本身，都必须在这一进程早期，也就是行政长官提出最终提案之前就说出自己的想法，并让行政长官知晓。与行政长官进行非正式讨论，甚至向预算办公室打电话都是对预算施加影响的常用方式。如果预算需要做两三次，但只有最后一次生效，那么参与者们很可能一开始会哗众取宠，采用极端立场来吸引媒体注意，在做出最终决定时才采取更合理和适度的立场。预算编制流程以这样的方式对决策作出排序，其中有些是关键决策，而无论这些关键决策处于何处或于何时浮现，预算参与者都会将其战略重点置于其中。

当预算结果与某些集团的偏好相抵触时，该利益集团可能会尝试改变预算编制流程，以获得所期待的结果。当不满者联合起来就某一变化达成一致意见时，可能会导致预算编制流程的重大调整。如果该流程的改变导致预算权力在目标不同的人群间移动，那么这一改变就会对预算结果带来改变。

图中最后一个环节是预算参与者的策略和结果之间的联系。不同的策略对结果的影响是难以估量的，但忽略流程或环境的策略也很可能失败。预算参与者想要利用灵活性，就必须首先知道灵活性在哪里。试图绕过上级或愚弄议员的策略一般都行不通，而仔细记录需求以及看上去比较省钱的策略通常比较容易成功[12]。

总结和结论

公共预算编制具备所有预算的共同特点：如在可能的支出项之间做出选择，它必须平衡，它包含一个决策过程。但公共预算又有很多其特有的属性，例如对环境开放、参与者众多且目标不同、预算决策者与纳税人分离、使用预算文件作为公共问责的手段，此外公众预算还面临众多制约因素。

公共预算既是技术性的，又是政治性的。在这里，"政治"一词在预算决策中具有特殊的含义。预算决策必须具有灵活性、适应性和可中断性，从而导致结构上半独立的五个决策环节：收入、预算编制流程、支出、预算平衡和预算执行。每个环节均有自己的政治特征。

预算结果并不仅仅是预算参与者在一团混战里相互谈判的结果，还取决于环境和预算编制流程以及个人在预算中的策略。预算决策随着时间而变：利益集团的权力起起落落，竞争高高低低，预算编制流程本身也随之变动。当发生个人、委员会和政府部门争夺权力的情况，或环境变贫变富，利益集团的权力发生变化，以及丑闻或各类奢靡的情况出现时，预算编制流程均可能发生相应变化。

本书第二章至第八章描述了与每个决策环节相关的政治模式，以及因时而变的原因和模式。最后一章将决策环节集成到一个预算决策模型中，并说明不同决策环节之间的共性和差异。

相关网站

国会研究服务中心（Congressional Research Service，CRS）是国会下属机构，向国会议员发出报告以帮助议员了解与特定提案相关的问题及过往历史。他们的部分研究涉及预算题目。虽然这些报告并不发给广大市民，但其中许多研究都被转载于各网站。例如，对 2013 年国防部的预算申请的讨论就张贴于国务院（Department of State）网站（http：//fpc. state. gov/documents/organization/189140. pdf）。该网站还有分析宪法问题与患者保护和平价医疗法案（Patient Protection and Affordable Health Care）（Pub. L. 111 – 148 号修订）的 CRS 分析报告，这一法案有时也被称为奥巴马医改法案（http：//fpc. state/documents/organization/189134. pdf）。CRS 开放网站（www. opencrs. com）是个人可以张贴自己获得的 CRS 研究的维基网站。这些问题有时会包括预算问题，例如"减少预算赤字：总统的财政委员会和其他倡议"（http：//assets. opencrs. com/rpts/R41784_20110429. pdf）。北得克萨斯大学数字化图书馆（http：//digital. library. unt. edu/explore/collections/CRSR/）也收集了很多不同个人在不同网站上张贴的 CRS 研究报告。

州议会全国委员会（National Council of State Legislatures）（www. ncsl. org）介绍关于州预算编制和政策问题的基本信息。

关于预算问题的讨论，包括可能对不同经济阶层，尤其是穷人产生影响的议会提案的讨论，可以参见预算和政策选择中心（Center on Budget and

Policy Priorties）网站（www. cbpp. org）。该网站包括有关州预算问题的相关材料，并关注类似问题。税收基金会（Tax Foundation）的网站（www. tax-foundation. org）关注的问题有所不同，主要跟踪税负和税收的分配效应，包括联邦和州一级的企业税。虽然这些不同组织都有自己的观点和角度，但都以简明的语言对许多关键问题提供了基本解释。

　　关于专项拨款的数据，管理和预算办公室（Office of Management and Budget）在其网站上公布了 2005—2010 年的专项拨款清单（http：//ear-marks. omb. gov/earmarks – public/）。白宫的数据里不包括行政专项拨款，即唯一来源或非竞争性合同的项目。而有关专项拨款的不同看法，还可以参见公民反对政府浪费组织（Citizens Against Government Waste）及其国会"猪肉书"网站（www. cagw. org/reports/pig – book/#trends）。该网站记录了被贬称为"猪肉"的政府项目的增减情况。

　　选票百科（Ballotpedia）（http：//ballotpedia. org/wiki/index. php/Main_ Page）在说明公民关于税收和预算相关问题想法的技术方面有非常好的资源，该网站描述了公民投票和提出的提议及状态。

　　联邦人事管理办公室（Office of Personnel Management）每年针对员工对工作和工作场所的态度进行调查，即"联邦雇员观点调查"，从 2004—2014 年的调查结果均在网上发布，在 http：//www. fedview. opm. gov/即可查到。

第二章
税收中的政治

然而，如果你真的想提高税收，我就要跟你辩论一下。

——格罗弗·诺奎斯特（Grover Norquist）

我认为不可能设计出一个永不增税或永不减税的规定。我不想排除任何可能性。

——众议员彼得·K. 金（Peter K. King）

在公共预算中，纳税人和决定税收及支出水平的决策者是分离的。这种分离的设定很可能导致根本性分歧。如果公民能够选择自己想要的服务，并且只需要支付他们认为值得的价钱，那么他们无疑会乐于纳税。但如果他们可以只让别人缴税而自己享受服务，无疑会更加高兴。纳税的个体通常无法控制政府可能提供的服务组合，而且经常需要为自己未必想要的项目付款。此外，许多公民都觉得是自己在为浪费和管理不善付出代价，而别人却可以少付而抽身。他们不喜欢被迫支付自己认为不该付的部分。

民选官员通常有增加税收的合法权力，但他们也不是想增就增。由于受到议会或宪法的税收限制，或政治家们在竞选时口头或书面承诺不增税，或相信公众真的会将任何增税的民选官员赶出办公室，这些因素均高度制约了增税的能力。活跃的游说团体不断推动减税运动，反对增加税收。此外，许 多民选官员表示，要避免给企业带来不必要的负担，这样会削弱其竞争力。

考虑到这些制约因素，谜题就并不是如有些人所问的为什么在民主政治里政府会扩张，而是政府到底是怎么做到提高税收来支付账单的。[1]

　　本章介绍了提高税收的难度和所采用的各种策略。然后，还讨论了为抵销不公平的税负、为了对利益集团的各种要求作出反应而给予的各种税收减免，以及因此导致在各级政府中产生的税收编码的复杂性。最后，本章论述了如何推动税制朝着更简单、更有效、更公平方向的税制改革努力。

提高税收

　　提高税收会带来问题，不仅是因为公民会因此生气，还因为有些州通过了法律，有意增加增税的难度。有些州限制税收的增长率（参见第一章关于科罗拉多 TABOR 的小案例）或要求为增税事项举行公民投票。有些州要求州议会绝大多数票同意才能通过增税，而这是很困难的。这些条件或多或少都有制约，想要改变也有难有易。有些甚至被写进州宪法，成为特别不灵活的约束力。

　　在联邦体系里，州对各地方政府有权力。各州已经发现对地方层级的税收实行限制很诱人，因为如此一来，无须支付州预算不平衡的代价，州民选官员就能获得减轻赋税的好名声。结果，地方官员可能会发现自己连支付基本服务的收入都很难筹集。有时州政府会为地方政府补贴部分损失的收入，但当情况变得艰难，如经济衰退期间，这种援助可能会减少甚至消失。

　　提高税收不仅不受欢迎，甚至会令人难堪。为了迫使民选官员保持其竞选承诺不增税，美国税制改革协会的格罗弗·诺奎斯特要求那些竞选公职的候选人签署一份书面承诺，保证自己不会提高税收。签约后如果他们依然在位却没有信守诺言，诺奎斯特就会公开批判他们的食言行为，并威胁让他们选举失败。书面协议，也被称为纳税人保护承诺，是反对以任何形式增税的承诺。诺奎斯特并没有给出紧急情况的例外。而且终止税收优惠也被视为增税，因此也在禁止行为之内。诺奎斯特的部分共和党支持者抱怨说，他们签署这份文件时，并没有意识到这是不顾情况变化或时光流逝的永久约束。众议员弗兰克·沃尔夫（Frank Wolf,

来自弗吉尼亚州的共和党人）指责说，这项承诺导致联邦层级解决赤字问题变得更加困难。[2]

尽管偶有抱怨，但签署这项承诺几乎是共和党人或在共和党地区竞选的民主党人竞选全州或国家公职的先决条件。尽管过去几年出现了明显的下降，但受此不增税承诺约束的人数仍然相当可观。根据美国税制改革协会的数据库，2015 年的数字是 221 名众议员和 49 名参议员均在此列，[3] 其中至少列出了 11 名已经签署却拒不履行部分或全部承诺的现职者，包括参议员科伯恩（Coburn）、麦凯恩（McCain）、格雷厄姆（Graham）、考克（Corker）、亚历山大（Alexander）、克拉普（Crapo），以及众议员里热尔（Rigell）、福滕伯里（Fortenberry）、科尔（Cole）、戴斯加莱斯（Desjarlais）和金（King）。已退休的萨克斯比·钱布利斯（Saxby Chambliss）也名列其中，仍被列为现任议员；还有竞选落败的众议员康托（Cantor），也名列其间，尽管并没有放在现任列表中。因此，调整后的 2015 年受该承诺书约束的人数应该为众议员 216 人，参议员 42 人。

2015 年一共有 13 名做出过该承诺的共和党州长在职：包括亚拉巴马州、佛罗里达州、佐治亚州、路易斯安那州、缅因州、密西西比州、北卡罗来纳州、俄亥俄州、俄克拉何马州、宾夕法尼亚州、南卡罗来纳州、得克萨斯州和威斯康星州。除了州长外，1000 多名州议员也已经作出了承诺。然而，一些新当选的国会议员以及 17 位共和党总统候选人中的两位表示不愿签署该承诺：即杰布·布什（Jeb Bush）和唐纳德·特朗普（Donald Trump）。就算这项承诺已经失去了某些义务的性质，但大量签署者的存在也会使得增税更为困难，尤其是在共和党人占多数或需要绝大多数投票通过才能提高税收的地方。

永不增税是一个非常难以兑现的诺言。在经济衰退期间，收入水平下降，但同时需求却反而增加，造成预算缺口。大幅降税的州也常常给自己造成预算缺口。持续的大幅削减开支以某种方式给这些州增加收入施加了压力。即使没有经济衰退或减税，没有服务扩张或新项目，州和地方政府的成本支出也可能比收入增长更快，造成需要关闭的预算缺口。

小案例：路易斯安那州——规避"不增税承诺"

永不增税确实是非常难信守的承诺。路易斯安那州的州长鲍比·金达尔（Bobby Jindal）签署了该承诺，他还威胁说要否决任何经议会批准的增税事项。

2007年金达尔在路易斯安那州上任时，预算盈余为11亿美元。在随后的岁月里，盈余逐渐被花掉，而且还有些主要的税收减免，2002年投票批准的所得税增加部分的一半以及企业所得税的一半均被减免。为了平衡预算，州政府对开支进行了削减，但依然不足以抵销减税的部分。2016年的预算缺口预计为16亿美元，面对数十年来最大的预算缺口，以及前几年大幅削减的开支，州政府急需更多的收入。

金达尔夹在一方面需要额外的收入，一方面是若自己失言提高了税收所带来的恐惧之中，因此制订了一个奇怪的计划，让自己既提高税收，同时看来还貌似信守了承诺。他的提议是将可退还的税收抵免项改为不可退还，这意味着纳税人再也无法在税收减免中获得应获得的抵免。这样一来，确实可以为州节约资金，诺奎斯特也同意将这种变化视为对支出的削减，而不是税收的增加。但该州同时还增加了费用和烟草税，金达尔需要在其他地方找些税收减免来抵消增税的影响，或至少在其他地方做出减税的样子。因此，金达尔提议，同时州议会也勉强批准了对州内公立大学生收取一定学费，同时又给了他们一笔税收抵免来补偿他们，学生们要将此税收抵免交给州政府董事会，然后州政府董事会就此向州政府要钱。虽然这项计划不可能真正抵消任何东西，但金达尔声称他并没有提高税收，还说诺奎斯特也同意了该计划。据推测，金达尔没有将对学生的收费（他们其实也并没有支付）计算为税收，但是却将税收抵免算作了减税，以此来抵消烟草税增加带来的新收入影响。

2016年，面对巨大的赤字及金达尔卸任，州议会废除了金达尔的税收抵免"挽救"计划，同时提高了税收。一位议员声称，"挽救"计划不过是会计花招罢了。结论：过分的约束会导致规避、深不可测的复杂性，有时甚至是彻头彻尾的愚蠢行为。

资料来源：Campbell Robertson and Jeremy Alford，"Louisiana Lawmakers Hold Their Noses as They Balance the Budget，" The New York Times，June 11，2015，http：//www. nytimes. com/2015/ 06/ 12/us/louisiana – lawmakers – arrive – at – 11 th – hour – compromise – on – funding. html？ ref = us&_r = 1；Stephen Winham，"Louisiana Budget Practices：A Brief 30 – Year History and One Scenario for Closing the $1. 6 Billion Gap for Fiscal Year 2016，" Louisiana Voice，March 31，2015，http：// louisianavoice. com/？ s = budget + practices．"House Votes to Repeal Much – Maligned Jindal Tax Credit，" Biz New Orleans，February 19，2016，House% 20Votes% To% 20Repeal% 20Much – Maligned% 20Jindal% 20Tax% 20 Credit% 20 – % 20Biz% 20New% 200rleans% 20 – % 20February% 202016. html.

41   考虑到这些限制的严重性，政治家们觉得必须提高税收时，会尽量谨慎地操作。担心被愤怒的纳税人赶出办公室是因为已经发生过类似情况，但纳税人也并非全都拒绝增税或反对有此建议的政治家。例如，一项研究指出，即使在共和党选民中，也有相当多支持削减开支、增加税收以减少联邦赤字的情绪。[4] 调查显示，三分之二的美国公众及半数以上的共和党人同意以提高税收作为减小赤字的手段之一。

研究结果表明，主张增加税收的人更可能面临竞选失败，这确实是常态，但这种关联并非无懈可击，除了增税之外，还有许多其他因素影响连任，包括公众不喜欢赤字支出，也不喜欢不能增税就削减深度服务。事实上，提高税收并非不可能，只是困难罢了。

看看各种失败的或成功的增税案例，可以总结出如下成功增税的原则，只要遵循，就不会导致任职者在下届选举中惨遭失败：

1. 将收入问题的严重程度清晰可信地表达出来。

2. 明确、现实地阐明不增加税收将导致的削减支出的后果。

3. 如有需要，仅暂时增税，使之接受程度更高。

4. 如有必要，进行全民投票，如果能获得通过，政治家们就能少受责备。

5. 尽可能清楚地表明，增加的税收不会被浪费。描述收入的花销情况。

将增税与集体利益或与若干群体的具体利益相联系。比如，说增税以防进一步削减教育开支，就可能比仅仅模糊地说要平衡预算更容易被接受。

6. 证明已经将之前预算中的低效水分挤干了。

7. 对增税进行设计，使其更公平，而不会导致特定群体负担过重。如提高多种税源的税率，因此不会对个别群体影响过大；或让税负与收入比例相比不足的纳税群体增加税收。

8. 向公众解释上述所有问题。

针对需解决的问题，可以使用任何方式来强调上述一条或多条原则。后面宾夕法尼亚州费城的小案例表明，如果遵循上述原则，增税也是可能的。

许多州已经尝试通过全民投票来测试公众对增税的接受度。有时，公众 42 能被说服：如果不增税，就算已经没什么支出可以削减，依然需要进一步深层削减。俄勒冈州本不想将增税方案交给公众投票批准，州议员于 2009 年针对公众反应赌了一把，自己批准了增税方案，但这一决定却遭到了公众否决公投的挑战，所谓"公众否决公投"是一个直接的民主设计，允许公民投票反对他们不赞成的立法（在美国，一共 23 个州有这样的程序）。部分公民和商业团体组织了请愿活动，将"增税"写在选票上希望公众投票反对。但这些反对增税的人可能会对结果感到惊讶：2010 年 1 月，选民支持了州议会批准的增税，包括历史上首次提高从 1931 年以来就已确定为 10 美元的企业最低税率，还增加了营业税，以及高收入人群的所得税。

公众获悉，如果不批准增税而导致支出削减，会波及教育、公共安全以及为老年人提供的服务，不增税的话，这些削减是必须的。批准增税的各工会还组织了一系列活动，将怨恨情绪发泄到高收入人群头上。[5] 此外，在州议会通过增税提案之前，该州已经削减了 20 亿美元的预算。根据俄勒冈州的法律，任何盈余都必须归还给纳税人，因此根本不可能建立一个未雨绸缪的基金，帮助该州在经济衰退期渡过难关，这样就进一步加剧了需削减的支出水平。州财政没有缓冲，因此只能在进一步削减支出还是增税之间做出选择。

小案例：近年来费城增税情况

财产税是非常不得人心的，但费城于 2011 年成功地提高了财产税，这已经是该市连续第二年成功增税了。这个城市是怎么做到的？

答案涉及国家、州和地方三级政府。在 2007 年底开始的经济衰退期，国家政府通过了反衰退的一揽子计划，内容包括防止教师被裁减的学区援助，联邦的援助一直持续到 2011 年。随后州长提议，同时州议会接受，大幅削减 2012 年对教育经费的补助。此时，费城的学区立刻处于深渊，恳求市级政府的帮助。

该市上一年刚增加了财产税，再次增加似乎是不可能的，因此满怀同情的市长提议对软饮行业征税。软饮制造商在法庭上进行了全面的游说，阻止市长的提议。该行业一直对市议员的竞选多有贡献，因此在这种压力面前，议员们很容易受到影响。[1] 所以，市长无法获得议会的多数投票赞成征收软饮税。此外，部分议员表示很担心学区会滥用这笔款项。他们争辩说，学区早就知道自己会失去资金支持，却并没有提前做足准备。

纳特（Nutter）市长别无选择，只能第二次提议增加财产税。为了获得市议会的支持，他与学区达成了一项协议，要求学区详细说明要如何使用这笔资金，以及增税若不获通过会带来怎样的后果。另一项要求是学区必须向市政府提交为期五年的财务计划，以迫使其提前做计划。第三个特点是该项增税是暂时的。虽然有人抱怨，说该协议缺乏执行机制以保证学区遵守协议、保证其财务健全性得到保证，但显而易见的结果是，大家都认为需要增税，若无法给学区提供财务支援，后果将会很严重。市议会最后以微弱多数投票勉强赞成增加财产税，正如他们所说，有时候，有些事情不得不做。[2]

43

1　Jeff Shields, "Soft - Drink Industry Has Given Heavily in Council Races," Philly.com, June 5, 2011, http://articles.philly.com/2011 -06 -05/news/29623332_1 danny - grace - council - races - soda - tax.

2　Marcia Gelbart and Jeff Shields, "How Philadelphia's City Council Decided on a Property - Tax Boost," Philly.com, June 19, 2011, http://articles.philly.com/2011 -06 -19/news/29676981_l_ property - tak - hike - soda - tax - on - sugary - drinks.

针对税收的全民投票使劳动阶层和商业阶层造成了分裂，制造了一种"预算阶级斗争"。在各种各样不同联盟支持的受过教育的（有时还包括受到错误教育的）公民间展开了一场辩论战役。支持者声称，年收入少于25万美元的家庭不会因为增税受到影响，此外，商界和富人应该为自己的份额买单。但大多数商业团体反对增税，反对者声称增税导致了失业，对小企业形成了威胁。在一个低税率、低服务的州，想要提高税收的关键是让老百姓明白，这些增幅不会直接影响他们，而且还能避免削减深层服务。

虽然增税可能成功，但有时也会失败，或因不合时宜，或是忽略了成功增税的部分原则。2011年明尼苏达州州长就未能提高税收，这个例子说明了对公众进行教育的重要性，以及州议会中共和党占多数时提高税收的难度。州长代顿（Dayton）是民主党人，而两院是共和党多数。该州在两个财 44 政年度面临50亿~60亿美元的预算缺口，因此州长提议对收入排名前1%的人群增税，但州议会拒绝通过。州长的主要策略似乎是让政府长期关闭，以迫使共和党人让步，亦即强迫削减部分开支，但同时允许增税。但共和党人并没有屈服。明尼苏达州37个共和党参议员中的12个，以及72个共和党众议员里的25个都签署过诺奎斯特的不增税承诺，更重要的是，共和党核心小组4位高层领导人中的3人也曾签署过这项承诺。[6] 几位民主党人也签署过协议。许多没有签署过这项承诺的共和党议员也认为政府不应该提高税收。

政府关闭运营期间，代顿州长在州内到处旅行，发表演讲，说明按照共和党的计划将削减什么服务，会导致什么后果，但他努力得太晚、太不够。州长让步了，但依然没有放弃。

明尼苏达州的下一届州议会将由州长所在的党主导，因此在2013年，州长设法让自己的增税计划获得了通过。在参议院，投票几乎完全沿着党派路线进行。代顿州长提出的一个论据是州所得税设计不公平，相对而言，高收入者的缴税税率小于中产阶级和低收入人群。虽然州长最初反对烟草税，因为烟草税的税负将更多落在贫穷的人身上，但后来还是在增税提案中包含了烟草税的内容，他说健康支持者联盟向他说明，对烟草多征税能减少吸烟人群，因而能改善公众健康。他的提案中还包括几项中间商销售税。他利用这些新增资金填补了11亿美元的预算缺口，增加了学校基金，并提供了财产税减免。不到一年后，代顿州长还签署了超过 4 亿美元的税收减免。

代顿挑战了传统的政治智慧，增加了税收，但在 2014 年依然以广泛的支持率获得连任。他花时间教育公众，增税的需求非常明确，多数人受益，少数人受损。增加的所得税只影响收入最高的 2% 的人群。在此次增税和一系列减税后，收入较高的人仍然比穷人付给州政府钱的比率要小，但差距已经没有原来那么大了（见图 2.1）。

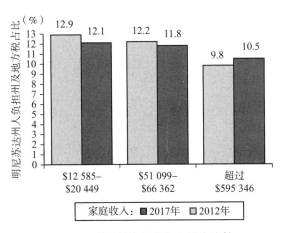

45

图 2.1　明尼苏达州税负公平度比较

资料来源：Nan Madden，"Minnesota's Tax System Fairer; Proposed Legislation Would Take Us Backward," Minnesota Budget Bites，March 18，2015，http：//minnesotabudgetbites. org/2015/03/18/minnesotas – tax – system – fairer – proposed – legislation – would – take – us – backward/#. VYMtgflViko. Reprinted with the permission of the Minnesota Budget Project.

保护策略中的政治

提高财政收入背后反映的是另一个政治问题，即是保护特定群体不被增税还是一般人口不被增税，是降低个人税收水平还是团体的税收水平？正如提高税收必然带来一定程度的责难，减税即便没人赞美，至少也会有人感恩。利益集团可以雇用说客帮助将税负转移到他人身上，也可以在竞选过程中帮助那些会保护他们免予增税的候选人，这些人还会试图影响对税收的使用，以及对应纳税财富的定义，尽力让自己从宽税基的税项中获得例外和优惠。

税收是否可接受，至少部分与税负会落在哪里相关。选择无非是财政收入更依赖于哪些税收，以及针对宽税基的税收应该给予哪些例外待遇。

不同税源对不同群体的影响有所不同

财政收入的政治，部分是通过压力或增加税源依赖，使别人比自己的税负重。目前财政收入的主要税源是所得及工资税、各种销售税、关税、财产税和服务费。每个税种作用不同，影响的人群也不同。

所得税及工资税。所得税是基于不同形式的收入所应缴纳的税款，包括工资及投资收入。几乎所有居住在某司法管辖区内的人都需要缴纳这种税，无论他们在哪里工作，收入是如何赚到的。所得税可能对富人比对穷人征收得多，也可能不管收入水平如何，均采用同样的税率。实际上，有时候对富人征的税率确实比穷人低。工资税仅仅对从工作中赚取的收入征税，不包括其他来源的收入，而且是对某司法管辖区内赚取的收入征税，不管纳税人是否居住在那里。工资税是向外人征税的一种方式：纳税者在某一城市工作，但可能在另一个城市生活或投票。

销售税。销售税是当个人或企业购买某物，通常是某成品（也有半成品的情况）时所需支付的税款。若税款需要单独向客户收取，零售商会产生额外的工作，但销售时采用含税价格，则必然高于无税或低税价格，可能导致他们失去部分客户。消费者会受到最直接的影响，但因为支付的每笔销售税金额都不大，因此常常意识不到，也往往不怎么介意。销售税与支付能力的相关性通常不大，因此与富人相比，对穷人来说负担更重，因为穷人在应纳税的项目上相对花费的占比更大。

关税。关税是外国生产者为了让货物能在本国销售而付出的费用。关税提高了进口产品的价格，以此保护国内工业免受外国竞争，但同时也提高了对本国消费者的价格。关税最终由是消费者支付的，并不考虑消费者的支付能力如何。关税只能由国家政府征收。

财产税。财产税是按财产所有人所拥有的或销售价值的一定比例征收的。可能针对个人财产（如汽车或马匹）或不动产（土地和建筑物）征收。房地产税与支付能力之间有松散的关系，因为富裕的人群可能拥有更昂贵的住房，但这种关系并不紧密。拥有固定收入的老年人有时会发现自己所缴纳的财产税增加了，那是因为他们住房的价值随着时间的推移增加了。企业也可能拥有昂贵的财产和设备，但未必能根据财产的价值赚取相应的收入。出租物业业主通常能将税收转嫁给租户，但租户其实通常比业主要穷。

服务费。当公民为所使用的服务而支付一定金钱，这就是服务费。例如，每次使用公共高尔夫球场或游泳池时你都会付费，水费也是按加仑数来付费的。服务费的好处是允许付费的人选择自己想要的服务，在他们觉得成本太高不愿支付时可以不用。但这也带来几个缺点。首先，服务费与支付能力很少有关联度。其次，目前没有直接使用因此不付费的人，其实也可能间接受益，因为间接用户不与直接用户共享成本，而由直接用户支付全款，因此可能导致价格过高，对部分潜在用户来说无法负担。

商业团体往往更喜欢可以转嫁到消费者头上的销售税，反对所得税，特别反对征收企业所得税。而劳动阶层则通常偏爱所得税，但随着工资上涨，普通劳动者也越来越不愿意支持较高的个人所得税，而更支持征收较高的企业所得税。还有许多团体支持收取服务费，因为这种收费方式看起来既公平又唯意志论。那些偏爱小政府的人更青睐服务费这一方式。

不同的征税形式会对不同的财富种类产生影响，而美国各地区也依赖于不同种类的财富，因此，关于税收的政治历来就有着非常强大的地区效应。直到 20 世纪 30 年代末，"东北部最喜欢关税（以保护他们自己的工业产品），如果需要，那就征消费税、许可证税或土地税；而南方和西方则抵制了前述所有这些税收，因为这些税种对他们影响过大，他们更喜欢对收入和财富征税，因为他们都不怎么有钱"。[7]

当民主党人掌权又面临预算缺口时，会更倾向于增加税收而非削减服务，而增税时，更愿意增加富人和企业的负担。当共和党人掌权时，更倾向于减税，特别是对高收入者和企业减税，缩小预算缺口则主要靠削减服务和项目来达成。

由于这类党派偏好的存在，有时民选官员会通过提高或降低所得税来调整税负，这类税收通常对富人更重；或通过提高和降低销售税达到类似目的，这类税收则通常对穷人更重。如上面所述，民主党人代顿州长在明尼苏达州提高了对最高收入者的所得税税率，当时两院是民主党占多数；而路易斯安那州的共和党州长鲍比·金达尔则削减了所得税，使富人受益，同时提高了烟草的销售税，而这给穷人造成了不相称的负担。在过去几年中，其他州也经历了税负的重大调整，俄亥俄州、北卡罗来纳州和堪萨斯州属于减轻富人和企业负担的阵营；而特拉华州和加利福尼亚州则身处相反阵营，增加了富人的税负。

俄亥俄州降低了个人所得税，同时增加了销售税。北卡罗来纳州改变了 48
原来富人比穷人税率更高的累进所得税的做法，要求富人和穷人均缴纳同样的税率；该州还增加了电力销售税，并逐步减少企业所得税的税率。堪萨斯州之前的财政收入一直无法满足预期，此外还就学校经费问题与法院进入了"持续经营"的争辩，但堪萨斯州依然继续降低其所得税税率，最终不得不被迫提高税收。尽管如此，在不得不提高财政收入时，州长和议员选择提高的依然是销售税税率。而另一阵营里，特拉华州提高了个人所得税的最高税率。加利福尼亚州则于 2012 年大幅提高了对高收入者的所得税税率，由公民倡议的 30 号提案经选民通过，对宪法进行了修正，其目的是资助教育及地方公共安全，这是一项临时税收，持续时间为七年，同时，选民还通过了增加销售税 0.25% 的提案，为期四年。

税收减免

税收减免是税收结构之外的特定事项。如果销售税适用于购买的所有商品（即税收结构），但通过法律豁免了公牛精子（这个例子是真实的），那么该遗漏项就是减免税。除了减免外，还有税收抵免，即从应付税款中扣除一部分金额。特殊目的的优惠利率也可以归类为税收减免，尽管有些人认为这种优惠也是税收结构的一部分，而不应被称为例外。到底什么才算税收减免颇具争议，由于税收减免而造成的损失估计差别也相当大。

在联邦层级，财政部（Department of Treasury）、管理和预算办公室（Office of Management and Budget）均会持续记录行政分支给出的税收优惠情况，税务联合委员会（Joint Committee on Taxation）也会如此记录国会给予的税收优惠情况。尽管现在大多数州都有某种报告，但不同的州使用不同的税收减免定义。相比之下，直到最近，地方政府也依然很少报告其税收减免情况。新的会计准则可能会让地方税收优惠情况在未来更加透明。虽然税收减免对财政收入的损失仅能粗略估计，但数额却相当可观。在联邦层级，

2015 年的估计数就可达年 1.3 万亿~1.5 万亿美元之间。[8] 根据 2004 年以来的数据估计，州和地方用税收手段刺激商业增长所花费的成本就达到了每年 500 亿美元，此外还有不涉及经济发展的 200 亿美元税收减免。[9] 最近的一项估计是，州和地方政府单独提供的商业补贴数超过了 800 亿美元，这个数字还被认为是低估了。[10]

49   税收减免可以为政策目的而设计，以期获得一些公共利益，这与为达到某种政策目标而拨付的直接支出类似；也可能应某些团体或个人要求，或民选官员希望在选举时获得某些支持而提供。在极端情况下，民选官员可能会给予减税，并期望（或接受）竞选捐款作为回报。这种交易就已经是腐败的一种表现形式了。

税收减免，有时也被称为税收支出，以强调其与直接支出的相似之处，往往与应享权益支出的模式类似，即任何有资格的人只要提出申请即可获得。政府的成本因此无法确定，也难以预算，还可能随着时间的推移而增长。但也有其他类型的税收减免，要么设置一定的预算总额上限，要么是针对特定项目设计。针对特定项目的税收减免往往发生在州和地方一级，虽然他们也可能提供应享权益类型的减税优惠。根据从全部由应享权益类型的税收减免，到全是针对项目的税收减免的组合方式的差异，其预算成本和操作方式也会有所不同。

狭义的税收减免，仅针对某特定行业甚至某个别公司而设计，但往往随着时间的推移而扩展，因为会有他人以同样的理由要求减税。如对石油行业非常慷慨的税收减免政策就逐渐扩大，包括其他类似石油，会被消耗殆尽的原材料（这种减免被称为损耗津贴），因为这一措辞，最后还包含了既不短缺也非经济支柱的砾石在内，只因为任何采石场的砾石都会被采尽，因此满足该税收减免的条件。随着时间的推移而从最初目的（或许当时有一定道理）扩大到似乎并无公共目的的税收减免的过程，在递延税项中会被列为"同类资产交换"。有一个特殊的联邦税收减免政策，允许艺术品收藏家递延部分税款，然而这一优惠政策最初是针对 20 世纪 20 年代想要交换财产的农民而设立的，然后被扩展到房地产投资者出售再购入房地产，现在则适用于高端艺术品收藏家出售同时购入另一件昂贵的艺术品。

税收减免有一些正面的特点。

第一，他们能为民选官员获得声誉，没有增税的政治风险。其作用就像直接给特定选区或支持者拨付支出，因此非常诱人。

第二，减税可能比为改善商业环境而降低整体销售税更有效率，因为可以针对回报更高的特定行业、企业或项目而设立，可以通过对减税的设计来保证获取公共利益。例如，如果一家企业能带来新的工作机会，就可以在几年内减税。但如果该工作机会没有实现，政府还可以收回减税。政府还可以给为雇员支付最低生活工资和提供健康保险的公司提供税收减免，从而降低为穷人提供的公共医疗基金的成本。但若只是一视同仁地降低销售税，那么，对创造就业机会和没有创造就业机会的企业，对支付最低生活工资和没有支付的企业来说，就没有什么利益上的区别。因此，其诱导公共利益的能力接近于零。

第三，不同的税收支出可以用来抵销税收结构所强加的不公平税负。如对穷人影响更大的销售税这类累退税，就往往比对富人税负更重的累进税更容易被批准。但通过免除食品和药品的销售税，就可以减少穷人的负担。财产税也有某些累退税的特点，而通过所谓"断路器"的设计对其加以修订，可以让低收入人群在财产税上获得优惠。

税收减免也有一些不太可取的特点。因为钱没收到账上，相比已收到账上、经计算、经报告、经预算的钱，税收减免更加隐秘。有资格获得税收减免的名单有时可以避开公开检视，这样一来，政治支持者或竞选捐助者可能会获得减免，但公众是否因此获取了承诺的福利却无法看到。税收减免通常不会经过与直接支出同等程度的审查（见威斯康星州和伊利诺伊州关于无效税收减免的小案例），而且同样严重的是，通常也不会在预算审议中将其与直接支出进行比较。在对直接支出进行预算审议时，是从可用收入总额中减去税收减免后才进行的。因此，税收减免削弱了良好预算编制的主要职能之一，即根据需要、紧迫性和公共目的来确定预算优先次序，这种做法从竞争中隔离出部分支出加以保护。有时税收减免不仅在预算中得到优先考虑，而且没有任何收入来源对其进行抵销，迫使其他项目被削减或增加借款。

小案例：威斯康星州未经检视的税收减免

威斯康星州对本地的科尔百货公司提供补贴，目标是让其保留现有的工作职位，创造新的工作机会，并鼓励投资。2012 年，给予的税收抵免高达 6250 万美元，科尔承诺将创造 3000 个新的就业机会，并投资 2.5 亿美元建一座新的总部大楼。这项交易的内容是为保留现有就业机会提供财政奖励，为新的就业机会提供减税。但到了 2015 年，该公司仅创造了一小部分承诺的工作机会，也没有建造新总部，只是翻新了一所买来的建筑。

51

但根据当时设计该激励措施时使用的措辞，即使公司没有达到预期，仍然会得到税收减免，只要该公司能保留现有的 3783 个工作机会就行，而目前其就业水平报告为 4500 个职位。因此，该公司可以解雇员工、外包工作，却依然能为保留的职位获得减税。此外，该公司还因为新增了工作机会而获得税收抵免，就算这些新工作机会一年后消失了也是如此。从理论上说，州可以"收回"尚未给予的税收抵免，但本州却没有这样的操作程序。斯科特·沃克（Scott Walker）州长在 2011 年设计的这些税收抵免在没有经过正式审查的情况下，由相关部门给予了科尔百货公司及其他 23 家类似企业。其后，税收抵免的要求已经收紧了。

资料来源：Dee J. Hall and Tara Golshan，"Scott Walker's Untold Story：Jobs Lacking After Big State Subsidy of Kohl's Stores，" Wisconsin Watch. Org，September 20，2015，http：//wisconsin-watch. org/2015/09/scott – walkers – untold – story – jobs – lacking – after – big – state – subsidy – of – kohls – stores/.

小案例：伊利诺伊州与新闻界的作用

与威斯康星州类似，伊利诺伊州也为企业提供了大量税收减免计划。但伊利诺伊州最近财政出现问题加上长期预算僵局，使这一税收激励计划受到了新的关注。税收减免的目的是为该州保留现有工作机会、创造新的就业机会以及增加投资，在设计时就存在若干严重弱点，但直到

《芝加哥论坛报》针对该税优的接受者及该激励计划的后果进行调查，并报告结果之前，州政府并没有采取行动重新设计该计划。报告指出，这项计划不仅为保留及创造新就业机会的公司提供税收优惠，还为在某地增加就业机会但在另一个地方裁减更多工作机会的公司也提供了减税优惠。更糟糕的是，这项计划并不透明，仅仅对社会公众提供了数年就业机会的信息，数年后，如果该公司减少了就业机会，公众根本就无从发现。

当该"企业福利"（州长所用的词语）被披露时，州长对计划做出了调整，取消了在某地增加同时在另一地减少工作机会的企业，取消了仅保留但并未新增工作机会的企业的税收优惠，仅仅针对创造新就业机会和增加投资的企业提供税优。他首次就职时冻结了税优的新申请程序，但随着这些调整，他又重新开放了申请程序，并解冻了现有申请。

州长还打算恢复电影补贴，这是最昂贵、最无效的补贴计划之一。如此看来，他似乎只是单纯回应了芝加哥论坛报调查报告中提到的具体问题，却并没有努力使减税计划对本州更具成本效益。对企业税收减免的相对隐蔽性使这些昂贵的补贴得以持续存在，一旦放到了明处，他们就会遭到裁减。

随后州长又提议成立一个公私合伙的组织来对企业实施税收优惠，这个新组织将不受制于信息自由法的要求，导致其或多或少有些黑箱运作。当众议院议长提议三年后对这项安排进行评估，以确保纳税人的钱花得明智时，州长反对了众议院议长的提议。

资料来源：Ray Long and Michael J. Berens, "Gov. Rauner Ends Tax Break for Firms That Add Jobs in One Place, Cut in Another," Chicago Tribune, November 11, 2015, http://www. chicagotribune. com/news/watchdog/ct－rauner－edge－changes－met－20151111－story. html. Rich Miller, "Madifan Forms New Connittee to 'Study'" Rauner's New Economic Development Agency, Capitol Fax, February 24, 2016, http://capitolfax. com/2016/02/24/madigan－forms－new－committee－to－study－rauners－new－economic－development－agency/.

税收减免侵蚀了税收的基础，因为这意味着必须将每个人承担的税率上调，才能在较窄的税基上获得相同数额的财政收入。另一个问题是，这些减免往往导致相似的纳税人支付不同税率的税收，不仅导致税收制度异常复杂，这已经臭名昭著了（还因此为会计师创造了一个职业，以帮助人们纳税最小化），同时也非常不公平，因为有会计师帮助的人们就可能比完全不了解税优政策的人们缴的税少。而为新进入一个城市或州的企业提供税收减免，还可能使市内或州内的现有企业处于竞争劣势。

在国家层级，联邦所得税的减免往往偏向富人。由于联邦所得税是累进式的，高收入者税率更高，因此税收减免对那些收入较高的人来说更有价值。据统计，51%的税收支出落到了收入最高的20%的人群头上。[11]

虽然税收减免的部分目的是为了鼓励某些行为，如购买住房或购买健康保险，但也有部分很难说对社会大众有什么好处。下面关于对冲基金经理的小案例就说明了部分联邦税收倾向于富人，以及缺乏政策主旨的情况。

53

小案例：对冲基金经理的税收减免

附带权益税减免是联邦政府为管理特定类型的投资基金的对冲基金经理而设计的税收支出，所谓特定类型的投资基金，一般包括风险投资以及为复杂和富有的投资者进行的战略投资。2014年，对冲基金经理的收入中超过406 750美元的部分是按照20%而不是如从事其他工作需遵循的39.6%的税率征收的。2014年，排名前25的对冲基金经理的收入是116.2亿美元，由于这一税优政策，为他们节约了22亿美元的税款。这一优惠政策所带来的社会或经济效益尚不清晰。有人争辩说，附带权益税减免没有任何经济理由："对于大多数其他税收减免，至少能找到一个理由，说明它将如何服务于一些对社会有用的目的。但对对冲基金经理减税不在此列。"[1]评论员推测，产生这种减税的部分原因是对冲基金经理能找到好的说客。另一种可能是，这些富有的投资经理对政治竞选活动作出了不小的贡献，因此赢得了议员对他们的支持。在2014年的

竞选活动中，对冲基金业为国会候选人贡献了超过 5000 万美元的捐款。[2]（见表 2.1）

1　Dean Baker, "The Hedge Fund Managers Tax Break: Because Wall Streeters Want Your Money," Centerfor Economic Policy and Research, April 14, 2014, http: // www. cepr. net/publications/op – eds – columns/the – hedge – fund – managers – tax – break – because – wall – streeters – want – your – money.

2　Scott Klinger, "Meet the 25 Hedge Fund Managers Whose $2.2 Billion Tax Break Could Pay for 50 000 Highway Construction Jobs," Centerfor Effective Government, May 21, 2015, http: //foreffectivegov. org/blog/meet – 25 – hedge – fund – managers – whose – 22 – billion – tax – break – could – pay – 50 000 – highway – construction – job.

　　税收减免是很难消除的，部分原因是，如同应享权益，他们被编织于人们的生活之中，不管是个人还是企业都不愿放弃。不增税的承诺者将减少或废除税收减免定义为增税，这就使得税收减免更难被废除。此外还有一个原因，很多税收减免是应游说团体的要求而实施，而游说团体会一直为之辩护。即使被证明无效，会导致预算赤字，也很难减少或消除它们。就算是最无效的税收减免，要消除也可能需要数年时间的努力，正如后面加利福尼亚州及其开发区的小案例所说明的情况。①

表 2.1　　　　　　　　　　对冲基金：长期捐款趋势　　　　　　　　　54

选举周期	捐款总数（美元）	其中个人捐款（美元）	其中政治行动委员会捐款（美元）	软钱/外部资金（美元）	其中捐给民主党（美元）	其中捐给共和党（美元）	民主党占比（%）	共和党占比（%）
2016	220 500	168 500	0	52 000	250	168 250	0	100
2014	50 833 908	13 959 307	312 500	36 562 101	4 398 245	9 862 162	31	69
2012	45 432 676	17 581 101	281 500	27 570 075	4 220 813	13 617 288	24	76
2010	14 031 544	12 425 044	407 500	1 199 000	5 992 462	6 784 882	47	53

①　用来支持候选人竞选政府公职或国会议员的捐款有"硬钱"和"软钱"之分。简单来说，"硬钱"是指符合联邦选举委员会限额规定并接受其监管的政治捐款，而"软钱"是指绕过它的监管用于影响竞选的捐款。——译者

续表

选举周期	捐款总数（美元）	其中个人捐款（美元）	其中政治行动委员会捐款（美元）	软钱/外部资金（美元）	其中捐给民主党（美元）	其中捐给共和党（美元）	民主党占比（％）	共和党占比（％）
2008	20 159 156	19 932 156	227 000	0	13 436 062	6 675 117	67	33
2006	6 047 951	5 879 851	168 100	0	4 334 656	1 461 845	72	24
2004	5 097 706	5 029 406	68 300	0	3 142 255	1 953 951	62	38
2002	4 650 364	1 140 604	6500	3 503 260	3 124 653	1 524 711	67	33
2000	3 160 490	1 213 298	14 000	1 933 192	2 182 138	976 102	69	31
1998	1 908 892	598 392	7500	1 303 000	1 101 242	765 150	58	40
1996	2 185 454	744 854	0	1 440 600	1 112 974	1 072 480	51	49
1994	811 799	329 929	0	481 870	273 600	537199	34	66
1992	742 390	382 900	0	359 490	636 300	106 090	86	14
1990	128 450	128 450	0	0	107 950	20 500	84	16
合计	155 411 280	79 513 792	1 492 900	74 404 588	44 063 600	45 525 727	49	51

资料来源：Center for Responsive Politics，https：//www. opensecrets. org/industries/totals. php？cycle＝2014&ind＝F2700.

小案例：加利福尼亚州开发区税收优惠

加利福尼亚州设计了一个开发区税收减免计划，为在指定地区的企业提供税收优惠政策，这些地区往往较为贫穷，失业率也较高。为了吸引公司到这些不太理想的地点，并鼓励他们雇用穷人和失业者，州政府给予这些公司税收优惠，包括州所得税抵免、财产税折扣、公用事业税豁免、销售税和使用税抵免以及利息扣除。该州还为新创造的就业机会提供税收抵免。

许多分析家认为加利福尼亚州的这一计划设计得很差，效率低下。开发区的成功因区域而异，但想要鼓励企业拥有开发区身份却没有什么特别好的办法，导致很多开发区无效却也持续存在着。对不同时期的两次研究表明，此类开发区对创立新企业或提高就业率没什么显著效果，一般只会导致在同一州不同地方交换工作机会，但并不会创造新的工作机会。[1]即便是该计划的倡导者也承认，在开发区中只有很小比例的企业申请了税收抵免，这说明这些抵免措施在鼓励企业搬迁到贫困地区的作用极小。[2]该计划不仅无效，而且成本高昂，每年花费数以百万计。[3]

因此，州长在某个预算严重吃紧的时期呼吁废除这一无效的税优计划以节约资金。面对保护开发区的意见，他修改了自己的建议，保留该开发区，但优惠政策仅仅给有新增就业机会的企业，而不是依照之前计划中的条件。州长的预算提案于2011年6月通过，但却并没有针对该开发区的计划该如何调整进行表决。作为实质性的税收变化，这一提议需要2/3多数通过才符合规定，这一要求的目的本来是想让该州增税困难，但在此情况下，却导致了消除浪费的难度。

为回应州议会的不作为，州长建议进行一项研究，研究行政分支在中期对该计划作出改变的监管变化的可能性，以此拖延开发区里新申请者的免税要求。而那些已经符合条件批准免税的企业也暂时冻结。

又过了两年，州议会终止了该计划，但要求创立一些新的税收减免项目。[4]加利福尼亚州开发区的事例说明了想要废除税收减免有多么困难。

1　Jed Kolko and David Newmark，"Do California's Zones Create Jobs?" Public Policy Institute of California，June 2009，14 – 15；Legislative Analyst's Office，An Overview of California's Enterprise Zone Hiring Credit，December 2003，www. lao. ca. gov/2003/ent_zones/ezones_1203. pdf.

2　CLC Tax Credits，"CA Enterprise Zone," www. clctaxcredits. com/ca – enterprise – zone.

3　Alissa Anderson，"California's Enterprise Zone Program：No Bang for the Buck," California Budget Project，February 2011，3，www. cbp. org/pdfs/2011/110207_Enterprise_%20Zones. pdf.

4　"Out With California Enterprise Zones, In With the New California Hiring Credit and Sales Tax Exemption," A&M，October 23，2013，http：//www. alvarezandmarsal. com/out – california – enterprise – zones – new – california – hiring – credit – and – sales – tax – exemption.

州和地方的商业税收激励措施

没有人确切地知道州和地方政府到底花了多少钱来刺激企业搬迁和增长。最近，会计准则委员会（The Accounting Standards Board）增加了一项要求，要求州和地方政府报告其税收减税的情况，但目前数据尚不具备。没人知道商业税收激励措施是否有效，因为没人了解不减税情况又会怎样。州和地方政府资助的一些项目即便没有纳税人帮助，或许也能成功，但没人知道那些成功的事例到底是不是基于税收减免。"没人知道"或"没人能知道"激励措施到底好不好，导致对经常使用这一措施的情况相当令人费解。

对新的或现有企业的税收激励措施很少能自我供血，通常都是采用深层削减基本服务，或向个人和私有房主转移税收的方式完成。此外，这种激励措施吸引的往往是那些遇到更好的激励就打包走人的"花心"产业。然而，即使在困难时期，各州依然继续提供这种激励。支持者认为，如果我们不提供这些激励，企业就会去提供这些激励的其他州。在这场竞标战中如果输了，竞选公职的政治家就很容易受到对手的攻击。而竞标战成功的一个指标就是激励措施是否激增。

这些税收优惠可以采取多种形式，包括税收分享，这是指政府部门诱惑一个企业搬到本州或本社区的某个地点，承诺将该企业产生的新增税收的一部分让渡给该企业分享。这种安排对民选官员而言似乎没什么成本，因为如果企业没有搬过来，就根本不会有税收。但是，企业会搬迁到那个地方，当然会有自己的经济理由，而政府是应该获取当地的全部而非部分财政收入的，但这种辩驳往往没什么用。

其中一种最奇怪和最不知名的补贴是，州政府允许特定企业留下部分从员工薪水中扣除的税款。雇员需要纳税，有记录表明他们已经缴纳了税款，但企业却可以留下部分或全部金额，这些钱从未流到政府的口袋，去支付道路、教育、治安或其他需支付的项目。员工通常根本不知道他们的部分薪水会补贴给企业。有时，州政府还允许企业用自己为雇员代扣的税金来抵付企业未来的应付税款。其结果是雇员在替企业支付州企业税。

伊利诺伊州就通过了此类法案（Pub. L. No. 97 - 0002）。最早是打算帮助汽车行业（2007 年是为了帮助福特公司，2009 年是为了帮助处于经济衰退深渊的克莱斯勒和三菱汽车公司），后来该优惠扩展到包含威胁离开该州或承诺新增大额资本投入的其他企业，这样的企业只要保留现有工作机会就可以留下多达一半的代扣税金，如果新增就业岗位就能全额留下。为了减少纳税义务，这些公司需要做的，只不过是威胁离开该州，并将工作机会一并带走即可。摩托罗拉就是接受此项优惠的公司之一，在裁减了1400名员工之后，仍然"有资格留下其雇员缴纳的2260万美元税款。"[12]

截至2015年8月，共有17个州有这样的优惠计划。根据2012年基于16个州（俄克拉荷马州的数字不在其间，其2014年此类优惠花费1100万美元）的估计数，每年此类优惠合计6.85亿美元。[13]经济衰退及州财政问题似乎越发刺激了对企业的此类补贴，因为各州都迫切希望保住或创造新的就业机会。使用此工具最甚者是新泽西州，截至2014年12月，在已经转移了15亿美元的雇员代扣款之外，还新增了很多未来义务，目前此优惠政策已经不再接受新的申请。[14]许多此类优惠政策都不会真的产生新的就业机会，只不过是为企业从一个州搬到另一个州给予补贴，或花钱（或者该叫贿赂？）让一家公司留在本州。[15]后面北卡罗来纳的小案例就说明了该州为企业提供大量税收减免的原因，并得出结论，由于经济原因而需要关闭或离开一个州的企业，无论有没有补贴，都会这样做。

为什么政府官员要为特定地点的企业提供企业税优惠，而不让市场来决定公司的所在地？一种可能性是，即便没有证据，民选官员也认为这些优惠措施是有效的。也许他们选择性地接受夸大利益的研究结果吧。或者他们认 58 为这样的减税能自我供血，因此本质上不会导致额外的花费。民选官员似乎也会对没拿到税收优惠就威胁离开本州、本市的特定企业回应。对某些民选官员来说，这种减税可能是回报选民的一种方式，而实际成本往往是模糊的，或至少不为公众关注。最后，交易完成的兴奋和偶尔的全胜体验，导致了该做法难以遭到挑战。

小案例：北卡罗来纳州的商业税优惠

北卡罗来纳州交通便利，拥有优质的中学、大学和研究中心，在东海岸非常有吸引力。本州根本没有理由为克服地理劣势而提供减税优惠。后来宝马公司在南卡罗来纳州建立了工厂，奔驰公司则选择了亚拉巴马州，主要原因都是基于成千上万的奖励政策。北卡罗来纳州的官员觉得很沮丧，觉得应该提供更大的补贴来进行竞争。于是，他们向决定安置于本州的联邦快递公司提供减税优惠，想要固化税收优惠与成功之间的关系。

州官员还向随后迁至北卡罗来纳州的戴尔公司提供了巨额税优方案，但该公司几年后就关闭了设施，还裁减了员工。本来地方政府是能够追回大部分资金的，但州长在之前提交给州议会的方案，是个无法用投票来改变的、无商量余地的一揽子方案，导致了该花费基本无法追回。结果，本州的这项投资基本失败。

企业回应市场需求，并随之采取新开、关闭、扩张或搬迁等措施，这和州是否提供税收优惠根本没有关系。而缺乏或不愿启动追回条款，则加剧了公共损失。

资料来源：Paul B. Johnson，"NC Becomes Reluctant Player in Incentives Game," High Point Enterprise，October 16，2011，www.hpe.com/view/full_story/16069769/article－NC－becomes－reluctant－player－in－incentives－game.

还有一种可能的解释。面对经济衰退和全球化带来的经济停滞，一些决策者已经非常绝望。他们不愿意放弃补贴政策，是因为这么做貌似他们为了提供帮助确实在干着什么事情。比如，北卡罗来纳州的城市在大衰退期间开始改变行为模式，采用优惠措施，将小企业和零售网点增加到有资格获得公共基金的候选名单中。但小企业对经济的影响很小，而零售网点则会根据市场需求决定其所在地。事实上，零售网点的选址很少取决于政府的激励措施，这显然毫无关系。但至少要做点什么，哪怕是不太可能奏效的事情。[16]

商业税优惠也可能会产生积极的影响，但从成功的优惠措施中增加的政府收入，通常并不能覆盖税收优惠的部分。虽然人们可以争辩说，获得的整体社会福利比损失大，但却无论如何不该说，给企业税收优惠是摆脱财政赤字的好办法。州预算必须平衡，所以企业税优惠导致的支出，必然要通过额外的服务削减或在其他地方增税才能抵销。

一项针对密歇根州补贴企业的 MEGA 计划的研究发现，其整体效果不错，但也指出，补贴成功的情况只占使用该补贴企业的 8%。大多数成功的企业都不依赖优惠，而且 MEGA 计划也并不能自我供血，计划中只有大约 2/3 的成本是自己消化的，其余部分必须通过深层削减服务或增税来弥补。最后，该计划每年新增的每个工作机会的成本为 4000 美元。这意味着，如果这个工作机会可以持续 10 年，补贴的总成本就高达 40 000 美元。[17]

当企业坐视州或地方政府互相竞标，看谁能提供最大的补贴额，以吸引它从另一州或城市搬迁时，赢家的成本往往会超过收益。在最近的一个案例中，特斯拉公司让内华达州为每个新工作机会花费了高达 20 万美元。[18]如果可以创造或保留更多的工作机会，那么每个工作机会的成本会下降到一个更为合理的水平，如果该工作机会的质量上升，亦即它同时能带来健康保险并提供足够的生活资金，那么对社会的好处就增加了。工作机会的数量和质量对确保此类项目的总体收益高于成本至关重要。事实上，近年来许多州已经改进了程序，以监测到底产生了多少工作机会，或仅给达成承诺的工作机会的企业税收优惠。一些州还增加了要求，即新增的必须是"最低生活工资"以上，即附加福利、能使人们摆脱贫困、有医疗补助的好工作。此外，一些州还增加了追回条款，要求那些未满足要求的企业交回已获得的优惠。

与上述这一系列逻辑相反的逻辑，或毫无逻辑的说法则是，因为别人提供优惠政策，所以我们必须提供，否则经济就不会繁荣。

当几乎所有州都提供同样的好处，最后没有一个州能从中得到好处时，逻辑就转向提供更大、更有针对性的税收减免。例如最近一些州或城市提供的电影制作补贴。2002 年，只有 5 个州有电影制作优惠，到 2010 年，有 44 个州都这么做。[19]

电影行业很少能创造新的就业机会，即便能最多也只能延续一两年，而成本却往往很高。根据马萨诸塞州税务部（Department of Revenue）的数据，2006—2009 年期间电影行业的每个就业机会所需成本为 133 055 美元。路易斯安那州在 2005 年报告说，通过新增收入仅能赚回其 16% ~ 19% 的成本，而马萨诸塞州则报告说，每美元的税收抵免只赚回了 14 美分。[20]这些数字表明，这一特定行业补贴产生的社会效益并没有超过其对公共部门产生的成本，但这类项目每年都在增加，而且变得越来越昂贵。[21]

小案例：密歇根州停止其电影行业补贴

2010 年，密歇根州面临预算缺口超过 10 亿美元的情况。除了苦苦挣扎的汽车业之外，它还希望再刺激一个行业，每年为迪士尼这样的电影公司拨款 5000 万美元。庞蒂亚克市建立了最先进的电影工作室，希望吸引一些由州政府提供补贴的公司。根据报告说，该电影补贴不符合成本效益原则（该州报告说每 1 美元的补贴只收回 11 美分，而且 2013 年全年该计划都没有创造一份永久性工作），州长里克·斯奈德（Rick Snyder）取消了电影补贴。电影业干涸了，工作室无力偿还贷款。而让事情更为复杂的是，前州长珍妮弗·格兰霍尔姆（Jennifer Granholm）要求州养老金为工作室贷款提供担保，所以工作室倒闭时，严重资金不足的养老金就难逃一劫，必须为其偿还。在 2015—2016 财政年度预算中，州对电影业的拨款主要用于支付债务和释放养老金。2015 年 7 月，州终止了补贴。

不出所料，此举引发了电影业倡导者强烈抗议，但也有人支持终止这项补贴。全国独立商业机构联合会（National Federation of Independent Businesses）的一位发言人认为，这类计划意味着其他行业不得不承担支付电影补贴的负担。还有议员通过听证会听到不赞成该计划的选民说，本州最优先的应该是道路和交通，而这项补贴却正在耗尽紧急项目的资金。

61   像电影行业这样对激励"花心"的企业，是不存在地理位置上沉没成本的企业，他们会寻求最高的出价者，在州和州之间玩游戏，并将补贴一年年推高。但这类补贴必须有人买单，尤其在州处于财政压力、连支付基本服务的钱都没有之时，情况尤其困难。

资料来源：Kathleen Gray and Julie Hinds, "Senate Panel Votes to Kill Mich. Film Office, Incentives," Detroit Free Press, June 10, 2015, http://www.freep.com/story/news/politics/2015/06/09/bill - end - film - incentives - funding - film - office - oct/28742183/; Kathleen Gray, "House Panel Votes to End Michigan Film Incentives," Detroit Free Press, March 4, 2015, http://www.freep.com/story/news/politics/2015/03/04/film - incentives - end - oct - bill - house/24360757/; Joseph Henchman, "Michigan - Subsidized Film Studio Fails; State Pension Fund Had Guaranteed

Loan," The Tax Foundation, January 27, 2012, http: //taxfoundation. org/ blog/michigan – subsi-dized – film – studio – fails – state – pension – fund – had – guaranteed – loan; The Wall Street Journal, "Film Subsidies: Exit Stage Right," March 17, 2015, http: //www. wsj. com/articles/film – subsi-dies – exit – stage – right – 1426634855.

在 2007 年下半年开始的大衰退期间，许多州都遇到了财政问题。他们的反应之一是开始重检税收支出。很多州将给电影行业的既无效又昂贵补贴单独剔出来，予以缩减或废除。亚利桑那州、堪萨斯州、爱荷华州和新泽西州都暂停了该计划。华盛顿州则选择不再延续其电影业减税计划。2011 年，爱达荷州、阿肯色州、缅因州没有为该计划拨款。新墨西哥州则为该计划设置了上限。威斯康星州的道尔州长在对其成本收益进行评估得出负面结论后，砍掉了该优惠政策。

虽然州和地方政府在经济困难时可能会以新的或扩大的税收减免政策来相互竞争，但由于成本高昂，有时其背后的目的也很可疑，因此也会产生重检现有税收减免政策的压力。截至 2015 年 1 月，17 个州加上哥伦比亚特区均提出对这些优惠政策进行评估的要求。[22]

如果知道了具体内容、其成本高低及目的何在，评估税优政策就会更加容易。在州一级，近年来对税收支出的数量及费用总额的报告已经比较常见。到 2014 年，47 个州加上哥伦比亚特区都有某种形式的税收支出报告。有些每年公布，涵盖大多数税源，内容包括对实际费用的估计、税收减免的立法基础、其目的及结果成功与否的判断。一些甚至包括下一步行动计划和建议。另一些则仅仅偶然公布，或仅涵盖部分税源，且不引述实际的税收表格以供查看具体花费。

近年来，政府还进一步推动并改进针对税收支出的定期报告制度，使其更加"可见"，让其公共目的及税收减免的效果更加明确。这些报告似乎是一项良好的政府改革，除了编制成本外，几乎没有缺点。然而，由于对新企业减税可能会对现有企业不利，所以明确报告出来依然会引起企业界争议，而且由于利益集团的支持或竞选捐款，一些无效的税收减免仍然存在，一旦写到报告里，会令民选官员难堪。社会公众了解情况后，就无法接受该项开支，因此，这些项目往往不会清晰表述，或相关信息根本无法获取。税收支出报告可能会成为一个政治烫手山芋，如后面新墨西哥州的案例所述。

小案例：新墨西哥州的税收支出报告

在一系列引人注目的事件中，新墨西哥州议会于 2013 年第三次通过了一项法案，要求州政府编制税收支出报告，但没想到遭州长否决。2007 年，理查森（Richardson）州长就否决过这项措施，称编制税收支出报告不是行政部门的责任。最近，苏姗娜·马丁内斯（Susana Martinez）州长第二次否决了州议会的再次努力，称这是行政部门的事儿，议会管不着。她接着发出一份行政命令，要求每年列明并评估本州的税收支出项目。有些议员对她要求编制的报告不满意，因为这些报告缺乏对税收减免效果的评价，无法作为决策的充分依据。当州议会通过税收支出报告需要涵盖更多内容的要求时，马丁内斯再次否决，说自己的行政命令已经很充分。议员们于 2014 年试图争取一些力量对宪法进行修正，但该提案在政府委员会中即告夭折。州长完全控制了这一过程，能选择披露哪些信息，弱化哪些信息，完全不受有效性评估的约束。

资料来源：Matthew Reichbach，"Gov. Vetoes Tax Expenditure Budget Again," New Mexico Telegram，April 5, 2013, http://www.nmtelegram.com/2013/04/05/gov-vetoes-tax-expenditure-budget-again/.

政策分析人士称，短期内政府收入的净损失，一定会被这些优惠所带来的中长期整体社会效益所抵销。为此目的，各州越来越多地在其经济发展激励方案中提出以下要求：要带来高于最低工资水平和附加健康福利的就业机会，要能长期保持这些就业机会，如果无法兑现承诺则政府可以终止并追回所获优惠。透明度增加了，部分州提交在线报告，详细描述优惠获得者名单、金额、从什么项目中获得，以及谁承诺怎样的结果等。尽管有这些改进，不足之处依然很多。在州经济发展项目中，"接受补贴的公司，为工人支付达到任何工资标准的不到一半，为工人提供任何形式的医疗保险的不到四分之一"。[23]有些项目几乎不要求创造新就业机会。对那些要求少、执行不力的项目，税收支出带来的社会效益高于其损失的说法，大约就无法证明了。

税制改革

并非针对税收结构的每种变化或每次税收减免的调整都能被称为改革，要成为真正的税制改革，提案必须能解决或至少涉及税收结构的一些基本问题。

税收结构可能会过时，不再有效果，比如仅对实体店征税，却绕过了互联网销售，或仅对有形物征税却忽视了服务。有时有些税收是为了获得特定的政治支持而指定的，但如果做得太过头，从指定来源获取的收入和实际所需的金额可能并不匹配，导致某些地方的收入太多，而其他地方则收入太少，淹没了合理的优先次序。在经济衰退期间，有专项资金支持的项目可能很难或不可能削减，因此，没有指定资金来源的基金将首当其冲被削减掉。

税收结构也可能设计得不好，不能很好地应对经济衰退，尤其是长期经济衰退。经济强劲时，收入可能会迅速增长，经济放缓时则会收缩太多。财政收入也可能过度依赖于起起落落的单一产业。税收可能高过周边城市、州或国家，将企业置于劣势。也可能不公平，使某阶层的人或某类企业负担过重而让他人受益。税收减免可能加剧公平问题，使税制过于复杂，降低透明度和可问责性。税收减免免除了某些个人或企业的负担，同时迫使其他无法获得减免的人和企业的税负增加，导致纳税人愤怒，还助长了反税运动。人们一旦认为税收不公平，就会助长合法及非法的逃税行为，提高了收税成本，给那些全额税款的人们增加了负担。

经济与税制的不匹配

有时候，税收结构是在经济具有特殊性的阶段设计出来的，如果经济情况发生了变化，税收结构却未做调整，其效力就会越来越低。例如，随着美国经济从重工业向更多服务行业转变，一些州却发现他们的主要税源是完工制成品的销售税，越来越不能抓住实际经济的趋势。除非公司在某州有实体店或与该州的某公司发生关系，否则网上采购也不在收税之列。由此对州和地方政府造成的财政收入损失非常巨大，而且不断增长，因此出现各种改革建议，包括对互联网销售和对提供服务征收销售税。

不公平的税制

许多颇有赢利的大公司要么不上税，要么缴纳的税率大大低于州规定的所得税税率。最近的一项针对财富 500 强中的 265 家公司进行的调查，查看了他们实际支付的州税款与按照规定税率应付的税款之间的差别。从 2008 年到 2010 年，美国企业所得税的平均税率为 6.2%，但这些公司仅支付了一半。更有说服力的是，在那段期间，其中 68 家公司完全没有缴纳企业所得税，根据这些企业对股东的报告，他们当年的税前利润是 1170 亿美元。[24]

与其相似然而更具戏剧性的故事发生在国家层级。2014 年，税收正义公民组织（Citizens for Tax Justice）调查了在 2008—2012 年间一直盈利的财富 500 强公司。尽管法定税率为 35%，但这 288 家公司在五年期间平均仅支付了 19.4%，其中 26 家在五年内完全没有缴税。这 288 家公司中有 111 家至少在五年中的某一年里支付的税款为零或为负数，尽管这些年来，其收入为 2270 亿美元，但依然没有缴税。最令人震惊的是，其中 26 家公司在五年期间缴纳的税款为负数，也就是说，他们的税收抵免项多到大于其税收义务，到头来联邦政府还欠他们的钱。[25]

65　　　　有时税收结构本身就存在着一些不平等现象。联邦所得税的基本税率是累进的：亦即收入较高的人应该比穷人支付更高比例的税款。这一特点为美国税收制度增加了重要的平等因素，因为在州和地方一级，税负往往更重地落在穷人身上。然而，社会保险税却是累退的，收入超过某限额的部分不需要纳税，这个限额年年都有变化，2015 年是 118 500 美元。也就是说，如果你每年收入是 100 万美元，你需要缴纳的社会保险税率就会比挣得少得多的人更低。

此外，联邦所得税的一个重要特点抵消了该累进税对最高收入者征税的效果，结果是一些富人比挣得少的人支付的税率低。亿万富翁投资者沃伦·巴菲特（Warren Buffett）指出了这个问题，引起人们的关注，他说他自己缴纳的所得税税率比他的秘书要低。原因是，税率的差异取决于人们收入来源的不同：联邦所得税对工资征收的所得税税率要高于对投资收入征收的税率。对资本收益和红利，也就是销售某项投资所得的利润以及从公司利润中分得的收益，则均适用更低的税率。富人拥有的投资收入比例远高于穷人，结果就是，非常富有的人缴纳的税率比一般收入人群，比如巴菲特的秘书，要低。

国税局报告了本国 400 个最高收入家庭所缴纳的税款。2012 年，收入前 400 名平均每人收入为 3.36 亿美元，其平均税率为 16.72%。想要理解这个数字我们需要了解背景：第一，超级富豪纳税税率从 1993 年的平均 29.35% 下降到 2012 年的 16.72%；第二，2012 年，由于大部分收入来自比工资税率要低的投资，而且许多税收减免政策也适用于他们，因此，前 400 名高收入者缴纳的税率比普通工人要低。2012 年赚取 10 万美元收入的人要缴纳 20% 的联邦税，而同时期赚了 3.36 亿美元的人缴纳的税率则少于 17%。一般来说，挣得越多，应该缴纳的税率就越高，但在 2012 年，这条规则并不适用于非常富有的人。

2013 年 1 月，每年赚取红利及长期资本收益大于 464 850 美元的所得税税率由 15% 上升至 20%，低于 464 850 元的人依然维持在 15%。此外，部分扣减项对高收入人群的价值较低，如将高收入者支付的医疗保险额外费用算作纳税款。奥巴马政府推动的这些变化导致了非常非常富有的人群支付的税率增加到了 22.89%。这已经是一个大幅增长了，但仍然远低于非常非常富有人群在 1993 年缴纳的税率。如果所有富人的收入都按普通收入的税率征税的话，他们应该缴纳其收入的 39.6% 作为联邦所得税。

联邦所得税的基本结构仍然是投资所得的所得税税率要低于工资所得税税率，但目前，非常富裕的人们缴纳的税款已经比以前多了。这种情况会持续多久还不清楚，因为非常富有的人舞动着大得不成比例的政治权力，特别是 2010 年美国最高法院对公民联合会（Citizen United）进行裁决，允许少数极端富有的个人无限制地对单个候选人的超级政治行动委员会捐款之后，情况更是如此。未来，共和党占多数的国会加上共和党总统很可能会扭转这些富人税率增长的局面。

州和地方的税种，包括消费行为税、销售税、所得税及财产税，都是累退的，即中等收入人群和穷人在这些税项上缴纳的税率比富人要高。根据税收正义公民组织（Citizens for Tax Justice）2015 年的数据能看出，州和地方从穷人那里获得的税收比富相对要多。收入最低的人群在州和地方税上缴纳了其收入的 12.1%，而收入最高的人群则只缴纳了其收入的 8.3%。[26]第二项研究得出了更极端的结果，结论是收入最低的人群平均缴纳的税率是收入最高人群的 2 倍，最低收入人群缴纳的税率为 10.9%，而最高收入群体缴纳的税率则为 5.4%。[27]

税务和经济政策研究所（The Institute on Taxation and Economic Policy）更新了关于定期缴纳州和地方税的人群的研究报告，因此能看到趋势。从 1996 年开始共有五项研究。这些数字说明了州和地方税负公平性的什么趋势呢？首先，州和地方的税收仍然是累退的，给穷人带来的负担超过了福利。其次，所有纳税人的整体税负有所下降，但富人的税负降得比穷人或中等收入群体要陡得多。富人大约减少了 31%，而穷人仅减少了 12% 多一点，而中等收入人群则大约减少了 4%。结果是令累退的税制累退得更加严重。1996 年，收入位于底层的 20% 人群用于缴纳州和地方税的比例是收入最高的 1% 的人群的 1.63 倍；到了 2015 年，最穷的人缴纳的税款比例是收入最高的 1% 的人们的 1.85 倍。

67   州和地方税收是累退的，而联邦所得税一般是累进的。因为联邦税比州和地方税要大，总数加在一起，美国的税收总体是略有累进的。然而，这略微的一点累进尚不足以抵消自由市场带来的日益严重的不平等。和其他发达国家相比，美国在抵消市场的不平等现象方面做得相对更少。[28]

国会预算办公室（Congressional Budget Office，CBO）每年都对居民收入及联邦税收的分布情况进行研究。根据最近一年可获得的税收数据，CBO 估计，2011 年联邦税收看起来让居民收入的分配略显平等。收入最低的 20% 人群的收入（包括转移支付的金额）所得税前相当于居民总收入的 5%，所得税后相当于 6%；而收入最高的 20% 人口的收入所得税前相当于

68   居民总收入的 52%，所得税后相当于 48%。CBO 说明，如图 2.2 所示，从 1979 年到 2011 年，采用转移支付计划比采用税收手段对减轻不平等的贡献要大，从市场收入与税后收入的变化角度来看，其作用占到了三分之二。[29]

图 2.2 显示了在研究范围内，由于税收调整、转移支付，或两者同时作用而减少的收入不平等情况。图中清楚地表明，税收减少的不平等远远低于转移支付所减少的，同时，在 2008—2009 年的深度经济衰退期间，转移支付发挥的作用更大，而税收的作用则相对恒定。这个结果是可以预见到的，因为接受应享权益的人群会随着需求增长。

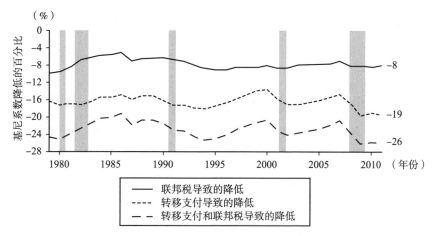

图 2.2　1979—2011 年由于政府转移支付及联邦税而降低的收入不公平情况

注：基尼指数是收入不平等的衡量标准，范围从 0（最平等的分布）到 1（最不平等的分布）。基尼指数是以住户规模调整过的收入计算得出。

政府转移支付指的是从社会保险和其他政府援助计划中支付的现金和实物津贴。这些转移包括联邦、州和地方政府的付款及福利。

联邦税收包括个人所得税、工资税、企业所得税和消费行为税。

资料来源：Congressional Budget Office，"The Distribution of Household Income and Federal Taxes，2011，"November 2014，https：//www. cbo. gov/publication/49440，p. 27.

税收的复杂性

收税的困难性，以及想要保护特定群体免增税负的愿望，导致税源多样化，各种各样的税收减免有时竟数以百计。而为了获得对增税的支持又往往产生专用税收，从而进一步增加税收制度的复杂性。富有而坚定的个人和公司会雇用会计师帮他们在不断变化的税收规则灌木林中穿行。但这样做费时费钱费神，因而产生了简化税法的压力，人们希望政府能重新检视并消除那些最浪费的税收减免项。

税收和经济

理想情况下，当经济蓬勃发展时，税收制度应该会产生收入增长，在经济萎缩或增长缓慢的情况下，收入也不应该降低得过于严重。要实现这一"黄金分割"，就需要设计为部分税源弹性较高，部分税源弹性较低，弹性高意味着增长和下降都很迅速，弹性低则相对稳定，不太随着经济变化而变化太大。税制弹性高的州，由于所得税依赖于比较富裕的人群，在大衰退期间表现不佳，因为股市下跌，这些人缴纳的税款会忽然变少。当税制无法以最优情况对经济周期作出反应时，就可能产生税制改革的压力，以增加或减少弹性。

税制改革的变数

一般而言，税制改革很难实现。但如果改革是"收入中立"的，即不
69 会增加或减少整体税负，则比较容易实现。如果改革也不会导致税负从一个主要群体转移到另一个主要群体，让某些人负担过重，让别人付出代价，也会相对容易通过。一些顽固的游说团体往往会组织并代表可能受到税制改革负面影响的人举行运动。税制改革有时确实能取得成功，但通常不会（见后面关于佐治亚州和密歇根州的小案例）。

小案例：佐治亚州的税改不了了之

佐治亚州 2011 年税改失败的故事揭示了税制改革的一些变数及难度。这不仅因为改革想要取消的每个减税计划都会遇到有组织的选区及有经验的游说人士维护，而且这项改革还需要保持或减轻大部分纳税人的负担，才能获得足够的公众和政治支持。

2011 年，佐治亚州正从几年来的经济慢速增长及大幅削减开支的困境走出来。该州决定重新设计税制，以刺激经济增长，使其在经济危机期间更加可靠。对家庭消费的食物征税在经济低迷期能提供更可靠（弹性小）的税源，因为人们不论情况好坏都需要吃东西。州销售税则有许多豁免项，并且几乎不提供什么服务，许多销售税豁免是无效的，此外，也没人能证明公司所得税的减免有什么效果。部分本州官员和一个专家调查小组，受命对新提议的税收制度进行评估，他们认为，所得税对商业增长不利，因此必须减少或废除。[1] 这次改革的主旨是将总体税负从所得税转移到消费（销售）税上。同时，任何税制改革都必须保持"收入中立"，因为该州经过多年的大幅费用削减后，再也无法承担进一步削减，此外，任何增税建议都会被激烈反对。

为此召集了专家小组来审查税务制度，并向一个联合立法委员会提

出建议，该委员会将就这些建议举行公开听证会。包括利益集团在内的社会公众在新的法案准备好并提交州议会之前，对可能被取消的具体税收减免项非常警觉。

专家小组提出了一套内容广泛的改革措施，首先将累进所得税调整成固定税，降低其税率，然后完全取消征收该税。改革最初的代价是取消几乎所有的免税和抵免项，包括用于家庭消费的食品，但为了抵消这一影响，对穷人则采用税收抵免。个人和公司所得税都将被取消。而销售税则将被扩展到包括许多服务在内。还提出了若干新的免税规定，以使该州与邻州相比更具竞争力，如取消制造业的能源税。这些建议将税负从富人转移到了较不富裕的人群身上，但也至少考虑了一些公平性的问题，如对穷人的临时税收抵免。

但这些建议遇到了抵制，州长首先反对对家庭消费的食物征税，这对穷人的打击最为严重。由于利益集团积极游说，反对将销售税扩展至服务业，因此这方面也出现困难，最后，只有两项缺乏强有力说客的内容幸存，即私人非代理商销售汽车及汽车维修服务。最后改革还是失败了，原因是尽管这些建议几乎整体来讲是"收入中性"的，但还是会导致个别收入比以前或多一点或少一点，因此有些纳税团体受到了负面影响。研究表明，非常富裕的人们将大大受益，但大部分中产阶级纳税人改革后将比以前缴纳更多的税款。在选举之前，支持税改的共和党人可不愿为这个结果负责。

目前，许多同样的提案再次重新浮上水面，并在 2016 年进行复议。

1　这一假设是否正确并不清楚。最近一项研究比较了高所得税的州与不征收所得税的州，结果发现，所得税较高的州经济增长率较高，这些州通常比不征所得税的州更能经受住经济衰退的影响。Institute on Taxation and Economic Policy，"High Rate Income Tax States Are Outperforming on No Tax States：Don't Be Fooled By Junk Economics"，February 2012，www. itepnet. org/pdf/junkeconomics. pdf.

资料来源：This Case Relies Heaviliy on "Revenue and Taxation HB385388"，Georgia Staet University Law Review28，No. 1，Article13，http：//digitalarchive. gsu. edu/gsulr/v0128/issl/13. See also，Kelly McCutchen，"Issue Analysis：Analyzing Georgia's Tax Reform Proposal，" Georgia Pubilc Policy Foundation，March 29，2011，www. gppf. org/pub/Taxes/LAGATaxreforml10328. pdf.

小案例：密歇根州是税制改革还是阶层战争？

尽管公众反对，密歇根州政府依然通过取消对穷人和退休人员的税收减免，来抵消其降低企业税收的影响。有人说这是税制改革，旨在刺激拮据的州经济，也有人认为这就是一场阶层战争，加深了本州税收制度的不平等。

71 　密歇根州的改变并不完全是"收入中性"的——减少的企业税加上延续原来给予的税收抵免，导致该州每年损失超过 10 亿美元，而所得税的增加部分并不能覆盖这些损失。该改革废除了原被指定专项用于教育的部分密歇根州商业税，这一损失也没有替换的资金来源。

法院的介入则让这一税制改革更加累退。法院裁定对养老金征税是合法的，同时宣布逐步取消对富人的税收优惠是非法的，而后者其实之前已经获得足够的选票来通过立法，但这一点在事后也不再被提及。

密歇根州在遭受经济衰退重创时改变了税收结构，目的是刺激商业。然而，因为政府削减了公共教育经费（K-12 减少了 6%，高等教育减少了 15%），对老年人和穷人增加税收，减少了福利支出，为企业减税，还为富人保留了减税优惠政策，人们指责说，这些具体变化导致了阶层之战。

资料来源：Charles Crumm，"Gov. Snyder Signs Tax Changes into Law," The Oakland Press，May 25，2011，www. theoaklandpress. com/articles/2011/05/25/news/doc4ddd35a684a04708490852. txt.

并不是所有税收体制上的变化都能算作改革。仅仅减税也并不一定就是改革，实际上可能会增加财政压力，导致过度借贷或采用奇怪的调整来平衡预算。如果政府确实担心其税收水平或类型相对于邻州或竞争对手已经造成自身的竞争劣势，那么减轻税负可能算得上是改革。提高或降低某一阶层或另一阶层的税负可能算是改革，如果起因是负担过重，或者如果税收结构里存在抑制社会所期望行为的主要因素。仅仅声称存在该抑制因素不足以保证"改革"一词，例如，有人声称，对小康人口的征税相对较高，导致他们不想工作或鼓励他们离开本州或本国。但针对这两点，证据都很薄弱。此外，降低所得税和提高销售税就能刺激商业繁荣，这一想法也未经有效证实，但如果对所得税的高度依赖导致财政收入的高波动性，加深了经济衰退的影响，那么此类调整也能称得上改革。小案例说明，号称的税制改革有时只是执政党在保护自己的选民免受征税之苦时，将税负从一个阶层转移到另一个阶层而已。

真正的税制改革并非不可能，只是很困难，而且往往耗时数年。例如，72 加利福尼亚州就成功地向互联网销售征收了销售税，重新匹配了经济和税收体系的关系。还有本章前面所述，明尼苏达州调整后税制更加公平。缅因州也在 2009 年扩大了其销售税基，包含了更多服务业。俄勒冈州、明尼苏达州和哥伦比亚特区则公布了翔实、透明的税收支出报告。纽约州改变了商业税，不仅降低了税率，而且将银行和其他金融机构合并为一类，使同类企业不再适用不同的法律。有些州，如密歇根州，已经终止了对电影业的补贴。犹他州则增加了可以投入"雨天基金"的数额，以帮助管理经济周期波动带来的财政收入波动。华盛顿特区也扩大了销售税基，同时降低了总利率。一些州增加了所得税抵免，这是通过税制帮助最低收入者的一种方式。华盛顿州，尽管还未能消除部分过时的税收减免，但已经在预算法里增加了任何新增免税项为期十年的日落条款，[①] 同时要求对任何新增免税项均需说明其目的，并包括衡量这些目的是否达成的措施。[30]

上述例子仅仅说明了改革的可能性，而非最近税制改革的完整清单。

总结和结论

税收的政治具有若干特征，其中一个是当某个群体或政党处于多数时，会倾向于将税收转移给另一群体以保护自己，方法是通过具体规定对另一群体或阶层的收入征税，或在有效的游说下，对特殊集团的税率进行上下调整，结果通常是将某行业或某群体排除在征税范围之外。这些例外情况使税制更加复杂，透明度减低，而且往往不公平。他们还侵蚀了税基，导致要么

---

① 日落条款，又称落日条款，指的是法律或合约中制定部分或全部条文的终止生效日期。通常制定日落条款的目的是在该条文终止其效力前有缓冲期可先行准备及实施相关的配套措施。——译者

财政收入减少，要么提高纳税人的税率，增加对公共部门的怨恨，导致了减税运动。

对政治家来说，增税充满了危险，需要仔细运作。相对而言，临时税收和专用税收更容易通过，但其结果是税收制度不够灵活，无法应付经济衰退造成的优先次序变化或财政收入的波动。有时，作出的税收变化并非必须，导致经济与税收制度不相匹配。

73   狭窄的税基不符合变化的经济，也不能提供足够的财政收入，复杂的税收结构则会令纳税人沮丧，导致税负不公平，因为有些纳税人会设法缴纳比相同收入的他人少的税款，还有效果不好且难以追踪的税收减免，由于存在前述这些问题，需要定期检视并重新调整税收结构。有时，很普遍的税收以及较隐性的税收都更重地落在穷人身上，引发严重的公平问题，这也说明了税制改革的必要性。

税制改革比增税更难实现，已经有过很多失败的先例。最有可能成功的是那些收入中性且不会伤害大部分纳税人的改革。如果那些会在税制改革后遭受损失的人被提醒，还可能引发游说大军来捍卫他们目前相对有利的位置。因为政治候选人支持或谴责对百万富翁的税收，或呼吁关注那些完全不纳税的富裕公司，或声称富人支付了政府绝大部分成本，都导致符号政治成为常态。

相关网站

位于纽约州奥尔巴尼的洛克菲勒政府研究所（Rockefeller Institute of Government）（www. rockinst. org/government_finance/）是一个能获取关于州和地方财政有用信息的网站。该研究所监测财政收入趋势，如经济衰退对财产税的影响。

皮尤慈善信托基金（Pew Charitable Trust）的"Subsidyscope"网（www. subsidyscope. org）是获取有关联邦所得税税收减免信息的好地方。该网站比较了财政部（行政部门）与税务联合委员会（州议会）对财政收入损失的估计数。能追溯到 2001 年的数据，因此可以对趋势进行一些研究。这里的数据档案还可以定义功能范围算出合计数，这一点特别方便。用户可以对数据下载并操作。

　　偏左翼的税收正义公民组织（Citizens for Tax Justice）（www. ctj. org）以及偏右翼的美国税制改革协会（Americans for Tax Reform）（即格罗夫 – 诺奎斯特的小组，www. atr. org）提供了许多增税减税，以及税负在社会阶层间转移的政治辩论内容。相对中立的是城市研究所——布鲁金斯税务联合中心研究所（Urban – Brookings Institute Joint Center on Taxation）（www. tax-policycenter. org/）。本网站介绍经济模拟的结果，以描述税收建议对不同群体和收入水平的影响；还提供与税收和社会政策相关的大量基本信息。

　　还有一个专注于商业激励的网站——好工作第一（Good Jobs First）（www. goodjobsfirst. org）。该网站提供了一个名为"补贴追踪器"（http：//goodjobsflrst. org/subsidy – tracker）的数据库，以及关于谁纳税谁不纳税的令人大开眼界的研究。

第三章
预算编制流程中的政治

74 只要我们能想出一些完善的预算规则，就可以做到财政谨慎，这种想法
确实很诱人。遗憾的是，情况并非如此。必须首先想到财政责任。而在强化
财政责任的制度建设方面，规则确实很重要。

——前国会预算办公室主任鲁迪·佩纳（Rudy Penner）

2011 年在众议院预算委员会的证词

预算编制流程将决策的过程细分，将具体的决定分配给特定的参与者或
参与小组，并进行协调。这一过程中，应该设置审议规则，确定选项，并控
制争夺政府资源的竞争水平。

预算编制流程非常重要，因为它能影响政策结果及政治权力的分配。就
政策结果而言，流程能让公共经费支出、平衡预算、长期投资或借款等行为
更容易或更困难。预算编制流程可能倾向于较低的税收和稍小的政府范围，
或较高的税收同时提供更多的商品和服务。预算编制流程能影响谁将受益于
税收和支出决定。就权力分配而言，预算编制流程可以赋予某参与者对其他
参与者的否决权，可以接收新的参与团体或强化长期盘踞团体的权力，可以
或促进民主参与或加强自上而下的决策。预算编制流程还能影响政府行政和
议会之间以及内部的权力分配。

75 预算编制流程往往是民主问责制的一个关键工具。决策的开放性、该流
程对民主决定的优先次序的反应性，以及对哪些项目花了多少钱的报告质

量，均反映了民主的程度。由于预算编制流程是治理的一个重要组成部分，如果有公众参与和控制预算，公众就可以更为广泛地对政府进行控制。

预算编制流程及公共预算的特征

本书第一章所述公共预算的特征有助于解释预算编制流程的功能和设计。预算编制流程不仅仅是一串决策者的名单，加上一系列保证协调、及时决策的步骤。它还能帮助决策者适应环境的变化，协助在相互竞争的要求里找出解决方案，在纳税人和决策人之间建立顺畅的信息通道，并对税收和拨款的相关决定进行限制。

适应变化

预算编制流程有助于适应环境。该流程允许在年内对预算进行更改，以适应财政收入下滑或其他紧急情况。常规的决策方式通常都需要提供处理冲突及其影响导致预算脱轨的方法。流程本身也可以根据需要变化。如果经济疲软，流程规则可能会改变，允许更高的支出水平及赤字的存在。另外，如果赤字和债务已经成为问题，预算编制流程也可能会调整为强调平衡。如果公众对政府的支持率很低，民选官员也可能会改变预算编制流程，让公众了解更多信息以更多地控制预算决策。

竞争

公共预算涉及希望从预算中得到不同东西，以及希望对预算决策实行控制的各种政治参与者和要求者。因此，预算编制流程必须管束这些要求者之间的竞争。

预算编制流程可能会让所有资金申请者同样容易地提出申请，也可能会为难某些人同时为另一些人提供方便之门。例如，申请城市补助金的非营利组织可能需要填写包括其财务偿债能力指标和客户基础说明在内的冗长调查表，而如果是小企业，可能只需要开口就行。

预算编制流程还通过规定哪些项目可以让申请人直接竞争，金额为多 76
少，以此管理其竞争水平。例如，流程规则可能会为某组特定申请人指定特定资金池，导致其随后的竞争，有时还相当激烈，因为该资金池金额有限。另外，某些项目则可能会拥有自己的收入来源，其他项目完全无法与之竞争。

　　预算编制流程也可能特别青睐或无视某些要求。例如，可能会将某项目的筹资决策分配给支持或反对该项目的决策者。预算规则通常会规定项目审议的顺序，将资金首先分配给偿还债务或应享权益科目，因此，就可以按此原则构造项目，保证在其他项目之前获得资金。在科罗拉多州，选民们不能接受按照 TABOR 要求裁减教育经费，于是成功地提出宪法修正案，要求教育经费全额到位。按照加利福尼亚州的宪法要求，支付债务本息的款项应该排在教育经费之后，在其他支出之前。但面临时代艰难、巨大预算缺口需要关闭的时候，存在此类宪法保护的支出将迫使该州不成比例地削减其他开支。在加利福尼亚州最近经历的经济衰退中，供应商只能收到本票，也就是所谓借据（IOUs），但债券持有人却能按时收到全额利息。加利福尼亚州的斯托克顿市于 2012 年进入破产程序，通常需要与所有债权人进行谈判，但州法律规定养老金不能减少。这两套规定互相矛盾，造成了极大的混乱。下面关于宾夕法尼亚州哈里斯堡市的小案例，就说明了当一座城市没钱支付账单时，在应该付给谁多少钱方面会发生怎样的论战。

小案例：哈里斯堡市——谁的优先级说了算？

　　根据《联邦破产法》第九章，有些州允许其地方政府宣布破产。该法律允许一个市或县与供应商和债权人进行谈判，支付所欠账单的一定比例。第九章并没有给债券持有人自动的优先权，如果贷款是无担保的，也视同其他负债同等支付。近年来，有关各州是否应该允许其地方政府宣布破产，还是出现财政困难的地方政府应该将其自治权上交到州政府指定的财务危机管理机构，让其决定哪些账单该全额支付，引发了争论。由州来控制的原因之一是要保护债券持有人，也就是说，保护州及其下辖政府单位以低廉利率借款的能力。一个城市的债券偿还违约将会导致可感知的风险上升，为州内其他政府部门的借贷增加成本。

　　当宾夕法尼亚州的哈里斯堡市遭遇严重的财政问题时，市政官员希望该市包括债券持有人在内的所有主要债权人，都承担一部分损失，就如同依法破产程序一样，但未经州政府许可，该市无法宣告破产。州政府否认了该市的破产宣告，为该市任命了一个接手人，并赋予其前所未有的权力来控制该市的财务状况。

纳税人与决策者的分离

纳税人与决策者相分离对预算编制流程也有重要影响。为了促进政府与纳税公众间的沟通，预算编制流程往往要求将拨款体现在法律规定之前进行公开听证。此外，事后还必须提供翔实的报告，以保证公民的钱按照预算规定的模式花费。

制约

在公共预算所有的特征里，预算编制流程最能体现的是制约。常常会有准则来规定支出、收入、借款或债务的限额。流程开始的目标可能是重新分配资源，或提高生产率，或减少资本性支出，或裁减员工。整个流程可能包括事先控制（如设置可雇用人员的上限）或事后控制（基于对费用和成绩的事后报告）。预算编制流程还可以要求收入超过支出一定比例，甚至可以对预算细目进行控制，对不同目的的基金设置收入或支出的最高限额（例如，对公路和桥梁征收的财产税不能超过 1000 万美元，或国务院事务支出不能超过 100 亿美元）。

联邦层面有这么一个例子，2011 年，共和党人宣称除非将其首选的支出削减写入法律，否则将不再支持债务限额的增加，其结果是出台了 2011 年预算控制法案（Budget Control Act），该法案规定十年内要削减 1.2 万亿美元的支出，此外，还为每年联邦政府可以酌情处理的支出设置了上限，一旦超过该上限，就会触动全面自动的支出削减（即扣押）。

对决策的制约缩小了可供选择的政策的范围。例如，一旦某城市的一般 78 义务借款达到法定限额，决策者就不能再考虑这种成本廉价的联邦补贴来为其资本项目付款了。

宏观和微观政治

由于预算编制流程会影响政策结果和政治权力，政治参与者不断尝试重塑这一流程。一些人寻求宏观变化，努力实现重大的政策转变，并在一段时间内将其锁定。另一些人则寻求微观变化，也就是针对特定受益者的短期偏移或修改，这些改变往往是为了党派利益。

宏观政策的目标包括在经济衰退期间刺激经济、减少贫富差距、平衡预算，或缩小政府的规模和介入。例如华盛顿一些保守派共和党人提议调整预算编制流程以鼓励减税，即试图通过这一手段来实现宏观政策变化。据推测，他们不仅希望降低税收水平，而且想要缩小政府提供服务的范围。相对而言，当参与者寻求微观政治目标时，他们想要影响针对某公司或特定利益集团的具体决定，他们会忽略、通融或改变规则，毫不考虑长期或更深远的政策后果。例如，一些参议员和众议员提出增加酌情处理支出的上限，以增加公路和"猪肉"项目的费用。这些议员们争辩说上限本身是错误的。他们其实只是想影响具体决定的结果，而非更广泛的导致这些结果的规则。只不过这时候规则碍他们的事罢了。

随后的两个小案例说明了有关预算编制流程的宏观和微观策略。第一个是关于宏观策略的，描述了国会中的共和党人为实现广泛的政策目标而改变预算流程的努力。第二个例子是关于微观策略的，为了短期政治利益，不考虑更广泛的政策问题，仅仅利用或滥用规则。1996 年，参议院预算委员会在华盛顿的首席民主党法律顾问比尔·道斯特（Bill Dauster）发表了一篇党派演说，指责共和党人为短期利益或为了单一选区而对规则做出的种种改变和规避。不仅是共和党人在占大多数时会这么做，只不过这个例子中，是民主党人在批评共和党罢了（见随后的小案例）。

79

小案例：共和党宏观改革提案

2013 年，众议院预算委员会通过了一项题为《2014 年预算和会计透明度法案（H. R. 1872）》的预算改革提议。其目标是使贷款支持的项目支出更加透明，并反映实际成本，方法是要求贷款项目比照私营企业的做法，使用"公允价值"核算。公允价值会计包括对成本中风险的估计。因此，联邦贷款及贷款担保都将按照贷款接收方的价值计量，与贷给私营企业的类似贷款或担保相近。按照 2013 年实际使用的技术计算出随着成本推移的预期价值，也就是说，历史数据再加入政府计量风险的指标——估计违约率后的结果。商业银行对风险更高的贷款收取的利率比政府高，委员会成员认为，这一较高的数字反映了政府的真实成本。这种变化使贷款和贷款担保计划看起来更昂贵。委员会设想总统的预算不管有没有对风险的估计，都会包含成本概要。这项建议要求该成本概要在项目批准时就应清晰说明，而这么一来，很可能会导致其不获通过。改革还要求国会预算办公室同管理和预算办公室研究能否在保险计划里使用公允价值会计。委员会投票决定把房利美和房地美放入预算，以此清晰说明两者目前都是政府的项目和责任（有关房利美和房地美的更多情况，见第五章相关小案例）。委员会希望管理和预算办公室以及国会预算办公室对政府在预算方面使用的许多术语进行审查、更新并统一。最后，该建议要求向公众公布各机构预算确定的理由。这些改革建议的主旨是让公共支出更加透明，增加成本估算，借此控制住新增支出。

共和党的第二个可能更重要的改革建议是在征税或支出政策的重大变化中包括"动态评分"，即对财政收支法案的提案或调整中，加上对经济的二次影响的评估。参众两院都通过了该规则，要求国会预算办公室和联合税务委员会使用动态评分。但动态评分这一方法本身是有争议的，因为缺乏公认的方法论来估计这些影响的大小甚至方向。但这条规则能让议员们产生一种感觉，觉得对经济产生了足够积极的影响，让减税看起来能自我供血。

以上两项改革均遵循了传统的共和党政策目标，即控制或削减开支，以及减税。

设计预算编制流程以实现政策和政治目标

预算参与者试图设计并改变预算编制流程，以产生他们期望的结果，无论是针对广泛的事项，还是具体的情况。参与者为改变这一流程所做的努力，有助于明确该流程的具体环节在实现特定政策和权力结果时的目的和期望。下面，我们就接着讨论这一流程的哪些部分可以被改变，以及通过这些变化能实现的目标。

预算编制流程和政策

预算编制流程中的很多特点均可用于实现特定政策目标。例如，如果民选官员感到需要建立公众信任，那么就可以先征求民意，并表明该预算已经遵循了社会公众的优先次序要求，这些项目管理良好、确实有效。每个项目中均包含预算文件，并含有绩效指标来说明计划与实际完成情况比较。

如果预算编制的目标是减少支出，那么这一流程就可以建立在各种约束之中，如支出上限或年终节余奖励。预算规则可以设置为专款专用或禁止在基金或账户间转账，以防止某个账户节余的资金被用于增加其他账户的支出。预算参与者还可以改变未来预算的假设，减少或消除包括通货膨胀成本在内的基线，或设计不作为就自动削减费用的机制。目标预算或零基预算均设置了支出目标，然后有系统地在各种选择间进行比较、权衡并保证将支出控制在限额之内。

目标预算或零基预算可以直接纳入预算格式中。预算方案的格式影响着向决策者提供的信息，能提出特定问题，并为特定分析提供数据。预算格式还影响着政府向公众解释其预算决定的方式。

常用的预算格式包括分项式预算、绩效预算、项目预算。零基预算和目标预算也较常用，尽管它们可能会影响预算的安排，限定预算决策的流程，但更倾向于对流程的描述，而非对预算进行安排，是分别为了完成不同的政策和政治目标而使用的。

分项式预算需要列出每个部门，然后向部门或其他管理单位分配预算金

额。但这笔金额并不是一次性发出、能按需花费的，而是被划分为具体的类

别，如差旅、薪酬、办公用品等，按不同支出类别在预算文件中单独列出，然后，该部门按照类别分配拨款。如果某预算类别分解得非常细，例如分为纸质用品、铅笔、桌椅、电脑、邮票，那么部门主管对于该如何花费这笔钱就没有多少酌情处理权了。这种预算强调财务控制。分项式预算降低了竞争，因为这种预算方式在不同项目间不进行比较，此外，在这种方式下，增加新项目也相对困难。其基本定位就是保持资金和支出分配的现状。

绩效预算列出了每个管理单元需要完成的任务、计划执行的内容及所需资源。这些文件向管理人员报告上一年对这些资源的使用情况。绩效预算强调每分钱都要花得有意义。这种预算形式属于高问责制的预算，在社会公众对政府不够信任的时候较常用。其目标是向民选官员和公众展示政府机构正在做什么，做了多少工作，做得如何，这一格式通常包括一些经过仔细挑选的基准比较来证明其效果，并借此提升管理水平。

项目预算将支出按具体活动列出，比如从交通巡逻费中剔除青少年咨询费，而这两者又与犯罪调查费分开。当公共目标非常明确且必须为此分配支出时，这种预算方式能与计划过程正式关联，其重点是将资金按当前的优先次序拨付的适当性，可能需要在项目之间进行权衡。项目预算最有可能提交议员审查，以检查相关政策在财政支出上的反映。

零基预算是一种特殊的项目预算。它将每个项目中的服务水平与成本相关联，然后将所有选项按优先次序排列，视不同项目的服务级别高低进行处理。处于优先级前端的项目能获得资金。如果资金不够分配给所有项目，则处于名单后面的项目就无法获得资金。零基预算建立了一种资金重新分配的正规机制：一个部门可能会建议提供更高级别的服务，或新增一个优先次序排名较前的新项目，而另一部门的项目则可能排名靠后。新提案可能会以停止老项目为代价来获得资金。这种预算模式可能会产生很大的竞争和冲突，因此甚少使用。但也有一个不这么极端的版本，被称为目标预算，将部门预 82 算中5%～10%的资金进行重新分配，这种预算模式比较常见。

每种预算格式所提供的信息都可以进行不同类型的分析。分项式预算关注会计分类项下的变化，如为什么今年办公用品比去年贵？而这些基本上是技术问题，和政策关系不大。当一个分项式预算表呈现眼前，很难对所建议的支出管理的健全性和适当性进行检查。而项目预算，尤其是包含零基预算的部分，在确定了优先级之后，迫使各项目进行比较。这些优先次序通常是按照政策声明确定的，如惠及穷人的项目应该比造福富人的项目优先，或强调预防的项目应该置于强调镇压的项目之前。绩效预算不仅规定了项目的成本和大致目标，而且还制定了（隐性的）产能标准，以便于在不同项目之间进行选择。

由于不同预算格式具有不同的优缺点，因此在实际中常常会组合使用。每个人都关心财务控制，所以按行政单位编制的分项式预算最为常用，但有时会将项目预算加入其中，但将绩效预算加入项目预算的情况比较少见。在有财务压力或有支出削减呼声的时候，政府可能会采用零基预算或目标预算，并将其置于项目预算之上。

小案例：微观政治——为赢得个人决策而通融规则

参议院预算委员会的首席民主党律师比尔·道斯在一次演讲中说，国会里的共和党多数在考虑自己一方的立法目的时，表现出故意无视规则和法律的情况。[1]某次为了批准一些能让联邦快递公司受惠，然而与当时的议题毫不相关的立法，参议院的共和党人改变了沿用了一个世纪的常设规则，即各委员会仅限于讨论提交给会议的立法议题。

道斯还指控参议院推翻了另一个沿用了一个世纪的老规矩，也就是对拨款法案的立法限制。在国家层级，提供资金的拨款法案与设计和修改项目的法案是有区别的。拨款法案应该包含每个已经批准的项目的资金，其中不应该包含修改或新增项目的提议。新增或修改项目的立法提议可能需要数年才能敲定，因为需要在利益之间进行协商谈判。相比之下，拨款法案则"必须通过"，因为如果没有拨款以支付其项目和服务，政府就会关门。允许在拨款法案中增加条款，就相当于给参议院的简单多数增加了权力，将无关条款添加到相对容易通过的预算快速通道上。

根据道斯的说法，这项规则之所以发生了如此重大的变化，是为了采用由参议员、得克萨斯州的凯伊·贝利·哈钦森（Kay Bailey Hutchison）提出的毫不相干的紧急补充拨款法案的修正案，该修正案对本年度随后需使用的基金进行了撤销（即收回基金），目的是在授权某委员会修订让濒危物种更难以宣布的法律期间，不能宣布任何新的濒危物种。因此，哈钦森的提案在无须通过一份再授权法案的情况下快速完成，而这种提案本来是需要经过更广泛、慎重考量的再授权立法程序才能实现。

道斯还指控共和党滥用其记录权，他声称，1995 年 10 月 27 日，在审议财务委员会主席，来自特拉华州的威廉·罗斯（William Roth）的修正案时，预算委员会主席，来自新墨西哥州的皮特·多梅尼西（Pete Domenici）所提交的社会保障的预算外节余有误，导致其看上去像是预算内节余，从而为通过罗斯的修正案铺平了道路。根据预算执行法案，社会保险应该属于预算外，因此，将其节余纳入预算内违反了预算法。一位参议员提出了程序问题，注意到这一违规行为，但多梅尼西不承认程序有误，因为这会导致 60 票弃权，多梅尼西选择忽略该问题。多梅尼西并不反对这一规则，他只是一脚踢开了这个规则。[2]

1　Bill Dauster, "Stupid Budget Laws: Remarks Before the American Association of Law Schools," January 5, 1996, and Congressional Record, October 27, 1995.

2　Ibid.

预算编制流程和权力

行政部门和议会的民选官员、预算办公室工作人员以及不同的利益集团，均试图改变预算编制流程，以增强其左右政策的权力，政客们也想利用它来确保自己连任、确保其党派的主导权。在任何一个时点，通过预算编制流程就能看到前述权力竞争的结果。有时，参与者们会设法做出一些相对较长期的变化，将其写入难以改变的宪法之中，而有时，他们改变的规则，并没有法律的强制力，更不用说宪法的支持。后者就很容易被推翻或修改。长期的变化有时会被认为是结构性变化，虽然其影响未必是决定性的，而且在实践中也可能变形。

正常的预算决策中，有人提出预算申请，有人检查，有人批准或削减或不同意这一支出。但在这个总框架内，谁能做出哪项决定，谁有权推翻谁的决定，也都有不同的情况。

最主要的权力争夺发生在政府的州议会和行政部门之间。某些情况下，由行政部门主导决策，而在另一些情况下，州议会可能会有同等或更大的权力。在行政主导的模式下，行政长官制定能反映自己的优先次序及政治议程的预算建议，除了将经过自己批准的预算提案提交州议会外，有能力将行政机关与州议会完全隔离。州议会则在预算提案上加盖橡皮图章，也就是说，不进行仔细检查或修改就予以批准。如果州议会做出了任何令行政长官反对的修改，他就会对此行使否决权，有时甚至重写法律。而在州议会主导的预算编制流程中，各行政部门主管在有特定支出需求的议员协助下，编写自己的支出申请，无须交给行政长官审议就直接提交州议会审阅、批准。

85

注：在大部分州，州长主导着预算编制流程，议员们就如同木偶一般，对提案仅匆匆浏览，并没有实际权力。

预算编制流程通常介于完全由行政部门或州议会主导的两极之间。从形式上和法律上讲，州议会通常有权批准税收及支出建议，但他们也可能把很多权力授权给行政部门。授权的原因之一是公众觉得州议会不能自律，其管理的支出失控，特别是在涉及资本项目及选区相关事务上。而普遍认为行政长官能够削减议员为取悦选民而做的提议，能够处罚州议会。人们相信州议会在面对利益集团和选民要求时比行政长官更加脆弱，导致将预算权力从州议会转移到行政长官身上。人们认为，当州议会在行政分支提出的预算提案中增加任何花销时，行政分支就会行使否决权（相对于理想状态，关于这一点在实际中的操作，见后文小案例：州长如何行使否决权）。

虽然在政府行政和州议会之间的预算权力分配非常引人注目，但这并非唯一情况。预算编制流程的第二个具有政治意义的特点是其集中度。集中度是指两个相关的概念：（1）预算编制流程自下而上还是自上而下的程度；（2）权力在各独立委员会、委员会和民选官员中的分散程度。

自下而上的流程从各行政部门主管编制预算申请开始。这些申请由行政长官及其预算人员或州议会审议，或两方同时审议，这些申请形成了决策的框架，也是制定议程的基础。在这一模式中，很少有或并不对项目的优先级进行排序，对每个申请均独立审核其价值何在。这一流程开始时就设置收入或支出限额，以实现一种松散的协调，而支出的增加则会保持在一个粗略的范围内，任何机构花费的增长均不会高于总收入增长的百分比。

自上而下的预算编制流程实际上忽略了各行政部门主管。行政长官可能完全不需要各部门主管提出各自的预算申请，也可能向他们详细说明应该如何编制自己的申请。预算提案可以从顶层整体进行，基于上年的实际预算，再根据政策偏好进行多多少少的修改，而不管具体操作部门的想法。而稍微温和的自上而下程序则会接受各部门的申请，再基于政策进行选择，对其进行或多或少的调整。

在州议会也一样，该流程可以更自上而下或更自下而上，取决于各支出和收入委员会是否收到预算及收入目标分别研究，还是直接给政府分支一个汇总数。

预算编制流程通常会结合这两种方式。如果出现收入问题，或出现明确的预算危机需要削减开支以应对，预算就往往会变得更自上而下。自上而下的预算模式与支出控制和政策导向有关。也就是说，如果行政长官对实现某个目标有明显偏好，就更有可能采用自上而下的流程来选择某些项目，拒绝某些项目，作为实现该目标的手段。

集中度的第二个维度说的是权力在相对独立的参与者中间的分散程度。例如，行政长官可能不得不与其他民选行政部门主管或独立委员会分权。当权力被广泛分享时，可能会导致决策僵局。无人负责，也无法告诉别人该干什么，任何行动都必须经过一连串参与者的批准。因此，一个高度分散的、碎片化的预算编制流程的目的，可能恰恰就是为了限制开支，以及削减政府的激进行为。

权力分散的一个结果是，社会公众可以通过参与计划、直接接触或通过媒体获取有用信息，以及在听证会上作证的机会，进入这一流程。能在普通公众眼前，在新闻媒体、公众和利益集团面前做出所有决定的流程是最开放的，此时，会议时间要安排在访客方便之机，并提前告知，各利益集团代表均会受邀在听证会和咨询委员会上交流意见。如果公众、新闻界和利益集团不被允许在预算编制流程中观看或发表意见，该流程就是关闭的。当然，也可能尽管征求了意见，但随后也不予理会。总体而言，预算编制流程或多或少是开放的。

开放式的预算编制流程对公众更负责，但也更容易受制于利益集团的压力。关闭式预算编制流程可能有助于控制新增支出，而开放式则通常是增加支出的方式。关闭式的流程也是增税的一种方式，因为潜在的反对者在决策中的作用不那么直接，也更有助于预算平衡。

87

小案例：州长如何行使否决权

行政机关拥有强否决权的一个主要论点，就是他们会剔除州议会不负责任地塞入预算的"猪肉"项目。根据这一观点，行政分支在财务上负有责任：他们会尽力以最低限度的浪费来平衡预算的公共政策目标。议员们大概只对狭隘的、更党派的问题感兴趣，比如把项目带回自己的选区，以便再次当选。由于这种观点，大多数州长被赋予了对州议会强大的否决权。

那么在实际中，否决权是如何使用的？它是被用来维持财政纪律，还是用于取消对方政党成员增加的项目和拨款，使他们更难连任呢？

格伦·阿布尼（Glenn Abney）和托马斯·P. 劳思（Thomas P. Lauth）在一篇经典文章里论述了这个问题。他们指出，基于对州官员的调查，州议会对"猪肉"项目有严重倾向的州的州长们，并不比州议会更有财政责任的州的州长们行使的择项否决权多多少，也没有减少多少浪费。然而他们发现，当州长们面对州议会对立党占多数时，更有可能使用择项否决权。研究期间，择项否决权被用作党派斗争的工具。[1] 詹姆斯·高斯林（James Gosling）改进了这一发现，在党派问题之外又加入了政策问题，他证实说，对威斯康星州而言，节约资金似乎并不是使用择项否决权的主要理由。[2]

那么，择项否决权是否仍然是以党派角度来行使？还是为了执行州长而非州议会的政策呢？对于部分州长来说，答案是肯定的。例如，2015 年新泽西州共和党州长克里斯·克里斯蒂（Chris Christie），面对民主党主导的州议会，从议会预算中择项否决了其中 16 亿美元。州议会的民主党人增加了对富人的税收，以拨付资金严重不足的养老基金。但州长同时否决了增税和增加养老基金的提案。[3]

在伊利诺伊州，当州长面临反对派主导州议会时，可能会广泛使用择项否决权，以施加其个人的政策偏好；当州长对两院的控制足够时，议案就可以轻易通过，此时州长无须使用否决权。但当两院相对分裂，每次选举都会导致两院多数派调整的情况时，州长就会与议会领导谈判，（通常）先达成协议，然后再将预算正式提交给州议会。州议会领导必须充分控制住情况，以确保与州长达成的协议获得通过。

伊利诺伊州充分控制议员们的主要手段叫作"议员提议津贴"，也就是为议员提供资金供其选区花费。领导拨出资金，换取对预算提案的选票。州长也可以从州的各种资助项目及资本性发展基金中拨出奖励资金，用这些钱奖励忠诚之人。投票反对已经领导协商一致的预算提案，就意味着失去对该议员选区有利的资金，危及其连任的可能性。

在这种情况下，除了使用择项否决权来消除"猪肉"项目，州长其实还增加了对补贴的使用。而在伊利诺伊州，州长对消除"猪肉"项目没什么兴趣，对获得议会对预算提案的支持而言，[4] 这个工具有点强大得过头了。非常富有的现任州长已经改变了这种模式，动用自己的私人基金来鼓励议员投票支持自己的政策，但估计未来不会有这么多富豪州长，愿意花自己的钱来打赢政策战争。

88

1　Glenn Abney and Thomas P. Lauth, "The Line – Item Veto in the States: An Instrument for Fiscal Restraint or an Instrument for Partisanship?" Public Administration Review 45, No. 3 (1985): 372 – 377.

2   James Gosling, "Wisconsin Item – Veto Lessons," Public Administration Review 46, No. 4 (1986): 292 – 300.

3   John Reitmeyer, "Budget Business as Usual: Christie Line – Item Vetoes $1. 6b From Dems' Plan," NJSpotlight, June 27, 2015, http://www. njspotlight. com/ stories/ 15/06/26/budget – business – as – u-sual – christie – uses – line – item – veto – to – cut – 1 – 6b – from – dem – s – spending – plan/.

4   Douglas Snow and Irene Rubin, "Budgeting by Negotiation in Illinois," in Budgeting in the States, Institutions, Processes, and Politics, ed. Ed Clynch and Ihomas P. Lauth (Westport, CT: Praeger, 2006).

联邦、州和地方政府之间以及内部的差异

有这么多参与者争着想要控制预算编制，而且其结果取决于现有的结构、党派优势、经济和政治环境、公众意见，以及使用现有资源、法律规则的技巧，因此，在联邦、州和各级地方政府之间以及内部，其预算编制流程差别也相当大。

89   多年来，学者们将联邦预算编制流程作为标准模式，用以比较和理解其他流程。但近年来，联邦预算几乎每年都会以不同的流程编制。联邦临时预算编制流程的出现，使人们的注意力转移到各州和地方政府，以期寻找出一种能够传达预算编制流程想法的模式。然而，调查显示，各州和各地方预算编制的流程差异巨大。要说清楚基于这次调查得出的结论，首先需要描述这些差异及其产生机制。本章说明了不同预算编制流程的一些关键差异。下一章则介绍联邦、州和地方在预算编制流程里在何种程度上、如何、为何不同，并探讨其演变中的一些共性。

不同政府层面的差异

联邦、州和地方的预算编制流程的差别，一是行政和立法分支之间的预算权力分配不同，二是行政和立法分支内部权力分配的离散度和协作程度不同，三是预算的编制，针对不同资源和项目，是采用集成式还是分别式的流程不同。

行政和议会预算权力。描述预算编制流程的方法之一，是描述行政与立

法分支在草拟和审阅预算提案时的平衡度。在州一级，行政部门通常比州议会权力要大，但州议会目前在获得平等权力方面已经取得了一些进展。[1]在地方一级，除了最小的城市外，通常也是行政主导。市长们经常拥有强势否决权，市议会可能无权增加市长的预算估计数。市议会通常少有或根本没有预算工作人员。然而，在大多数城市，市议会必须批准预算，在某些情况下，市议会也能在预算审阅中发挥重要作用。

小案例：缅因州——州长对阵州议会

缅因州是行政主导预算编制流程。州长提出预算草案，只要预算保持平衡，州议会可以提出更改，但州长还可以对项目资金行使全部或择项否决权，只要不增加总预算，还能减少议会已经批准的金额并将其替换。在这种情况下，州长拥有相当大的权力，但当理佩治（Lepage）州长希望将自己的政策强加于税制改革，而州议会并不情愿时，最后的结果证明了州长和州议会的权力其实相对平衡。

在延续六个月的战役中，州长坚持让州议会通过一项宪法修正案，以取消所得税，这需要绝大多数议员通过以及全体选民投票。在过渡期内，州长建议增加销售税同时降低所得税。他的预算草案中还包含州议会没有接受的其他政策倡议。因为他的政策倡议遭到了拒绝，州长理佩治首先行使了择项否决权，这一否决仅需简单多数就能推翻，然后他又否决了州议会通过的整个预算，这一否决则需要2/3投票才能推翻。如果州议会在两院中没有获得超过2/3的多数票，这一否决就会导致州政府在本财政年度开始时关闭。

资料来源：Steve Mistler, "After Long, Fierce Fight, Maine Gets a Budget and Avoids a Shutdown," Portland Herald Press, June 30, 2015. http://www.pressherald.com/2015/06/30/house – overrides – lepage – budget – veto/; Steve Mistler, "Maine House Votes to Override All 64 LePage Vetoes on Budget," Kennebunk Journal/Morning Sentinel, Central Main.com, June 18, 2015, http://www.centralmaine.com/2015/06/18/lepage – vetoes – 64 – lines – worth – 60 – million – in – 6—7b – budget/.

总的来说，州长的否决权比总统要宽。从宪法上讲，美国总统要么否决整个法案，要么就无法行使否决权，这就让国会能通过一揽子法案降低否决的可能性。而共有 45 个州的州长有择项否决权。24 个州长能否决预算草案中的措辞。这意味着，只有 5 个州长和总统一样，仅有有限否决权。[2] 尽管州长拥有的否决权比总统更强、更详细，但这些权力并非无限的。下面关于新墨西哥州的否决权案例，就说明了对这些更为广泛的州长权力的制约。

小案例：对新墨西哥州州长否决权的限制

91　　　大多数州长可以对议会进行部分否决，这一权力在程度上差异很大，从可以否决预算中的一个单项，到能剔除整个项目，或重新组织语言，或更改拨款草案中的数字。州长的权力范围到底应该有多大，经常引发法庭辩论，法庭从这个意义上讲，也是预算编制流程中冲突的一部分。2011 年在新墨西哥州，州长苏珊娜·马丁内斯否决了州议会关于增加雇主对本州失业保险基金付款的提案。由于在最近的经济衰退中失业率居高不下，州议会想要防止该基金枯竭。法院为州议会找到了理由，说州长的否决与现行的与失业保险计划相关的法律抵触，会导致该法律行不通。该法院早先曾经裁定，州长对州议会关于给予低收入人群住房拨款的"部分否决"或削减也是非法的。州长威胁说，如果不能行使这种"削减"否决，她只好取消低收入人群住房计划的全部项目或全部拨款。

资料来源："Susana Martinez Overstepped Authority With Line – Item Veto：New Mexico State Supreme Court," Huffington Post，June，23，2011，www. huffingtonpost. com/2011/06/22/susana – martinez – veto – new – mexico – supreme – court_n_882719. html；Steve Terrell，"Supreme Court Rules Against Martinez." Roundhouse Roundup：The Blog，December 14，2011，roundhouseroundup. blogspot. com/ 2011/ 12/supreme – court – rules – against – Martinez. html.

在国家层级，因为总统只能否决整个法案，而不是其中的部分，国会有时会把一系列措施整合在一起，包括部分总统很期望实现的内容，使总统难以对整个法案进行否决。其中一种将不同的立法提案组合成一项法案的方法

被称为"持续决议"。当一项或多项为联邦政府运作提供资金的年度拨款法案没有按时通过时，就会通过一项"持续决议"，国会据此暂时为未获资金的部门和项目提供资金。但如果拨款法案两次以上依然未获通过，就会被合并成一个立法提案。因为包含范围广泛，如果不愿意损害其中绝对必要的支出，就很难对其进行否决。在年中通过的补充拨款，一般也会将不同项目进行合并，其中包含一些必须通过的提案，其紧迫性会导致几乎不可能对其行使否决权。此时，一些优先级较低的其他项目经常也会混迹其间。

在预算协调法案中，也存在将不同的单独事项组合在一个法案中的情况。协调是国会预算编制流程的一部分，在这一过程中，各委员会根据预算决议分别行动。而预算决议则是一种征税或支出的计划或路线图，在理想情况下，预算决议应该在预算审议开始之前获得两院批准。预算委员会根据这一决议向各税务及支出立法委员会发出要求，各委员会完成了各自的工作，在要求范围内做出所期望的改动后，国会将所有工作结果汇总为一项综合立法提案通过。互不相关的立法提案常常被列入同一综合协调立法提案，因为其内容广泛，非常难以否决。

在各州层级，由于州长通常可以否决部分法案，因此综合立法提案并不能针对此否决权提供特别的保护。可是，如果州长只能否决拨款提案中单项列出的部分，州议会会避免将该项单独列出，或者会将多个预算项目合并为一项，于是州长就必须针对该项做出接受或全部否决的决定。比如得克萨斯州州议会为了应对州长的择项否决权，就整合了一笔高等教育整体拨款项，而不是一行行将明细拨款项目列出。[3]

在地方层级，大部分预算都会作为单独的条例通过，通常不会附加不相关的条款。市长和市议会经常提前就预算达成协议，[4] 然后市议会批准市长或政务市长的预算草案，否决权几乎不需要动用。市政府行政工作人员会密切关注市议会过去一年里的各项声明，权衡这些信息中体现的支出和税收建议，并将认为有道理的部分纳入预算之中。市议会拿到预算时，他们希望看到的东西通常已被纳入。市长或预算办公室有时会预留少量资金作为储备，以备市议员坚持增加一些被市长、政务市长或预算办公室故意删除的项目。

市长是否有预算否决权，在很大程度上取决于市长的权力以及地方政府的组织形式。有两种最常见的组织结构：即市长—议会制及市议会—政务市长制，在第一种结构里，市长经常拥有更广泛的行政权力，包括预算否决权；而在第二种结构里，由市议会雇用的政务市长比市长对预算的控制要强。还有这两种结构的混合体，其中市长的权力可能比政府的法律形式所陈述的或多或少一些。表3.1和表3.2就说明了地方政府的组织形式与市长的否决权之间的关系（同时参见后面关于圣地亚哥市政府组织形式改变的小案例）。

93   **表3.1**   **美国大城市市长的否决权**

城市	政府结构	市长是否有否决权	推翻否决所需票数
纽约	强势市长—议会制	有	2/3
洛杉矶	强势市长—议会制	有	2/3，有些需3/4
芝加哥	强势市长—议会制	有	2/3
休斯敦	市长—议会制	无	不适用
费城	强势市长	有	2/3
凤凰城	市议会—政务市长制，弱势市长	无	不适用
圣地亚哥	强势市长—议会制	有	5/8
圣安东尼奥	市议会—政务市长制	无	不适用
达拉斯	市议会—政务市长制	无	不适用
圣何塞	市议会—政务市长制，弱势市长	无	不适用
底特律	强势市长	有	2/3
印第安纳波利斯	强势市长，市或县议会	有	2/3
杰克逊维尔	强势市长	有	看情况
旧金山	强势市长	有	2/3

注：芝加哥法律形式上市长很弱，但其个性很强。
资料来源：Appendix 3 of the "San Diego Charter Review Committee Report," 2007.

有时市长和市议会谈判破裂，市长会威胁使用或实际使用其否决权。因为市级的政治与州和国家级不同，通常不直接与民主党或共和党的政治产生关系，因此，行使否决权较少与党派之争直接相关，更可能与财政政策密切联系。尽管在地方层面，党派忠诚度很少成为问题，但如果议员是市长的潜在竞选对手，市长与市议会在预算中的关系也可能对抗；即便如此，由于市议会缺乏预算工作人员，因此很难将收到的预算拆分并提出自己的建议。市议会成员也可能会成为一个吵吵闹闹的反对派，在某些情况下，为了自己所支持的项目，还会阻止预算通过或要求其妥协。

表 3.2   加利福尼亚州各城市市长的否决权   94

城市	政府结构	市长是否有否决权	推翻否决所需票数
洛杉矶	强势市长—议会制	有	2/3，部分需 3/4
圣地亚哥	强势市长—议会制	有	5/8
圣何塞	市议会—政务市长制，弱势市长	无	不适用
旧金山	强势市长，县委员会	有	2/3，部分需 3/4
长滩	市长—议会制，弱势市长	有	预算问题需 2/3
弗雷斯诺	强势市长	有	5/7
萨克拉门托	市议会—政务市长制，弱势市长	无	不适用
奥克兰	强势市长—议会制	无	不适用
圣安娜	市议会—政务市长制，弱势市长	无	不适用
阿纳海姆	市议会—政务市长制，弱势市长	无	不适用
贝克斯菲尔德	市议会—政务市长制，弱势市长	无	不适用
河滨市	市议会—政务市长制，弱势市长	无	不适用
斯托克顿	市议会—政务市长制，弱势市长	无	不适用

资料来源：Appendix 3 of the "San Diego Charter Review Committee Report," 2007.

总而言之，在联邦、州、地方层级，各大城市的行政和议会间正式权力结构和协商模式存在很大差别。在相对平衡的联邦层级，行政和议员之间必须进行广泛的正式或非正式谈判。这些谈判的结果往往达成了预算框架，并为各部门设定了限制。虽然自下而上的预算要求不断产生，也被一一检视，但它们对结果的影响其实很小，因为行政和国会之间达成的协议比各机构各部门的需求优先。[5] 结果就变成了相当程度的自上而下的预算。

在州一级，州长通常比总统有更强的否决权，综合立法提案几乎没有用武之地。反而可以将特定预算项目进行合并或隐蔽，以规避州长的择项否决权。

95

在地方层级，预算通常是单独立法项。取决于政府的组织形式，预算可能由市长主导，或政务市长和市议会主导。议会和行政部门之间可能存在一些争论，特别是有关财政政策，如哪些项目应该削减多少金额以达到预算平衡。但自下而上的预算比较常见，在收入的限制范围内，各部门尽量提出与之相应的项目要求。这一层级几乎不存在党派影响的问题，行政和议会之间的政策冲突通常也较少。

小案例：圣地亚哥市的财政问题——强势市长和否决权

直到 2004 年，圣地亚哥市均采用市议会—政务市长制以期营造一个诚信、高效的政府。但当该市陷入财政困难，导致其养老基金短缺时，公众对这一组织形式失去了信心，另择了一个为期五年的强势市长试验期。

当组织形式改变以后，不出意外，市长希望增加相对于市议会的预算权力，包括强大的否决权。他提议，要推翻他的否决权，需要 11 名市议会成员中的 8 名投票通过才行，这一要求与其他城市相比显然更难实现。市议会赋予了市长其他一些预算权力，他可以无须经过市议会批准在各部门间调动资金，以及削减预算总额不超过 15% 的部分。当市长提出预算提案时，市议会几乎没有时间或能力作出反应，因此按惯例投票通过。但市议会对赋予市长真正的否决权的问题开始踌躇，因此要求按照通过立法的同样多数的人投票批准就能推翻否决。2010 年，关于是否保留强势市长这一形式，以及是否将推翻否决权所需票数增加到三分之二的投票决议，容易地通过了。

资料来源：P. Erie and Norma Damashek，"San Diego's Backroom Reform：A Push to Revise the City's Charter Is Little More than a Power Grab by the Mayor，" Los Angeles Times，October 7，2007；"The Mayor's Veto：City Council Retreats on Critical Charter Reform，" editorial，San Diego Union Tribune，February 10，2008，www. signonsandiego. com/uniontrib/20080210/ news_lz1ed10top. html；Gene Cubbison，"'Strong Mayor' to Stay，" NBC San Diego，June 9，2010，www. nbcsandiego. com/news/politics/Strong - Mayor - Prop - 95934794. html.

权力的分布。尽管联邦预算有一定的政策取向，编制过程也相对自上而 96
下，但预算权力的分配在国家层级却是最为分散和破碎的，部分是因为这些
决定非常重要，导致每个人都希望在其中有所行动。1974 年之前，国会将
预算责任分给设计和批准项目的立法委员会、税收委员会和拨款委员会。
1974 年，增加了预算委员会来制定支出和收入目标，并协调其他委员会。
行政部门和国会之间不时达成的峰会协议又在前述结构外增加了一个额外的
碎片，因为这种协议履行了预算委员会的部分职能，而且发生的时间不可预
知，是由不断变化的参与者谈判协商而成的。2011 年秋季的国会"超级委
员会"，本来计划要削减联邦预算，但并没有成功，进一步说明了国家层级
的权力分裂，因为它过于绕过现有的委员会结构。

相比之下，州和地方政府的决策过程更加简单、更少碎片化，部分原因
是行政部门可以主导预算。州议会的预算编制责任往往更集中于拨款和税收
委员会，尽管如同联邦层级，有时两议院的领导也能凌驾于委员会的决定之
上。在市一级，结构更为简单。地方层级对预算的立法审议可能只需要一个
财务委员会就够了，同时负责收入和支出核准。

应享权益、补贴、贷款、运营和资本预算。联邦预算编制实际上是两个
过程的松散连接。有些开支由拨款委员会每年批准，但联邦预算的实质部分
是由许多应享权益组成的，这一部分无须通过拨款流程，是长期核准的，无
须每年批准。应享权益是特殊的项目，其支出决定取决于多少人或组织符合
其资格要求。

应享权益适用一个预算程序，其他支出则适用另一个预算程序。然而，
在所有开支中，有些并不符合正常运营预算的特点。联邦政府需要处理贷
款、贷款担保及保险，而要弄清楚这些部分实际花了政府多少钱是非常困难
和引发争议的，但预算中包括了其估计数。这些估计数与人事管理办公室对
雇员薪金的预算估计数可不是一回事儿，因此不能直接相加或合并。

州和地方政府都将资本预算和运营支出预算分开，但联邦政府则并不分 97
开。制定和批准资本预算的流程往往有别于编制运营预算的流程，尽管有可
能会同时考虑。资本预算与运营预算的时间框架不同，它们所资助的项目经
常延续数年。虽然运营预算可能看起来年年相同（或差不多），但资本预算
却不是这样的。随着项目完成，资本预算中的具体内容也会变来变去。各州

也有各种应享权益项目，有些是和联邦政府联合，有些是自己的。州政府同时还会成为联邦政府补贴的接受者，或者替地方政府接受联邦补贴。这类补贴现在通常由州议会拨款，但它们曾经是与正常拨款处理方式不同的次级预算。因此，州预算是基于不同来源，有些需要单独分开、有些可以按不同方式合并进入预算的复杂组合。对于每一个不同的项目类别，各州通常有不同的决策流程。

地方政府一般没有应享权益，通常每年均将其全部预算拨付出去。从联邦政府或州政府收到的补贴收入可能被纳入预算，也可以另行预算。税收减免在联邦和州一级通常被视为应享权益，但在地方层级却是一事一议，因此其费用每年会提前知道。地方层级很少会产生无制约的开放性责任，但各州有时会通过地方政府提供强制服务。然而，大多数地方政府支出并不随着收入的下降而增加，这一点与国家和州政府不同。

各州和城市内部预算编制流程的不同

预算编制流程不仅在联邦、州和地方政府各级不同，而且各州不同，各城市也不同。通过两个例子就能说明州一级的差异所在，即议会主导的得克萨斯州以及行政部门主导的佐治亚州。

在得克萨斯州，州长和议会预算委员会（Legislative Budget Board，LBB）共同编写一份内容广泛的政策声明，以通知各行政部门开始计划。议会预算委员会由副州长、众议院议长，参议院财政委员会主席、参议院州事务委员会主席、众议院拨款委员会主席、众议院筹款委员会主席，此外还有两名由副州长指定的参议员，以及议长任命的两名众议员组成。

98　　州长也会为各部门设立部分目标和业绩标准。各部门据此制订计划，计划由州长预算办公室和 LBB 批准。然后，LBB 向各部门发出指示编制各自的预算申请，其中必须包括之前所述的业绩标准。然后，预算办公室和 LBB 一起就各部门的战略计划和预算申请举行听证会。各部门根据在听证会期间收到的反馈意见，修订计划和申请，然后再次提交，构成 LBB 制定拨款法案的基础。州长会提出预算提案，但州议会也可以建议超过各部门或州长所要求的金额。经议会批准的预算需由州长签署，当然州长也有择项否决权。LBB 和议员监督预算的执行。监督报告翔实有力，以确保各部门执行其承诺，并对绩效监督系统严肃认真。

得克萨斯州州长除了在整个预算编制流程的最后阶段可以行使择项否决权，实际上几乎没有正式的预算权力。州长的权力更多基于间接影响。在编制战略计划和预算申请前，无论是州长的政策指引，还是从其预算办公室发到各部门的详细指示，均与议会预算委员会给各部门的指示相混同。在整个预算编制流程中，州议会均异常活跃、强势。[6]

在佐治亚州，情况则完全不同，州议会对预算编制流程影响甚少。正如一位学者所描述的，在讨论预算改革方面，议员几乎没有任何作用。议会会期极短，只有40天，在那期间议员只能看到州长建议改变的部分预算。议员们讨论一些政治化的项目，关注一下自己选区的"猪肉桶"支出。

由于超过百年的一党主政，能提供监督职能的州议会已经萎缩。议会预算办公室员工很少，其中许多是政治任命人员而非专业预算分析员，部分是早期曾试图建立的审计和评价人员的残余，预算研究及监督委员会（Budget Research and Oversight Committee）资金不足，人手不足。从体制上看，州议会几乎不打算考虑经常预算，更别说利用预算改革带来的信息有所作为了。[7]

预算申请由各部门编制，并提交给行政预算办公室。然后，州长与各部门进行听证会讨论并解决分歧。州长向州议会提出预算提案，由两院的拨款委员会审理。众议院先投票，然后参议院对其版本再进行表决。随后，预算提案将走到由两院任命的一个委员会来解决分歧。[8]然后，预算提案再次回到州长，他可以通过强有力的否决对其做出改变。

如果议会预算办公室配备专业人员，且人手充足，且议员在会议期间花点时间来审查预算提案并提出建议，就算州长有强大的否决权，双方的权力也会更加均等。在过去几年中，一党主导的状况已经结束，结果是州议会在审查预算方面发挥了更积极的作用，但变化依然缓慢。

多数州介于完全由行政或完全由议会主导的两极之间，但更倾向于行政预算。有些州如肯塔基州和佛罗里达州，各部门在向行政预算办公室提交预算申请之前或同时也向州议会提交。[9]如果州长和各部门提交的预算申请不同，州议会有权作出选择。这种安排稀释了行政分支的权力。如果州议会与州长分属不同的党派，议员便可能花更多的时间和精力来审核州长的申请或干脆提出自己的预算提案。[10]

市级预算编制流程中的不同主要源于政府组织形式的区别。在市镇会议上，公民直接针对预算投票，几乎是可以想象得到的最高问责水平。这种结构形式必然限于小城镇和相对简单的问题。在 20 世纪初广泛采用的委员会制中，各部门主管担任委员会委员，共同作出预算决定。这种形式不区分行政还是议会。近年来，这一形式越来越少见，部分原因是它导致了问责上的困难。

今天，大多数城市或采用市长—议会制，或采用市议会—政务市长制。市长—议会制这一形式中，市长可能由议会选出，因此其权力并不比其他议会成员多多少，市长也可能直接由公民选出，与其他议会成员相比拥有相当大的权力。虽然小城市仍可以进行议会预算，由各部门向议会财务委员会提
100 出预算建议供其审核，在大中型城市里，一般是由市长及其工作人员准备预算，议会的能力有限，无法对预算进行修改甚至审核。在市议会—政务市长制的政府结构中，行政与议会的区别模糊不清，因为负责编制预算的政务市长由议会雇用和解聘。如果政务市长坚持与议会的优先事项不同的预算，就可能招致解聘。在这一形式下，议会往往会发挥更积极的作用，至少也会广为宣导其政策偏好，并确保其利益在预算中得到体现。这一形式在中等城市更加普遍，而民选的强势、独立的市长，则是典型大都市的特征。

总结和结论

预算编制流程部分是技术性的，需要协调决策，保证资源及时流向各部门，部分是政治性的，由于预算权力被认为是整个政治权力的一个重要组成部分，预算编制流程中有相当多的决策权争夺战。更广泛地讲，许多预算参与者都想改变预算编制流程，以帮助实现他们所珍视的目标，无论这些目标是公共政策目的，如政府范围和规模的增长或减少，还是短期的党派和选举目标，如对"猪肉"项目的分配或对该利益在特定选区或贡献者放松监管等。

权力分散的议会主导的预算编制流程对各利益集团和短期问题而言，均非常开放，但对长期政策问题来说，就没有这么开放。而更自上而下的由行政主导的流程对政策问题的回应更为积极。能在项目间进行比较的预算格式

也会鼓励政策导向。预算编制流程在一定程度上可以控制利益集团，可以夸大或缓和竞争，也可以鼓励或不鼓励预算交易。

预算编制流程在联邦、州和地方各级不同，不同州和城市之间也不同，部分是由于政府结构不同，比如，在联邦政府体系中，州和地方政府可以获得来自国家政府的补贴，但不会反过来补贴。行政和议会的分离在国家和州一级比在地方层级更为明显。各州和地方政府之间的预算编制流程也各不相同，部分原因也是结构上的差异，如强势市长与市议会—政务市长之间的不同，但也有部分原因是由于政府分裂，如行政和州议会分属不同党派，就与同属一党派不同。但最重要的是，预算编制流程因特定的参与者如何改变这一流程以匹配他们的需要、价值和问题而有所不同。

相关网站

全国州预算官员协会（The National Association of State Budget Officials，101
NASBO）会定期更新关于各州预算编制流程的详尽报告，报告题为《州预算编制流程》。http：//www. nasbo. org/sites/default/files/2015% 20Budget% 20Processes% 20 - % 20S. pdf.

国会研究服务中心（The Congressional Research Service，CRS）有许多描述联邦预算编制流程的出版物。尽管从技术上说不向社会公众开放，但在开放 CRS 网站上有部分可以获得。其中有一篇很好的总结文章《国会预算编制流程简述》，作者是詹姆斯·V. 萨图尔诺（James V. Saturno），2011 年出版（http：//assets. openers. com/rpts/RS20095_20110303. pdf）。还可参阅杰西卡·托尔斯特拉普（Jessica Tollestrup）于 2014 年 11 月 14 日写的《国会拨款过程简介》，http：//www. senate. gov/CRSReports/CRS - publishcfm？pid = % 260BL% 2BP% 3C% 3B3% 0A。其他 CRS 向国会提交的关于联邦预算编制流程的报告发布在 www. Senate. gov. 网站，只要使用该网站内的搜索引擎就能找到。还有一个新的网站 CRSreports. com，吹嘘其发布的 CRS 报告数量最多，其中很多与预算编制流程有关。只要用"预算"作为关键词搜索，就能找到数以百计的报告。

第四章
预算编制流程的动态变化

　　我们在20世纪90年代建立起一系列预算编制流程的规则，以帮助我们应对赤字……其中两条规则取得了显著的成功。一条叫作动态平衡（PAY-GO）……另一条就是酌情支出上限。

　　　　　　——前国会议员约翰·斯普拉特（John Spratt），《2004年国会议事录》

　　预算编制流程并非水泥浇筑而成，它们会因时而化。预算编制流程何时何地会瓦解？如果失败了会是什么样子？失败了能刺激这一流程改革吗？抑或流程改革多由其他原因引发？这一流程的变化会如何影响预算结果？预算编制流程的哪些特点会对结果产生怎样的影响？将更多的权力转移给行政分支是否会带来更好的预算？动态平衡或支出上限这样的预算规则，真如前国会议员约翰·斯普拉特所说的一样有所作为吗？

　　如果仔细研究预算编制流程的变化，就有可能看到一连串事件，一系列原因和进一步变化的结果。增加行政权力（以及滥用该权力）会对议会产生反作用，集中在行政部门的权力失衡，会导致预算延迟以及暗中的非正常沟通，这反过来又会推动对流程的改革。

　　要分析预算编制流程的变化，不仅要看正式的流程，还需要注意非正式的流程。正式流程可以由非正式流程补充或取代。比如，正式流程里可能会有各立法委员会以及各行政部门的细致职责划分，但实际预算谈判时可能仅限于行政长官和两院领导，完全绕过立法委员会。虽然各委员会看起来都在做自己的工作，但他们很可能只是从自己从未参加过的峰会中获得了一点暗示而已。这种非正式的协商有时会发生在各级政府中。那么，什么时候、为什么会发生这种非正式的、隐性的流程，这种流程何时会消退或屈服，让更正式和可见的流程登场呢？

答案之一是，越严格越多的规则越容易导致规避和非常规调整。分裂的政府促成了非正式及秘密谈判的必要性，因为行政部门和议会分属两党控制，而他们会在正式程序里打击彼此的优先次序。还有，实际权力可能是高度单边的，给另一个或多个其他党派在决策过程里留下的余地极小。因此，少数人有时会裹挟预算，以迫使幕后谈判，而不是通过正式程序削弱对手（见随后纽约州的案例）。最后，如果正式程序产生的结果不受总体欢迎或令人感到尴尬，参与者也可能会将自己切换到一个不太明显的流程，让自己显得疏离，产生一种"这可不是我搞出来的"的防御机制。

进行非正式流程时，保密性可能会增加（如很少有人知道决定是如何作出的；只有特定利益相关者能进入该流程，且权力不对等），由于定义遭到侵蚀，预算信息的内容可能会恶化，分类会变得不清晰，结果（如赤字的规模或借款的影响）也是模糊的。民主参与、开放程度和问责都可能因此减少。

概述

预算编制流程中有一个随着时间的推移而产生变化的关键因素，就是行政和议会之间预算权力的相对平衡。对行政部门的不信任源自殖民历史，因为这一职位最初是由英国国王任命的，因此预算最初设在议会。多年以后，权力又转向行政部门，以满足财务控制的需要，并开始有了更明确的政策性预算审查程序。各个部门直接将预算申请提交给议会的各委员会，行政仅做有限审核，这一做法逐渐成为了相对固化的流程，即行政长官负责汇总、审核以及对各部门申请进行初步削减，然后再提交给议会。作为这一变化的组成部分，设立了行政预算办公室，专业人员成长起来了，并变得更加政治敏感和具有政策导向性。

有时，转向更为集中化的行政预算是改革者通过宪法修正案达成的，而有时，议会会将预算权力授权给行政部门。虽然人们可能会觉得议会紧紧控 104

制着预算，以作为自身、个人和政治权力的重要手段，但做法上其实并不尽然。议会将预算权力授权给行政部门有两个突出理由。如果议会和行政机关属于同一党派，拥有类似的政策目标，议会会愿意把预算权力下放给行政长官。或者，如果存在某种危机感，同时也有证据说明议会无法处理这个问题，那么，议会也很有可能将预算编制的权力转移给行政部门。

当行政分支的预算权力是由宪法所赋予的，那么议会想要正式分享这项权力就会变得困难甚至不可能。如果议会感到自己过于弱势，就会诉诸更多非正式手段来进行控制。如果预算权力是由议会授权给行政分支的，而行政部门滥用该权力，或用它来阻挠议会的意愿，那么议会就有可能收回部分预算权力。

纽约州拥有极度强势的州长，这是改革者在 20 世纪初敦促对宪法条款进行修订的结果，这一规定很难改变。相形之下，议会向行政部门授权的预算权力并不总是成功或永久的。有时这种权力会被用于议会明确禁止的目的，或用于绕过议会批准。议员有时会作出反应，努力让自己履行已经授权给行政部门的职能，提升能力，增加预算工作人员，提高审核预算提案及评估行政部门绩效的能力。

当议会和行政人员的权力基本平等，不同党派控制着两个分支而产生混乱的预算战，就会导致否决、预算迟交，有时甚至是未能通过预算，即所谓脱轨。在这种动荡的形势下恢复秩序的成本，可能是行政和议会领导之间更为广泛的谈判，以及更多（希望是明智的）使用分配政治，也就是"猪肉"项目。一般而言，大家会觉得"猪肉"项目不好，并责备这是议员惯用的手段，但它也可能由行政人员发起，试图在权力平均的两党民主制里让预算谈判顺利达成的手段。行政人员可以将特定议员的"猪肉"项目列入预算提案（或补充拨款）中，以努力争取对一揽子计划或其他无关提案的议会支持。然而，"猪肉"项目明显增加的成本可能会损害政府的公信度，并导致新一轮预算编制流程的改革浪潮。

105

小案例：纽约州——强势州长、弱势议会、非正式预算

如果正式的预算规则看起来对所有参与者不公平，也就是说权力高度不平衡，正式规则或许仍然能规范整个流程，但非正式谈判也可能盛行。纽约州的情况就是如此，州宪法赋予州长掌控预算的广泛权力，而议会则几乎没有独立的预算权。

议会的主要权力是能扣住预算，迫使州长进行谈判。因此经常导致预算延期，主要缘于政治权衡，而非技术估计。[1]纽约州的政治和预算被描述为"一个房间里的三个人"。[2]

2004 年，法院在确定州长的预算权力方面发挥了重要作用。一方面，它裁定州长可以将政策声明列入预算提案；另一方面，它将州宪法的某个条款解释为如果议会没有在财政年度开始时通过州长的预算提案，那么它便不能对"预算扩展"，即州长的临时预算进行修订。议会要么接受这项临时措施，要么接受关闭政府的责任。由于议会必须通过"预算扩展"，因此州长们受到强烈的诱惑，将其政策建议纳入这一临时措施里，包括若不纳入其中议会就可能拒绝或修正的政策。如果议会试图利用拖延策略迫使州长谈判，州长们就会使用"预算扩展"程序，在无须议会批准的情况下通过其政策偏好。由于2004 年法院的解释，议会失去了其唯一关键的权力，即迫使州长谈判的拖延权力。从那时起，预算就更加及时了。

2015 年，古莫（Cuomo）州长频繁使用了这一"预算扩展"手段，尽管2005 年曾经失败过一次，参议院财政委员会主席还是再次尽力推动对州宪法进行修正以重新平衡双方权力。目前还不清楚这一修正案要如何措辞，能否成功，但缺乏宪法修订的话，议会不但没有多少预算权力，而且连抗拒州长一般政策建议的能力也几乎不具备。[3]

纽约州的案例表明，如果州长的预算权力是基于宪法的，那么对议会来说，即便不是完全不可能，也很难阻止州长手中权力进一步集结。

106

1　Editorial, "A Hocus - Pocus Budget," New York Times, January 21, 2004.

2　Seymour Lachman and Albert Polner, Three Men in a Room: The Inside Story of One of the Country's Most Secretive and Misruled Statehouses by a Former New York State Senator (New York: The New Press, 2006).

3　Nick Reisman, "Senate To Consider Scaling Back Governor's Budget Power," Time Warner Cable News State of Politics, May 12, 2015, online at http: //www. nystateofpolitics. com/2015/05/senate - to - consider - scaling - back - governors - budget - power/.

虽然大部分关于预算权力的争夺战都是在行政和议会之间发生的，然而州长对政策支配的渴望也可能导致其与法院的争斗，特别是当法院强制州长花费其想要废除或减少的支出时。堪萨斯州州长山姆·布朗巴克（Sam Brownback）与他所在州最高法院的战斗就是一个很好的例子（见下面小案例：州长对阵法院）。

小案例：州长对阵法院

堪萨斯州最高法院于 2014 年裁定州教育经费违宪，下令立即增加拨款，以纠正其在资金分配中对待不同学区的不公平情况。最近几年，议会一直扣留宪法规定的付款。由于削减州所得税，该州已经面临 7 亿美元的缺口，被勒令为学校支付更多的钱势必导致政治上的问题，但州长的反应令人吃惊。他提议降低最高法院对下级法院的权力，同时提升他自己选择法官的权力。一名法官提出控告，质疑州长的提议是否合乎宪法。随后，州长签署了一项法案，说如果法院裁定其提议违宪，他就不给法院提供任何预算。[1] 他的目的是建立一个与自己的政策方向一致的法院。一位前参议员曾说，"州长山姆·布朗巴克与共和党议员及自己的小圈子成员私下谈话，谈及本州选择法官的方法，说必须改变成同意我们意见的人才能坐在法官的位子上。"[2]

与此同时，议会正在讨论可能使州长的提案合法化的宪法修正案。但在过渡期间，一个下级法院法官裁定，关于甄选首席法官的法律提案是违宪的，但这一裁定可能导致整个州法院系统缺乏运营资金。在州检察长提起上诉期间，这项裁定被搁置了。[3] 然后又有四名法官起诉质疑关于如果否决了州长的提议，就会导致削减法院系统预算的法案。[4] 应州检察长的请求，一个地方法院的法官裁定，削减法院系统预算的法案在 2016 年 3 月中旬之前无法生效，让各方有机会重新考虑自己的立场。[5]

到了 3 月份，参议院勉强批准了一项法案，如果最高法院法官篡夺了政府其他分支机构的决策权，允许对其提起弹劾。3 月底之前，由于仍然处于如果失败法院就会关闭学校的威胁之下，议会通过了对学校拨款公式的修订。这一修订版一视同仁地降低了对所有学区的付款，想利用这一节约下来的资金，来解决一开始少获资金的那些学区。州政府在该计划中仅仅增加了 200 万美元。[6] 这一调整计划并不能满足最高法院的要求。2016 年 6 月，议会又通过了一项新计划。目前故事还没有结束。

1　Mark Joseph Stern，"Kansas Gov. Sam Brownback Threatens to Defund Judiciary if It Rules Against Him," Slate, June 8, 2015, http：//www. slate. com/blogs/the_ slatest/2015/06/08/kansas_ governor_sam_brownback_threatens_to_defund_ judiciary_if_it_rules. html.

2　Tim Carpenter, "Ex－Senator Tim Owens：Ideology Drives Sam Brownback's Push for Judicial Reform," cjonline, February 9, 2015, http：//cjonline. com/news/state/2015－02－09/ex－senator－tim－owens－ideology－drives－sam－brownbacks－push－judicial－reform.

3　Joe Palazzolo, "Kansas Court System Faces Potential Shutdown After Ruling," Lawblog, 7he Wall Street Journal, September 3, 2015, http：//blogs. wsj. com/ law/2015/09/03/in－kansas－ruling－puts－court－funding－in－jeopardy/.

4　Meryl D. Wilson, "Four Judges Sue to Overturn Law That Would De－fund Kansas Court System," Lawrence Journal World, September 5, 2015, http：// www2. Ijworld. com/news/2015/sep/05/four－judges－sue－overturn－law－would－de－fund－kansas－/.

5　Peter Hardin, "Court Orders No Kansas Judicial Shutdown, At Least for Now," Gavel Grab, September 23, 2015, http：//gavelgrab. org/？ p＝99036.

6　Edward M. Eveld, "Kansas Lawmakers Approve School Equity Fix," The Kansas City Star, March 24, http：//www. kansascity. com/news/politics－government/ article68035677. html.

政府各部门之间的权力争夺已变得司空见惯，但这类争斗也可能发生在 108 行政部门内部独立选举的官员之间。肯塔基州的民主党司法总长安迪·比希尔（Andy Beshear）最近裁定共和党州长马特·贝文（Matt Bevin）于年中削减高等教育经费非法，他说这些削减违反了州宪法以及本州年中削减预算的程序。除非收入低于预算中的估计数导致发生了财政危机，否则州长没有权力进行年中削减，但前述情况并未发生。州长不应该根据自己的优先次序，在年内随意重新制定预算。如果州长不撤回该提案，司法总长扬言要控告他，州长确实没有撤回该项建议，而司法总长随即起诉。在这种情况下，州长并没有获得更多的预算权力，他只是试图采取行政命令。法院将不得不解决此案。

联邦预算编制流程的变化

联邦预算编制流程随着时间的推移而改变。这些变化是由金融危机、不断上升的赤字和认为存在滥用预算权力的行为所促成的。预算规则有时过于严苛，导致规避或修改，预算进程有时与它必须处理的问题不相吻合，在这种情况下，也会被忽视，进而恶化成临时决策。

1921 年采用的是行政预算流程；1974 年通过了《国会预算改革法案》（Congressional Budget Reform Act），限制了总统的部分预算酌情处理权，强化了国会检查行政部门收入的预测和经济假设的能力；1985 年，旨在减少赤字的《葛兰—路德门—霍林斯法案》（Gramm‒Rudman‒Hollings Act）通过。经过多次反复，1990 年《预算执行法案》（Budget Enforcement Act，BEA）取代了该法案，进一步帮助强化平衡标准。1998 年实现了预算平衡，此后，预算编制流程逐渐瓦解。2001 年 9 月 11 日布什政府宣布减税政策后，赤字又回来了，在布什年代和奥巴马政府的经济衰退中，情况更加恶化。2011 年，旨在削减开支和减少赤字的《预算控制法案》（Budget Control Act）通过。

注：前国会预算办公室主任罗伯特·赖肖尔曾形容联邦预算编制流程如此复杂，只有少数华盛顿人才能完全理解。

除了上述正式的结构性变化之外，还有许多非正式的调整。1974 年通过《国会预算改革法案》之后，在 20 世纪 80 年代和 90 年代之间，国会和总统之间的预算权力更为平等，加上政府频繁地在党派间分裂，而导致国会和总统间预算交涉更为常见。这些峰会协议导致在行政的管理和预算办公室以及国会领导层面控制更为集中，才能达成并执行协议。

在国家层级设立行政预算

109

在国家层级，1921 年根据《预算和会计法案》（Budget and Accounting Act）在行政分支设立了行政预算以及预算局（The Bugdet Bureau）。预算编制流程的这一重大变化说明了（1）政府各分支之间在预算编制方面的竞争；（2）环境冲击和紧急情况的作用，这些情况导致了支出和债务增加，产生了问题，需要通过改革预算编制流程来解决。

1921 年改革的主要动因是 1899—1912 年间支出增加，部分原因是当时非常激进的政府。20 世纪最后 30 年间，联邦支出为每年 2 亿~4 亿美元之间。从 1899—1912 年，忽然跃升至每年 5 亿~7 亿美元之间。[1] 在国家层级进行预算编制流程改革的全面建议不仅包括总统对各部门预算申请进行审核的要求，还包含总统的择项否决权，以及限制国会改变总统提议的总金额的权力。总设想是总统会使用这些工具来控制支出，减少浪费。威廉·霍华德110·塔夫脱（William Howard Taft）总统支持行政预算建议，但国会最初并没有批准这个想法。

国会为了省钱而放弃一些传统权力的压力因 1911 年和 1912 年的预算盈余而减少，[2] 国会的民主党人更愿意强化国会，让它来控制支出。然后第一次世界大战爆发，降低了这个问题在当时的急迫性，却增加了开支和赤字，以至于国会不怎么反对总统的预算建议了。必须做点什么，而这项改革承诺能降低税收，降低支出，消除赤字。

在将预算权力转移给总统之前，国会在 1920 年进行了自我改革。众议院于 1920 年将所有领域的拨款均合并到统一的拨款委员会管理。由于国会改组和中央集权，将预算权力转移到行政分支的压力稍有减少，因此最终的转变并不像改革者原先设想的那样极端。总统获得了预算局，该局于 1939 年转到总统的行政办公厅下辖，负责编制和提交预算，但国会并没有赋予总统择项否决权，同时保留了自己接受、拒绝或改变总统提交的预算概要的权力。

20 世纪 30 年代到 70 年代应享权益及国会分裂

在 20 世纪 30 年代大萧条期间，针对大规模失业和由此造成的贫困，发明了一种新的方法，用来向符合项目资格条件的人提供资金，这种方法就是应享权益，可以绕过拨款委员会，仅由经授权的国会委员会审核即可发放。由此，有相当部分的支出权被转移到这些经授权的委员会手中，而他们往往偏爱额外的支出，因此导致支出控制权分散在更多的委员会之中，预算编制流程支离破碎，协调更成问题。此外，第二次世界大战导致了 20 世纪 40 年代惊人的支出增长。为回应这一情况，国会做了一些改革，但并不成功。

1966—1973 年间发生了几项环境变化，给预算编制流程造成压力，进一步推动了国会改革。[3]首先是越战的成本，政府非但没有削减国内开支，反而冒着加剧国内冲突的风险来支付战争费用，导致出现了更大的赤字。削 111 减开支和降低赤字规模的压力很大。同时，国会和总统关于战争和国内支出方面也存在着重大政策分歧。尼克松总统扣留了已经国会批准的亿万美元的国内开支。对总统的不信任，加上担心失去对支出的政策控制，国会增加了其在预算方面的作用，加强了其审查和决定预算政策的能力。

1974 年国会收回了部分预算控制

要减少支出并控制赤字，以及收回国会赋予总统的部分预算酌情处理权，这两个压力合在一起，产生了 1974 年《国会预算和扣留控制法》（Congressional Budget and Impoundment Control Act）。该法案适度地加强了集权和协调，但同样重要的是，它为预算参与者提供了专业工作人员，帮助国会对总统预算提案背后的分析进行检视。它还修订了允许总统扣留国会批准的资金的程序。

国会对预算的集中仅在有限范围内。针对现有的授权、征税和拨款委员会，1974 年的法案新增了预算委员会，其责任是对广泛领域的收入和支出目标进行总体估计。他们的计划被称为"预算决议"，需要得到两院（而非总统）的批准。而其他的国会委员会一般都应该在预算决议的指导方针之内工作。这一新安排让收入和支出委员会之间有了一些协调，也形成了部分财政政策，同时，并没有极大地威胁到现有的权力分配。

国会对预算编制流程的重组也意在从总统那里收回一些预算方案权，有些人已经开始觉得总统滥用了他的酌情处理权。预算委员会可以接受总统的政策，也可以依靠新的国会预算办公室，在经济预测、预期赤字和通货膨胀率方面可能与总统有所不同。国会可以制定自己的财政政策。新的预算编制流程也限制了总统扣留国会已经批准但并不符合总统的政策偏好的支出的权力。如果有延期支出提议，国会有机会反对，必须同意废止支出（永久收回国会拨款），否则延期建议就不能生效。

虽然国会试图提升自己的权力，以制定并执行财政政策，但国会内部的大部分权力分配并未受影响，以确保受到威胁的拨款、税收和经授权的委员会成员不能为了一点改变就推翻整个提议。这些妥协导致了预算委员会并没有真正的权力或影响力。他们使开支刹车的能力非常局限。 112

1986 年和 1990 年的赤字控制

尽管 1974 年建立了新的国会预算编制程序，赤字却继续上升，吉米·卡特（Jimmy Carter）政府结束时情况稍微好转，但里根政府时代赤字增长却更加迅猛。在经济缓慢增长和应享权益快速增加的影响下，赤字不断增加，减税、军事集结以及过高估计经济增长形势对此也有一定影响。

由于人们认为引发赤字的很多原因难以控制或在政治上受到限制，因此无法直接处理赤字来源，转而重新集中精力改变预算编制流程。强势行政的支持者提议更强大的总统否决权，而"小政府"的拥趸者则主推一项宪法修正案，通过预算平衡及收入限制的方式来取消行政及议会这两个分支公职人员的酌情处理权。国会权力的拥护者则建议进一步改革议会预算编制流程。最终通过的是一项特殊的妥协，其实并没有对国会与行政分支间的权力平衡有太多改变，但如果不能达到削减赤字的要求，则这两个分支的酌情处理权均会受到明显限制。

这项妥协后的立法，就叫作《葛兰—路德门—霍林斯法案》，以提案者命名，呼吁每年制定赤字减少的目标，总目标是在五年内消除赤字。若未能实现削减赤字的年度目标，就会触发一个自动、全面的支出削减（个别应享权益例外）。从理论上讲，全面支出削减谁都不喜欢，因此他们应该选择实现减少赤字的目标，这样就不会触发全面削减的自动功能。然而，实际情况是，规则被绕过，大部分应该的削减从未发生过。这一法案于1990年最终被《预算执行法案》取代，之前还修订过好几次。

《葛兰—路德门—霍林斯法案》并不成功。它在降低预算增长率方面可能有一些小作用，但赤字依然继续增长。国会和总统都开始玩"葛兰—路德门的要求"这一游戏，即在计算是否将触发葛兰—路德门削减（称为 113 "扣押"）之前，大量削减赤字规模，将其降到法定赤字水平以内。花招包括对经济增长过于乐观的估计、将一个财政年度的支出推回到前一年，以及将新支出列在预算之外。葛兰—路德门法案中强调的一年期，导致了能快速筹集的短期收入增加，而这些对未来几年的预算平衡毫无帮助。

许多议员不愿意放弃葛兰—路德门，因为一旦放弃，形象很糟，看起来就好像放弃了削减赤字。因此，他们决定对这一法案进行改革，弥补其漏洞，消除一些最糟糕的特点。1990年秋，通过了一项减少赤字的新计划，这一计划有几个特征。[4]第一，将社会保障盈余从赤字计算中剔除，因此，赤字的真实规模变得清晰；第二，这项立法包括动态平衡（PAYGO）的要求，这意味着如果增加强制性支出的建议，则必须以增加收入或减少其他应享权益来补偿，而削减收入的建议，则必须以减少支出或增加其他收入来源补偿，以达到总体预算平衡。第三，该协议为国防、国内及外国的酌情处理支出设定了单独的上限，以尽力控制支出。

这项立法提案关注到葛兰—路德门执行期间引发的几个问题。国会已经削减了国防预算，但节约的资金却被用于增加国内支出，按照新的流程，预算的每个领域都必须控制在一个限额之内，一个项目的节余不能转移到其他项目使用。这些限制使得节省开支以减少赤字更加容易。

葛兰—路德门的另一个问题是，目标的达成方式过于简单，如果估计赤字增加的时间比较晚，就无法制裁。相比之下，新的《预算执行法案》增加了一个"回顾"功能，也就是在年度稍晚时再次检查限制的符合性问题。如果三个领域（国防、国内或国际）的上限中任何一个被突破，那么就会在突破限制的领域内触动自动全面的削减。如果某部分预算违反了"动态平衡"规则，也将引发扣押或自动削减。如果此类违规行为发生在年内较晚时期，该法案规定，违规金额将从下一年的限额中扣除。

葛兰—路德门还有一个问题，就是其一年的时间期限，这鼓励了短期收入的增加，但并不能解决未来几年的问题。《预算执行法案》里包括一项为期五年的决议，因此不鼓励采取这种行为。

新的预算编制流程增加了灵活度，因为它为紧急情况提供了例外豁免，加强了经济里的灵活性。僵化的赤字目标消失了，帮助实现平衡的机制得到了加强。新的流程更容易适应，也更能被观察到。这个流程仍然充满了限 114 制，这一点和《葛兰—路德门—霍林斯法案》一样，并且它为不同领域设置的单独支出上限明确了哪些项目必须与哪些项目竞争。[5]

对《预算执行法案》的评估表明，其效果比《葛兰—路德门—霍林斯法案》要好。一位学者观察到，"对 1990 年制定新规后的情况进行全面检视表明，在现行法律下，国会通过增加收入和削减直接支出，实现了大幅赤字减少，同时也抵销了新法导致的所有赤字增加。"[6]

1998 年以后的预算编制：临时决策

到了 1998 年，经过多年努力，联邦政府实现了预算平衡，并有望在未来几年产生盈余。但预算编制流程的最初动因是为了消除赤字，而不是分配盈余。因此，在达成预算平衡以后，要维持对《预算执行法案》的严格执行，就算不是完全不可能，也会非常困难。议员们不再遵守法案规定的支出上限，也不再理会如果某领域收入减少，就需要在其他领域增加收入或削减开支的要求。他们忽视预算编制流程的部分规定，重视另一部分规定。预算学者艾伦·希克（Allen Schick）于 2002 年描述了对支出上限的规避情况：

几年前实现的盈余引发了消费狂潮，损害了 1990 年《预算执行法案》确立的酌情处理支出上限，讽刺了增加支出必须削减其他支出或增加收入以抵销的要求。在 2000 年和 2001 年，酌情处理的支出飙升到超过法律对年度拨款限制以上 2000 亿美元。到了 2002 年底，这些上限要求失效了，这至少能让政客们对自己正在做的事情更加诚实：他们不需要再将政府的人口普查和其他行动伪装成国家紧急情况来处理了。[7]

当《预算执行法案》于 2002 年正式到期时，就没有继续实施了。但这一结果并没有导致预算编制流程更开放或更诚信。这个流程实际上变得有点无法预测，不那么开放，更加临时性了。赤字增加。1990 年的《预算执行

115　法案》是摞在 1974 年《国会预算和扣留控制法》文本最上边的法案，2002 年底到期后，预算编制流程就需仍然遵循 1974 年法案。预算编制流程取决于国会通过预算决议和平衡收支的能力，要么采用总统的假设和总数，要么采用国会的假设和总数。一旦国会同意了这个数字及其大概的支出方式，就应该将其在各委员会和小组委员会里划分。这两个步骤有助于协调各委员会的工作，便于对预算总数的控制，并能在预算上打上国会的政策标记。然而，2002 年以后，1974 年法案的规定常常被忽视或绕过。

正如前国会预算办公室工作人员菲尔·乔伊斯观察到的，针对国会的目标，无法达成足够的共识并坚持下去。无法达成一致也就意味着预算编制流程不能在某种理论上的限制下运作。因此，乔伊斯说，"没人知道多少才是够，或什么才是过头。如果赤字过大，或盈余过小，也没人知道，或者每个人都知道，但没人同意。"[8] 国会的预算编制流程可能已经退回到 1921 年行政预算编制时的情形了，但行政预算提案也并不平衡，因此作为非正式预算限制，也无法运作良好。

在这种环境下，1999、2003、2005、2007、2011、2012、2013、2014 和 2015 财政年度，国会均未能通过预算决议，也就不是什么令人意外的事了，这就是 1974 年法案的核心特征。[9] 但 2016 年的决议确实通过了。就算在通过决议的年份里，通常也是延迟的决议，而且整个过程很难预测，也无法细查。2004 财政年度，国会通过了预算决议，但两院的拨款人员决定不将支出目标分配给各拨款小组委员会，至少在公开场合不这么做。因此，在各小组委员会完成其拨款分配的工作之前，目标都不是固定的。之所以不公开支出目标，是为了掩盖布什总统减税政策的影响，因为从逻辑上讲，减税已经转化为削减项目支出的结果。如果国会以正常方式执行预算决议，公开由减税导致削减，就可能激起相当大的反对总统政策的声音。这个结果很可能会危及通过预算提案的机会。而通过模糊给拨款小组委员会的限额，布什政策的国会支持者就可以让减税看起来似乎没有任何影响。

这个结果对预算编制流程造成了损害。预算分配者表示，他们无法预先设定目标，只能走着瞧来分配预算，而其他参与者，包括工作人员在内，都不知道该如何工作，也不知道这是否就是最终结果。一些观察家们对没有类似预算上限的小组委员会该如何工作非常好奇。他们说，预算数字加起来根

本不对，这就是为什么不将总数分配给小组委员会的理由，但在国会预算编 116
制流程末期，根据规则，参议院必须保证符合预算决议，这就意味着，如果
没有在预算决议里设置类似上限的东西，那么到了年底，拨款分配者就很可
能会被逮个正着。[10]其实，看起来似乎确实有某种支出目标在运行，即使是
非正式的，社会公共也无法看见，也许是在预算拨款确定之后而非以前设置
的吧。

　　2005 年，国会未能通过用以指导各委员会工作的预算决议。主要问题
是对预算编制流程存在分歧，即对布什的减税，缺乏削减支出的弥补措施。
参议院中的温和派共和党人拒绝接受将这个失衡的预算法律化的预算编制流
程，坚持要恢复《预算执行法案》的"动态平衡"条款。这些固执的人被
施加了巨大压力，要求赞成并投票支持预算决议，但他们并没有让步。最
后，参议院在没有预算蓝图的情况下进行拨款。结果是，选举年具有最高可
见度的部分支出项目得到批准，而更常规但同样重要的优先事项被留在了剪
辑室的地板上：

　　因为没有通过 2005 年预算决议及其酌情处理权上限 8214 亿美元，史蒂
文斯小组（来自阿拉斯加的共和党参议员特德·史蒂文斯（Ted Stevens））
以 8140 亿美元为限（以前年度预算决议中的上限）编制总支出，但对单独
支出事项却没有设置限额以及程序要求，这将导致一种情况，即资金要求会
不断增加，直到达到 8140 亿美元的限额，也就意味着某些支出账单可能会
被挤出去。

　　史蒂文斯说，没有预算，他们只能"祈祷能想出办法来"，但选举年的
政治迫使修正案增加了 2005 财政年度的国防和国土安全拨款法案，因此，
"根本没钱留给别的事项"。

　　"没有预算，我的问题是巨大的"，史蒂文斯说，"问题实在太大了"。[11]

　　最后，还是国会给出的 8210 亿美元上限反映了总统的提议，形成了拨
款的最后框架。分项拨款必须归结到这个总数，因此准备拨款提案的各小组
委员会同意全面削减其建议，使之最终接近总统的提议。"最终，国会将国 117
防和非国防酌情处理拨款保持在布什总统设定的 8220 亿美元的限额之内，
削减了原来计划增资的几个项目，并对非国防和非国土安全的项目全面削减
了 0.8%。"[12]

在没有详细蓝图的情况下，拨款程序确实进行着，但进展得很不顺利。在 2005 财政年度初，只通过了四项拨款法案，因此国会必须通过一项综合拨款法案，为其余部门提供资金。这项提案既仓促又庞大（共有 3000 页），让议员们陷入了各种各样的"拍马屁计划"、项目或政策中，以确保议员们没有充分的时间读到自己不赞成的条款和提案。部分类似条款确实被注意到并挑了出来，但在"必须通过"的法案中幸存了多少，则数目不详。议员们对整个结果的描述就是两个字：混乱。

因为无法想出自己的预算提案，国会依赖于总统的建议，但这并非行之有效的财政管理手段，因为总统的预算建议不能达到平衡。行政预算高度依赖于紧急事项补充拨款，因为这一事项无须收入抵销。特别是，在预算编制流程中，国防部产生了系统性的资金不足情况，造成这种情况的动因是，在预算获得批准后，可以通过补充拨款单独为其提供资金，而这，只会导致赤字增加。

由于预算决议缺乏正式商定，国会经常不得不诉诸"推定"决议，也就是选择一个上限数，并用此数字代替正式批准的预算决议（见后文小案例：推定决议和临时预算，说明这一非正常手段的工作机制）。

更为复杂的是，对伊拉克和阿富汗的战争基本上是通过补充拨款来提供资金的，尽管其所需大部分资金事先就已经能够知道，这一点很令部分国会议员失望。如果不知道今年国防需要花多少钱，就几乎不可能对其余项目做预算，或判断可以大幅减少的税收数字。可是，没人知道国防经费划拨之后还会剩下多少钱。

在 2007 财政年度，参众两院分别通过了不同的预算决议，彼此完全不
118 匹配。仅仅通过了两项拨款法案，即对国防和国土安全部的拨款，当年剩下的其余预算则由一系列持续决议提供资金。2008 年和 2009 年，国会做得稍微好了一些，这两年的预算决议均通过了。

小案例：推定决议和临时预算

如果两院不能就预算决议达成一致，或者预算决议延迟通过，在过渡期间，议会各委员会就需要一个"名义上"的限额以便下一步工作。

众议院和参议院此时很可能"推定"或采用一个数字，并将其视为决议的限额。所谓"推定"，并没有任何法律依据或技术定义，也没有关于其必须包含的信息要求的说法。有时，"推定"决议是简单的一议院一问题决议，也可能是纳入规则考虑的一些预算立法的碎片；有时，这种"推定"决议是相关事项的法律条款。这是一种特别的流程，发明目的就是为了应对无法取得一致性意见的决议，每年能按需调整。

参众两院会选择哪个数字作为其整体预算上限或交给各委员会分配，变数非常大。有时会采用前一年的决议数。如果参众两院之一通过了一项新的预算决议，即便另一议院尚未同意其总数，它也"推定"其有约束力。2011 年达成共识的《预算控制法案》中的总数就被参议院推定为2013 年的预算决议数。

"推定"一个约束因素或许可以让它在该议院中执行，但"推定"决议可能无法包含常规预算决议应该具备的所有信息，因此会导致一些审议内容不受控制。此外，如果两院分别"推定"了不同的数字来指导其预算审议工作，可能会在必须两院同时通过的拨款法案中产生更多的冲突和分歧。

2011 年，尽管预算委员会已经通过，但参议院并没有通过能给拨款委员会一个数字的推定决议，取而代之的是，因为需要进行拨款，拨款委员会为各小组委员会设定了支出限额，这个限额被称为"小组委员会支出指引"。这种非正式程序毫无疑问是有用的，但却缺乏相应的执行保障机制。

简言之，近年来情况如下：两院按照 1974 年《国会预算法案》的要求通过了一项预算决议；有几年决议延迟，在过渡期间实施了推定决议；有些年只有推定决议；而有些年，至少某一个议院没有任何推定决议，但在拨款委员会内部有一个非正式的程序。推定决议以不同的方式通过，内容每年不同，其名义限制的来源也各不相同，因此，正好能清晰地表达出临时预算的概念。

资料来源：Megan Suzanne Lynch, The "Deeming Resolution": A Budget Enforcement Tool, Congressional Research Service report for Congress, June 12, 2013, https：// www. fas. org/sgp/crs/misc/RL31443. pdf.

1998 年以来，预算编制流程陷入混乱，变得越来越即兴或临时。[13]预算学者艾伦·希克说，当预算编制流程产生了不受欢迎的结果，如很大的赤字时，决策者们会让自己与这个流程保持距离，拖延关键任务的完成，有时还会导致政策僵局。但是，尽管有激烈的冲突，他们仍然需要制定预算，因此只好每年发明些新方法来帮助预算获得通过。巨额赤字助长了该流程的恶化及对规则的规避，但赤字其实也是缺乏能协商一致的流程的结果。如果没有这样一个流程来管理深层次的冲突，时间和精力就会消耗在政策争端上，使参与者没有时间或意愿来思考流程本身。预算编制流程的崩溃往往伴随着政策的不稳定以及临时的评分规则，导致不同年份间的支出几乎不可能进行比较（有关临时预算编制流程如何反映了不稳定的、混乱的预算规则，请参阅后文小案例：临时评分规则）。

希克认为，20 世纪 80 年代预算编制流程之所以崩溃，是因为该过程是基于经济和收入快速增长而设计出来的，但现实则是经济增长缓慢导致收入不足，这二者不相匹配造成的。预算编制流程无法及时调整。这种结构失衡导致了赤字，就此引发了日常工作的恶化以及临时预算流程的产生。

1998 年以来，出现了一些不同的插曲，但其中也有不断重现的相同因素。预算编制流程的目的是减少或消除赤字，但它无法在预算平衡的时期快速适应，因此大家只好忽视既有流程中固有的、困难的选项。随着经济放缓，主要的收入问题来自税收减免的政策选择，政客们此时的具体想法是要减轻富人的税负，不论结果是赤字，还是造成预算编制流程中断，他们都坚决执行这一政策。而关于这些政策问题的争议导致僵局，产生了各种绕过路障的手段，包括综合拨款法案这种就算投了票的人也不太可能通读其内容的方法。想要隐藏这些政策的消极后果的愿望，导致了对补充拨款日益依赖，并越来越倾向于使用综合拨款法案，让支出削减措施淹没于 3000 多页的立法提案中，变得模糊不清。这也引发了误导和各种花哨的会计规则。

120

小案例：临时评分规则

临时预算往往伴随着规则的不稳定性。决策者们随时随地制定新规则，不仅包括如何编制预算决策的规则，还包括如何计算支出、如何估计赤字规模、如何确定收入大小增减的规则。如果这些规则缺乏延续性，就不可能对预算进行年度比较、在不同委员会之间比较、在议会的两院之间比较。一旦出现争夺规则的情况，为了短期政治利益而改变规则的诱惑就很难挡得住，而为了获得更多的政治收益，规则会再次逆向改变。结果是混乱的，不仅对预算决策者，新闻界和社会公众也会发现自己越来越难了解当前正在制定的政策的影响。

布什政府减税政策的结果就是允许赤字增长。减轻税负是政治上的优先事项，但随之而来的赤字增长却令人尴尬。政府找到了几种与自己的政策结果保持距离的方式，其中一种是改变衡量法案成本的"评分规则"。在衡量减税的成本时，管理当局首先声称这种减免是暂时的，因此，根据评分规则，管理和预算办公室只需要衡量这一政策对数年的影响，即使财政影响在那之后有所增加也不必在意。几年之后，管理当局又声称减税应该被视为永久性的，这样一来，因为是对政策进行延展，因此不应该视为成本增加。管理当局试图以某种方式先回避减税的影响，然后再迂回回去，用另一种方式再次回避其影响。[1]

管理当局急于改变规则，使其政策后果隐而不见的做法，在布什总统的第二个任期继续进行，此时，管理当局建议在为社会保障基金设立私人账户时剔除借款金额。由于目前缴纳社会保障金的人实际上就是为目前正在接受社会保障福利的人买单的人，为年轻的缴款人设立私人投资账户，也就是把他们缴纳的款项放到他们的私人账户中，这就导致了政府必须借款才能向目前已退休的人群支付福利，而这一做法会扩大赤字。决定采用私人账户计划以后，管理当局就打算通过新的"评分规则"，使借款不为人见。[2]

临时预算加上炮制规则有利于短期的党派和政治利益，而非长期的集体和体制利益，这些做法还侵蚀了提供给参与者和社会公众的信息质量，培育了公众愤世嫉俗的情绪，腐蚀了民主治理所必需的信任感。

1　Robert Greenstein and Joel Friedman, "Budget Rule Change Would Make the Cost of Extending the Tax Cuts Disappear," Center for Budget and Policy Priorities, February 27, 2004, www. cbpp. org/2—27—04bud4. htm.

2 Jason Furman, William G. Gale, and Peter R. Orszag, "Should the Budget Rules Be Changed So That Large - Scale Borrowing to Fund Individual Accounts Is Left out of the Budget?" Center for Budget and Policy Priorities, December 13, 2004, www. cbpp. org/12—13—04socsec2. htm.

国会预算编制流程最近的变化

布什政府的预算赤字是由于减税、2001 年 9 月 11 日恐怖袭击导致的经济下降和两场战争造成的。奥巴马总统在继续伊拉克和阿富汗战争的同时，还需要处理深度衰退的经济问题。赤字不仅持续，而且急剧上升。解决问题的方法之一是尝试改变预算编制流程。

1990 年《预算执行法案》里关于国会"动态平衡"（PAYGO）规定的有效期是从 1990 年到 2002 年。这项规定普遍认为对 1998 年实现的预算平衡有帮助。动态平衡应该确保联邦政府在没有找到能抵销收入损失或抵销增加支出的办法的情况下，既不减税，也不增加应享权益，以此禁止政府让赤字问题恶化，尽管在紧急情况下也会有例外。如果国会不遵守法律，按照 PAYGO 的规定，将启动对一系列选定的强制执行（应享权益）项目全面削减（扣押）。这种威胁足够强大，以至于在 20 世纪 90 年代期间，完全没有发生需要启动扣押的情况。在预算达到平衡之前，对这一法案的遵守情况良好。在《预算执行法案》失效以后，参议院继续采用某种类似 PAYGO 的规则（但其实质已发生了变化），众议院后来依然采用 PAYGO 规则。到了 2010 年，该规则正式成为一项法律。在竞选期间，奥巴马总统承诺不再使用资金短缺的紧急补充拨款来支付伊拉克和阿富汗战争。这种做法不仅掩盖了战争的成本，给国防部开出一张空白支票，而且由于紧急补充拨款不能因收入增加或支出减少而抵销，因此直接增加了赤字。2010 年，战争补充拨款从大约 1000 亿美元降至约 330 亿美元，2011 年，政府通过常规拨款程序资助战争，没有使用紧急拨款（见图 4.1，为战争提供资金的紧急补充拨款比例）。然而，由于战争开支、税收减免、对抗经济衰退支出，以及在经济深度衰退期的紧急救助，导致债务持续上升。

到了 2011 年，共和党人迫使采用一项长期协议以减少开支，作为他们投票增加债务限额的条件，这项协议写入了《预算控制法案》中，内容包括有效期到 2021 年的酌情处理支出上限，以及最初几年间单独设置的公共安全和非公共安全支出限额。此外，议会也成立了一个联合立法委员会，目标是在 2021 年前，将赤字减少 1.2 万亿～1.5 万亿美元，如果做不到，就启动自动削减，在国防和非国防支出间平均分担，包括酌情处理部分和所谓的直接支出部分（即应享权益和债务）。该委员会未能就节余部分达成一致，因此仅自动削减成为了法律。社会保障和医疗补助，还有一些针对低收入人群的项目不算在内，医保削减不超过 2%。

《预算控制法案》里规定的上限被视为代替了国会预算决议，即 1974 年国会预算编制流程的核心。《预算控制法案》明确规定，该法拟为 2012 年和 2013 年的国会预算。因此，1974 年法案被《预算控制法案》所取代。直到 2016 财政年度，国会均没有预算决议。

以下几个因素：设立超级委员会以绕过国会各委员会和立法审议的传统规则，设立为期十年的支出上限和自动全面支出削减机制，用《预算控制法案》取代 1974 年国会预算法案所要求的国会预算决议，这些都说明了一方面预算编制流程正在经历的混乱，另一方面，以降低赤字为名，国会在未来几年在预算编制流程中的作用会降低。这些削减看起来是自动触发，不经人为触动，因此能避免议员动议削减项目通常会引起的指责。

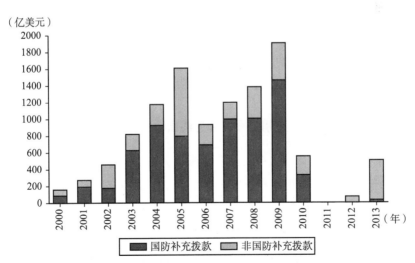

图 4.1　紧急补充拨款：国防及非国防部分（2000—2013 年）

资料来源：Congressional Budget Office，Supplemental budget authority，http：//www.cbo.gov/sites/default/files/cbofiles/ftpdocs/66xx/doc6630/suppapprops.pdf.

123   2013 年 1 月，全面削减计划开始实施，同时，布什于 2001 年和 2003 年宣布的减税计划，以及奥巴马于 2010 年宣布的减税计划也将到期。如果不采取任何行动，增税会同时影响几乎所有纳税人，而包含国防开支在内的全面支出削减也开始实施，这些因素会对经济从深度衰退中复苏产生潜在的重大影响。总统和国会在达成协议之前，痛苦而缓慢地谈判到最后一刻，甚至还超过了一天。结果，这些削减被推迟了 2 个月，减税继续延展至中产阶级，而富人则必须缴纳更多税款。这一长期的、激烈的、引人注目的冲突，民主党与共和党各执一端，其影响超越了所有常规预算编制流程。

许多共和党人、政府部门以及国防部都无法接受全面削减会波及国防经费。因为奥巴马把战争支出纳入了预算，与紧急补充拨款相对，因此就包含在全面削减的范围之内。为了避免这种结果，而且看起来还要继续遵守

124 《预算控制法案》，国会和总统同意按照"爱丽丝漫游仙境"的方式对待国防开支。将战争经费放入"预算外"的一个被称为海外应急行动（Overseas Contingency Operations，OCO）的账户中。由于这一支出是预算外的，因此不适用预算支出的规则，支出不必被抵销，也不受全面削减的限制。总统信守诺言，确实没有通过紧急补充拨款为战争提供资金，确实经过了事先估计，但除了更加透明以及与经常预算同时编制之外，OCO 的作用基本上与紧急补充拨款一样。战争结束以后，OCO 还在继续扩大，原因则如下文小案例对海外应急行动基金的解释。这个案例强调了这样的结论：如果预算约束被认为过于严格，就会产生规避和花招。

小案例：海外应急行动

OCO 最初是国防预算中的一个小科目，用于紧急开支，但当战争不再由紧急补充拨款来提供资金时，它变大了。虽然最初的设想仅仅作为临时基金使用，但它持续了下来，而且很难消除。因为这个基金不受支出上限的约束，国会开始将一些受制于上限的常规基础国防开支转移到不受上限控制的 OCO 账户里。即便战争支出下降，其他开支却仍然存在。如果该基金消失，这些费用就需要回到国防部预算里，除非国防部的支出上限提高，能容纳这些转移进来的金额，否则将迫使其他账户削

减才能满足上限要求。据估计，2014 年 OCO 账户里塞入了非战争支出
300 亿美元。该基金能继续的第二个原因是，国防部目前在该账户中转
入了用于世界各地的反恐支出，以及对伊拉克和叙利亚的空中打击支出，
这些支出不可能很快消失。该基金难以消除的第三个原因是，它已经成
为非国防支出神奇的货币来源，因为民选官员正努力让 OCO 的节余部分
作为其他想要的支出的抵销项。[1]

　　而会计花招则是，将国会预算办公室最初增加的 OCO 支出预测数视
为基线，所有少于该基线的款项都被视为节余，因此可用于新增或扩大
的支出抵销，或宣布其减少了赤字。但实际的 OCO 支出并没有达到最初
的预测数，而战争结束也意味着就算没有系统性削减或没有支出上限，
也应该进一步削减，有人说这种节余完全是虚构的，本来就不该花这些
钱，因此也谈不上削减。然而，那些假定存在的节余，却被用于支持预算
中其他方面的实际支出增加。现在，民选官员可以公开宣称，他们的支出
建议并没有增加赤字。[2] 赞成"小政府"的人希望以真正的项目和支出削减
作为抵销项，而不是从预期的基线削减，因此反对使用 OCO 这种方式。

　　参议员伯尼·桑德斯（Bernie Sanders）说使用 OCO 能为退伍军人带
来些好处，声称从技术上来说这种做法是合法的，或至少不应该反对，
因为很清楚，这种办法已经被两党人士均采用了："我听到过道那一头
的朋友说这是个预算花招。对此我不同意。将战争经费相关节余算作赤
字减少这件事，两院、两党的人已经多次投票。例如，两院里几乎每一
位共和党人都投票赞成过 2012 年的预算决议，这一议案是由国会议员保
罗·瑞安（Paul Ryan）提出的，其中 1 万亿美元的赤字减少就来自'逐
步减少海外应急行动'，这可不是我说的，这是传统基金会（Heritage
Foundation）指出的。如果从结束战争中节省下来的钱可以算作减少赤
字，那显然我们应该用这节约下来的钱的很小部分，让我们的退伍军人
们在家里生活得稍微好一点。"[3]

1　National Taxpayers Union and Taxpayers for Common Sense, "Top 10 Reasons It's Time to
Re-Think OCO," NTU Website, May 19. 2014, http://www.ntu.org/ governmentbytes/detail/top-

10 – reasons – its – time – to – re – think – oco.

2　U. S Senate, Committee on the Budget, Republicans, "War Savings Offset Still a Gimmick," February 11, 2012, http：//www. budget. senate. gov/republican/public/ index. cfm/2012/2/war – savings – offset – still – a – gimmick.

3　Bernie Sanders, Senate Session on C – SPAN Website, February 26, 2014, http：// www. c – span. org/video/? c4485656/sen – sanders – speaks – oco – funding.

2014 年和 2015 年，临时预算继续存在。在这两年里，两院都没有通过预算决议，也没有达成一致意见。但他们忽然想起预算决议并不算法律，因此两院又达成协议并予以通过了，只是没有经过总统签署。在 2013 财政年度，代替常规的预算决议的，是国会通过、总统签署的《2013 两党预算法案》（Bipartisan Budget Act），其中包含一章题为《建立国会预算》，其作用类似于预算决议，但有些主要的例外事项。参众两院分别通过了单独的预算决议，但他们并没有正式调和这两项决议，两院的预算委员会主席们和预算决议会会议委员会进行了一次谈判，将协商内容体现在《两党预算法案》中设置的支出上限里。但这个法案有个极大的问题，其中不包含数字，而这是预算决议里必备的内容。相反，该法案使用了一种不同的机制，让各预算委员会的主席们提交一份预算水平的声明书。换言之，这一法案改变了 2014 年或许还包括 2015 年的预算编制流程，如果 2015 年也未能通过预算决议的话（事实上，2015 年确实没有决议）。这个结果是可执行的，就像推定决议，只不过依然是临时的。[14]

联邦政府的例子清楚地表明，预算编制流程会变化，有时是缓慢的变化，以应对手头的问题。要想从严格但会带来大家都期望的结果的规则（如减少赤字）中公开抽身是很困难的，这种压力导致了看上去遵守但实际上并非如此的情况，一旦实现了预算平衡，或海外应急行动基金产生了虚假的节余，就开始玩"葛兰—路德门—霍林斯"游戏或者规避《预算执行法案》。当正式的规则不能正常运作时，无论出于什么原因，非正式的规则都会接管，有时还会年年变化。

州一级预算编制流程的变化

州一级的预算编制流程没有联邦层级复杂，随着时间演化，临时预算也越来越少。也许最重要的是，行政和议会间的预算权力分配与联邦层级有所不同。

20 世纪 20 年代给联邦政府带来了行政预算的改革运动首先影响的是各州，然后才进一步影响到联邦层级。纽约、马里兰和伊利诺伊这三个州，议会比较弱势，因此还在为取得有意义的正式角色而苦苦挣扎。而其余各州则不愿以如此极端的方式进行改革。亚利桑那、科罗拉多、新墨西哥、俄克拉何马和得克萨斯这五个州，议会可以独立于州长做预算。[15]绝大多数州则位于行政或议会主导的两级之间：州长可能会提出预算提案，但议会也可能改变州长的预算或弃之不顾。尽管有例外，但总的来说，州长们对州预算的权力比议会要大。

州预算编制流程的历史

127

18 世纪初经历了一段强势议会主导期后，州议会在公众面前的公信度和责任度均在下降。他们做出来的预算往往不代表选民意见，往往金额过大，而且对利益集团和选区的要求过于敏感。这些缺陷有时会导致结构上的调整，以限制他们的影响力，包括短期会议、通过宪法限制他们能做的事，以及早期对州长赋予的择项否决权（关于通过宪法大幅削减议会权力以期控制支出的例子，见后文马里兰州的小案例）。

州长的预算权力逐渐加强，但同样承受着早期对州政府不信任感的行政分支，权力也仍然高度分散。许多关键的州政府官员是经由选举当选，而非州长任命，因此这些官员有自己的力量基地，不在州长的掌控范畴。州长和副州长有可能是竞争对手而非队友关系，而当选的主计长也可能会因为预算问题而责备州长。各部门则经常在委员会领导下任命自己的长官。因此，州长的控制通常是有限的。在许多州，选举产生的民选官员逐渐被淘汰，而忠于州长的任命官员逐渐多起来，州长着手对各部门实行会计控制。州长及其预算人员研究各部门的申请，然后据此制定一份预算提案，并将其提交给议会反馈。通常，州长都被赋予对其预算提案进行议会修改的否决权（关于从议会主导到州长主导的预算编制流程的变化例证，见后文南卡罗来纳州的小案例）。

尽管州长一般可以主导各州的预算编制流程，但州议会审查州长的预算并质疑其假设基础的能力也有所改善。20 世纪 60 年代，由于最高法院的一人一票裁定，重新划分选区，增加议员数量，各州议会开始进行改革，准备扮演更为积极的政策角色。而预算则是增加能力的关键点，许多议会延长了会议时间，召开频率从两年一次改为每年一次，并增加了熟悉财政和预算事务的专业工作人员。这些工作人员为议会所做的工作，就和联邦层级里国会预算办公室为国会所做的工作一样。他们使议会能对行政预算中的假设进行质疑，并在不损害预算平衡的情况下制订自己的预算方案。

128　　在标准的行政预算模式中，州长办公室向各部门提供预算指示，然后从各部门收集建议，对其削减后合并，然后将合并后的整体预算提案提交议会审议。在这种模式下，州长的政策构成了预算审议的框架。现在，大多数州都有某种形式的行政预算，但只要议会继续直接从各部门接收未经修订的预算申请，州长的预算权力就被稀释了。变革的方向是不采用从各部门直接将申请交到议会的方式。

1983 年，有 41 个州的议会在州长办公室整合前就能直接接收各部门的预算申请。到 1988 年，这个数字上升到 43 个州，但到了 1997 年，根据报告只有 32 个州还在这么做。1983 年，只有 3 个州议会通过州长接收行政预算提案，到了 1997 年这个数字是 8 个州。[16]

全国州预算官员协会（The National Association of State Budget Officer, NASBO）对这个问题的看法略有不同，他们会询问部门编制预算的理由是否列入了州长的预算申请中。如果答案是肯定的，那么议会就相当于同时从州长的申请中了解到各部门的建议，而这两者还是有区别的。但如果答案是不包括在内，议会就可能仅能看到州长的建议，而根本看不到各部门的要求。从 1997 年起，NASBO 调查第一次提出这个问题，直到 2002 年，在州长的预算提案中列入各机构预算编制理由的州的数目略有增加，从 39 个增至 42 个，但到 2008 年为止，这个数字又下降到 35 个或 36 个州（取决于如何定义部门预算的编制理由），直到 2015 年这个数字没再变化（该数据基于 NASBO 在各年度进行的"各州预算编制程序"调查结果)。

小案例：马里兰州议会的预算权力

马里兰州在削减议会的预算权力将其赋予州长方面走得最远。因为担心议会花钱不负责任，只允许议会减少，不允许议会增加州长的预算提案。这一限制自 1916 年以来一直存在，并已经写入州宪法，因此很难改变。议员们进行了多次不成功的尝试，向选民提交宪法修正案，好让议会可以在州长的预算提案中增加内容。由于做不到这一点，议会就设计了其他方法来发挥其影响力。这些手段并非总是有效或靠得住，有时也会引起州长的反击。

第一，议会运用其有限的权力，削减部分州长想要的项目，而州长回敬的方式是以补充拨款的方式将这些项目再加回去。而为了让这个补充拨款提案获得批准，并为其他无关的政策倡议寻求支持，州长会在其中增加关键议员期望包括的"拍马屁项目"。关于哪些项目会包括在补充预算提案中，这个协商过程是不对社会公众公开的。

第二，由于议会不能增加州长"当前"的预算提案，议员就经常投票通过可能对未来产生预算影响的昂贵项目。20 世纪 70 年代，议会通过了一项法律，要求对某项目的付款要与另一个项目的支出相匹配，该法律由州长签署，但并没有资金支持。法院的裁定是，根据宪法不能强制州长为这样一项立法提供资金。而议会的回应则是一项宪法修正案，要求州长为合法通过的项目提供资金。这项修正案已获公众批准，并对州宪法进行了修订，为议会解决州长未能高度重视的事项提供了一个有限的渠道。当直接的预算路径受阻时，议会选择了具有预算影响的实质性立法的路径。但使用强制支出的方式，会导致项目决策与预算决策脱节，因此议会可以通过（州长也能签署）超过本州能负担得起的昂贵项目。

第三，如果能通过立法为付款设立专项收入，议会也可以增加或扩大项目。这种能力导致账户数量过多，灵活性降低。专项收入就意味着收入来源与特定的支出挂钩，无法花在其他任何方面。当收入被分成许多小块，而每个小块都必须与某个特定项目支出相关联，预算的灵活性就不足以适应新情况的发生。

第四，为了弥补其相对无能为力的状态，议会对各部门进行事无巨细的管理，这种做法既不适当，效率又低下。[1]

2015 年，共和党州长与民主党议会关于预算发生了冲突。议会确实不能增加州长的预算提案，但它能重新排序，把钱从一个项目转移到另一个项目中。议会投票削减了州长提出的增加养老基金、给政府工作人员加薪，以及增加对较大学区和特定保健项目的支出。这么做并没有如州长所期望的那样减少本州的结构性赤字。[2] 州长声称这些改变是不负责任的，威胁说要扣留议会批准的优先事项的资金。[3] 州长有权在公共工程委员会（Board of Public Works）（这是由州长、主计长和司库组成的三人委员会）批准的情况下，扣留多达 25% 的拨款。根据宪法，州长对预算的权力完全是一边倒的。

1　Roy T. Meyers and Thomas S. Pilkerton，"How Can Maryland's Budget Process Be Improved?" Maryland Institute for Policy Analysis and Research（MIPAR），University of Maryland，Baltimore County（UMBC），September 2003，http：// user pages. umbc. edu/meyers/improveMD. pdf；also a-vailable at www. umbc. edu/mipar.

2　Roy Meyers's testimony to the House Appropriations Committee，Maryland General Assembly，March 9，2004.

3　Jetta Johnson and Ovetta Wiggins，"Maryland General Assembly Passes Budget That Widens Split with Hogan，" The Washington Post，April 14，2015，http：//www. washingtonpost. com/local/md‐politics/maryland‐lawmakers‐governor‐rush‐to‐complete‐budget‐before‐midnight/2015/04/ 12/1 dc466a6‐e16c‐11 e4—81 ea‐0649268f729e_story. html.

小案例：南卡罗来纳州议会主导的预算流程开始动摇

南卡罗来纳州是少数几个由议会主导预算流程的州之一，目前，很多行政官员均由独立选举当选，不受州长控制。尽管预算提案由州长编制，也被赋予了一般否决权和择项否决权，与议会相比，州长仍然非常弱势，一个例子就是，议会经常推翻州长的否决。最近，（创建于1950年的）议会－行政联合预算和控制委员会控制了许多预算及财务管理，而不是如其他州一样单独由行政管理。州长只是偶尔能控制委员会的多数席位，因此可以提出预算，但不一定能影响之后发生的事情。

州长的预算权力逐渐增长。到了1993年州长才被赋予提交预算提案的权力。前州长马克·桑福德（Mark Sanford）在其第二个任期竞选中，提出其施政纲领是要对州政府进行改组，减少行政部门中独立选举出的官员人数，并取消州预算和控制委员会，但是他没有成功。议会两院均是共和党占多数，加上共和党州长妮基·黑莉（Nikki Haley），对这些改革提议给予了高度重视，议会更愿意赋予州长对预算及执行上更多的权力。2011年、2012年和2013年，有议员提出了一些立法提案，以削减议会——行政联合预算和控制委员会的职权，并将其权力赋予州长。但那些法案也没有通过。

然而，到了2014年，议会通过、州长签署了一项改组法案，取消了议会——行政联合预算和控制委员会，并在行政部门设立了管理部门，将原来委员会的许多职能转给该部门履行。预算和控制委员会于2015年6月停止运作。

南卡罗来纳州的预算编制流程正在改变，但进展并不快。

资料来源：Luther F. Carter and Richard D. Young, "The Governor: Powers, Practices, Roles and the South Carolina Experience," South Carolina Governance Project, University of South Carolina, 2000, www.ipspr.sc.edu/grs/SCCEP/Articles/governor.htm; Fred Barnes, "Mark Sanford vs. the Good Old Boy Party: Can South Carolina's Government Be Brought Into the 21st Century?" Weekly Standard, August 6, 2007, www.weeklystandard.com/Content/Public/Articles/000/000/013/931dxyvm.asp? pg=2; Eric K. Ward, "House Axes Budget and Control Board in New Restructuring Plan," The Nerve Center, May 3, 2012, http://www.thenerve.org/house－axes－budget－and－control－board－in－new－restructuring－plan/; Eric K. Ward, "Politics Threatens to Derail Restructuring," The Nerve Center, April 25, 2012, http://www.thenerve.org/politics－threatens－to－derail－restructuring/; Seanna Adcox, "S. C. Senators Approve Restructuring Bill," Post and Courier, February 17, 2012, www.postandcourier.com/article/20120216/PC1603/302169998; Seanna Adcox, "House: Haley Shares in Blame for Bill's Demise," The Charlotte Observer, July 7, 2012, www.

charlotteobserver. com/2012/07/07/3368412/house – haley – shares – in – blame – for. html. The South Carolina Department of Administration website，http：//www. admin. sc. gov/search/node/note；GWDtoday. com "Gov. Nikki Haley Signs S. 22—Government Restructuring Act Of 2014，2/6/2014"，http：//gwdtoday. com/main. asp? SectionID = 2&SubSectionID = 235&ArticleID = 28585.

　　一些强势行政、弱势议会的州近年来议会逐渐获得了一些预算权力，而强势议会、弱势州长的州，州长的地位也逐渐得以加强。佛罗里达州的例子就说明了预算权力在议会和行政之间来来回回，近期倾向于行政的情况（参见后文佛罗里达州的小案例）。

　　在整个20世纪70和80年代，全国预算编制流程变化的大方向是明确的：议会的组织越来越好，专业人员越来越多，在预算编制方面发挥了更大作用。总的来说，这一变化导致一些人质疑州长是否正在失去预算权力。然而，目前看来，州长的预算主导地位是安全的。要修改宪法规定具有相当的难度，而如果改革提案威胁到州长的权力，就更难以通过了，因为州长需要在法案上签字。州长们保留了许多重要的正式权力，比如非常强的否决权。一般而言，州长相对议会并没有丧失权力，但当政府分裂，即当议会和行政分别由两党控制时，议员们对州长的预算提案的审议会主要关注他们不同意的政策。而当议会和州长是同一党派时，他们就很可能拥有类似的哲学及政策目标，所以议员们会倾向于赞同州长的建议。一项研究表明，州长在政府统一期间获得的权力比在政府分裂期间损失的权力要大。[17]因此最近几年州长失去的权力并不完全因为议会掌权导致。有一种方式能让议会获得更多的权力，而州长未必失去权力，那就是双方分别控制预算的不同领域。此外，正如佛罗里达州的案例所表明的，当议会将控制预算编制的权力让渡给行政时，议会的角色可能会改变，变成增加对预算执行和项目评估方面的权力；如果议会通过择项预算控制的方式来放弃对行政部门事无巨细的管理，那么它对各机构计划和绩效的审查就可能会增加。

　　州和国家层级的根本区别是，在州一级，预算编制流程或流程的一部分，往往写进了宪法而不是体现在具体的法律当中，这导致要想改变特别困难。此外，部分州的权力是如此一边倒，以至于弱势的一方几乎没有任何影响力。这些特点导致增加了许多允许发生变化的非正式规则。就其本身而言，正式规则可能并非衡量权力实际分布的好指标，可能会掩盖正在进行的进程调整。因此，正式规则必须与随之产生的非正式规则一起看待才有意义。

小案例：佛罗里达州的行政和议会预算

预算权力在佛罗里达州的议会和州长之间来回平衡变化，说明了几个问题。如果州长和议会属于同一政党，议会就更有可能将预算权力授予州长。当州长利用这一权力公开威胁选区项目时，议员们可能会通过使这些项目隐蔽以保护它们。权力授予州长时也可能附带着保障措施，使行政机关不能践踏议会的特权和政策。

几年前，佛罗里达州的预算编制流程是由议会主导的。1978 年当选的州长鲍勃·格雷厄姆（Bob Graham）扩大了自己在预算编制中的作用，其做法是实行项目预算，并在政府的行政办公室内设立一个计划和预算办公室。项目预算让各部门有了更广泛的酌情处理权，并给予州长更多的政策控制，对此，议会的反应比较消极。1983 年，议会开始强制规定详细的预算格式和内容，并要求州长和议会两方的工作人员一起工作，以制定向各部门发出的预算指示。最重要的是，新法律指示各部门"向议会提交其预算需求的独立判断"，因此州长在议会看到这些需求之前，无法对其进行更改。议会还加强了其预算监督的作用，广泛审查行政部门在年内发起的预算调整。[1] 一位观察家总结说："佛罗里达州议会的预算权力只比得克萨斯州稍低一点点，得克萨斯州是由联合立法委员会编制预算的。"[2]

近年来，州长相对于议会而言，权力已经得到加强，因为两院的多数与州长同属一个党派（共和党）。因此，议会一般都愿意配合州长的优先次序，包括他增加预算权力的要求。尽管如此，议会依然保留了一些预算权力，重新定义了其职能。[3]

1998 年杰布·布什当选州长时明确表示，他不能容忍议会忽视州长的预算建议的制度。[4] 他坚持包括议员的项目在内的所有项目，都必须经过各行政部门适当的审核。1999 年布什州长宣布，在 2000 年的预算中，"所有项目，包括议会成员项目，都必须是由各行政部门设定的全州预算政策的优先事项内的项目，也必包含在相关部门和项目的既定支出限额之内。此外，议会成员项目只能依靠非经常性资金，并在下一个预算周期里评估其效果"，[5] 如果议员在整个流程的后期向各部门提出的预算申请中新增项目，州长会否决这些项目。布什州长比他的所有前任否决的选区项目都多，他一视同仁地对共和党和民主党的项目使用择项否决权，[6] 还威胁要否决任何不包含他所支持的项目或方案的拨款。

议员们抗议布什州长第一年的 550 项否决，然后用各种策略作出回应，使自己在预算中塞入的项目不那么显眼，以避免州长的否决之笔。[7] 在 1999 年和 2000 年，布什否决了约 3.13 亿美元的议会项目，2001 年，该数字为 2.9 亿美元，在 2002 年，该金额降至 1.07 亿美元，2003 年降至 3300 万美元。目前尚不清楚是议员们将自己的项目藏得更好，还是提出的建议更有选择性，才通过了州长的审查，或者州长正在逐渐减少对其在议会的盟友使用否决权。然而，有趣的是，2004 年州长又恢复了大量使用否决权，否决了 3.49 亿美元的议会项目。[8]

2000 年，布什州长提议对预算制度进行一些修改，议会批准了这项计划。其中的一些变化类似于之前格雷厄姆所寻求而未成功的，例如在项目预算中嵌入绩效因素。随着项目预算的增加，议会给予行政部门更大的灵活性来转移资金。最重要的是，议会"取消了各部门向议会提交初步预算申请的要求，从而限制了议会干预各部门预算编制的机会"，[9] 根据这项规定，州长（终于）可以制订各部门的预算申请了。

在这些改革让佛罗里达州的行政预算成为现实的同时，议会也保留了足够的权力来维持其影响力及部分政策控制权。新的预算法提升了各部门主管在同类账户间转移资金的能力，但前提是，这么做不会产生任何未来的义务，也不能违反议会的意图和政策。新法要求各部门制定计划并提交与之相关的预算，这些计划需要在议会召开会议之前提交，并同时提交给州长。新法要求各部门提出并报告绩效措施，这些措施也需要一并向议会提交并经批准。

新法的拟定者确信，如果关键议员认为州长越界了，他们可以干预，以制止违规支出。此外，这一改革设立了议会预算委员会，由两院的 14 名成员构成，包括各拨款委员会的主席。议会从各部门和州长那里接收预算建议，然后两议院分别准备自己的预算。议会预算委员会有权审查各部门的支出计划，并对其年中调整做出批准或不批准的决定。"此外，委员会的主席和副主席可以代表议会，反对任何部门做出超越授权，或违反议会政策和意图的行为，不论该项行动是否已经议员商讨或委员会批准"。[10]采用这一方式，议会为自己保留了视需要而作出决定、执行其政策偏好，以及质疑州长的政策建议的权力和能力[11]。

尽管州长的预算权力有所提升，行政和议会的党派统治也或多或少存在，但佛罗里达州的议会仍然很强势，多少独立于州长。它有自己的工作人员，能根据对经济的监测进行收入预测；它能监控预算的执行情况；它能审查项目；它也能并确实拒绝过州长的政策建议。然而，州长仍然持有强大的否决权：2015 年，斯科特（Scott）州长从议会预算中否决了 4.61 亿美元，包括领导层的一些最高优先事项。斯科特辩解说，他削减的是那些不会让全州受到影响的，以及没有通过正式审查程序的项目。[12]

1　Gloria Grizzle, "Florida: Miles to Go and Promises to Keep," in Governors, Legislators, and Budgets, ed. Edward Clynch and Thomas P. Lauth (Westport, CT: Greenwood Press, 1991), 98ff.

2　Karen Stanford, personal communication, March 18, 1999.

3　See Robert B. Bradley, "Florida: Ebb and Flow in Executive Legislative Relations," in Budgeting in the States: Institutions, Processes, and Politics, ed. Ed Clynch and Tom Lauth (Westport, CT: Praeger, 2006), chap. 8.

4　Richard S. Conley and Richard K. Scher, " 'I Did It My Way': Governor Jeb Bush and the Line Item Veto in Florida (with Apologies to Frank Sinatra)" (paper prepared for The Citadel Symposium on Southern Politics, Charleston, SC, March 7 – 8, 2002).

5　Quoted in Fishkind and Associates, "Florida's New Budget Process," August 31, 1999 (Hank Fishkind, 90.7 FM, WMFE News), www.fishkind.com/radio/fnbspot.html.

6　Conley and Scher, "I Did It My Way."

7　出处同前。

8   Jackie Hallifax, "Bush Trims $349 Million out of State Budget," Naples Daily News, May 29, 2004.

9   R. B. Bradley, "Budgeting in Florida" (paper presented at the Association for Budgeting and Financial Management meetings, Chicago, October 7—9, 2004).

10   Legislative Budget Commission, statement of purpose, www. leg. state. fl. us/data/ committees/joint/jlbc/LBCProcede. pdf.

11   出处同前。

12   Gary Fineout, "Florida Gov. Signs Budget, Vetoes Nearly $500 Million," Tallahassee Democrat, June 23, 2015, http://www. tallahassee. com/story/news/ politics/2015/06/23/florida – gov – signs – budget – vetoes – nearly – 500 – million/29151631/.

136   地方层级预算编制流程的变化

地方政府比联邦或州政府更少党派之争，而且政府组织结构完全不同。最重要的是，地方政府隶属于州政府。在许多关键方面，他们不能决定自己的预算编制流程。但州和其下辖地方政府在地方政府预算自治权的程度问题上一直存在紧张的关系。议会和行政部门之间偶尔会出现的紧张局势，主要体现在采用或不采用市议会—政务市长制还是强势市长的城市组织形式。

各州通过地方自治法赋予地方政府有限的并往往含糊不清的自治权，或者通过市政预算法直接对地方政府进行管理。虽然城市没有宪法，但州可以授予他们一份宪章，或允许他们通过一份宪章，以概述他们可以做什么以及如何去做。这些宪章通常包括说明市长和市议会权力的政府的组织形式，其中也可能包含预算编制流程的详细规则。对宪章的更改就像对宪法的修订，需要通过大规模组织的公民投票进行。对宪章的修订确实发生过，但非常罕见。政府组织形式的改变也会导致预算编制流程的改变，给议会、市长，或有时是给委员会，增加预算权力。

137   州对地方预算编制流程的控制

在 19 世纪初，各州通过立法控制城市的财政。有时这些法律针对特定城市，有时则适用于某类城市。市长则与议会协商，以免除税收限额、允许超出法定限额借款，或同意提供某项服务。尽管针对单个城市立法的方式仍有残余，但各州逐渐开始采用针对州内不同类型的城市或覆盖城乡的立法模式。

在某些州，法律几乎规定了地方预算编制流程的所有方面，包括提交预算申请的形式、可使用的账户、应急基金的种类和规模，以及在基金间转移收入的能力。还有一些州法律限制较少，可能只要求提交平衡的预算、公开听证，以及在财政年度结束时进行独立审计。州政府可能会指定地方政府能使用哪些税费，可能会限制地方政府能取得的财政收入限额，也可能会强制地方政府提供特别的服务。州政府可能会通过适用于地方政府的免税事项，也可能会或不会对这种方式导致的收入损失给予其他收入的补偿。当一面限制征税一面还强制地方提供一定水平的服务时，各州其实就已经将自己的优先事项强加于地方政府了。

只要各州在下辖地方规定了预算编制流程，就会引发几个重大问题。第一个问题与持久性有关：这些规则是否过于僵化和长期，会阻碍地方政府适应新形势？第二个问题涉及规则的中立性：这些规则是否旨在改善财务管理，还是针对具体的政策结果？第三个问题：各州在多大程度上鼓励或阻碍了预算编制流程的民主参与度，还是践踏了地方的优先事项？

持久性。有些州为其市级预算编制流程提供了一套最低标准，包括哪些城市可以调整，可以随情况变化；有些州则会用设计笨拙、过期且不适用的预算规则将城市束缚。在后一种情况下，地方政府就需要不断在州的规章下要些手腕，或要求豁免，或变成一个特别复杂的系统，因为在一套规则体系里又增加了另外一套。

许多州在其市政预算法中加入了对预算格式分项式的要求。在 20 世纪初刚开始使用时，分项式预算是一项重大改革，并大大改善了预算编制的方式。在分项式预算之前，较常用的方式是将特定花费及其成本按名称标注。市政预算可能包括警察马厩的内容，那一行会写着"马和马厩，5 万美元"，读完之后人们对马匹的数量、谷仓的大小、雇员的数量、饲料的质量或数量、马的健康状况一无所知，也没有办法知道这是否是在合理成本下成功的管理。但引入分项式预算后，费用的每个组成部分可以分项放入预算，这样就可以看得比较清楚，并可以和其他地方相同项目的价格进行比较。因此，马厩的成本可能会被分解成：30 磅饲料 30 美元，5 个工人周工资每人 5 美元，以及 10 美元的屋顶维修费。其目的是为了让人们了解城市的供给、人头费或大项基础设施是否花费过高。

各州预算法通常要求各市在预算中包括过去一两年的分项式支出、本年度的预期费用，以及明年的预测数。其目的是确保每一个项目的费用不会增长得太快或无正当理由花费。20 世纪初，正好是进步时代（大约 1895—1910 年）市政项目大幅扩展以后，加上第一次世界大战导致的通货膨胀，控制成本成为最主要的考量。州对地方预算编制流程的要求就是为了应付这些费用增加而设计的。

虽然分项式预算有一定优势，但也有一些弱点。其中一个主要问题就是，它通过将费用分项而非聚焦整个项目而掩盖了政策决定。在强调支出控制的同时，却不强调管理和规划。在继续使用分项式预算的州里，地方政府必须在此格式之上再加上项目预算和绩效预算，或者单独发布项目及绩效信息。

在 20 世纪 30 年代大萧条时期，对成本控制的强调变得更加极端。州对地方预算编制的规则经常将收入分成专用的小块，每个小块都有税收上限。目的是让一个地方的节余不被用于增加其他地方的支出，而超出预期的收入在没有经过正式预算调整和批准的情况下，也不能使用。这种模式非常僵化，因为从基金中转移收入是非法的，因此许多城市把一些剩余资金的支出成本，转移给有总体节余的基金来负担。换言之，这个制度是如此不灵活，往往导致博弈。只要这些规则仍然适用，城市就会仍然以同样的方式进行着博弈游戏。

许多州关于市政预算的过时规则几乎没有改变过。下面亚利桑那州的例子表明州的要求会持续多长时间，以及尽管有规定，需要花多少努力才能编139 制出有效的预算：

> 亚利桑那州的马里科帕县，也就是凤凰城所在之地，陷入了财政困难，在走出困境的过程中才意识到州法律所控制的地方预算和财政有多么过时……州法律是 1912 年亚利桑那刚成为一个州时通过的。该县发现，即便有助于现金流，通过电汇支付账单也是非法的，因为根据州法律，许可证必须由委员会单独批准。一旦年度支出确定，即使年内可以获得更多的收入，支出也不能超过之前批准的数额。到了年底，除非宣布紧急情况，否则

各部门间的节余金额也不能合法转移。会计系统按要求还是收付实现制。但是，也有单独给予的例外事项。其结果是，工作人员必须不断与系统进行斗争才能做好预算和财务管理工作。[18]

1997 年，亚利桑那州的法律有所改变，在资金许可及目的适当的情况下，允许市议会不宣布紧急情况就在基金间进行转账。州对地方预算编制流程管理的法律确实有所改变，但进展缓慢。

缺乏中立性。企业和私有房主常常敦促各州减轻税负。有些州对这一压力作出了反应，特别是在大萧条时期，在城市的预算过程中倾向于降低财产税并提供相对少的服务。有些州仍然把重点放在其城市的财务管理质量和避免财政困难上，还有一些州则对反税集团作出反应，在地方预算编制的过程中降低税收，同时缩小政府的管辖范围。他们设立了各种董事会和委员会，可以僭越地方的优先次序和预算要求，以达到减少开支的目的。

例如，20 世纪 20 年代初建立的印第安纳州旧的预算编制流程就允许任何 10 个纳税人就预算事项向州税务委员会成员提出申诉。这个制度对希望减税的纳税人有利，即使大多数社区居民愿意缴纳更高的税收以获得更多的政府项目和服务。[19]在大萧条期间，社区急切地需要更多收入来帮助陷入困顿的公民，州政府这才稍作让步，允许增加一些税收。

印第安纳州这一系统的灵活度和响应性或许有助于保持其基本构架多年不变，这里的法定预算编制流程特别偏向低税收，但甚至在印第安纳州，除了回应反税集团的愿望之外，这一系统也逐渐开始满足地方政府的需要和当地选民的喜好。 140

民主控制。几乎所有州都要求地方政府在预算编制流程中有某种水平的公民直接参与度，如公共听证会，详细规定了在什么情况下需要举行、应该包含什么内容、必须参会的人员，以及在预算被采用前多久必须举行等。此类规定已经存在多年，证明了想要培育以及保持地方层级的民主的愿望。

虽然听证会的要求表明州希望地方政府对居民做出反应，但很多州依然经常会强制要求地方政府做一些事情，如增加警察的养老金，或扩大公共教育经费，这些情况部分是出于各州面对利益集团的脆弱性导致，但这种做法践踏了地方的优先次序。[20]州有时也会告诉地方政府，特定的纳税人阶层应该得到特定的税收减免。当州政府不对此类成本进行补偿时，地方政府就陷入了困境：他们要么必须削减其他服务或项目的开支，要么就必须增加收入，而后者在地方政府按照州或地方税收上限运作时，往往是困难甚至不可能的任务。这种无资金着落的强制开支取代了地方的优先事项，也改变预算编制的流程，实际上等于直接告诉地方政府：从你的现有收入中首先扣除该项支出的成本，然后再根据你自己的优先次序使用其余资金。如果使用过度，这种强制支出会削弱地方政府及其公民可以作出的决定，从而破坏地方民主。

地方政府官员和地方纳税人因州政府这些没有资金供给的强制支出而受挫。反对者有时能成功修正宪法以裁减此类支出。其他的反应则是从议会角度而非宪法角度进行，以此限制此类支出，或允许地方政府在州政府不提供资金的情况下免于遵守这些要求。议员们有时会想出办法来规避他们自己通过的法律，以禁止此类没有配套资金的强制支出（见后文小案例"佛罗里达州缺乏配套资金支持的强制支出"）。

在马萨诸塞州，一项无配套资金支持的强制支出规定被列入了严格限制财产税的法案中。在这项新的、紧缩的收入限制下，地方政府无法吸收州所要求的强制支出增加，因此，一项名为"提案 $2\frac{1}{2}$"的法律中加入了一个条款，如果州不能充分资助就通过强制支出要求，那么地方对是否遵循就可以自主选择。为了让这一法律可行，州政府在州审计办公室下设了一个地方强制支出办公室，该办公室受理受强制支出影响的地方管辖区提出的申诉，并调查这些强制支出的花费。而地方政府则可以利用该办公室的评估作为其申诉书的证据，以免除对该法律的遵循。该办公室计算出所有强制支出的费用总额，并就下一步该如何以及是否为所有司法管辖区的强制支出提供资金向议会提出建议。该法已于 1980 年通过，自那时起，地方强制支出办公室多次宣布，议会确实通过了资金不足的强制支出，并建议州政府补齐资金。尽管有了这个法律，对议会的挑战也偶尔成功，但马萨诸塞州的地方政府仍然背负着不少没有资金来源的强制支出任务。首先，在 1980 年法律通过之前的昂贵的强制支出就不受该法的影响，而且依然存在；其次，议会已经发现了绕过这项法令的办法。

例如，列克星敦市和牛顿市就在关于没有资金支持的强制支出对州政府的诉讼中获胜，成功地击败了一项扩大当地义务为私立学校提供交通服务的法定修正案。但州政府作出了反应，通过了第二个法律，要求所有希望政府补偿 1981 年以前的强制支出的地方政府都必须接受被起诉的修正案。当第二个法律再次受到相同市镇的挑战时，最高法院发现该法律并没有违反禁令。法院解释说，议会通过提供本没有义务提供的利益来强迫不情愿的城镇接受［私立学校运输修正案］，这个情况，没有……任何东西可以阻止。[21]

州政府有时承诺了配套资金，但随后又不予支付，特别是当州政府经历财政困难的时候。即使州政府愿意为其强制支出买单，结果仍然可能扭曲地方的决策。在马萨诸塞州，州政府通过了专业提升的强制支出任务，即要求所有公立系统的学校都要为教育相关的雇员建立培训计划。该项目的部分经费来自地方的教育预算，州政府同时补贴一部分，但补贴的条件是地方要维持与上年相同的公共教育开支水平。任何比上年减少了公共教育经费的城市，都没有资格获得州的专项补贴。[22]其结果是就算有其他迫切的需求，地方政府保持教育经费的压力都极大。

小案例：佛罗里达州缺乏配套资金支持的强制支出

142

1990 年佛罗里达州的公民批准了一项非常受欢迎的宪法修正案，以防止州政府强制地方政府支出，或减少地方政府的收入。这项修正案有三个例外：（1）如果议会宣称是公共利益需要；（2）如果强制支出是为了履行一项法律或联邦政府的要求；（3）如果费用微不足道。如果不满足这三个例外条件，就需要两院 2/3 投票通过才能启动强制支出项目。否则，地方政府有权忽略这个项目。

然而，议会继续通过强制支出项目，其中许多没有配套资金支持。议会可以给某一特定群体减税，只要两院分别以 2/3 投票通过即可，根据宪法规定，由此导致的地方收入减少是合法的。还有一些项目单独看财务影响均低于最低限度，但加在一起却变得十分昂贵。如免税期导致的一次性损失，根据前述规定也是合法的。与司法犯罪有关的任何事情都是自动豁免，例如，议会要求当地警察逮捕涂鸦人群，就不会受到法律限制。同样重要的是，由于议会并没有停止通过这种没有配套资金的强制支出，各市县在州议会通过了将施加在他们身上巨大负担的法律后，不得不继续反击。

当各县针对州将青少年犯罪的责任转移给地方的法律起诉时，宪法修正案的规定很有用，法院一致认为，这一责任转移属于缺乏资金支持的强制支出，判定违宪。然而，有效利用宪法条款对地方官员来说是一场艰巨的战役。佛罗里达县的一位官员解释说：

成本转移和缺乏配套资金的强制支出，就意味着佛罗里达州说你必须为某个项目买单，无论这个项目我们喜欢还是不喜欢都必须买单。现在我们有了这项宪法修正案，如果州议会没有 2/3 的选票，他们就不能这样做。有时，我们能成功，因为投票没到 2/3，但这个修正案在涉及健康、安全和福利问题时也有漏洞。因此，当他们在这几方面进行立法时，就无须顾忌 2/3 的票数要求也能做到……[1]

1   Douglas C. Lyons（interviewer），"Face to Face：A Conversation with Karen Marcus," South Florida Sun - Sentinel, October 29, 2004, www. sun - sentinel. com/ news/opinion/sfl - facekaren-marcus, 0, 1790581. story? coll = sfla - opinion - utility. The Sun Sentinel keeps older articles in its archives, http：//pqasb. pqarchiver. com/ sun_sentinel/search. html.

143　　简而言之，各州对地方级的预算编制流程可以产生相当大的影响，但这种影响有时会导致僵化、偏颇和不民主的结果。总的来说，这些消极后果近年来有所减弱，但州政府要求缺乏配套资金的强制支出仍然是地方政府的负担，即使法律和宪法修正案禁止这么操作，也依然是各州与地方政府间争论的焦点。

政府的组织形式

只要在州法律允许的范围内，各城市可以选择不同的合法政府组织形式，其中也涉及特定的预算角色和过程。在南北战争之后，早期的市政预算里，许多城市采用委员会的估计数；20 世纪初的重大举措是向着行政预算改变，权力集中在市长手中。20 世纪初的后期，一些城市，特别是中型城市，采用了市议会—政务市长制来编制预算。尽管许多城市一旦选择某种政府组织形式，就保持数十年不变，但有些城市的政府组织形式也会变化，从而改变了预算编制流程。还有一些城市以混合组织形式存在。

市政预算起源于南北战争之后大量支出增长时期的支出控制机制。早期的预算需要根据几年前详细的收入和支出明细来估计当年所需税收收入的多少。官员们会提交详细的要求。通常情况下，财务部、主计长、审计人员或市长会接收并削减这些要求，在较小的城市，各部门会直接将其要求向市议会或其预算委员会提出。为了控制本年度的支出，有些城市采用年度拨款，并设定当年的最高支出授权金额。

19 世纪 70 年代和 80 年代是许多城市经济和政府急剧萎缩的时期。预算的重点是保持政府范围较小、较不活跃。从 1873 年开始，纽约市预算编制流程出现一种新形式，各部门将预计数提交给一个委员会进行评估，这个评估委员会组成人员时有变化，但一般由市长、主计长、市议会委员会主席和其他人参与。由于独立选举的官员经常无法在项目上达成一致，慢慢减少了开支。此外，委员会的预算估计数反映了来自社会公众减税的压力。

纽约市评估委员会运行的早期，市议会可以增加预算建议。从 1873 年至 1888 年，他们每年增加约 50 万美元，但却不断被评估委员会驳回。随着时间的推移，市议会增加的数字越来越少。[23]到了 1898 年，宪章授予市议会部分正式预算权力，也并没有导致估计数增加。[24]

从大约 1895 年到 1920 年，预算的重点从保持不介入的小政府转移到将行动主义与效率和问责相结合。结果是大大推动了由行政单一负责的预算，也就是所谓的强势市长制的政府组织形式。行政预算改革反映了进步时代的主题：政府是对企业的必要制衡力量，也是服务的主要提供者，但同时必须加以控制，并回应社会大众。单一行政的改革也反映了大家朝着共同方向推进，而非市议会随机支出以及利益驱动的预算。当时在这种政府组织形式下，市议会就急速地失去了权力。

第一次世界大战之后，市议会—政务市长制的组织形式开始普及。在这种组织形式下，市议会规模缩小，大部分议员由选举产生，以减少邻里、族裔群体和政治机器的影响。这个新议会被赋予了更多预算权力，但它的运作模式则是雇用一名专业政务市长负责，直接或通过指定之人从各部门收集并筛选预算要求，然后再送交市议会批准。这一组织形式与市长—议会制相比，旨在减少政治性，增加管理导向。如果政务市长不执行市议会的指令，市议会可以解聘他（早期的政务市长通常是男性工程师），通过经常行使这样的权力来实现问责。但问责也可以通过改善预算文件，证明公共资金的支出情况来达成。

在两次世界大战之后，采用市议会—政务市长制这一形式的发展几乎井喷。从 1945 年到 1959 年，采用这一形式的城市从 637 个增加到几乎 1500 个，[25] 主要原因是城市的基础设施遭到忽视，需要能干的人员和积极的态度才能解决技术问题。在过去几年里，采用这一组织形式的城市实际上已经超过了采用强势市长制城市的数量，但引起新闻媒体关注的是一些主要城市放弃了市议会—政务市长制，转而采用强势市长制。

在这些放弃市议会—政务市长制的情况里，常常会有一个非常受欢迎的著名市长候选人要求修改宪章，以增强自己的权力。这一转变往往伴随着腐败丑闻、长期社区衰败或严重的财政问题，以及无能或掩盖真相等情况。在弗吉尼亚州的里士满市，前州长道格拉斯·怀尔德（Douglas Wilder）2003 年为放弃市议会—政务市长制、直接竞选市长的宪章而呼吁，然后，他自己参与市长竞选，轻而易举地赢得之后，2005 年初市议会赋予他择项否决权，并强化了他的任命权。在加利福尼亚州的奥克兰市，另一位受欢迎的前州长杰里·布朗（Jerry Brown），在 1998 年获得压倒性胜利的市长竞选中，也获得了对宪章修正的投票。圣地亚哥市在 2004 年成功地举行了放弃市议会—政务市长制的选举，随后，市长承担了政务市长的预算责任，但市议会有自己的预算分析员，并且只凭五票就能推翻市长的否决，"10 月的一场大火暴露了资金严重不足的市政消防服务，养老金赤字激增到 11 亿美元，联邦当局正在调查用于出售市政债券的披露文件中的错误和遗漏"，[26] 这些问题削弱了政务市长的形象。

在上述放弃市议会—政务市长制的情况中，在市长成功当选并强化权力之前，经历了多年艰苦的努力。要确保预算责任转移给市长，时间、环境和候选人都必须恰到好处。

总结和结论

在联邦和州一级，行政和议会分支之间有明确的区别，许多随着时间而出现的改变均与预算权力在两者间的转移和平衡有关。在州一级，预算编制流程更多被纳入宪法而不是具体法律，结果就很难改变。改革者可以将自己的政策偏好锁定，成为具有世代约束力的程序，这一结果使它难以适应不断变化的环境，对民主产生重大影响，因为后世会受到早期人们的决定和偏好的制约。要绕过僵化的规则，州一级可能采用闭门谈判的方式进行更多的非正式协商。在地方层级，目前的紧张局势很大程度上存在于法律上有责任的州政府和法律上依赖于州政府的地方政府之间关于地方政府在预算方面的自治权程度的看法。这种紧张局势的部分原因是，僵化和持久的州法律使得地方政府难以适应并做出符合当地喜好的决定。

当预算编制流程变得极端时，各级政府都有产生反向变化的压力。因此，在印第安纳州，随着时间的推移，州规定的预算流程逐渐开始尊重地方的优先事项。有时钟摆似乎来回摆动，当强势市长制被市议会—政务市长制替代后，有时会被更为强势的市长制再次替换。在国家层级，如果总统从国会那里获得了太多政策控制权，国会就会收回部分权力。当预算编制流程未能实现本该发挥的强项时，比如《葛兰—路德门—霍林斯法案》未能实现预算平衡，圣地亚哥的市议会—政务市长制未能提供健全的财务管理时，就可能导致变化。

虽然这一程序的变化几乎总是以期望其能解决某些公共问题为基础，但实际上很难区分旨在增强个人和派别权力的变化和旨在解决特定公共政策问题的变化。公民似乎无法区分赋予民选官员更多的权力和改变长期结构的差别。那些推动增强权力的政治家们似乎往往会靠着自己的声望来使公民投票通过宪章修正案。

随着时间的推移，流程的变化可以想象为钟摆在两极间摆动，但现实情况是，钟摆在有些地方停滞不动。有几个因素导致了这种黏性，减缓了预算权力的再平衡以及预算流程的重新调整。其中一方面是结构僵化的宪法、宪章和法律，另一方面是高度不平衡的权力。那些在预算编制流程中真正无能为力的人很难改变现状，因为有权的人不可能轻易放弃权力，强势的州长们往往拒绝议会关于削弱他们权力的改革提案。这些黏性阻止了正式变化，并滋生了不同的非正式程序，显得有些功能失调。非正式程序通常会逐年变化，而且往往是闭门进行的。

虽然理想状态可能是获得某种均衡态势，也就是能避免极端、能平衡各种合法利益相关者声音的预算编制流程，但有时均衡是无法实现的。预算可能被搁置，结果就对项目经理和那些依赖政府支出的人产生混乱。财政纪律可能会涣散，导致支出远超收入，为子孙后代积累债务，限制了集体解决问题的能力。每年都可能浪费很多时间在流程上斗争，而不是用于解决优先事项。简而言之，预算编制流程可能恶化为躲在门后的临时谈判，导致关键数字和后果无法被公共获知。这些失败的片段，让我们更能看清楚在相对中立的规则中建立共识、明智地分享预算权力的重要性，只有这样，才能将绕过流程或脱轨的情况降到最低。

相关网站

想要了解关于国会预算编制流程的口述历史，参见参议院口述历史项目网站（Senate Oral History Project Website）里 G. 威廉·霍格兰（G. William Hoagland）的口述历史采访（www. senate. gov/artandhistory/history/resources/
147 pdf/OralHistory_HoaglandBill. pdf）。霍格兰担任参议院预算委员会的主任职务多年，于 2006 年和 2007 接受了采访，在 2011 年又进行了一次口述历史访谈，其中详细叙述了国会预算编制流程的非正式演变过程（http://digi-talassets. lib. berkeley. edu/roho/ucb/text/hoagland_william. pdf）。这个口述历史是为加利福尼亚大学伯克利分校的班克罗夫特图书馆做的一个特别项目的系列采访："杀死债务龙：20 世纪 70 年代到现在的财政政治和政策"而进行的，该项目是沃尔特·肖伦斯坦（Walter Shorenstein）在政治、政策和价值方面的项目。除了霍格兰外，还有许多其他访谈内容。

政府出版社（The Government Printing Office）网站可以方便地查找参议院拨款委员会 2008 年大事记（www. gpo. gov/fdsys/pkg/CDOC – 110sdocl4/pdf/CDOC – l10sdocl4. pdf）以及参议院预算委员会 2006 年大事记（www. gpo. gov/fdsys/pkg/CDOC – l10sdocl4/pdf/CDOC – 110sdocl4. pdf）。

关于联邦和州政府安排给地方政府的强制支出项目，请参阅弗吉尼亚州国家和联邦对地方政府强制支出项目清单（http://www. dhcd. virginia. gov/index. php/commission – on – local – government/reports. html#Catalog – – Man-dates – Local – Gov），来自弗吉尼亚联邦住房和社区发展部的地方政府委员会。这份报告长达几百页，给出了项目数量的概念。每个项目均提供了相关信息，并包含新项目所产生的财政影响。截至 2015 年 7 月，该报告每年发表一次，目前网站上发布的是从 2009 年至 2014 年的报告，包含其间新增项目及已删除项目的信息。

州政府委员会（The Council of State Government，CSG）每年出版一卷《美国之书》（*The Book of The States*），书中的表 4.4 列出了各州州长的预算权力。在网站的知识中心可以找到 2014 年及更早版本的链接（http：//knowledgecenter. csg. org/kc/category/content - type/content - type/content - type/book0states）。由于前几年的卷内也包含类似表格，尽管 CSG 并没有进行每年调查，但依然可以据此进行历史跟踪。

马里兰州公共工程委员会的会议纪要副本中包含州长提出的年中预算削减要求，可以在 http：//bpw. maryland. gov/Pages/meetingDocuments_year. as-px 查阅。

在佛罗里达州，佛罗里达频道（Florida Channel）发布了新闻发布会的视频，其中包括两院拨款委员会主席等重要的议会预算领导人，以及两院调和不同预算法案的电话会议的视频，这个档案中，税务委员会主席也在其中。这些原始数据能让观者身临其境，并针对议会正在处理的预算问题提出相关建议（http：//thefloridachannel. org/programs/state - budget - process/）。

第五章
支出：策略、结构和环境

　　支出的政治就是选择的政治。财政收入从来不能满足对预算的全部需求，所以政府设立了正式的，有时是非正式的流程来编制预算，对预算需求分类、排序、反复修改，并批准由此产生的预算计划。如果财政支出有严格的上限，那些优先级次较低的预算提案就会被大幅削减甚至完全剔除。赌注越高，竞争越激烈，相应的政治博弈往往就越活跃。

　　谁得到了什么，谁赢了谁输了，都不仅仅与谁能最好地利用公共资金（亦即策略）相关，同时还取决于项目的结构和环境的变化，后者能使某些预算需求比其他项目更为迫切，有时甚至能超越预算本身。输赢也会受到某个党派当政及其施政纲领的影响。决策过程、项目结构，甚至之前的债务水平，均可能建立或锁定某些优先级次，这些优先级次形成一个保护伞，不用每年或每两年重新对其进行协商，因此迫使其他事项只能就剩余的钱展开更激烈的竞争。这类决策有些是长期的，有些是短期的。我们这种形成了"政府间关系"的联邦政府，合作性与竞争性并存，通过补贴、借款、强制支出，以及联邦政府与州政府共同运行的合作项目，就算不能说决定，至少也影响了某些预算。法院在预算支出中扮演的角色也是间歇性的，与在收入和预算流程中一样。

策略

　　尽管好的策略不足以保证期望的结果，但项目的倡导者总是会努力为部

门或项目筹资做出最好的设计。以下是常用的、通常（尽管并不总是）被
证明为有效的一些策略：

149

1. 取悦政客。部门负责人会在预算申请中放入民选官员的政策偏好或
"拍马屁"项目来争取支持。政府各局长或部门负责人经常在预算申请中描
述他们的预算提案将如何解决行政长官或议员们的目标，比如增加食品安
全、减少儿童死亡，或降低账单上的错误率。在地方层级，部门负责人经常
翻阅议会的记录，寻找立法分支认为重要的事情，然后将这些事情列入他们
的预算申请中。如果使用绩效预算，议员们、行政分支，有时还包括社会公
众的代表，会为各部门和各项目制定目标，而这些目标则会在预算申请中反
映出来。

行政部门取悦议员们的努力，有时可能导致从成本或效率的技术层面看
并不合理的选择。联邦政府每年在政府采购上支出巨大，这些政府采购合同
通常会签给美国本土的公司，而这些公司又往往位于某国会议员的选区。把
合同或分包合同给特定议员所在选区的公司，有助于获得该议员对项目的支
持。议员有时会通过拨款法案的专项拨款或其他手段来奖励竞选活动的赞助
商（要了解这是如何运作的，请参看下文小案例）。如果无视这种专项拨
款，就将面临失去议员支持该预算申请的风险。

150

小案例：17 000 美元的滴盘

国防部购买异常高价的日用商品隔三差五地就会遭到曝光，如单价
800 美元的马桶盖，因而经常被批评财务控制薄弱以及政府采购低效，
但问题的根源可能在其他方面。想想他们购买的黑鹰直升机传动液滴盘
单价为 17 000 美元，而另一家公司的同类竞争性产品报价仅为 2500 美
元。实际情况是众议院拨款委员会的主席，来自肯塔基州的众议员哈罗
德·罗杰斯（Harold Rogers），在 2009 年的法案中将这一采购事项写入
了专项资金。提供产品的这家公司不仅位于罗杰斯所在的选区，其公司
总裁还经常向罗杰斯的政治连任委员会捐款。罗杰斯在 2000—2012 年间
为这家公司提供了超过 1700 万美元的业务。国防部显然不想因为选择了

一个更具成本效益的方案而得罪众议院拨款委员会的主席。

资料来源: Eric Lichtblau, "Earmark Puts $17 000 Pans on Army Craft," *New York Times*, May 18 2012, www. nytimes. com/2012/05/19/us/politics/behind – armys – 17000 – drip – pan – harold – rogerss – earmark. html? _r = 1.

2. 建立地域联盟。申请项目资金时, 行政部门试图证明该项目会使众人受益。如果这一点无法做到, 他们可能会通过扩展多个小项目或在多个地区安装设施的手段, 来赢得身处不同州的多个议员的支持, 建立足够大的联盟以通过预算法案。

有一种声称项目能造福所有人的方法, 即将其描述为具有所谓的"积极溢出效应", 也就是说该项目能间接给其他人带来好处。公共交通的支持者常常说, 除了乘客之外, 还有许多人受益于公共交通, 例如, 道路不再拥堵, 司机就会获益; 而减少驾车就能减少对进口石油的依赖, 进而为整个经济带来好处; 此外, 公共交通有助于减少污染, 这对整个服务业都有益。

即使想象力再丰富, 项目的倡导者也并非全都能在间接利益上做文章, 但他们可以将项目的直接利益稍微分散一点。建立地域联盟的方法之一就是, 将钱花在国防合同上, 项目则建在多个州内进行管理, 并提供数千个就业机会。主承包商通常会将部分工作分包出去, 从而获得更多参议员和众议员的支持。这种联盟的力量在于, 有时即便国防部由于某个项目既低效又昂贵而退缩, 国会还是会让它继续运作。其结果有时被称为僵尸项目, 即既杀不死又没有真正存活并发挥作用的项目。一个最近的例子是为陆军建造的用于探测巡航导弹的高科技飞艇, 到 2015 年, 该计划已经运作了 17 年, 花费 27 亿美元, 但其实根本没用。巨大的白色飞艇很容易受到风暴的袭击, 在任何战事下几乎都只能坐以待毙。飞艇的计算机程序到现在还无法正常运行, 在常规性能测试中也未能通过。然而, 这个项目依然存在 (挺立着?), 因为该项目支撑着马里兰州、加利福尼亚州、得克萨斯州、弗吉尼亚州、北卡罗来纳州、马萨诸塞州、俄勒冈州、亚拉巴马州、新墨西哥州和犹他州的就业机会。[1]

由于议员们在自己的选区投入了大量的基础设施和工人，因此关闭一个邮局、一个军事基地或一个政府办公室都是危险的。为了尽量减少受波及地区议员们的愤怒，最后由总统任命并经参议院批准的一个独立委员会出面才关闭了军事基地。随着 2005 年最后一轮军事基地关闭，政府还投入了大量资金帮助修复所在社区的经济损失。

151

部分由于军队裁员，国防部拥有了额外的资金（估计占国防部资产的20%），此外还为了保留下被扣押的资金（即 2011 年强制进行的全面削减），国防部请求国会重新召集基地恢复和关闭委员会（Base Realignment and Closure Commission），但议员们并不赞同这一提议，他们担心对自己选区经济的影响，而且也注意到前几轮的关闭是多么昂贵。[2] 因此，国防部的这一资金留存战略很快就会从台面上消失。

3. 通过添加选区来建立更广泛的联盟。扩张项目让更多人在更多地方受益，这并非所有项目均能采用的策略，但通常可以再增加一个服务于不同选区的，或证明能支持某政策目标或成就的项目，就能吸引另外一些议员们，以此扩大潜在的支持联盟。其中一个众所周知的此类搭配的例子就发生在农业部，这个项目既为农民和牧场主服务，也为穷人提供粮食方案，同时还能保证公众的粮食安全，因此同时得到了乡村和城市地区议员们的支持。还有一个例子和交通运输有关，该项目同时包括公路和公共交通，既服务于偏远农村又服务于城市。这类搭配往往问题不少，有时甚至相互矛盾，比如食品安全可能要求增加成本或加强监管，而农民往往反对这么做；公路和公共交通的支持者们也经常互相打得不可开交。然而，采用这种方法，这些奇怪的同床异梦者却均能从同一张床铺中受益。

4. 证明有效性和效率。那些曾因效率低下而受到批评，或难以证明其有效性的政府部门，有时会利用权威机构来做绩效评估，然后以此作为预算申请的理由，以表明他们的工作做得不错。如果各部门能证明其在实现国会支持的目标方面的有效性，也许就能抵抗住预算削减。

随着 2010 年更新的《政府绩效与结果法案》通过，有些政府部门的业绩证明变得容易一点了。批评人士认为，国会并没有使用自己所要求的绩效指标，但更有可能的是，它使用的是其他来源的信息，这些信息也可能并不连续。行政分支有时也会要求并使用绩效数据。2012 年，各政府部门准备提交根据《预算控制法案》的要求削减过的预算提案时，行政分支的管理和预算办公室主任敦促各部门在确定预算需求的优先次序时提供证据及绩效评价。[3]

5. 将项目与（接近）无限价值的目标联系起来。具有无限或接近无限价值的项目包括国家安全、经济发展、创造就业，拯救生命也属于此类。使用这种策略能成功的管理者就不需要证明项目的效率甚至有效性。

在急于削减养老金的州，那些希望保住养老金的雇员们申辩说，退休人员对当地经济有着重大影响，因此削减养老金对当地经济不利。而要求增加救护车的消防人员也指出，心脏病发作后的每一刻都会降低生存的机会，而急救人员还可以救回心脏停跳之人。用这样的方式，他们将其预算需求与具有无限价值的目标联系了起来（关于该策略如何成功运用，请参阅下面的小案例：国土安全——与具有无限价值的目标绑定的项目；而该策略运用失败的示例，则请参见后面的小案例：美国国铁公司列车失事）。

小案例：国土安全——与具有无限价值的目标绑定的项目

如果一个部门能证明其正努力实现的目标是如此宝贵，拥有无上的价值，那么它就可以自行其是，而无须判断或评估项目目标是否真正实现或支出是否具有成本效益性。一个近期例子就是 2001 年 9 月 11 日遭受恐怖袭击后的国土安全部。[1]

就像国家安全委员会首席反恐顾问理查德·克拉克（Richard Clarke）所说的，"我们一去国会，他们就说，'需要什么，尽管说。'直接给开空白支票。"[2] 给国土安全部的预算拨款也被称为"没有标价的糖果店"。[3]

从 2001 年到 2013 年，预算增加了三倍以上，如果继续以这种速度增长，预算肯定是不可持续的。但 2006 年支出达到峰值 690 亿美元，随后有所下降，小幅震荡后目前稳定在每年 450 亿美元左右（见图 5.1）。

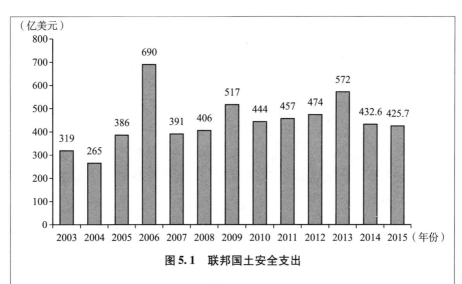

图5.1 联邦国土安全支出

---

1 Anita Dancs, "Homeland Security Spending Since 9/11," June 13, 2011, http://costsof-war.org/sites/default/files/articles/23/attachments/Dancs%20Homeland%20Security.pdf.

2 Quoted in Public Broadcasting Service, "Frontline: Are We Safer?" www.pbs.org/wgbh/pages/frontline/are-we-safer/etc/transcript.html.

3 Anthony Cordesman, Center for Strategic and International Studies; ibid.

资料来源：U.S. Office of Management and Budget, "Budget of the U.S. Government: Historical Tables", Table 4.1. F.Y. 2017. Department of Homeland Security.

小案例：美国国铁公司列车失事

有时在灾难发生后再声称多花钱能挽救生命也是行不通的。如果特定支出方案的反对者拖延足够长的时间，使大家对事故的记忆消退，就能破坏对该方案预算的增加。2015年，费城发生了一起重大的美国国铁公司列车失事事故，造成人员伤亡，事故发生在一段缺乏安全功能（即"列车控制系统"）的铁轨上，该功能会减慢列车驶入弯道的速度，本可以防范这一事故。这次事故的后续反应之一是民主党提交了交通拨款的修正案，申请8.25亿美元用于美国国铁公司的技术改进。众议院拨款委员会否决了该修正案，还投票将美国国铁公司的预算削减了20%。

当交通拨款提案提交众议院时，一群民主党人采取行动，将"列车控制系统"的支出增加到 7.5 亿美元。但这个提议也失败了，见 182 - 241 号决议。[1] 反对者认为，削减支出是必须的，因为所有支出均不能超出 2011 年的上限，何况事故原因也不能确知。[2] 完成对事故原因的调查并将结果公之于众，大约是 18 个月之后的事了，此时事故的紧迫感早已过去。一些人认为，火车事故造成的生命损失可以忽略，这笔钱应该用于其他方面的安全措施改善，如乘客地下通道，这能防止乘客在上下火车时横穿铁轨。政客游说公司"顶点公司"用政治术语解释了不愿为美国国铁公司提供资金的原因：该公司的主要路线在东北部，这些地区民主党选区的乘客比共和党选区的乘客多。因此美国国铁公司的预算缺乏共和党的支持。[3]

本案例并不是要讨论谁对谁错，而是想要说明在事故发生后才采取行动所面临的压力，以及为防止事件再次发生而采取的行动反应迟缓甚至偏离的情况。

---

1   Keith Laing, "House Dems Seek to Boost Funding for Automated Trains," *The Hill*, May, 19, 2015, http：//thehill. com/policy/transportation/242556 - house - dems - seek - to - boost - funding - for - automated - trains.

2   Heather Caygle, "House Panel Votes to Cut Amtrak Budget Hours After Deadly Crash," *Politico*, May 13, 2015, http：//www. politico. com/story/2015/05/amtrak - budget - house - panel - crash - 117904. html.

3   *The Washington Report*, May 15, 2015, http：//capstonenationalpartners. com/the - washington - report - may - 15 - 2015/.

2007 年明尼阿波利斯的一座大桥倒塌后，利用灾难来刺激人们支持支出提案的策略也失败了。美国主要的公路由联邦政府补贴支持，但资金分配的公式表明，不管需要与否，各州均获得 25% 的资金，导致需求更紧急的各州资金相对不足。分配公式反映了为获得足够的国会支持通过该法案，而广泛扩大地域利益的政治需求。

但在明尼阿波利斯的案例中，在桥梁倒塌和联邦政府应对桥梁维修资金短缺这一普遍问题的能力不足背后，还有另外一个根本的原因，即各州收到的资金并没有用于桥梁维护和维修。许多州的议员们更愿意把联邦政府补贴的钱花在新建或扩建道路，而不是修缮桥梁上，因为那些对竞选有贡献的开发商想要新项目。在桥梁倒塌前三年，明尼苏达州的议员们已经挪用了50%的桥梁维修资金。[4]

在大桥倒塌造成人员伤亡后，民主党众议员詹姆斯·奥伯斯塔（James Oberstar）主张为全国公路系统的桥梁维修和更换设立专项资金。2008年7月，奥伯斯塔的提案在众议院以很大的优势获得通过，参议院的一个委员会也通过了，但却止步于此。后来，2012年以Pub. L. 112－141号立法取消了公路桥梁项目，允许各州在新的公路项目和桥梁维修之间作出进一步选择。这一转变反映了全国各州正在作出的政治选择。此外，对包括交通项目在内的专项拨款的禁令，使无法获得全国性支持的那些特定的、地理范围有限的项目更难获得资金。

6. 使项目看起来便宜或免费。反对支出提案的人经常声称项目成本过高或需要增加税收，而这在政治上是行不通的。但如果成本不高或看似免费，项目申请者就能更容易地获得批准。因此，一个预算策略是通过低估成本或将成本分摊到几年的时间里，使项目看起来便宜。贷款项目，因为看起来是或几乎是免费的，就比补贴项目更容易获批，显然，补贴项目要花政府的钱。那些希望缩减某一项目或削减其预算的人，往往尽力使其隐形的支出更加明显，或以各种方式夸大费用，例如，在预算中报告多年的而非一年的支出。这种策略的结果是营造一种成本估计的政治，在这种政治中，倡导者和反对者就成本估计数相互争斗。在成本估计中，民选官员需要中立的分析家（见后面的小案例：国会预算办公室和成本评估）。

最近发生的一个看上去既不会导致增税，又可以增加支出的奇思妙想发生在印第安纳州。州长迈克·彭斯（Mike Pence）连续四年一直提议一个花费10亿美元的公路项目，保证该项目无须任何税收增加。该项目的资金将通过抽取储备金和借款来解决，储备金是平时划拨用于经济衰退时期缓和支出削减的专门账户。但州长并没有说明要如何还贷和重建储备金。

有时候，通过改变会计和报告规则可以使预算项目看起来更加便宜。教育贷款及贷款担保提供了这方面的例证（见后面的小案例：大学直接贷款

与贷款担保的预算后果）。在大学贷款的例子中，对项目结构的选择能影响
该项目看上去的成本和实际的成本，以及在不同申请群体中利益的分配。项
目结构还会影响到项目腐败的可能性。

小案例：国会预算办公室和成本评估

在预算中，"scoring" 这个词指的是根据一系列规则评估所提议项目
的成本。在国家层面，国会预算办公室负责这一工作，然后向议员们报
告相关提案大致的成本影响，及其是否符合现有规定的成本要求。在州
一级，州立法分支的预算办公室，假设有这么一个办公室的话，通常负
责所谓的"财政提示"，即在提案后附上提示纸条，说明该项目的成本
或收入影响。

考虑到在预算策略中夸大或减少成本的重要性，成本评估和财政提
示在预算中的重要性不言而喻。立法分支的预算办公室能准确地定位政
治要求，或砍掉或支持新项目或扩张项目，并规定支出上限。而要能成
功，立法分支的预算办公室必须有中立仲裁者的名声，不能因为政党联
盟或政策偏好来扭曲规则。

国会的预算办公室赢得了非党派倾向的声誉，因此，在某些重大政
策决策中，成为了关键角色。在克林顿政府期间，总统关于医疗改革的
提议失败，很大程度上是因为国会预算办公室将政府加给私营部门的成
本看作政府成本，即便它们对联邦支出并没有直接影响，结果依然使项
目看上去非常昂贵。最近，奥巴马政府推动医疗改革，尽管有相当多来
自公众和预算工作人员的质疑，国会预算办公室却认为改革方案如同总
统声称的一样，将有助于平衡预算。如果国会预算办公室不这么裁定，
很难相信这一争议巨大的提案会获得通过。

2015 年，国会规定预算办公室采用新的成本评估规则，即"动态
评估"，要求不仅要估计预算提案的直接成本，而且要估计其对经济的
长期影响。但此类估计的方法十分粗糙，目前还存在放大对经济积极
影响的广泛的政治压力。国会预算办公室能否保持其对预算提案公正

评价的声誉还有待观察。

关于国会预算办公室及其在医改法案中的作用，可参阅菲利普·乔伊斯（Philip Joyce）所写的《国会预算办公室：诚实的数字、权力、政策制定》（华盛顿特区，乔治城大学报，2011）。

结构

尽管策略很重要，但它远不是决定输赢的唯一因素。项目的结构也很重要，项目结构的一个主要区别是自主性项目还是强制性项目，另一个区别则是与项目隔离的强度，即项目是否有专项收入来源或转出资金是否容易有关。任何项目所面临的预算编制流程、成本的可预测性和可控性，以及竞争程度，均取决于项目结构。

下面两个案例说明结构对支出的不同影响。第一个是联邦大学贷款项目，项目结构影响了项目的可见成本；第二个案例是关于移民执法的预算编制，该案例表明了环境的开放性对支出产生的不确定性影响，并描述了当某个部门控制了另一部门的服务需求时对预算产生的影响。

小案例：大学直接贷款与贷款担保的预算后果

联邦政府多年来向学生提供贷款或贷款担保，以帮助学生支付大学或研究生期间的学费。其目的是向没有收入来源或无资产可抵押因而无法支付银行高额利息的学生提供直接贷款。来自联邦政府的直接贷款看上去成本很低，直到 1990 年信用改革之后，其真实成本才更加透明，且在贷款发放当年就可以了解全部成本。如果预先将总成本分配到贷款期间，得出的结论是政府直接贷款比通过私营银行贷款同时政府提供担保成本要高。在贷款担保项目中，银行借钱给学生，如果学生将来无法还贷，政府承诺偿还，以降低借款者的风险。由于是零风险，私人银行愿意用比普通无担保贷款低得多的利率贷款给学生。但实际情况是，通过以营利为目的的私人银行运作这一复杂项目，对政府而言，其成本比直

158

接贷款更高。结果到了 1993 年，联邦政府签署了一个历史性协议来恢复预算平衡，其中有一条规定，要求逐步采用直接贷款项目，一直到直接贷款与政府贷款担保的比率达到 60% 为止。

1994 年共和党人控制了国会两院。新的共和党领导提出终止直接贷款项目，更倾向于通过私营银行运作，允许银行无风险地提供贷款并从中获利。但多数学校更喜欢简单的直接贷款项目。结果是折中安排，即禁止教育部门鼓励或强制直接贷款项目，同时允许私营银行公开参与竞争。私营银行努力的结果是业务向贷款担保转移，赢回了贷款业务，但同时也产生了一系列丑闻，这些丑闻在 2007 年曝光，包括银行贿赂校方以操纵学生办理私人贷款业务，这些贿赂增加了学生贷款的成本。这一系列丑闻产生了要求公开提供直接贷款的压力。

2008 年及 2009 年，经济环境发生了变化。2008 年房地产市场低落，银行无钱可贷，选择退出学生贷款担保项目。危机关头，联邦政府设立了一个临时项目收购私营银行的教育贷款，帮助银行建立能够再贷款的资金池。最后，在政府很紧的预算中，直接贷款由于比贷款担保项目成本低而胜出，到了 2010 年，贷款担保项目被终止。

在这个例子中，对项目成本或高或低的描述影响了是由私营银行操作同时由政府提供担保还是政府直接贷款的不同选择。另一影响因素是 2004 年不同党派和理念之间的政治论战（左翼支持政府直接贷款项目，右翼支持私营银行运作的贷款担保项目）。2008 年以来，经济环境的变化导致银行能贷款的数额减少，联邦政府赤字不断增长，也迫使政府不得不选择更具成本效益的项目。新闻媒体揭露的贷款担保业务竞争中的丑闻，对私营银行贷款担保项目失去光彩也起到了推波助澜的作用。

资料来源：New America Foundation, "Federal Student Loan Programs History," http://febp. newamerica. net/background - analysis/federal - student - loan - programs - history; Associated Press, "College Loan Program 'Like Peeling an Onion,'" April 10, 2007, MSNBC, www. msnbc. msn. com/id/18040824/ns/business - personal_finance/t/college - loan - scandal - peeling - onion/#. UAxX25HYF6E.

自主性项目和强制性项目

各级政府支出结构的主要区别是官员对支出所拥有的酌情处理权的程度。在所谓的自主性项目中，官员们可以选择（控制）支出的水平，只要保持在总体收入约束之内，可以在这里增加一些在那里减少一些。在自主性项目中，竞争程度通常很高：公路项目与公共交通彼此竞争，基础建设的资本性支出与薪酬福利的运营性支出竞争，或地方警局的通讯项目与反毒品项目竞争。自主性项目包括一些直接提供的服务，如地方层级的警察与消防、部分补贴项目、很多贷款项目。甚至那些可扩充项目，如移民执法的支出也可能被控制、削减或设定上限，虽然结果可能会导致法官们工作量增加。相比之下，对于强制性项目，预算工作人员们的酌情处理权更少，支出可能是自动的，基于需求、合约或公式。强制性项目包括债务偿还和应享权益项目，如医疗补助和医疗保险。还包括一些州对地方政府的支出。强制性项目竞争水平较低，它们通常排序优先，而自主性项目则需要竞争可支配收入的剩余部分。

自主性项目：直接服务、补贴和贷款

在预算编制期间，某些项目的成本比其他项目的成本可能更易控制。预算工作者计算出某项目在一个财政年度（或两年）可能花费多少，然后将部分或全部资金分配进去。项目管理者则保证支出在约束之内。如果学校拿到的预算比预期值低，学校就可能降低服务水平，如减少员工、增加班级规模、减少如语言或音乐等课程，或推迟必要的建筑维修项目。直接服务、部分补贴项目、贷款以及贷款担保项目都属于可控的，也就是更具自主性的项目。

160

直接服务。在国家层面，提供直接服务的一个范例就是国防部，国防部雇佣军人、购买飞机和武器、发动战争；在州一级，高速公路、法院和监狱都属于直接服务的内容；在地方层级，公立学校、街道清洁和养护、供水和下水道服务、消防及警务也都是直接服务项目。直接服务项目不仅要拿出钱来，而且还要实际做事，如扑灭火灾、拘捕罪犯，或驾驶战斗机投掷炸弹。

直接服务项目的成本通常可以提前合理估计，但它们也会受到环境的影响。例如北部地区的除雪预算就很难精确，因为每年降雪的时间及雪量都无法预计；边境的守卫成本取决于想要非法越境的人数；而拘留中心的成本则取决于多少人被捕（见下面的小案例：可扩充的自主性项目——移民执法）。很多支出是基于需求而发生的，如火警或为无家可归者提供庇护所。要应对这些不确定性，预算工作人员可能必须高估支出，或留下部分应急基金，或每年将资金余额存下来用于如大雪或严寒或中东战争引发的难民潮等意外情况。否则他们可能不得不想别的办法将现有资源延展使用，如要求加班、增加工作量或采用新技术。

小案例：可扩充的自主性项目——移民执法

移民执法的预算编制，包括边境巡逻、拘留所和司法程序等内容，非常复杂，难以预测。与其他一些项目类似，移民执法项目是可扩充、受需求驱动的，部分取决于试图越境的非法移民数量，这一数量会随着原住国和美国的经济情况变化而不同，还和政策相关，因为不同时点的执法水平和类型会影响关在拘留所的潜在移民数量、移民听证会举行的次数，以及起诉犯罪行为的次数。这涉及行政分支的两个部门：国土安全部负责执行，包括边境巡逻、抓捕越境者以及不时将其拘留；而司法部则负责举行行政听证会和犯罪审判。国土安全部的决策会影响到司法部需要处理的人数，但这两个部门间的沟通和协调通常不够充分，不论是在政策还是预算申请方面均如此。政府工作人员在无法跟上需求变化的预算范围内，努力调整着不断变化的工作量，他们有时会提高工作速度，或采用技术解决方案，如让法官远程听取案情，或将四五个越境者合并到一个审判程序中。

移民控制的预算编制很困难，不仅因为在任何时点，被抓住的非法移民数量无法预测，还有项目结构的原因。在某种程度上，除了国土安全部及司法部，国土安全部内部还有三个机构参与抓捕违法人员的工作，这些机构预算独立，有着不同的预算优先次序，彼此属于不同的拨款小组委员会，决策时彼此很少互相参考。

结果是待遇参差。法院有时工作负担过重，导致案件长期积压，未能在认真研究后判决。有时也会未经审判就简单地将某人驱逐出境，由于法官短缺，那些获得了审判的人，也需要等待很长时间。据《华盛顿邮报》2013 年披露，移民人均需要花 550 天才能等到自己案子的判决，在加利福尼亚州，这一时间长达 660 天。在这期间，有些人会被拘留一段时间，2013 年预计每人每天的拘留成本为 122 美元。

这个项目的结构，加上其可扩充性及不可预测性，加上两个共担却无法协作的行政部门，导致了预算不足，以及无法保持一贯性的判决，有些判决甚至被认为是不公正的。

资料来源：Suzy Khimm, "Many Immigrants Facing Deportation Must Wait 550 Days for Their Day in Court," *Washington Post*, February 22, 2013, http：//www. washingtonpost. com/news/wonkblog/wp/2013/02/22/many－immigrants－facing－deportation－must－wait－550－days－for－their－day－in－court/; Steven Redburn, Peter Reuter, and Malay Majmundar, *Budgeting for Immigration Enforcement：A Path to Better Performance* (Washington, DC：National Academies Press, 2011).

补贴项目。 政府间补贴是指较高层级的政府给予较低层级的政府，或政府给予非营利组织的货币奖励。补贴接受方对于如何花费或多或少有酌情处理权。有的补贴对如何花费有非常具体的说明，就像只能换一双鞋的礼品卡，有的则相对宽泛，接收方可以购买任意相关货物。用途宽泛（或锁定）162 的补贴可能被用于公共安全提升、街道改善或任何范围的社会服务。

补贴总额可能会设置上限，成本也可以预测。很多补贴是可以酌情处理的，能提前估计，如果给予补贴的政府觉得需要，也可能减少；而有些补贴则可扩充，带有自动的特征，如根据公式计算得出；有些补贴有强制支出的特征，如加利福尼亚州宪法就要求弥补地方开发区拿走的学区收入缺口。

补贴可能附带条件，如要求配套资金或要求保持以前的支出水平，这样补贴才真正增加了目标项目的支出。有时补贴还会包括一些无关的强制支出要求，如要求各州规定 21 岁为法定最低饮酒年龄，不遵守这一要求就可能引起补贴金额减少。

政府间补贴项目的目的是鼓励特定的活动。官员们很愿意投身于能获得很多补贴的活动，即便这些活动不是州或地方政府最优先的项目，因为有了补贴，这些活动看上去或便宜或免费，无须当地居民从税收中支付。

补贴是联邦政府让州政府执行联邦政策强制支出项目的途径，他们为鼓励州政府投入特定活动或提高服务水平提供刺激。在联邦政府命令各州政府执行政策的权力有限的情况下，这一工具对联邦系统十分重要。但补贴体系也有弱点，即补贴金额与政策性强制支出项目的成本未必匹配，导致了资金不足或无资金支持的强制支出项目。州或地方政府可能会被要求实施某项特殊政策，却没有给他们足够的资金。

贷款。各级政府，包括联邦、州和地方政府都可能以低于市场利率提供贷款。联邦政府的贷款帮助企业从灾难中复苏、帮助各州应对高失业率，或如之前所言，帮助学生缴纳大学学费，此外还能帮助退伍军人购房。与直接补贴相比，此类项目看上去成本很低，因为若非违约，贷款通常能连带充足的利息偿还。对这类项目而言，相对低廉就是优势。然而尽管首笔贷款很容易确定并控制，但如果违约率高于预期，资金也可能用尽。

强制性项目

163

强制性项目是指政府必须或已同意支付的项目，此时支出是自动的。通常是过去的承诺需要当前进行支付，包括应享权益、债务偿还、贷款担保和养老金。法院决议也属此类。强制性项目的特征是预算工作者无法直接控制任何一个给定年度的支出金额，实际发生多少，就必须支付多少。未来的成本可以通过改变项目设计或减少借款而增减，但当前年度的成本已经确定。这就好比你为去年或十年前所买的服务或货物付款，通常没有第二次机会来取消购买或讨价还价。强制性项目的第二个特征是成本通常很难预测。

应享权益。应享权益是可扩充的，总支出不能提前确定。符合特定标准的每个个人、企业或政府单位都"应享"，即能依法申请预定水平的权益。任意年度的实际成本就是该权益的汇总结果，通常无法预知，申请者的数量通常也无法提前知道。要控制未来的成本，只能或减少权益的规模，或提高资格要求来减少符合的个人、企业或政府单位的数量。应享权益的成本有时被称为不可控成本，这其实是误导，因为并不是真的不可控，只是需要通过不同的立法或对项目特征重新设计来控制，而无法直接设置支出上限来控制罢了。

即使重新对项目进行设计，应享权益仍然会受到环境的影响，因为某预算周期的实际成本取决于申请权益者的数量。因此，应享权益比自主性项目较少确定性，如果没有削减权益或减少申请人的政治意愿，应享权益的成本就可能完全失控。

与自主性项目相比，应享权益不仅可预测性较低，在预算中的灵活度也较小，因为其对预算的要求优先于自主性项目，从结构上讲，后者更容易被突然削减。对预算工作者来说，应享权益最突出的问题在于经济衰退期间，相应预算收入开始下降，而申请人数却开始攀升。此时，应享权益可能导致赤字或削减自主性项目。

债务偿还。政府会因多种原因举债，而债务和利息则必须按时偿还。偿 164
还债务在预算中往往是第一位的。在州和地方一级，可能会在利率低时借款，用其收益来偿还较高利率的借款，以此减轻债务负担。债务有时可能持续多年，用新的长期借款来替代老的短期借款，以此降低年度偿还额，尽管债务总额或利率并没有减少。除了这些例外事项，债务非常僵化，它锁定了未来的支出，同时意味着锁定了过去的优先权。如果你借款支付某项目，那么下一届政府即使想将这些钱用在别的地方，也不得不为这个项目继续支出。

拒不履行公共债务很罕见。国家政府不可能宣布破产，通常来说，州政府也不大可能，因为，要符合破产条件，州政府需要证明自己完全无法征税来支付账单。有些州允许其下辖地方政府宣布破产，地方政府受州政府控制，可能确实处于无法征税的状态。在联邦法律下，州政府有关是否允许地方政府宣布破产的决策中，一个关键考量是破产后将不用偿付地方政府的债权人。在破产过程中，包括银行或债券持有者在内的所有债权人都可能主动出击。当州政府介入接管地方财政时，在取消或重新谈判劳务合同、削减养老金、出售资产或深层削减服务方面就有了更大的酌情处理权。接管了地方财政的州政府，可以决定削减员工工资同时全额偿还债券持有者，或者正好相反。

养老金和其他退休福利。养老金和其他退休福利，比如健康保险，是对已提供服务的一种延期支付。政府雇员在工作时拿到部分工资，其余的退休后获得。由于政府已经从雇员工作中获得了收益，所以有义务在未来支付剩余部分工资。但当州和地方政府没有在当前预算中单独划出足够的资金以偿付未来权益时，就会导致争议产生。在养老金的固定收益计划中，政府的成本取决于人们退休时多大年纪、他们在怎样的工资水平工作了多长时间、退休人员能活多久以持续领取养老金，以及通货膨胀率。市场崩溃可能会减少政府投资用于支付养老金的资金价值，导致政府需要更多的资金来源。不管成本多少，政府都有义务（强制性）支付养老金，但正如第二章所述，政府很难甚至不可能增税。以增税来支付养老金是很不流行的做法。

165

并非所有人都认同延期补偿具有强制性，很多民选官员想要降低政府欠账、终止退休人员的健康保险、要求员工缴纳更多养老金和健康保险费用，或降低已退休人员的最低生活水平调整额。稍温和一点的做法是，许多政府目前正在重新设计养老金系统，以确保未来能够负担得起。其中一个流行的提议是消除固定收益计划，因为该计划的成本会随投资回报而变化，当经济衰退降低收入时，成本却反而被推高。建议采用替代计划，不管股市如何，也不管退休后能够活多久以及通货膨胀率如何，政府雇员每年需要缴纳固定的金额。从雇员的角度看，这种做法大大减少了福利，让他们充满了巨大的财务不安全感。作为强制性项目，成本可能上升到超出预期或可负担的范围，诱使某些人想要将强制性项目改为自主性项目，这样成本更容易预测、控制和削减。

宪法及法院要求。如果按照宪法或法院指令要求支出，该指令就是强制性的，必须支付。如法院已经裁定一些监狱或看守所过分拥挤，导致非人待遇。宪法也禁止残忍和非同寻常的惩罚，因此政府就有责任在此情况下新建或扩建监狱，或转移部分犯人到其他设施或拘留所，或改变法律让入狱的人数减少。不管预算收入是否能够覆盖成本，政府都可能被要求在某方面强制支出。除了真正的紧急情况，宪法的效力超越一切，由此产生了没有商量余地的强制支出（见后面的小案例：加利福尼亚州和再开发部门的强制性项目）。

小案例：加利福尼亚州和再开发部门的强制性项目

在加利福尼亚州，当地方再开发部门合法地取得部分学区的收入时，州政府有对学校弥补资金损失的责任，对此没有任何"酌情处理"的权力。[1]

1988 年，加利福尼亚州的公民通过了 98 号提案，这是一项州宪法修正案，要求州和地方政府共同维持由公式确定的最低教育经费水平。因此，当地方再开发部门开始严重依赖一种被称为"税收增量融资"（TIF）的融资形式时，允许城市将本该用于学区的收入用于经济发展项目，学区因而失去了这些资金，而州政府必须对此弥补。尽管议会可以以三分之二的票数同意暂缓在当年向学校支付这些款项，但结果是随后几年需要支付更高的款项才能全额补上。这种支出是自动的，无可避免，因为是州宪法的规定。

加利福尼亚州的 13 号提案限制财产税评估，削减了地方收入。地方政府的对策是通过 TIF 融资来扩大税基，所涉资金巨大，且逐年增加。在大衰退时期，加利福尼亚州遭受了沉重打击，财政也陷入了困境。州政府根本无力继续支付由于 TIF 而产生的需要弥补的学区支出，但也不能违宪。州长认为，这笔钱最好直接用于学校，而不是再开发活动，所以他主张取消再开发部门。

州政府给地方政府提供了一个选择，可以保留再开发部门，条件是地方政府自愿保证学区收入的完整，换句话说，由地方政府而非州政府补偿 TIF 导致的学校资金减少部分。法院裁定这一方案非法，因此再开发部门被关闭了。

1 Mac Taylor, "The 2012 – 13 Budget: Unwinding Redevelopment," California Legislative Analyst's Office, February 17, 2012.

近年来，有些州长将法院强制支出视为能以各种方式抵抗的东西。因此，当伊利诺伊州由于共和党州长和民主党议会意见不一导致没有预算时，州长坚持让州政府正式雇员继续工作，领取工资，但却停止向许多为贫困人口服务的非营利组织支付工资。一家为残疾人服务的机构提起诉讼，联邦法院命令该州支付费用，州长却声称缺乏资金，没有支付。华盛顿州持续三年无视法院对学校资金的要求，直到法院对其判处巨额罚款。堪萨斯州与法院就所要求的教育经费平等支出问题纠缠了数年，这项支出在大衰退时期被削减，后来一直没有恢复，此外，法院认为堪萨斯州的教育经费总体不足。冲突的急剧上升可能导致巨额罚款或关闭学校，以及旷日持久且昂贵的法庭争斗。

封闭项目、专项收入

有些项目突破了常规预算，有自己的专项收入或能筹集到专属的、不基于税收的资金，无须与其他项目竞争资金，资金也只能用于指定用途。包括特区、政府赞助的企业以及信托基金。

政府赞助的企业。联邦政府设立了一些由政府赞助的企业，属于半公半私的组织。从私营角度看，这些企业自己创收，由投资者或借款人私人所有，没有征税的权力，其员工也不属于政府雇员。然而，从公共的角度看，他们无须支付联邦或州所得税，且有或明或暗的政府支持。这些企业根据国会法案设立，其责任范围受到政府宪章的制约。他们可以借钱，发出贷款及贷款担保。联邦政府设立此类企业的目的是让信贷市场运转得更为顺畅，但这个奇怪的结构一直问题不断（关于联邦政府赞助的两大企业的戏剧性历史，请参阅下面的小案例：房利美和房地美）。

小案例：房利美和房地美

美国联邦政府有两大由政府赞助的企业，即绰号"房利美"和"房地美"的联邦国家抵押贷款协会以及联邦住房贷款抵押公司。这两个企业的目标是提供更多的抵押贷款。他们从商业贷款人手里购买抵押贷款，这些商业贷款人就无须等待抵押贷款周期结束就能立即收回资金，再立即发出贷款。多年来，这些企业赚到了钱，无须公民纳税支持，但他们有联邦政府的默许和纳税人撑腰，能够以低于市场的利率借款，提高盈利水平。

在 20 世纪 70~80 年代，房利美和房地美开始发行抵押贷款担保证券，也就是说，他们购买抵押贷款，为它们提供保险，将其集中于资金池，再出售该资金池的股份。他们自己在投资组合中也持有部分抵押贷款。

在房地产价格泡沫破灭之前，可变利率抵押贷款变得越来越流行，商业贷款人接纳了越来越多的高风险借款人。房利美和房地美持有的投资组合风险越来越高。此时房地产市场崩溃，丧失抵押品赎回权的比率飙升，投资组合的价值下降。而房利美和房地美必须向抵押贷款担保证券的买家提供担保，此时投资者失去了信心，于是房利美和房地美的股价在一年内暴跌了90%以上。由于害怕资本不足，投资者担心房利美和房地美可能会宣布破产。

2008年9月，政府接管了房利美和房地美。目前由一家联邦监管部门进行商业决策。行政分支的管理和预算办公室继续将这两家公司视为预算外的部门，预计的救助费用为1300亿美元，而国会的预算办公室在2008年后将其视为预算内的政府单位，预计的救助费用飙升至3170亿美元。

到了2012年，房利美和房地美再次盈利。部分民选官员认为他们是"摇钱树"或收入来源，尽管有大量的游说努力，但将这两家企业私有化似乎不太可能成功。目前他们会暂时处于政府的监管之下，不过改革的努力可能会降低再次崩溃的风险。

像房利美和房地美这样的项目，看上去貌似免费，实际上可能远非如此。政府对他们的暗中支持，以及这两个巨头失败对房地产市场和经济的影响，导致联邦政府心甘情愿以巨大的公共成本来拯救这两家准私营组织。

资料来源：Matt Cover, "The True Cost of Fannie, Freddie Bailouts：$317 billion, CBO says," CSNnews. com, June 6, 2011, http：//cnsnews. com/news/article/true - cost - fannie - freddie - bailouts - 317 - billion - cbo - says. See also Congressional Budget Office testimony, *The Budgetary Cost of Fannie Mae and Freddie Mac and Options for the Future Federal Role in the Secondary Mortgage Market*, before the Committee on the Budget U. S. House of Representatives, June 2, 2011, www. cbo. gov/sites/default/files/cbofiles/ftpdocs/122xx/doc12213/06 - 02 - gses_testimony. pdf.

此外请参看：Inspector General, Federal Housing Financing Agency, "The Continued Profitability of Fannie Mae and Freddie Mac Is Not Assured" (white paper report, 2015), https：//origin. www. fhfaoig. gov/Content/Files/WPR - 2015 - 001. pdf.

公有企业。政府赞助的私有企业是联邦政府的特征，而在州和地方政 169府，有时会孕育出完全由政府拥有的企业。在地方层级，以高尔夫球场、电

厂、水厂、机场和污水处理厂较为常见，公共交通也常在此列；在州一级，收费公路和彩票也往往属于公有。这类企业的部分或全部收入来自服务收费，其收入一般局限于支付自己的运营费，尽管有时也会用于补助其他政府职能，有时一般税收也会补助他们。因为此类项目几乎完全与其他公共项目隔绝，彼此的竞争程度通常很低。

以收费或服务费的方式形成收入的项目看起来可能是免费或便宜的，因此能避开其他项目所面临的审查。他们的预算相对安全，因为其服务收入不太可能给予其他项目。然而，如果收费是基于市场，服务也能自由决定，项目经理或许就必须操心多高的收费标准才不会失去客户，这种情况适用于如公共汽车、高尔夫球场和水上公园的项目。但如果收费是针对必需的服务，如供水或下水道服务，那么确定适当的收费标准就可能是一个政治过程，服务质量也会成为公众话题。有些地方政府购买又转售电力，将其利润用于其他服务，以控制不受欢迎的财产税率。

信托基金。政府信托基金很少允许酌情处理权。通过将指定收入来源或税收金额与特定的支出项目挂钩，专项收入只能用于信托基金规定的、合法的已核准用途。

预算分析师们会说，政府里并没有真正的信托基金，因为民选官员可以改变收入来源或支出限制。我们政府所有的是一个类似信托基金的结构，但并非不可侵犯的（见下文关于新泽西州挪用失业保险基金的小案例），只是因为没有更适当的词，才将之称为信托基金。在国家层级，政府信托基金有医疗保险和公路基金，前者通过工资税和退休人员缴纳的保险费支付，后者通过汽油税支付。失业保险是联邦政府和州政府的联合项目，其收入主要来源于对雇主征税，但某些州雇员也缴款，其资金余额也会产生利息收入，这些钱存放于信托基金，用于对失业者提供支持。许多州有交通信托基金。在州及地方层级，养老金也存放于信托基金。

170

小案例：新泽西州挪用失业保险基金

公共信托基金并非不可侵犯的，因为民选官员可以改变这些基金，有时资金不足，有时会将基金的专项收入用于其他目的。为了支付失业保险，新泽西州同时对雇主和雇员征税。据报道，1993—2006 年间，该州将雇员缴纳的部分挪用了 46 亿美元，用于平衡预算以及支付医院慈善护理费。企业害怕这种行为会减少信托基金里的金额，到一定程度一旦经济衰退导致银行破产，会迫使增加企业税来为失业者买单。[1] 在 2009 年的经济衰退期间，该基金的确资金告罄，被迫向联邦政府借款 17.5 亿美元，且到了 2011 年和 2012 年也未能偿还债务，结果是该州一直在拖欠借款利息。在此情况下，企业需要支付的失业保险费的比率也会自动增加。[2]

这一情况不会再次发生，因为 2010 年该州选民以压倒性多数通过了一项宪法修正案，禁止将失业保险计划中的资金转用于其他目的。由于该资金来源被锁定，为了在不增加税收的情况下平衡预算，州长克里斯蒂（Christie）一直积极地挪用其他资金，特别是用于环境清理和清洁能源方面的资金。[3]

---

1 New Jersey Policy Research Organization Foundation, *NJ Unemployment Insurance Trust Fund Diverted Revenues*, *Low Balance Threaten Fund's Health*, 2006, www. njprofoundation. org/pdf/ffd0906. pdf.

2 Stacy Jones, "Threat of Unemployment Tax Hikes Have Employers Seeing Red," NJ. com, January 20, 2013, http: //www. nj. com/business/index. ssf/2013/01/unemployment_tax_fund_has_empl. html.

3 Mark J. Magyar, "Raids on Dedicated Funds Climb under Christie," NJSpotlight, July 8, 2013, http: //www. njspotlight. com/stories/13/07/08/raids – on – dedicated – funds – climb – under – christie/.

信托基金保证或锁定了项目的优先次序和资金，但如果专项收入发生了某些情况，或支出超过信托基金积累的数额，也可能陷入财务困境。正如新泽西的小案例所说明的，有时可疑的甚至激烈竞争的资金挪用，也会耗尽收入。近年来，公路信托基金、医疗保险和失业信托基金这三大联邦信托基金 171 都遇到了财务困难，原因各不相同。州一级的养老基金也在苦苦挣扎，其中许多基金削减了福利水平并改变了资格要求。

公路信托基金遇到困难有几个原因。首先，对其有意地支出不足造成了基金结余，尽管这些结余无法用于其他项目，但看起来似乎抵销了预算中其他地方产生的赤字。出于失望，项目支持者通过立法，要求按信托基金的预计收入来实际花费，结果巨额基金结余消失了。其次，其资金来源是联邦汽油消费行为税，该税按每加仑汽油征收，而不是按消费金额征收。燃油效率的提高导致汽油销量减少，而大衰退则导致了私车驾驶降低，于是税收收入下降，无法满足道路建设和维修的正常要求。更为严重的是，部分信托基金收入被挪用，因为支出的合法用途已经扩大，包括自行车道、廊桥修复以及公路建造和维修以外的其他项目。公路的支持者也很讨厌与公共交通共享信托基金。

医疗保险是一种以准信托基金方式管理的应享权益，有自己的专项收入来源。近年来也出现了收入问题，因为其大部分收入来自当前就业人口，但长期而严重的经济衰退导致很多人失业。就算找到工作的人，拿到的薪水也比之前要低。还有其他更为重要的因素，作为应享权益，医疗保险服务于所有 65 岁后满足资格条件的人，现在越来越多的人活过了这个年龄。此外，它还受到环境影响，需要支付超过总体经济增长速度的医疗护理账单。因此，医保信托基金正在逐步枯竭，给政治家带来很大压力，他们要么增加收入，要么降低福利或减少资格，要么想办法降低医疗护理的成本曲线。因为有这么多人依赖这个项目，政客们不愿意触及这个问题，也是可以理解的。

失业信托基金陷入困境的原因则有所不同，但也与其结构有关。该计划是联邦政府和各州的联合计划，因此是合作的联邦制形式。和医疗保险一样，它既属于应享权益计划，也是信托基金。所有符合特定标准的人，如非因自己过错而失业并积极寻找工作的人，都有资格领取其先前工资一定比例的收入。作为应享权益，它也受环境的影响，经济变化会影响失业人数，因而自动影响该计划的成本。雇主向州和联邦政府支付税款，所得则存入信托基金，理论上只能用于失业补偿。

联邦政府支付该计划的管理费用，当各州的信托基金余额太低，无法应对偿付时，联邦政府借款给各州，并在长期经济衰退期间补偿所增加的申领人员所需的资金。各州则决定失业保险福利的公式、期限，以及对企业所征收的税率。

因为各州既控制税收（收入）又控制支出，对管理该信托基金的余额，各州拥有基本工具。然而，由于在经济衰退期间失业率升高而导致该计划的成本上升，各州的基金余额就成了问题，因为此时很难（几乎不可能）提高企业税收以支付更高的失业成本。为了解决这一问题，各州通常会在失业率较低的时候建立失业信托基金，然后在经济衰退期间动用。

当州的失业信托基金耗尽时，也可以从该基金的联邦政府部分借款，他们有几年的偿还期，在此期间如果无法偿还，就必须为此债务支付利息，而此刻对企业所征收的税款则自动跃升到更高的比率。

在 2007 年底开始的经济衰退期间，许多州向联邦失业信托基金借款。起初，国会豁免了这些债务的利息，但随着豁免到期，各州不仅迫切需要还贷，还需要支付利息。如果不能按时付款，就会导致企业税收大幅增加。此外，由于该基金只能用于支付失业救助，债务利息也无法从中支付。

州政府的选择可能包括减少福利、征收某种临时附加税，或从市场上借款。企业面临着日益加重的工资税负担，迫使各州不得不减少该计划的福利水平。至少有六个州选择将失业工人领取最高福利金的时间缩短到 26 周以下，有八个州使获得失业保险的资格更加苛刻。[5] 还有一些州，如阿肯色州、罗得岛州和印第安纳州，减少了支付给申请人的金额。[6]

对于偿还联邦政府债务信用评级良好的州来说，在市场上借钱要比强迫企业支付滞纳金便宜，因为联邦政府的利率是 4%。一些州或已经或正在计划在市场上借钱，然后向自己的企业收取较低的借款成本，而非更高的联邦利息。

尽管企业主张削减失业人员的福利，但穷人权益的维护者指出，信托资 173 金短缺的原因在于低失业率的年份资金缴纳不足。工资一般会随着通货膨胀而增加，保险支付也是如此（通常为所损失工资的一半），但雇主缴纳的税款是根据固定的而非随通货膨胀率增长的工资计算的。随着时间推移，必然产生结构性失衡和赤字。失业保险计划的倡导者，在美国政府责任署一项研究的支持下，[7] 主张建立基数索引，以确保信托基金在经济繁荣时期得到充分建立。在有将计税基数与通货膨胀挂钩政策的 16 个州中，超过 2/3 的基金偿付能力充足，也避免了借款及相关成本的支出。[8]

就失业保险信托基金而言，时间是关键因素，在繁荣时期不能充分征税，造成了萧条时期的赤字。结果，大衰退期间企业和各州经济根本无力承受增税的压力。于是商界向民选官员施压，要求削减对失业者的服务。该计划的反对者攻击长期失业者有性格缺陷，而该计划的支持者则指出，削减福利会减少经济衰退期间的总需求，如果人们买不起企业出售的商品，会使经济衰退持续更深、更长。支持者将失业救济与共同关注的高价值目标联系起来，但这一策略并不十分成功。只有两个州通过立法，为失业信托基金提供更充足的资金，更多的州则减少了福利。

　　特区。目前，各州都已经限制了一些地方政府的借款额度。这些限制因素往往以政府单位内的财产评估总价的百分比来表示。为了绕过这些限制，有些政府就采用突破常规政府职能，在相同地域建立起单一目的政府特区的方式。因为债务限额分别适用于重叠的政府单位，所以大大增加了地方政府的借款能力。十个特区就能借十倍的钱。像这样的特区在相同的职能上往往比常规政府花费更多。例如，一个独立的公园特区就可能比一个公园管理部花费要多，因为公园管理部是市政府的一部分，必须与消防和警察部门争夺

174　资金。在常规政府中，所有职能部门彼此竞争支出，而特区则没有竞争。不利之处在于，如果特区太多，如伊利诺伊州和加利福尼亚州的情况，债务重叠的程度也会很高，导致几乎不可能在项目间进行优先排序和权衡。

环境

　　想在预算战里成为赢家，不仅取决于策略和结构，而且还和广义上的环境有关。本章前述的案例强调了经济环境的重要性，包括收入和失业水平。房价的涨跌以及商业抵押贷款人的做法推动了房利美和房地美的垮塌。人口统计学的变化也很重要，比如老龄化就会对医疗保险类项目产生影响。

　　环境还能以其他方式影响支出，如非法移民的数量会影响边境管制的费用、战争会影响国防支出、天气会影响清除积雪的成本、从大飓风或地震等紧急情况中努力恢复可能会增加多年的支出。中东的一场战争可能会提高汽油价格，推高公共工程和警察的成本，因为这些部门严重依赖车辆。医疗价格上涨也会影响政府对医疗保险和医疗补助的支出。当政府被要求将其总支出限制在经济增长范围内，或要求保持与州经济增长相称的教育支出水平时，环境均会直接对预算产生影响。

许多项目是由需求驱动的。消防部门的费用在某种程度上取决于火灾的数量和严重程度；对工人的补偿费用取决于与工作相关的事故和疾病的数量和严重程度；妇女庇护所的费用取决于出现的需要援助的受虐妇女人数；无家可归庇护所的费用在某种程度上取决于冬季的严寒程度以及单人出租屋的数量。如果某个春天的温度在冰点左右移动，路面就会大量结冰，导致维修费用飙升。这种支出不是选择性的，因为是地方政府的责任。这些对集体所面临问题自动反应的性质，重新定义了支出的优先次序。

如果不考虑政治和政治调整，环境影响的清单就不完整，也就是说，不仅多数党会改变，各党支持的政策也会发生变化。当共和党掌权时，私有化 175 及增加合同采购的策略就更容易成功，而当民主党主导政治环境时，如学生贷款这一类政府提供的项目就更可能成功。这种环境因素在学生贷款的案例中十分明显。

策略、结构和环境的结合：以医疗保险为例

任何项目中，策略、结构和环境这三个因素均相结合影响支出水平。下面就用医疗保险这个项目为例，说明这一主题。请注意，政府内外的支持者和反对者们都采取了一定的策略。本案例的环境因素包括经济衰退和失业、医疗费用膨胀，以及人口变化的影响。从结构上讲，医疗保险是一种按准信托基金运作的应享权益，由工资税和保险费相结合支持，一般收入作为支撑。作为应享权益，它面对人口老龄化的影响时特别脆弱，而依赖工资税获取收入，又增加了其在经济衰退时的脆弱性。

联邦医疗保险计划就是个政治足球，爱它的人觉得这是全民医疗保险的蓝图，恨它的人则觉得它是大政府的象征，是滑向社会主义的第一步。因为受到公众欢迎，所以就像是政治电车的第三轨，① 一旦碰到，政治生涯就玩完了，但其中的财务问题已经证明很难解决。支持者和反对者都急于表现或可能扩大其中的财务问题，前者是为了激发解决方案，后者则是为了削减该计划。

---

① 电车可以通过第三轨供电，该轨道通常位于路面因而存在安全隐患。——译者

尽管存在政治和党派争议，有些事实是清楚的。医疗保险非常昂贵，其成本随着时间的推移而上升，并且预计会持续上升。2014年，医疗保险支出约占联邦预算的16%，根据2014年度医疗保险报告，2013年医疗保险支出占国内生产总值的3.4%，预计到2040年将升至5.5%，2080年将升至6.3%。这些预测数非常不确定，其判断部分基于粗略预测，部分基于2010年前的历史，许多学者和政治家都认为联邦医疗保险支出"不可持续"。他们认为，必须尽快采取措施削减支出，但这种简单的叙述不仅没有澄清事实，反而模糊了真相。

176   事实上，过去几年里医疗保险支出的实际增长率一直在下降，而不是上升。说明一些老的预测结果过高。例如，国会预算办公室在2003年通过医疗保险的新药物计划时就预测过其成本，但事后证明预测数过高，部分由于该计划的实际注册人数低于预期，部分由于赞助方之间的竞争。还有，人们开始从偏爱昂贵的品牌药物变为更多使用天然药物。2013年实际支出约为2003年预测数的一半。[9]此外，自2006年以来，国会预算办公室对医疗保险总支出的估计几乎每年都在下降。在《平价医疗法案》通过和实施之后，预测数和实际数均有所下降。"目前对2019年医疗保险的预算估计数与四年前的估计数之间相差约950亿美元"，[10]医学实践似乎正在发生变化，表明最近的趋势可能会继续下去。

宣称医疗保险增长不可持续是一种政治策略，是旨在说服决策者和公众削减支出的修辞手法，并没有详细的政策分析来制定更有效率、效果的计划。"不可持续"一词有助于框定政治辩论的议题，并将解决方案的选项缩小到部分人喜欢的范围。

说"不可持续"是强迫行动的政治术语，是因为这个词仅用来描述某些而非其他项目支出的增加。比如，想降低赤字规模和降低债务水平的人就认为赤字和债务水平是不可持续的，反对经济衰退补助的人也使用"不可持续"来形容。左翼用它来反对军事建设支出，而支持军事支出的右翼则不认为军事预算不可持续。"不可持续"这个词，即便有，也很少被用来形容国内安全支出，在2001年9月11日发生恐怖袭击事件之后，该项支出迅速增长，尽管其支出方式非常混乱。换句话说，"不可持续"不是用来描述所有快速增长项目的词，只是用来描述反对增加支出的词。

数字有多可靠？

数字有多可靠？这是在修辞背后首先要问的问题。医疗保险信托基金到底有多糟？实际情况到底如何？对一般税收的依赖程度如何？是增加了赤字还是挤掉了其他更优先的支出？

公众讨论中很少提及，医疗保险信托基金或多或少是平衡的，在大多数 177 年份，收入均等于或超过支出，大衰退期间例外。根据 2014 年医疗保险年度报告，该基金的医院保险部分预计从 2015 年到 2022 年将出现节余。而其医疗以及药品部分，在 2023 年前后某些年份会出现节余，有些年份会出现短缺，但总体来看，2023 年基金余额应该比 2015 年高。这些数字假定《平价医疗法案》能在短期产生积极影响，并假定这一时期结束后，老年人的增加会增加该基金的医疗成本。

目前对该基金的医院保险部分的预测是，2030 年其资金将告罄，但这一预测对逐年变化的因素非常敏感。首先，这部分基金的收入基于专项工资税，在经济衰退时，很多人失业或从事低薪工作，会导致资金来源减少，而经济复苏则会改善收入状况。信托基金管理人在经历了深度长期的经济衰退后，只能猜测经济复苏的速度和水平。其次，根据国会预算办公室 2010 年8 月和 2014 年 4 月的基线比较，2014 年的人均医保支出将比 2010 年的预计值低 1000 美元左右。[11]

医疗保险年度报告假定成本增加将不可持续，但同时又假设其可以持续，这不合逻辑，如果真的不可持续，就应该以某种方式削减。这一进程其实已经启动，如医疗行业采取行动减少不必要的检查和外科手术、减少医院复诊，并要求证据证明药物和其他医疗干预措施的有效性。医疗保险开始并扩大了竞标流程，这也将有助于降低支出。

此外，做出不可持续的预测结果，在很大程度上取决于人口预测。这些研究假定，随着婴儿潮一代（即第二次世界大战后出生的一大批婴儿）年龄增长，将需要更多的医疗护理，而随着寿命延长，他们将需要更长时间的昂贵护理。但由于这些预测将持续到 2080 年，人们需要考虑，在婴儿潮之后，出现了生育低谷，婴儿出生量减少，对医疗护理系统的需求也降低了。此外，预期寿命的延长也可能伴随着更加健康以及更高质量的生活，而不是疾病缠身的长期昂贵护理。医疗保险支出在国内生产总值中所占比例飙升的预测结果，是基于假设经济增长缓慢，而医疗费用增长更快，但我们真的无法准确知道任意其一，更别说两者了。预测每年的变化程度已经说明了长期预测的不确定性。这个问题的严重性并不如人们所说的那样具体明确。

我们应该在健康上花多少钱？

作为预算工作人员和政策分析者，我们应该问的第二个问题是，美国是否在医疗护理上支出太多。有时为了应对当前问题，支出会随着优先事项的变化而迅速增加，如人口统计学的变化（老龄化）、战争（或两次战争），或对健康或生命的威胁。支出增加本身并不能说明预算失败，也不说明必须削减增加的特定费用，或许只能证明预算需要具有适应性。

政治信号一直是需要削减医疗保险，原因仅仅是它不断增长，而非更为广泛地检查预算的优先次序和利弊权衡。医保计划的设计，在一定程度上是通过信托基金支出，以此与预算的其他部分隔开，使之能单独获得收入，并随着时间而保持平衡。但是，由于大部分医保资金也来源于一般税收，而这种趋势还可能持续（尽管2003年通过的一项法律要求总统在医保资金占一般税收的比例超过45%的情况下提出解决办法），问题就变成了与其他项目相比，健康支出的优先次序到底如何，在这个问题上的最佳支出水平应该是什么？我们的花费是否正确？是太多了还是太少了？还是将太多钱花在错误的事情上？是否因为医保计划的结构、激励措施和管理成本，相比巨大的支出，我们获得的健康太少？

要回答多少钱才合适这个问题，一个方法是将美国在医疗护理方面的支出与其他发达国家相比。虽然这些研究并不仅仅集中于医疗保险，但其结果值得参考。对包括公共和私人支出在内的发达国家医疗护理总支出的研究表明，美国数值异常。与经济合作与发展组织（OECD）国家的平均健康支出相比，我们不仅比其他发达国家花费得多，而且支出还远远超过预计收入。一般而言，医疗护理支出和收入密切相关，但美国却并非如此，我们的健康支出占财富的比例比其他国家都高。

这些跨国研究还表明，美国比其他任何经济合作与发展组织国家更依赖私人提供的健康护理。我们在这方面的公共支出与其他许多经济合作与发展组织国家相当，但私人支出却高得多。如果这种额外支出能给我们带来更好的健康结果，我们可以说，这只是反映了我们国家的价值取向。从两个反映结果的综合指标：平均寿命和婴儿死亡率来看，我国都比平均水平差。我们在癌症治疗和医院手术方面比平均水平稍好，但在防治慢性健康问题，如哮喘方面却不足。

支出金额和健康结果之间的关系很弱。所以对我们来说，应该关注的问题不在于我们花了多少钱，而在于花在了哪里。而花在哪里则与项目的结构相关，我们大量使用私营部门的保健服务以及复杂的保险和支付系统，增加了管理费用，但并没有改善保健体系。我们在包括当日手术的门诊护理方面的支出比其他国家多，部分原因是我们用将医保支付与诊断挂钩的方式来控制对医院的医保支出。因此医院就将成本较低的外科手术转移出来进行当日手术。

与瑞士、德国、日本、法国和加拿大等同时拥有公共和私人系统的国家相比，我们在项目管理上花费的人均支出更多，住院治疗支出也是如此，但在门诊护理、全科或专科医生和牙医就诊，以及当日手术上的支出则多得多。人们可能觉得当日手术应该可以降低住院和护理费用，但这些费用依然大大高于平均水平。

在美国，住院费用和药品费一般都高于其他国家，这是与其他国家不同的地方，此外，美国有更多的诊断设备，设备使用也更频繁，也许因此，我们实施了更多的可选择性择日外科手术，其中一些或许是不必要的。[12]

与其他国家的这一简单比较表明，我们在健康保健方面的花费远超其他国家，但结果只是适度的改善（见图5.2，与其他发达国家相比，美国的健康保健费用及平均寿命）。我们可能会过度检查，医生可能会使用防御性药物来防范诉讼，这表明有必要改革针对医生的医疗事故诉讼制度。在经济合作与发展组织国家中，美国的肥胖率最高。饮食和锻炼等因素可能比急诊室的护理对寿命和健康的影响更大，这意味着修建自行车道和安全骑行可能比在传统健康保健上多花钱能带来更好的健康结果。改善慢性病初期保健能力也能减少昂贵的住院费用。

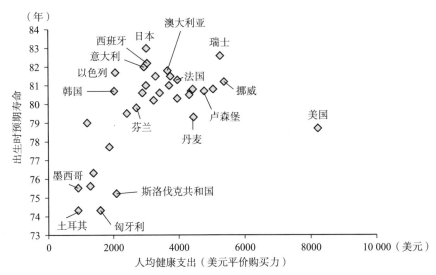

图5.2　美国与其他经济合作与发展组织国家医疗护理支出和预期寿命对比

注：数据为 2010 年或是可获取数据的最近年度数据。

资料来源：OECD Health Data 2012，October 2012. http：//www. oecd. org/els/healthpoliciesandda-ta/oecdhealthdata2012 – frequentlyrequesteddata. htm.

　　从预算的角度看，将医疗保险计划隔离，以保护其收入不被其他项目占用、不让其他项目多支出，这确实起到了效果。问题在于我们仅局限于医疗保险支出本身来谈，它必须被减少或削减，而没有适当考虑其他项目的支出也能以较低的成本提高疾病预防，产生更好的健康结果。比如更加严格地执行清洁用水和清洁空气法案，就可以降低癌症、哮喘和慢性阻塞性肺病的发181　病率，并有助于延长寿命。多对药物进行测试，就能降低药物引发的疾病，这也是在美国住院的主要原因。而扩大公共保险，如医疗保险和医疗补助的覆盖范围，也有可能降低管理成本。在正确的地方花钱，就能降低成本，改善健康状况。

　　医疗保险计划所面临的问题，并非人口老龄化的必然结果。这些问题可以解决，但前提是我们必须克服那些把大部分解决方案从桌面拿走的修辞局限。简单地削减对服务提供商的付款并不能解决问题，只会导致其他地方支出更多，并导致医疗检查和手术过度。不如这么说，好的预算编制首先要有一个目标，要保证结果的质量，如降低一定数量的儿童死亡率。有了目标，就需要设计出能有效地，以具有成本效益的方式取得成果的方案。需要找出使成本增加的来源、原因和动机，并制定新的解决办法，使支出与预算相称。为了控制成本，保证应享权益项目的成本效益性，预算编制必须结合政策分析（当然这未必奏效，但至少能有所助益）。

总结和结论

项目的实际支出取决于策略、结构和环境。支出的竞争水平、灵活性和酌情处理权水平、控制点，都会因结构而异。目前在国家和州一级，某种程度上也包括地方层级，都有降低灵活性的趋势，让支出自动运行，但这类项目在环境面前非常脆弱，容易遭遇财务困难。这类项目的预算要成功运作，需要一套不同的技能对政策进行更深入分析，因为控制点是项目的设计而非年度支出额。对于隔离度很高的项目，无论其设立形式是私有公司、自筹资金的公共企业，还是特区，解决方案都可能在其狭窄的项目融资决策之外。

某领域的支出增加可能会降低另一个领域的成本。让公共汽车、消防站和学校建筑更加"绿色"可以降低运营成本；加强污染控制可以降低医疗成本；增加教育和培训支出可以降低失业保险、福利、法院和监狱的成本。最近修订的《政府绩效与结果法案》强调需要考虑横向相关的多个目标和 182 绩效，以此衡量对目标一致的多个项目的贡献。如果实施得当，这种横向评估或许会帮助预算工作者在隔离的项目之外思考。

相关网站

许多州已经开始实施项目透明计划，在网站上提供项目的详细财务信息。有关此类网站及其内容和进展，请参见由加利福尼亚公共利益研究组（CALPIRG）教育基金公布的《2012 年资金跟进：50 个州在线政府支出数据排名》（www. calpirg. org/sites/pirg/files/reports/Following% 20the% 20Money% 20vCA% 20web. pdf）。其中排名最高的是得克萨斯州项目透明网站（www. texastransparency. org）和肯塔基州透明门户（http：//opendoor. ky. gov/Pages/default. aspx）。

联邦政府相关信息则在美国政府支出网（https：//www. usaspending. gov/Pages/Default. aspx），该网站可下载数据用于分析，其中包括补贴、贷款及合同数据，可用关键字搜索，提供从 2008 年到 2015 年的数据。还有合同竞争程度和合同的地理位置等信息。除了任意年份的合同原始数据外，还有方便使用的简要总结。如 2015 年有 135 842 份合同是非竞争性合同，总金额为 676 亿美元，用户可以逐年跟踪这些数字。该网站还有方便使用的互动图表，提供了最大几家合同商名单及相应合同金额。前几年的原始数据也能获取，但显示方式与近几年不同。

一些城市也有类似网站，如伊利诺伊州芝加哥市网站（www. cityofchicago. org/city/en/progs/transparency. html）以及新墨西哥州阿尔布开克市网站（www. cabq. gov/abq – view/）。

在联邦层级，可在线查阅总统预算提案（www. whitehouse. gov/OMB）。各政府部门向国会拨款小组委员会提交的文件，包括其预算策略在内，通常也可以在各政府部门的网站找到，同时可以在政府出版社网站（www. gpo. gov）找到。在参议院拨款听证会电子版（www. gpo. gov/fdsys/browse/committee. action？ chamber = senate&committee = appropriations&minus = test&treeid = treemenu4&openuls = 0&ycord = 0）和众议院拨款听证会网站（www. gpo. gov/fdsys/browse/committee. action？ chamber = house&committee = appropriations&collection = CHRG&plus = CHRG）可查阅自 1998 年以来的电子版（再以前的听证会材料可以在档案图书馆查阅纸质资料）。

183   此外，近期还有参议院听证会的网播（仅部分音频）和部分证词记录（www. appropriations. senate. gov/hearingslanding. cfm），众议院也保存了听证会和委员会标记档案（http：//appropriations. house. gov/calendararchive/），有些是视频，有些仅有音频文件，还有部分证词记录。众议院的档案可以按照如农业、国防、住房和交通等拨款小组委员会进行搜索。

公共事务网络 C – SPAN，收集了很多网络直播听证会（www. c – span. Org），该网站上还列出了相关听证会的时间表。

在国会图书馆网站（www. congress. gov）上跟踪国会通过的拨款法案相对容易，该网站每年都有包括持续决议在内的拨款法案的单独内容。

有关将部分资金用于教育的加利福尼亚州 98 号提案，参见加利福尼亚州立法分析办公室的 98 号提案（www. lao. ca. gov/2005/prop_98_primer/

prop_98_primer_020805. htm）。

关于《政府绩效与结果法案》横向多目标执行情况的信息，见联邦网站（http：//goals. performance. gov/goals_2013）。

有关联邦和州失业保险联合计划以及各州从联邦政府信托基金借款的时间和尚未偿还金额的信息，参见全国州立法分支大会（NCSL）网站（www. ncsl. org/issues – research/labor/state – unemployment – trust – fund – loans. as-px）。截至2015年6月，仍有5个州尚有从2008年或2009年开始的借款余额未偿还。

医疗保险项目针对医疗设施首年竞争性招标的成本节约估计数，以及预计未来节约数，可在医疗保险和医疗补助服务中心网站查阅电子出版物（www. cms. gov/Medicare/Medicare – Fee – for – Service – Payment/DME-POSCompetitiveBid/Downloads/Competitive – Bidding – Update – One – Year – Implementation. pdf），这方面的其他节约举措则可在主页查阅（www. cms. gov）。

第六章
预算平衡中的政治

通过削减支出和裁员来平衡预算绝对是最糟糕的做法。削减支出和裁员只会加剧问题,造成新的赤字。然后只能通过进一步的削减和裁员来平衡下一个预算,如此下去,迈阿密-戴德县就会变成香蕉共和国![1]

——法里德·哈瓦瑞(Farid Khavari),《有关预算平衡的事实》,

《黄金海岸纪事》,2012年5月27日

债务和赤字刚刚失去控制,而政府却依然在新增数以万亿计的支出。这可不会推动经济增长。

——保罗·瑞安(Paul Ryan)民主党众议员,

《福克斯星期日新闻》,2010年2月1日

对预算最重要的约束就是保持预算平衡的要求,即在既定时期内收入必须等于或超过支出。平衡是预算决策的关键,但并非总能成功。预算再平衡通常需要增加收入和减少支出。增税的可能性会引发该向谁征税、该征多重等意识形态和不同阶级的意见分歧,同样,关于哪些支出应该削减、削减多少的决定也会引发大量激烈的辩论,将年轻人与老年人、民主党与共和党、

---

① "香蕉共和国"是对经济体系属于单一经济(通常是经济作物如香蕉、可可、咖啡等)、拥有不民主或不稳定的政府,特别是那些拥有广泛贪污和强大外国势力介入之国家的贬称。通常指中美洲和加勒比海的小国家。——译者

穷人与富人区分开来。这些问题争议太大，往往无法解决。2011 年国会为了重新平衡联邦预算而设立的号称"超级委员会"也已惨败，尽管还有另一种选择，即自动全面削减支出，但大家普遍无法接受。 185

主要是在国家层级，州层级涉及的程度相对较少，政府有时会引发赤字以缓和经济的下行趋势，以维持经济萧条的失业救济和福利支出水平，或处理如地震或飓风造成的紧急情况。如果赤字由紧急情况或经济衰退造成，需要借款来维持，这类借款通常是暂时的，不会造成太大伤害。预算需要具有灵活性，能对环境作出反应，为达到此目的，借款必不可少。然而各级政府也可能会因为不那么有价值的原因而出现赤字，仅仅因为决策者不愿做出艰难的选择。民选官员或许更想选择减税或保持低税率，以获得声望，却不愿按比例削减支出。有时出现赤字是因为收入增长速度比支出慢，决策者不愿冒着失去选民支持的风险增税、收费，或削减服务。近年来，部分民选官员一直醉心于减税，造成了赤字。当民选官员没有作出必要的艰难抉择时，他们往往建议新的预算流程以及更僵化的预算限制，觉得这些决定和规则能拯救自己，将他们与公众的要求隔绝，并模糊了他们需要面对痛苦结果的责任。

尽管为减少或消除赤字而必须作出的决定在政治上可能不受欢迎，但忽视艰难抉择，采用赤字运营的解决办法也同样不受欢迎。公众和金融界都反对财政赤字。20 世纪 90 年代末联邦预算实现平衡后，公众对赤字的担忧自然消解了，但随着乔治·W. 布什政府大规模财政赤字的重新抬头，这种担忧又再次觉醒。随着经济在大衰退中下行，奥巴马政府增加了对银行和商业的救助，并对各州提供财政援助，使赤字进一步膨胀。然而，对赤字的担忧，比不上对修复经济和创造就业机会的忧虑。政府官员发现自己陷入了困境。右翼人士说，修复经济需要减税，特别是对企业和富人减税，但这可能会增加赤字；左翼人士说，修复经济需要公共支出增加，这也可能会使赤字恶化。

因为没有一个选择能使各方满意，因此当政府长期存在赤字时，那些负有责任的人往往否认赤字，或将赤字的规模和严重性降到最低。预算平衡的 186 定义更为松散，仅适用于预算的某些部分，或仅适用于预算提案，而非经批准的预算。政府通过推迟支出或出售资产换取一次性收入来掩盖赤字，预算可能看起来平衡，但实际上并不平衡。例如，在联邦一级，计算赤字时通常将社会保障节余包含在内，这就是误导，因为社会保障是预算外项目，其节余不能用来抵减赤字。在这些情况下，预算数字的质量要打折扣。在糟糕的数字和什么是赤字的模糊定义之间，想算出赤字的实际规模非常困难。

当负责预算的人决定采取行动时，赤字可能已经很庞大，难以大规模削减。应该削减哪些项目？削减多少？哪些地方可以合法地进行削减？如何减少利益团体的反对声音？该对谁提高税收？应该提高多少？能否将支出转移到另一级政府，或能否减少给州或地方政府的补贴，以削减赤字规模？各州能否从地方政府获得收入来平衡其预算？如何采取适当行动既保持对官员的问责又保有公众的信任？政客们怎么能在做出不受欢迎的抉择的同时还能保持对他们的支持基础呢？预算平衡的政治围绕着预算如何及为何失衡、如何重新平衡、在此过程中谁会受到伤害等问题。在探讨这一决策环节时，不妨先回到第一章所述的适用于预算平衡的公共预算的特点：

- 公共预算受到平衡要求的约束。政府的确有"底线"。企业的底线是利润，政府的底线是平衡。
- 预算平衡的政治涉及多个具有相互冲突的政策目标的预算参与者。
- 预算对环境开放。包括应享权益在内的自动支出项目，特别容易受到经济变化的影响，一些项目的结构可能会同时受到收入下降和需求增加的影响。除非应急账户里有足够的储备，或经济衰退轻微、短暂，否则经济衰退会引发赤字。
- 赤字政治必须通过协商出一个普遍接受的解决方案，来解决纳税人和预算决策者分离的问题。但这非常困难，在面对政治困难的决策时，决策者可能会尽量减少赤字规模或重要性，或模糊责任。可接受性或许会僭越责任感。

187　平衡约束

预算平衡的广义定义是，在一段时期内，收入等于或超过支出。美国各级政府一直都在努力平衡预算，大多数时候都能成功。即使在预算平衡缺乏明确立法或宪法要求的情况下，情况也是如此，之所以出现这种积极结果，是因为平衡是预算工作人员普遍接受的标准，是预算的内在本质。缺乏平衡约束的预算没有什么意义。此外，评估政府信用从而控制公共部门借贷成本（高风险等于较高的借贷成本）的人，对无法平衡预算的政府的信用评级下降，警告潜在投资者存在不能按时或按协定利率偿还的风险。因此，市场也强化了预算平衡的约束。

尽管我们说预算一般都是平衡的，但这未必是你所想象的平衡，因为在实践中，对平衡有各种不同的定义（参见后文案例：威斯康星州的预算平衡吗?）。在州和地方层级，即使本预算年度支出超过收入，也可以通过使用上年留存的收入或资金余额实现预算的技术平衡。同样，当被称为"雨天基金"的应急资金被动用时，州和地方层级的预算也通常被认为是平衡的。从养老金或其专项收入基金内部借款，也可以用来平衡预算。在国家层面，计算总赤字时，信托基金的资金结余可以用来抵销其他基金的赤字，即使其性质是专项资金，不能用于弥补其他地方的赤字。此外，在国家层面，赤字是根据实际收入与实际支出相比较计算得出的，这导致延期支出这一手段特别诱人。有些州在预算赤字威胁的情况下对供应商的付款延期多年。有些州，可以用借款来平衡预算。不管如何定义，平衡约束是真实存在的，在大衰退期间，许多州不得不在年中削减支出，以便在年底前实现平衡。

在大多数情况下，平衡是按年来看的，但有时也会有长达数年的平衡。信托基金的结构就是为长期保持平衡而设计的。如果所有未清偿债务都要从本年的收入中扣除，预算就可能不平衡，但如果将这些债务与几年间的预期收入相匹配，同样的预算却可能达到平衡。联邦公路信托基金就说明了随着时间推移，平衡的定义多少有些松散的情况（参见后文小案例）。

小案例：威斯康星州的预算平衡吗?

2012 年 1 月，威斯康星州州长斯科特·沃克（Scott Walker）声称该州的预算是平衡的，而行政部长则说预算不平衡。这并非对立党派成员之间的分歧，两人都属于同一个团队，均为共和党人。沃克认为，预算是平衡的，因为他采用收付实现制，是否平衡取决于既定时间点手头的现金。现金余额受到借款、对已购买货物和服务的延迟支付，以及一次性收入的影响，而这些因素对弥补收支之间的结构性不平衡毫无帮助（结构性赤字指随着时间的推移，收入的增长速度没有支出增长那样快）。相比之下，行政部长迈克·许布施（Mike Huebsch）则采用威斯康星州其他政府部门普遍接受的会计原则，采用这种方法，不管资金何时流出，支出和收入均被分配到其发生的时期。因此州长宣布了6800万美元的财政节余，但去年12月的年度财务报告却列示了30亿美元的赤字。

沃克州长希望在痛苦的罢免选举中通过平衡的预算获得公众的信任，或至少避免公众的指责，但许布施希望根据新的联邦《平价医疗法案》，减少有资格获得医疗救助的人数，如果能证明政府处于赤字状态，他就能做到这一点。于是，定义平衡就成了一种政治选择，而非技术或法律选择。掩盖赤字最简单的方法就是选择一种会计制度，在计算支出时允许最大限度的灵活性。

资料来源：Editorial，"Our View：State Has Yet to Balance its Budget，" *LaCross Tribune*，January 25，2012.

还有一种放松或收紧平衡约束的方法，就是改变预算必须平衡的时点：是按行政部门提出的时点，还是议会通过的时点，或是州长签署预算的时点，再或是年底。根据2010年的一项研究，有44个州要求州长提出平衡的预算，有41个州要求议会通过平衡的预算，但只有38个州要求以平衡的预算来结束本财政年度，禁止将任何赤字结转到下一财政年度。这些数字是基于财务官员对这一过程的看法，而不是依据法律或宪法的条文。[1] 在某些情况下，实际情况取决于非正式的理解或解释，有时则取决于法律案件。禁止为平衡预算而借款有时被解释为预算平衡的要求，但严格来说并非如此，因为借款并不涉及将已经接收的货物和服务延迟付款、出售资产以求平衡或将赤字从一年推到下一年。

小案例：联邦公路信托基金的平衡

联邦公路信托基金是一个基于天然气税收的账户，主要用于建设和维修国家公路。项目完成后，各州向联邦政府提交账单，从公路信托基金中报销费用。因此收入必须大于负债，而不仅仅是大于支出，因为各州还有尚未提交报销的账单。到了第二年，基金中应该有更多的钱来支付现在已经发生但需要等到明年或再下一年才会提交报销的账单。那么，谁又能判断信托基金是否在任何时候都是平衡的呢？国会或总统如何确保各州的支出不会超出该基金的预期收入？如果该基金有节余，又怎么知道有多少？

当州政府承诺付款时，该款项在信托基金中显示为尚未支出的负债。因此，虽然基金的总金额还很高，但大部分资金其实已经投入使用，不能再用于其他项目了。但不从信托基金的总额中减去这笔已经承诺付款的结果，是导致基金余额看起来比实际要大。如果把公路信托基金的"节余"算作联邦政府总节余的一部分，就将有助于联邦预算整体看起来平衡。但这一结果具有误导性。

将未来的费用计入本年的预算也同样具有误导性，因为将几年的支出与一年的收入相匹配通常会导致该基金出现赤字。为了避免这一问题，国会通过了对《1956年联邦支持公路法案》的伯德修正案，将承诺未来支出增长限制在不超过当年未动用余额加上未来两个财政年度预计收入的水平。[1]

这一结果确实为防止超支提供了一些保护措施，但却无法得出预算余额的确切数字或对节余的确切估计。在这种情况下要计算节余，必须从现有未分配收入加上未来未分配收入的估计数，从中减去实际债务。这一数字是不确定的，部分原因是在实际提交已批准或正在进行项目的账单之前，确切的成本还不清楚；部分原因是计算取决于目前和未来两年的收入估计数。

---

1 John W. Fischer, *Transportation Trust Funds：Budgetary Treatment*（Congressional Research Service，Washington，DC：April 6，1998），98 – 63，http：//digital. library. unt. edu/ark：/67531/metacrs816/m1/1/high_res_d/98 – 63e_1998Apr06. pdf.

限制用借款来平衡预算并不能保证预算平衡或财务管理良好。例如，路易斯安那州在1988年就绕过了禁令，州官员们面临着一年年滚动下来的赤字，他们一直通过内部借款和延迟向供应商付款来弥补这一赤字。如果能用长期借款来偿还短期债务，将赤字偿还分几年进行，管理会更好，是更负责的做法，但该州禁止通过借款来平衡预算，于是该州设立了一个特区发行债券，特区和州界完全相同。通过特区，还征收了1%的销售税来偿还债券。[2]

虽然各州有时会逃避预算平衡的约束，因为觉得这一约束太紧或导致管理不善，但总的趋势是对预算平衡的限制性规则越来越多。例如，2004年，加利福尼亚州通过公民投票要求州议会通过平衡的预算，强制州政府在年底前解决年中的资金不足问题，并禁止州政府通过借款来弥补年底的资金短缺。

华盛顿州在2012年强化了对预算平衡的要求，尽管之前的要求也不弱。如果当年出现了现金赤字，州长就必须启动全面预算削减。2012年，该州还增加了一项"展望未来"的要求，议会必须确保当前两年和下一个两年，一共为期四年的预算平衡。当然这项规定有复杂的例外情况，包含各轮集体谈判的结果，同时这项规定是以立法而非以宪法为基础的，因此未来有可能改变，此外，这项规则并非长期有效的。对未来收支平衡的定义基于对收入的积极预测。然而，即使考虑到这些弱化规则的因素，通过一项未来四年预算平衡的法律要求，也给华盛顿州的预算增加了新的潜在的强大限制。[3]

印第安纳州，禁止用借款平衡预算，正在提出一项预算平衡的宪法修正案，普遍认为是更为强大、内容更广泛的限制要求。该州州长在他的咨文演说中呼吁通过该修正案，尽管该州预算一向平衡，州议会于2015年通过了该提案，但在向公众公布之前，它还必须经下一届独立选举产生的议会通过。

严格平衡约束可能是恢复当前和保持未来预算平衡的一种方法，但也可能是控制支出以及控制政府规模和政府干预的方法。增加的制约方式可能各不相同，从适度改变预算流程使收入和支出决策的联系更加紧密和权威，到修改法规使平衡约束的覆盖面更广、更难以绕过，再到修改宪法收紧赤字运营的条件或禁止赤字或禁止以借款弥补赤字。在联邦层面，赤字鹰派不断提出平衡预算的宪法修正案。

没有证据表明严格的约束比温和的、非正式的约束更有效。相反，有人认为，严苛的限制会导致意想不到的后果，如往往对公众不利的资产出售，以及拖延向供应商付款。要求越苛刻，就越可能产生仅遵循文字要求而不符合法律精神的反应。[4] 例如，伊利诺伊州有关于平衡预算的宪法要求，但州政府经常通过基金间调拨、延期支付，以及转移养老基金的资金来规避这一要求的精神。在某些年份，州政府必须借钱来支付养老金。

多重角色、意识形态和赤字

哪些人会参与预算平衡的政治活动，他们又会如何处理相关的各种政策问题呢？

社会公众通过向民选官员施压对平衡预算发挥间接作用。公众们认为，既然他们个人的预算都必须保持平衡，政府预算也该如此。同时，公众们往往想要免费的东西，要求降低税收，又不愿削减服务或福利。当民选官员试图同时降低税收和增加服务时，就会产生赤字；而当民选官员试图减少或消除赤字，还不想留下增税或削减服务的印象时，就会导致逃避、扭曲和侵蚀透明度。 192

利益集团和部门负责人可能很难同意增税或削减项目，因而导致赤字。当出现预算削减建议时，他们往往会努力保护自己受益的项目。然而，无论是单个的利益集团还是部门负责人都不会有明确的赤字政策（相对于维护有利于自己项目的政策而言）。政府规模的大小以及税收水平常常会对富人和穷人产生不同的影响，因此，基于阶级的联盟往往在有关预算平衡的辩论中偏袒自己这一方。工会联盟可能会反对商业团体组成的联盟。

行政和立法分支的民选官员，对政党纲领、选区要求以及政府间收入的起伏作出反应，是这一决策环节的关键角色。法院也在预算平衡方面发挥作用，它可以判断平衡预算的措施是否合法，并裁定破产。

这些角色在政府的适当规模、预算在经济中的作用、各级政府的适当作用，以及相应结果，也就是要增加对谁征税、谁的项目会被削减、削减多少、效果如何等方面，均采取不同的立场。

政府的适当规模

平衡预算的方式有以下几种：增加收入；将收入冻结在现有水平同时削减支出以匹配；减少收入同时大幅削减支出，在新的、较低的支出水平上实现平衡。通过增加收入来减少赤字，在财政上是保守的策略，但从社会角度看却是更为自由的立场，不会对当前的项目支出产生重大影响。自由派希望增加富人的税收来支付穷人的项目。而通过大幅削减项目来实现预算平衡是政治上更保守的立场。一些保守派人士施加压力要求减税，以此作为强迫削减支出的手段，利用预算平衡的要求来缩小政府的职权范围。他们希望减轻富人的税收负担，同时减少对穷人的服务，并废除阻碍企业发展和降低企业盈利能力的法规。

193
预算在经济中的作用

预算应该是抑制经济波动，控制通货膨胀和失业水平的工具吗？在经济衰退期间，政治自由主义者已经接受了赤字财政的需要，因为收入下降，政府收入减少，但此时同时需要增加失业救济，维持福利支出。自由派更喜欢用政府支出来刺激停滞的经济。一些保守人士反对在经济疲软时将赤字支出作为刺激经济的手段。他们更倾向于认为预算不应受经济周期的影响，并认为当经济衰退期间收入下降时，就应该削减支出。如果财政赤字是由于在经济衰退期间削减了对企业和富人的税收导致的，其他政治保守主义者就能容忍。他们认为，这一政策会增加资本供给，从而刺激经济，创造就业机会。不仅保守派和自由派在这个问题上达成了一致，就连商业和劳工利益团体也不例外。

各级政府的作用

提供服务和福利的负担应该放在哪里？如果平衡预算成为联邦层级的重要目标，联邦政府可能会有一种强烈的冲动，通过牺牲其他各级政府的利益，削减补贴，转嫁项目责任以达到预算平衡。各州也可能对地方政府采取同样的做法。市政府可能向州政府反推责任，或向镇、县、特区、私营部门转移服务责任。各级政府都有兴趣把支出转嫁到其他各级政府并防止支出责任被推到自己头上。

结果的选择

应继续履行哪些职能？应维持或削减哪些福利和项目？预算平衡的政治可能会轻易掩盖激烈的政治结果，将保护或终止特定项目或利益作为目标。在这个问题上，利益集团、服务接受者和部门负责人都可能采取不同立场来保护自己的项目。

上述四个方面概括了这一部分预算决策过程中的许多参与者试图实现的目标：自由主义者试图维持政府的规模，而保守主义者则想要缩小政府规模。劳动阶层及其代表希望预算用于保持高就业水平，而商人及其代表则希望通过预算保持低税收。各级政府都希望通过转移项目成本和税收负担到其他地方来平衡预算。利益团体、议员们、项目受益人和部门负责人则试图保护自己的项目不因平衡预算而被削减。

环境、不可预测性和赤字

赤字出现的部分原因是预算受到环境的影响。无论政府官员如何努力平衡预算，赤字都可能出现。法院可能会宣布，病人不能未经治疗就被送进精神病院，或监狱过度拥挤已经成为残忍而非同寻常的惩罚，因此政府不得不增加精神病院的治疗费用，建造更多监狱，雇用更多警卫。飓风、洪水、暴风雪或异常寒冷或炎热的天气也会导致支出增加。而暴乱、爆炸、恐怖分子或极端分子或警察大开杀戒、政治示威，都会导致额外的工作时间、增加设备（如照相机）、提高培训、建立更好的公共关系。战争具有压倒一切的紧迫性，也会增加支出，而无法顾及当前的收入情况。

政府意外的收入损失可能源于法院宣布某些税收违宪，可能导致将收入返还纳税人。税收限制的通过可能会冻结或减少州和地方政府的收入。或者，当政府计划发行债券时，借款成本可能会变得更加昂贵。医疗保险或汽油的成本可能会意外地、无情地飙升。而经济的突然下行会使收入低于预期。在地方一级，企业可能会意外关闭或迁到另一个州，导致财产税收入下降，使人们失去工作和收入，还会减少销售税收入。住宅物业的繁荣与萧条

194

周期也会增加或减少来自财产税的收入。

政府间收入制度给州和地方政府带来了相当大的不确定性。某些补贴是竞争性的，因此潜在的接受者预先不知道自己能否得到这笔钱。有些政府间援助设定为应享权益，只要符合条件，如失业率超过一定门槛的城市都有资格获得特定类型的援助。项目的付款人无法估计成本，而接受援助者预先也没有任何途径得知自己是否有资格。当州政府以应享权益的形式向地方政府提供援助时，问题会变得更大，因为州政府自己的预算必须平衡。为了应付支出的意外增加，不得不预留应急资金，但依然可能不足以应付。有时，州对地方政府承担义务，但没有资金来源。而将州政府收入纳入预算的地方政府，也不得不猜测他们到底会得到多少应得收入。

与政府间收入相关的另一个问题是，当捐助方政府陷入财务危机时，它可能会将本应给受援政府的资金拖延几星期或几个月，以赚取利息缓解自身的财务问题。援助方也可能推迟到下一年度付款，迫使计划使用这笔钱的人不得不借款来应付。

有些支出取决于需求，所提供的服务不是由预算有多少钱决定的。在联邦层级，需求驱动成本的问题尤其剧烈，因为目前联邦的大部分支出都由可扩充的应享权益组成。这就意味着，针对某项目，一旦符合资格的人数增加，无论收入这边好坏与否，都必须找到资金支付。应享权益使收入和支出决策脱钩，从而使预算更容易产生赤字。

长期严重的经济衰退是造成预算不平衡的最直接原因，因为在增加失业救济和福利支出的同时，许多人失业或收入降低而导致政府收入减少。从政治上讲，在许多人失业的情况下增税是非常困难的，而此时要减少人们因失业而渴求的福利也同样不容易。不但如此，为平衡预算而削减公共支出可能会加剧经济衰退，因为人们将没钱消费来维持经济的运行。

当整个地区的经济逐渐衰退，随之而来的是可征税财富减少，此时环境就可能造成赤字。实施各类计划和项目的费用不会与税基成比例地减少，因为有些服务成本与道路里程或水管的长度有关，并不会随着人口或企业的损失而减少，还因为剩余人口可能比离开的人口更贫穷，对公共服务的需求更迫切。其结果可能是政府的成本和可获得收入之间的长期不平衡。政府要么必须继续提高税率，从人们的收入中获取更高的份额，而这最终会遭到公众的反抗；要么继续削减计划和项目，而这有可能加剧经济衰退。面对这种持续的消极选择，官员们可能会选择赤字运营。

简而言之，赤字大部分源于环境的变化。这些变化需要预算提供其目前 196 无法达到的灵活性。其中一种反应是禁止赤字，但面对预算受到的环境冲击，似乎是徒劳的。预算制定可以尽可能减少环境的影响，也可以制定得更加灵活，以保证在不出现赤字的情况下调适。但最常见的反应似乎还是政府以赤字运营，然后再考虑如何适时合理地消除赤字。

纳税人和决策者之间日益紧张的关系

政府赤字运营时，纳税人和决策者分离所造成的困难可能会更加尖锐。公众要求预算平衡，既想保住自己喜欢的服务和项目，又不想增加税收负担。决策者则面临着一系列政治上无法接受的选择。公众可能会主张对其他人征税，削减其他人的项目，但对于决策者来说，并没有那么多合法的选择来满足这些条件。

赤字不受欢迎，再加上减少赤字方面的痛苦选择，造成了政府隐瞒赤字或尽量减小赤字的倾向。这种情况下，预算可能会失去提供公共问责的效力。预算平衡可能被重新定义；会计制度可能会改为收付实现制从而掩盖赤字；长期资本借款可能被用于弥补经营性赤字；支出可能被推迟到下一年度；或资金可能在账户之间被不当挪用，或许还没有相应记录（不管打算或不打算偿还）。在通过预算的时候，为了使它看上去比实际情况更平衡，可能会高估收入或低估支出。这种隐瞒的时间越长，预算就变得越复杂，所提供信息的质量也越低。

那么，怎么才能解决赤字问题呢？实际上，有大量来自各方的压力要求揭示赤字的严重程度，重建平衡。第一，如果存在大量内部借款，那些资金被借用的部门负责人和项目受益人就会焦急地抱怨。第二，内部借款可能变得相当混乱，以致审计师无法证明财务记录的真实和完整，这是可能引发公众关注的麻烦的警告信号。第三，新当选的政客有动机揭露赤字，并将其归咎于前任。第四，如果涉及的金额增长得足够大，就需要外部借款，这意味着要向金融市场寻求资金，而银行和其他投资者会要求财务管理完善的证据，如果可见风险高，则会要求更高的借款利率来补偿。如果情况足够严重，这个市场可能会对其完全关闭。政府越迫切需要借款，就越需要恢复财政信誉才能做到这一点。在承认赤字后，恢复平衡的艰巨任务依然存在。当许多项目是几乎所有人均受益的应享权益，而其他项目又有坚定的利益集团支持时，很难决定该在哪里和如何削减支出，同时又保持住公众的可接受度。

忙于通过借款把当年预算搞平衡，然后再分几年偿还这似乎唯一可行的手段的州政府，几乎没有时间处理因此而浮现的赤字。可能会通过养老基金资金不足的方式进行内部借款，实质上是向未来借款，想法是，以后情况改善时养老基金就会重新充足的。在这种情况下，在现任官员执政期间，其恶果一般不太可能显现。各州还可能根据预期收入来源借款，如当前需要却未到期的烟草结算资金。出售资产，如高速公路私有化或提供长期租赁，都可能提供临时融资（见下面的小案例：芝加哥市的停车计费表，看看在这样的交易中会出什么问题，以及后面的小案例：艾奥瓦州医疗补助私有化）。

这些一次性收入不能解决收入和支出间的长期结构性失衡，但它们往往会抑制紧迫感，降低短期赤字估计数，从而减少赤字运营的尴尬，以及政治上不受欢迎的服务或项目削减。在极端情况下，各州通过长期借款来弥补短期赤字累积。这样一来，支出削减更容易管理，服务中断程度也不那么明显。

小案例：芝加哥市的停车计费表

出售或租赁资产能带来一次性收入，但有时这些交易也会出岔子。芝加哥的停车计费表就是个很好的例子，说明了什么不该做，不该怎么做。2008 年，达利（Daley）市长以 12 亿美元的价格向一个私人财团出租了 36 000 台停车计费表，为期 75 年，放弃了市政府的这笔收入来源。该市的监察长认为它的价值远远不止这个数。私人财团控制计费表后，停车费用增加了 4 倍，达到全国最高水平。此外，租约规定，无论市政府出于何种目的从停车费用中抽取资金，如道路修理，都算欠财团的钱。据市长说，后来又修改了合同，影响已经有所减轻，但此说尚有争议。

该市的监察长报告说，该市未就以 2009 年的停车计费表交易来填补预算赤字的财务情况做充分研究，也没有充分审查替代方案。

小案例：艾奥瓦州医疗补助私有化

并非所有私有化交易都会导致不幸的财政后果，但估算节约额却是件微妙的事。主张私有化的人容易夸大潜在收益，公司则倾向于先给出一个特别好的条件以获得合同，然后再增加成本。私有化的反对者则认为降低成本意味着降低服务质量。

当艾奥瓦州州长将医疗补助计划的管理私有化，将其彻底转变为经营性护理时，州人力资源管理部门估计在头六个月能节约 5100 万美元，这是议会通过预算时使用的预估数。当议员们要求提供证明文件时，该部门却无法提供。最温和的解释是，估计完毕后他们就扔掉了所有文件；而另一种不那么温和的解释是，这个数字来自来路不明的专家，而专家则提供了各种各样的可能结果。因为州长推动私有化提案，工作人员可能会从该范围内选取一个能支持州长决定的数字。

据报告，这种不确定性没有告知议员们，而且预计的节约额可能无法实现。私有化看起来可能是平衡预算的一个好办法，但也可能带来重大的管理和道德问题。首先出现的麻烦信号是，一位行政法法官最近建议取消与私营供应商签订的四份合同中的一份，他指出，"在 2014 年三名前高管因滥用医疗补助金被定罪后，该公司没有披露与联邦政府达成的'诚信协议'的任何细节，此外，精心护理公司还支付了 1.38 亿美元，以解决医疗保险和医疗补助费用过高的投诉，该公司还雇用了两名前艾奥瓦州议员，他们在竞标过程中与布兰斯塔德（Branstad）政府有不当沟通"[1]。

---

[1] Dana Milbank, "Iowa's Radical Privatization of Medicaid Is Already Struggling," *Washington Post*, December 11, 2015, https://www.washingtonpost.com/opinions/iowas - radical - privatization - of - medicaid - is - already - failing/2015/12/11/58b21362 - a01b - 11e5 - bce4 - 708fe33e3288_story.html.

资料来源：Jason Clayworth，"Iowa Can't Show the Math of Medicaid Savings Estimate," *The De-moines Register*，October 15，2015，http：//www. desmoinesregister. com/story/news/investigations/ 2015/10/14/iowa－cant－show－math－medicaid－savings－estimate/73922744/；Josh Levitt，"Branstad's Medicaid Privatization Plan is Officially a Disaster," Iowa Democratic Party press release，October 15，2015，http：//iowademocrats. org/branstads－medicaid－privatization－plan－is－offi-cially－a－disaster/.

199　　当支出削减无法逃避时，第一种方法是让它不那么明显，以防公众抱怨。这种削减方式打破了纳税和服务提供之间的可见联系，似乎削减不会减少服务。这种隐性削减的模式鼓励民选官员继续削减，因为似乎从来没有引起任何伤害或公众抗议。

　　第二种方法是全面削减，给人以公平的印象。但这种方式不利于更深入地削减那些浪费较多，或其服务更容易被市场取代因而未必需要的项目。暂时采用可能会起作用，但如果赤字问题是长期的、结构性的，那这种方式的效率就很低。这也是难以实施的策略，因为利益集团看到自己的项目将被削减，会起来斗争，而不管其他项目发生了什么。

　　第三种方法是削减那些利益集团支持最少的项目，如个人救援或外国援助。与此类似的策略是削减政治对手的项目，不管是服务于对手选区，还是对手在过去雇用了大批政治支持者的计划。

　　有些项目是由较高一级的政府强制支出的，或可能由宪法或宪章条款或法院要求在某一水平下实施。在这种情况下，要考虑的不是在重要性排序最低的地方削减，而是哪里能合法削减。在州和地方一级，公共工程项目可能会受到最严重的削减，因为这些项目尚未得到承诺，拖延这些项目能在短期内节省一些资金，而且这种削减通常是法律允许的。

　　公共预算的四个特征：约束性、角色和目标的多样性、对环境的开放200 性、纳税人和决策者分离，为不同层级政府的赤字政治提供了一些共同的主题。但是，在联邦、州和地方各级预算之间存在一些重要差异，影响着各自处理赤字的方式。

　　第一个区别是，州和地方政府通常需要平衡预算，就算不是在本年度或本两年期，也需要在下一财政年度平衡，但联邦政府就没有这么严格。当环境变化导致联邦层级的应享权益项目费用增加时，增加的费用显示为赤字增加；但在州一级，增加了费用，就必须动用应急基金或减少其他预算支出来补足。因为州和地方政府每年或至少短期内需要平衡预算，所以可能会有更大的压力来推迟付款、提高税收，或将更多项目成本转移到地方政府。州和地方有时会积累预算节余来对抗赤字，此外，其掩盖赤字的努力会更强烈。

第二个区别是，赤字支出调节经济的作用在联邦一级最为突出。州政府只是较低程度地参与对经济的控制，而地方政府在经济控制中的影响力一般都太小，无论花钱多少，对宏观经济的作用都微乎其微。此外，州和地方对赤字的限制使得政府在经济衰退期间无法增加支出，即使这种支出能够刺激经济增长。

第三个区别与整体规模有关。在联邦层级，巨大的预算赤字及其长期性成为了充满噪音的顽固问题，对国民经济具有重大影响。在州和地方一级，赤字更少，也更容易处理，部分原因是年度或两年一度的收支平衡要求，使得每年积累大量赤字更加困难（尽管并非不可能）。

赤字政治：联邦层面

多年来，财政赤字一直是联邦政府的现实情况，但在 20 世纪 80 年代晚期和 90 年代初期，赤字规模变得非常庞大（见图 6.1 和图 6.2）。到 1998 年才得到了控制，但在 2001 年之后又再次增长，创下了新的纪录。近年来，赤字又开始有所下降。截至 2015 年 8 月，国会预算办公室估计 2015 财政年度联邦赤字为 4260 亿美元，而 2011 年的数字是 1.3 万亿美元。

从合众国初期到 20 世纪 30 年代，赤字主要是与战争联系在一起的，债务一般在战争结束后得以偿还。在 20 世纪 30 年代的大萧条期间，政客们通过允许赤字支出来应对收入下降与援助穷人的迫切需要。大萧条为联邦政府创造了一个新角色，最大限度地帮助减少经济波动及随之而来的社会和经济危机。大萧条之后，一种新的经济学理论——凯恩斯主义出现了，认为用于该目的的赤字未必有害，而且经济衰退期间的支出实际上有助于刺激经济。用赤字来缓解衰退和刺激经济通常被认为是暂时的，但自 20 世纪 70 年代中期以来，赤字持续出现。

（亿美元）

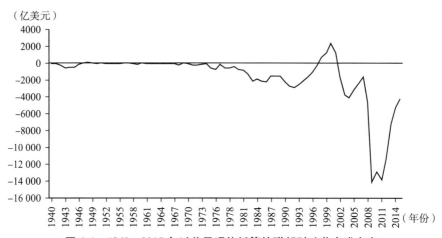

图 6.1　1940—2015 年以美元现值折算的联邦财政节余或赤字

注：2015 年数字为国会预算委员会估计数，因为年中进行过更新。
资料来源：OMB，*Historical Tables*，FY 2017，Table 1 - 3.

自 20 世纪 70 年代以来，承诺消除赤字的政客往往未能做到这一点，造成了赤字失控的印象。赤字规模变得非常庞大，而可接受的中等规模和偶发性赤字则消失不见。1974 年，联邦政府赤字达到 61 亿美元，相当于国内生产总值（GNP）的 0.4%。到了 1992 年，赤字已达 2900 亿美元，如果扣除社会保障节余的话则高达 3400 亿美元。[5]

（%）

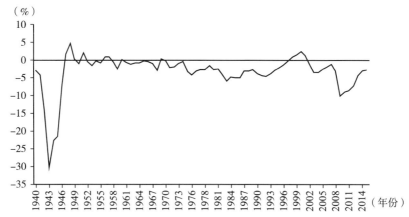

图 6.2　1940—2015 年联邦财政节余或赤字占国民生产总值（GDP）的比例

注：国会预算办公室对财政赤字的估计数略低于行政管理与预算办公室的估计数（以美元计），同样，占 GDP 的比例也稍低。
资料来源：OMB，*Historical Tables*，FY 2017，Table 1 - 2.

克林顿政府把重点放在消除赤字上，到1998年，预算基本平衡。但在布什总统任期内，由于种种原因，一切变化得很快。2001年9月11日，对世贸中心和五角大楼的袭击导致反恐活动成本急剧上升。情报部门的预算在1998年是267亿美元，到2001年则有了飞跃。[6] 到2007年，总额为635亿美元，2011年则达到786亿美元。[7] 爱德华·斯诺登（Edward Snowden）泄露的政府文件显示，2013年国防和非国防部门的情报支出约为750亿美元。2016年的预算申请数为718亿美元。在过去几年里，这些数字只是略有下降。情报收集的成本远远低于那些至少部分是为应对恐怖袭击而进行的战争成本。取决于研究人员如何界定战争成本中所包含的内容，国防部估计从2001年到2011年10年间该数字变化了1.2万亿美元，而纳塔·克劳福德（Neta Crawfords）2014年估计的变化数为4.4万亿美元。[8] 后者金额较大是因为涵盖了较长时期，成本内容含债务和实际支出，包括治疗受伤退伍军人的费用。在整个布什执政期，战争的资金均来自紧急补充拨款，这并不需要收入来抵销或削减支出，所以战争成本直接增加赤字。在奥巴马政府，战争费用已被纳入海外应急行动基金，这是"预算外"资金，不需要遵守经常预算项目的任何规定，因此不需要增加收入来抵销。其结果是，战争支出仍然直接增加了赤字。

除了战争和反恐活动外，2001年中期开始出现经济衰退。使税收问题更加严重的是，布什政府在2001年和2003年两次大幅度减税。到2007年底，第二次经济衰退已经开始，布什政府的对策是再次减税，估计共减了1700亿美元，并开始用贷款拯救汽车行业，努力拯救银行业。2008年10月，布什总统签署了"问题资产救助计划"。

奥巴马政府在这次经济衰退中上台。与2001年的衰退不同，这一次衰退漫长而深刻，失业率普遍。奥巴马政府的特点是两场战争持续和扩大，布什减税政策的持续，以及对通用汽车、克莱斯勒和银行业的救助。这次衰退由房地产泡沫破裂引发，使许多银行和金融部门陷入严重财务困境，而贷款活动的冻结，使经济下滑更为严重。奥巴马总统对继续实施"问题资产救助计划"并不高兴，但也认为有必要：

……如果有一件事能让民主党和共和党，以及介于两者之间的所有人团结起来，那就是我们都痛恨救助银行。我痛恨。你痛恨。它就像根管治疗一样流行。

但是我竞选总统时，我保证过自己不会只做流行的事，我要做必要的事。如果我们任由金融体系崩溃，失业率可能会比今天翻一番。会有更多企业倒闭，更多的房屋会被夺走。

所以我支持上届政府制定金融救援计划的努力。当我们接管这个项目时，会让它更加透明，更加负责。结果，市场已经稳定下来，我们也已经收回了大部分花在银行的钱。[9]

据国会预算办公室估计，截至 2015 年，问题资产救助计划对公众的成本仅为约 280 亿美元，原项目支出 4400 亿美元的其余部分已经收回。[10]

204   共和党要求延长 2001 年和 2003 年布什的减税计划，这项计划主要使富人受益，作为支持奥巴马延长联邦失业津贴的代价。除此之外，奥巴马还降低了工人的工资税，以刺激经济，并对各州提供对抗经济衰退的经济援助，以防止大规模解雇教师、警察和消防人员。联邦政府还帮助各州在经济衰退最严重时期支付医疗补助。对各州的援助还包括资助所谓"万事俱备，只欠东风"的建设项目，以帮助迅速雇用建筑工人。

对这些数字，我们没什么可说的。2000 年，预算内和预算外账户的收入占 GDP 的 20.6%，而支出占 18.2%。到 2011 年，收入的比例降至 15.4%，而支出则增至 24.1%。由此产生的赤字不仅大，而且大得惊人（见图 6.3，可以感受收入减少及支出增加的影响）。2011 年后，随着支出抑制及全面削减支出，战争逐步结束，资产救助计划的资金大部分被收回，经济从衰退中复苏，赤字已从峰值减少了大约一半。

205   上述 2001 年至 2011 年的趋势反映了任何一个政党都无法完全强制对方执行其意愿的政治僵局。当共和党为企业和富人争取减税时，民主党为中产阶级和工人阶级争取减税；当民主党在地方一级寻求扩大对失业者的福利和公共部门雇员的就业机会时，共和党寻求削减支出并反对任何形式的增税。尽管对银行和汽车业的救助是从共和党政府开始的，但政府职能向经济领域扩张激怒了一些右翼分子。对他们来说，政府对企业持有股份看起来就像社会主义；但对左派来说，这看起来像拯救经济，但仅仅是为了上层阶级，穷人们依然会因为无力偿还抵押贷款而被赶出家园。唯一可能达成的政治协议是支持进一步减税，以及增加对金融部门相关的支出。

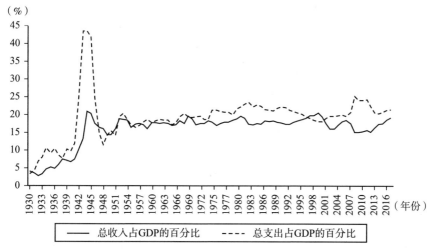

图 6.3 1930—2016 年联邦财政支出和收入总额占 GDP 的比例

注：2015 年和 2016 年为估计数。

资料来源：Office of Management and Budget，"Budget of the U. S. Government," Fiscal Year 2016, Historical Tables，Table 1. 2. https：//www. whitehouse. gov/omb/budget/Historicals.

共和党利用赤字规模作为主张支出削减的由头。在达成削减支出的协议之前，他们拒绝支持提高债务限额，因为这将允许政府支付账单。他们的提案排除了增税，强制削减针对穷人的项目，并停止了进一步救助经济的努力。他们成功地坚持了削减水平，并制作协议成立了一个超级委员会来指定哪些项目的预算将被削减多少。这个由民主党和共和党组成的委员会无法达成一致意见，只好将包括国防在内的所有开支全面削减。

在协议达成后不久，共和党就放弃了，要求进一步削减其他项目，同时免除对国防部支出的削减。最初的协议计划在十年内削减 1.2 万亿美元，但由于超级委员会未能就增加税收或削减支出达成一致意见，只好退而求其次，改为全面削减包括国防支出在内超过 1 万亿美元的预算，但豁免了最贫困者。面对 5000 亿美元的国防削减，民主党人希望通过增加一些税收来缓和支出削减，但共和党人拒绝考虑这一提议。与此相反，众议院的共和党人提议通过削减食品券、医疗补助和其他社会项目来减轻对国防支出的削减，"据国会预算办公室估计，这项法案会使 180 万人失去食品券，28 万名儿童失去学校午餐补贴，并使参加联邦和州儿童健康保险计划的 30 万名儿童失去健康保险。取消对州和地方政府的社会服务集体补助将打击防止虐待儿童项目、午餐和儿童保育项目。"[11]这一建议的目的与其说是减少赤字，不如说是将削减从国防转向社会服务领域。

206　　　一些共和党人希望在支持提高债务上限之前，保证预算平衡的宪法修正案能在国会获得通过。他们并没有获得保证，但预算平衡修正案确实提交到了参众两院。2011 年 11 月，众议院未能获得通过该修正案所需的三分之二多数票。2011 年 12 月，民主党和共和党的预算平衡修正提案在参议院均未获通过。虽然这些提议失败了，但依然表明，各方正重新努力制定一个能束缚国会手脚的预算流程，以某种方式强制实现平衡和纪律，或强制削减某些人喜欢的支出。来自犹他州的参议员奥林·哈奇（Orin Hatch）支持共和党的提案，他认为，"除非宪法要求，国会自己是无法戒除过度支出的毒瘾的。"[12]其中一项提案的措辞充满了暗示，要求提高税收或允许超过 GDP18% 的支出必须获得绝对多数票通过。自 1966 年以来，[13]财政支出在经济中所占的比例从没有那么低过。因此，预算平衡修正案可能更多是为了实现更小规模的政府以及保持低税收，而不是平衡预算。

　　如前所述，关于全面削减是否应该包括国防支出在内的争议解决方案，是将战争费用转入海外应急行动账户，这是一个"预算外"账户，因此不属于全面削减的范围。国防部的一些常规支出也被转移到这一基金中，使国防部的预算看起来更小。

赤字政治：州一级

　　当各州面临财政赤字时，和联邦政府一样，它们必须决定是否以及增加多少收入或减少多少支出，对政府范围的影响也类似。同样，也存在界定赤字定义，以及衡量赤字规模和重要性的问题。正如联邦政府必须决定可以将多少财政负担转嫁给各州或私营部门，各州也必须决定从地方政府吸收或转移多少费用，以及能向地方政府卸下多少公共服务的负担。但各州有对年度（或两年期）财政预算平衡的要求，这导致了与联邦政府的一些不同。

　　各州尤其会受到既增加应享权益成本，同时又减少收入的经济衰退的压力。如果各州能将预算再平衡推迟到经济衰退结束的经济复苏时期，他们或207 许就能避免大幅削减支出，但各州法律不允许赤字持续数年。提高收入需要时间和政治风险，而各州实现年度或两年期收支平衡的时间又很短，这意味着必须大幅削减支出，有时甚至在一年内多次削减支出，才能平衡预算。为了尽量减少弥补这种缺口的必要性，各州往往或多或少依赖法律手段，即便未必是财政上保守的方法，来支撑自己直到经济好转。面临高赤字时，许多州确实会做些削减，但也会采用权宜之计。他们经常使用各种不同的预算花招来防止项目和人员的进一步削减，希望将艰难的决定推迟到未来，等经济复苏，平衡会更容易实现。许多州会借钱，他们会从各种应急资金中提取储备，他们也会推迟或暂停支付地方政府和供应商。有些州会调整发薪日、推迟退税、加快费用收取，或将房屋售出再租回。有几个州进行某种套利活动，在利率相对较低的政府市场借款，将款项放在投资于私营部门因而回报较高的养老基金里，期望养老基金能还贷并在此过程中产生一些收益，这样能将州政府需要划拨给养老基金的数额稍微降低。

全力对付预算平衡要求的各州，不仅使用预算花招来应对赤字，有时还用来掩盖或缩小赤字规模，因为如果赤字很小，或被定义为没有赤字，州政府就不需要增税或者削减服务，这两者在政治上都不受欢迎。例如，来自威斯康星州的共和党众议员戴维·奥贝（David Obey）在几年前就报告说，"我来自一个有预算平衡要求的州。在我任职的六年时间里，威斯康星州的负债翻了一番，但他们使用了各种骗人的工具，如预算外会计、虚假的建筑公司等等，将各种真正的政府花销都定义为预算外支出。"[14]

另一个让预算看起来好像平衡的花招是加快收税，这能为州政府带来一次性横财。例如将收税时间从每季度改为每月，就可以在 12 个月内获得 15 个月的税收。在季度基础上，第 1 个月会收到之前 3 个月的税，第二次征收在第 3 个月，再收之前 3 个月的税，以此类推，本年最后一次收缴是在第 9 个月。但如果州政府此时改为按月征收，就可以继续征收第 10 个月、11 个月和 12 个月的税款，而通常情况下，必须等到下一个财政年度才能收到。[15]

还有一种类似的伎俩，将某些支出推到下一个财政年度。这当然会增加 208 下一年度的支出，但到那时经济衰退可能已经结束，增加的收入就足以弥补额外的支出。有一种将支出转入下一年的方法，是将会计原则从修改后的权责发生制改为收付实现制。按照收付实现制，今年发生但到明年才支付的支出会正式计入明年的支出。而按照权责发生制，它们会被计入今年的支出。

在伊利诺伊州，州长于1978年将会计制度从修改后的权责发生制改为收付实现制，使当年预算看起来更加平衡。[16]此外，收付实现预算改变了赤字的定义，其衡量赤字的方法是看年底的现金余额，而不是将本年发生的收入和支出相匹配。现金余额非常适合操纵，因为手头上的任何现金都能用来计算余额，即使是借款。现金余额还会受到加速收税、供应商付款延迟、操纵联邦资金提取时间的影响。"当某个行政部门承诺实现某个具体的年终现金余额时，就完全可以操纵收入处理系统，以产生一个与预测一致的平衡数。"[17]或许最重要的是，该现金余额总是正数，因此看起来政府总是处于节余之中，即便出现财政赤字也是这样。

预算上的小花招减少了支出削减的数量，或可能必须增加的税收，这有助于当选官员避免做出树敌的艰难政治选择。这些技术未必就很坏，如果能避免大幅削减和代价高昂的重组来消除赤字，而随着经济复苏赤字则自行消失，这还是说得过去的。但这种方式持续太久，导致大量未偿付债务累计，则可能导致危害。此外，它们掩盖了真实的财务状况，减少了可问责度。

许多州采取的一个更具建设性的对策是创建和扩大雨天基金，在经济衰退和收入低于预期时使用。在理想的情况下，在收入增长的年份，资金被投入到这些基金中，而在收入下降的衰退时期，使用这些资金。在衰退期耗尽的资金必须在未来几年得到补充。这些基金如果金额足够大，就能有助于防止年中削减。有些州在建立和使用应急基金方面比其他州更为成功。但总的来说，这些资金往往太少，无法按预期运作，或必须在经济和收入恢复之前偿还。

当需要进行年中削减时，常常是州长不得不这么做。有些州长会主动这样做，而在另一些州，必须得到议会的批准才能削减。议员们则对预算重新平衡并没这么着急，也不急着赋予州长在年中改变预算优先次序的无限权力。共有15个州给予州长在一年中无限削减预算的权力。[18]更常见的是，议会赋予州长有限的预算削减权力，或全面按比例削减（这种方法不会改变议会的优先次序），或给予无须议会批准的特定百分比以下的削减权利。[19]通过这种方式，州长有望在年中平衡预算，而且经常被授予相当大的酌情处理权。但如果需要采取更大的动作，可能会严重改变议会支出的优先次序，州长通常必须征得获得议会批准。

　　虽然有时对该削减谁的项目会有争议，但各州在削减计划方面其实没有多少灵活性。必须削减预算时，首先会削减州预算中可酌情处理的部分，如高速公路、教育、警察、监狱、法院以及对地方政府的共享收入或补贴。其他支出可能是由法律强制规定而无法削减的。

　　即便在所谓的酌情处理预算内，酌情处理权也可能非常有限。例如，1979 年加利福尼亚州的 4 号提案将拨款增长限制在生活费用增加的百分比和州或地方政府人口增加的百分比之内。作为回应，公民们于 1988 年通过了 98 号提案，要求至少将加利福尼亚州普通基金的 40% 用于教育。同样，科罗拉多州的《纳税人权利法案》修正案每年都会导致预算大幅削减，包括 K - 12 教育资金。针对此，公民们通过全民投票来确保学校资金的充足。其结果是高等教育费几乎成了唯一还有余钱被削减的支出。州立大学的预算大幅削减。在一定程度上，就是因为类似的选择缺乏，各州很容易将成本转嫁给地方政府，或者拿地方收入来支付州的费用。

把负担推给地方政府

　　因为地方政府从属于州，必须听令于州政府，所以各州可以决定将项目费用的负担转嫁给地方政府。也就是说，州政府可以命令地方政府以比原先较高的水平或不同的方式提供特定服务，却不为地方政府提供支付这些新要求的资金。各州还可以将地方收入据为己有。第三种可能是各州通过削减对地方政府的财政援助来平衡自己的预算，即便这种援助是州从地方拿走的收入的补偿也不例外。

　　这三种方式都可能使地方政府的财政状况恶化。因为各州对地方政府的财政健康负有最终责任，所以他们也不想给地方政府太大压力，但同时，各州必须每年或每两年平衡预算，在削减方面几乎没有选择。因此，如果州政府没有应急资金或该资金不足，或他们不打算动用该资金，他们就会采取上述三种策略中的任何一种或全部。有些州在平衡预算的诱惑下，让地方政府承担压力。

　　州一级没有配套资金的强制支出。各州可以通过将通常由州支付的支出转嫁给地方政府来帮助平衡预算。这些负担会使地方政府更难平衡自己的预算。1996 年，俄勒冈州公民通过了一项宪法修正案，禁止该州将没有配套资金的强制支出强加给地方政府。这项措施的紧迫性在于，地方政府在增税方面面临严格的全州范围限制。条款要求四年后重新公开确认该修正案，后来确实也做了很大更新。

1996 年，共有 28 个州根据宪法条款、法规或二者同时规定了某种类型的强制支出项目。其中，17 个州为其提供了补偿，9 个州提供了部分补偿。补偿的范围可能是全额、部分或有的项目全额有的项目部分。到 2007 年，35 个州有宪法或法律规定，要求补偿州强制支出项目的费用。[20]

各州普遍认为很难遵守这些将费用转嫁给地方政府的限制，但这些法律或宪法条款似乎确实有助于地方政府反击，尽管双方的权利完全不对等。例如，在华盛顿州，地方政府赢得了一系列针对该州的诉讼，以收回州政府强制其支出的费用。[21]然而，这些法律高估了地方政府抵制州强加成本的能力，在实践中这些法定条款可能被忽视，甚至宪法修正案也可能被规避。当一个州陷入财政困境时，通常会找到避免支付强制支出项目的办法。

在加利福尼亚州，一项宪法修正案要求州政府为强制地方政府的支出项目提供资金，但当州政府没有资金时，就推迟了付款。2004 年，1－A 号提案要求州要么支付强制支出费用，要么暂停或终止这些项目，但 2004 年之前的欠款可以在一段时间内付清。州政府的反应是每年都暂停这些强制支出项目，于是当年就算没有付款也遵守了要求。又由于这些强制支出项目在很多情况下均是联邦政府的要求，仍在现行法规要求之下，因此可能在未来的预算中重新启动，而且可能已经纳入课程大纲开始实施，因此学校和地方政府都不可能轻易暂停。结果，地方政府之前在强制支出项目里的花费，就无法获得偿还。截至 2012 年，该州仍然拖欠超过 10 亿美元强制支出费用的累计补偿款，预算中也没有为此建立准备金，超过 50 项强制支出项目被暂停，其中许多已经暂停了十多年。[22]

一旦强制支出项目被暂停，州政府不仅不再需要承担补偿地方政府遵守要求进行支出的费用，而且对暂停之前的费用也不再补偿。因此，州的财政部门每年都会仔细审查强制支出项目清单，尽可能多地将其暂停。除了对强制支出项目和补偿款暂停外，州政府还设法避免全额补偿地方政府能收费的强制支出项目的要求，如固体废物循环利用。[23]

州税收掠夺。各州也可以通过接管地方政府的税收来帮助自己平衡预算，如接管一个地方税源，或要求地方政府向州汇款。当加利福尼亚州陷入财政困境时，在 12 年里从地方政府收入中拿走了超过 400 亿美元。最初，州政府拿走了本应由地方政府征收的财产税，而将学校和社区学院交给地方政府，以此减少了州的教育支出。在 2001 年 9 月 11 日之后财务状况恶化时，该州违背了自己通过降低汽车税来弥补收入损失的承诺。然后，州政府推迟了对强制支出的补偿，让地方政府自己找资金来满足州的要求。总的来说，这些损失加剧了地方层级的财务问题，在某些情况下造成或至少促成了警察和消防部门人员的减少。

作为对策，地方政府提出了一项宪法修正案，以限制该州的税收争夺。最终达成了一项妥协，州政府承诺不再占用地方政府的收入，但在财政严重紧张的情况下为自己保留了一些回旋余地。该修正案"禁止州议会从地方政府拿走汽车税、地方财产税和销售税，除非州长首先宣布财政紧急状况，212
而且经过三分之二的议员同意。即便如此，这笔钱必须在三年内全部付清"。[24]此外，这项措施还要求州支付过去几年来未向地方政府支付的强制支出费用，并允许地方政府在无力支付或对项目重要性存在分歧的情况下，可以自主决定今后不执行没有配套资金的强制支出项目。这一修正案得到了两党的广泛支持，并于 2004 年 11 月顺利通过。

尽管有 2004 年的修正案，但在 2009 年，州议会还是从地方政府资金中拿走了约 50 亿美元。针对此举，一个由地方政府团体组成的联盟于 2010 年提出了一项投票倡议，防止州政府拿走用于公共安全和交通的地方政府收入。这项措施以 60.7%：39.3% 得以通过，涉及的地方政府收入还包括汽油税、当地征收的酒店税、包裹税、水电费和销售税，这些收入均专项用于公共安全和交通。[25]

削减州对地方政府的援助。当一个州陷入财政困难，或者该州的决策者想要减税或保持低税率，因此需要找个地方削减支出以平衡预算时，削减补偿款和共享收入的诱惑就非常巨大。

许多州在经济大衰退期间削减了对地方政府的援助，有些州在经济衰退后即使有预算节余，也未能完全恢复这种援助，导致甚至像底特律这样的城市也面临严重的财政压力。比如，考虑到通货膨胀，有 30 个州在 2014 年至 2015 年期间的公共教育资金仍由地方提供，其水平低于经济衰退之前。[26]

在威斯康星州，在 2005—2007 年预算和 2013—2015 年预算提案之间，按通货膨胀调整后的美元计算，州对县市直接援助支出下降了 17%。[27]2015年，即上次衰退结束数年后，州的援助支出仍低于 2002 年。

俄亥俄州在 2010 年至 2015 年间削减了 15 亿美元给地方政府的资金。作为地方政府资金来源的遗产税被取消了，但州政府承诺代替之的收入却没有到位；财产税减免被削减；地方政府基金也遭到裁减。[28]在 2003 年至 2011年期间，明尼苏达州对地方政府的援助名义上下降了 24%，经通货膨胀修正后几乎达到了 50%（详见图 6.4）。[29]

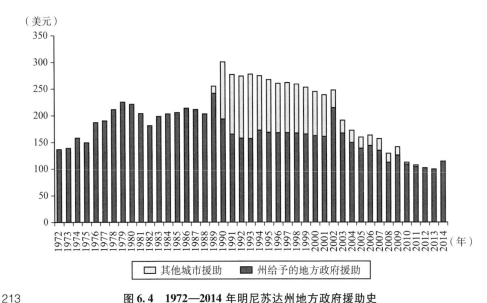

（美元）

图例：□ 其他城市援助　■ 州给予的地方政府援助

213　　　　　　　　　　**图 6.4　1972—2014 年明尼苏达州地方政府援助史**

资料来源：Jeff Van Wychen, 2013 Tax Act Restores Badly Needed Local Funding, Minnesota 2020, September 23, 2013. Retrieved from http：//www. mn2020. 0rg/issues – that – matter/fiscal – policy/ 2013 – tax – act – restores – badly – needed – lga – funding.

214　　　　一份关于明尼苏达州援助项目管理的报告评论说：

自 2002 年以来，州政府的大部分财务困境并未通过增税或削减州政府支出而得以解决，反而通过削减州对地方的援助将问题转嫁给地方政府。从2002 年到 2008 年，明尼苏达州对学区的补助平均每个学生下降了 13.4%，而对城市和县的人均补助在扣除政府采购的通货膨胀因素前后，下降数分别为 36.7% 和 31.3%。[30]

这种对地方政府援助的减少，与该州将重要的强制支出服务项目转移到地方政府同时发生。2011 年上任的民主党州长戴顿（Dayton）部分恢复了对地方政府的援助资金，但截至 2015 年，援助资金仍明显低于 2002 年的水平。[31]2015 年，州议会的共和党人正致力于削减对特定城市的援助。

在密歇根州，从 2002 年到 2013 年，州与地方政府的共享收入从每年超过 9 亿美元下降到约 2.5 亿美元。据密歇根市政联盟估计，累计总收入损失超过 60 亿美元。共享收入的损失常常伴随着地方收入来源的减少或取消，按道理州政府应该补偿地方政府，但却没这么做。[32]申请破产的底特律在 2002 至 2013 年间，由于州政府削减导致的损失超过 7.32 亿美元。[33]

纽约州的一个州对地方援助项目"对市政当局的援助和激励项目"，正打算降低地方的财产税。该项目对纽约市以外地区的援助金额从 2004 年的 5.786 亿美元增加到 2010 年的 10.782 亿美元。到 2012 年，资金减少到 7.147 亿美元，到 2015 年一直保持这个水平。[34]

从 2002 年到 2008 年，即两次经济衰退之间，马里兰州增加了对地方政府的援助。2008—2014 年，该援助减少，导致地方卫生部门和城市及县的损失最大，详见表 6.1。

在马里兰州，大衰退期间州对地方援助的急剧下降直到衰退结束也没有完全逆转。对各县市的援助从 2008 年的 9.046 亿美元降至 2011 年的 3.806 亿美元。此后有所增加，但资金仍远低于 10 年前的水平。2008 年对县市的援助下降了 5%，2009 年下降了 18.6%，2010 年下降了 46%。2011 年又下降了 4.2%。从 2010 年到 2015 年上升了 38.4%，但这一上升尚不足以弥补之前的损失。2008—2015 年，州对县、市的援助每年平均减少 6.9%。[35]

表 6.1　　　　马里兰州对地方援助金额的年均增减比例：
2002—2008 年与 2008—2014 年对比

215

机构	2002—2008 年（%）	2008—2014 年（%）
公立学校	10.3	2.1
图书馆	5.9	-0.7
社区学院	4.8	1.7

机构	2002—2008 年（%）	2008—2014 年（%）
地方卫生局	2.6	− 8.2
县/市政	4.1	− 8.7
退休金	9.5	7.2
州援助总额	8.8	1.3

资料来源：Overview of State Aid to Local Governments Fiscal 2015 Allowance，Department of Legislative Services Office of Policy Analysis，Annapolis，MD，January 2014，p. 4，http：//dls. state. md. us/data/polanasubare/polanasubare_intmatnpubadm/polanasubare_intmatnpubadm_staaidrep/Overview – of – State – Aid – to – Local – Governments. pdf.

"高压锅"

在 2007 年底开始的经济衰退期间以及其后各州经济仍然疲弱时，州对地方政府的援助，包括对公立学校的援助，往往被大幅削减，但这一压力能被联邦政府给予的两年补助所抵销，但到 2011 年底，联邦补助结束。在地方层级，财务问题往往比州一级发展得要慢，因为地方政府比州政府对所得税的依赖程度低，这一税种在经济衰退期间会快速下滑，而对财产税依赖程度更高，这一税种则相对稳定。但 2007 年 12 月开始的经济衰退是由房地产泡沫破裂引起的，这意味着房地产价格下跌，地方政府从财产税中所能获得的收入也因此减少。由于销售税也因经济衰退而降低，此时地方政府经历的收入下降幅度超过了普通经济衰退期间的水平。

有时对地方政府援助的减少还会与将强制支出责任转移到地方政府同时发生。例如，北卡罗来纳州将部分指定用于地方学校的教育彩票转入该州的普通基金。州议会在 2013 年削减了新校车的资金，迫使地方政府承担，然后还将校车更换里程数从 20 万英里增加到 25 万英里。州政府不得不减少校车的更换，但随着更多旧校车上路，维修费用不可避免地增加了。州政府会支付一定的维护费用，但是如果某学区花费超过了维护费用的上限，就必须自己承担超出的部分。

由于法院要求减轻监狱人满为患的状况，加利福尼亚州政府于 2011 年将看管低级别罪犯的责任移交给县监狱，并为这些新的分散的监狱提供资金。很自然地，地方政府会对州政府能否持续提供资金感到焦虑，特别是考虑到该州曾有掠夺地方税收的历史。于是通过 AB109 号法案提供了永久的资金来源，即车辆许可费以及销售税的部分。2012 年，选民通过第 30 号提案，使 2011 年立法规定的两项专项收入来源写进了州宪法。然而，尚不清楚的是，这两项收入来源，即销售税的 1.0625% 以及 25 美元车辆许可费中的 12 美元，是否足以支付项目费用。如果经济衰退减少了州的销售税收入，用于该计划的资金就可能不足。

一些州为了帮助地方政府度过金融风暴，已经授予地方政府新的或扩大的征税权力。例如，在马萨诸塞州 2010 年的预算中，议会允许地方政府提高餐厅餐费 0.75% 的税率。但在其他州，新税收是不允许的，并且禁止增加现有税收，这使得问题更加严重。

当地方政府同时面临着财产税收入减少、州援助减少和联邦补助结束的情况时，地方政府几乎没有选择。他们可以削减人员和服务、提高税收，或让州对资金不足的强制支出项目放宽要求，让地方政府在如何以较低的成本履行职责方面有更大的灵活性。增税在政治上是困难的，有时在法律上也不可行，而从州政府那里获得更多的钱似乎也行不通。由于负责各自居民的健康和安全，他们只能一边削减人员和项目一边履行职责。因此，全国范围内，各地方政府都主张提高灵活性和服务效率。

有些州正在检视或修订地方政府的州强制支出项目。如得克萨斯州就通过了一项全面的强制支出项目救济措施，允许学区教师休假、缩短合同终止通知期、降低最低工资要求，并扩大得克萨斯教育局的职权，允许放弃课堂上学生与教师不高于 22∶1 的比例要求。[36]

俄亥俄州也通过了一项教育强制支出项目救济法案，但方式有所不同： 217

这项立法……取消了没有配套经费又要求学校提供全日制幼儿园的强制支出，并将向全日制幼儿园收费的权力还给大多数学区。此外，还包括取消按学生人均留存一定金额划入课本和教材基金的规定，并不再要求学区建立家庭和公民参与小组的政策。[37]

在纽约州，政府做出了广泛的努力，检视对地方政府的强制支出项目和地方官员的建议。2011 年通过的立法每年可节省约 1.25 亿美元，但被称为重新设计小组的特别委员会提出的许多建议并没有被议会采纳。通过的提案包括减少文书工作要求，并允许地方政府使用联邦政府批准的供应商名单和

合同。允许地方政府以小合同雇用自己的工人，取消了警察局长的法定工资
要求。一些州要求的细化管理得到了放松，报告要求的频率降低，允许几个
小学区共用一个学监。尽管这些调整对地方政府来说显然是正确的方向，但
也非惊天动地。被否决的提案包括一项防止批准额外的无配套经费强制支出
项目的宪法修正案，以及一项允许地方政府放弃强制支出项目的条款。[38]
2012 年州长库莫（Comber）的强制支出救济委员会拒绝了 65 个救助请求中
的 51 个；次年，该委员会只收到了 4 个请求，并仅对其中一个采取了行动。
该委员会创建于 2011 年，目的是听取地方政府的抱怨，2014 年底被关闭。

当各州无法或不愿防止或减轻地方政府的财政压力时，它们会发现自己
对此负有责任。有些州法律允许州以某种方式接管地方政府，此时，州政府
会选一位财务经理对地方政府的财务状况行使特别决策权。密歇根州 2012
年通过了一项新法律，名为《地方金融稳定和选择法案》。到 2015 年，6 个
陷入困境的城市已经被州接管，此外，底特律市还被州指定了一位财务经
理，他支持该市破产。在宾夕法尼亚州，该州接管了下辖 27 个城市的财务
218 管理，包括哈里斯堡、斯克兰顿和雷丁等城市。此外还成立了一个独立的监
督委员会来处理费城的财务问题。[39]

有些州允许其下辖地方政府根据联邦法律宣布破产。根据联邦破产法第
9 章，地方政府在重组和改善财务状况时，可以获得一些破产保护以应对债
权人。12 个州给予地方政府无限制宣布破产的权力；15 个州规定了宣布破
产的条件，或让某些管辖区的市政破产。在这些州，陷入财政困境的地方政
府可能必须获得州政府的批准，才能根据联邦法律宣布破产，也就是说，还
有可能不获批准。22 个州没有立法来允许地方政府使用联邦破产条款，有
一个州（即乔治亚州）则禁止使用。[40]

根据联邦破产法：

要确认破产，法官必须确定市政当局已经无法通过使用储备金、减少支
出、提高税收、借款或推迟偿还债务等手段偿还债权人。在涉及第 9 章的相
关案件中，破产法院不得干涉市政当局的财产、收入、政治或政府权力。因
此，法院不得要求市政府出售财产、提高税收或罢免官员。然而，如果一个
市政当局因不合理的原因未能行使其征税权，则可能违反诚信行事的义务，
因此会将该市政当局置于破产保护的资格之外。[41]

在征得三分之二债权人的同意，地方政府宣布破产时，法院可以实施一项计划，可能会导致改变先前的协议和合同。债权人可能会得到一定比例的欠款，退休人员的养老金或医疗保险可能会被削减，当前雇员的工资和福利也可能会被削减。

当州通过任命紧急财务经理而不是允许破产来接管地方财政时，地方官员可能会失去自主权。城市可能被迫出售资产来支付账单，提高费用，或在履行义务的同时取消部分项目。考虑到紧急财务经理和破产法官做法上的差别，是采取州接管还是破产的决定，可能会引发争议。

对各州能给地方政府施加多少财政压力以减轻自己的负担，已经有了很大制约，因为它们最终要对州内地方政府的财政状况负责。但最近似乎打开了一个新的逃生通道，即破产。从历史上看，破产在美国是很少见的，但在过去几年里，这种情况有所增加。破产名单包括加利福尼亚州的瓦莱霍、斯托克顿和圣贝纳迪诺，以及亚拉巴马州的杰斐逊县和密歇根州的底特律。 219

底特律2013年的破产规模是迄今为止最大的。底特律的案例涉及城市的一些糟糕决策，如州援助款削减以及州接管等，最后由联邦破产法官裁决（参见下文小案例：底特律破产）。

小案例：底特律破产

底特律财政问题的根本原因是其税基长期受到侵蚀，特别是通用汽车和克莱斯勒最终宣布破产，导致汽车产业滑坡。随着工业基础的削弱，工作机会和人口也随之减少。然后一场严重的经济衰退使城市的收入进一步恶化。此时，密歇根州削减对地方政府援助的政策使收入问题更加严重。联邦抗击经济衰退补助的结束也加剧了该市的财政困难。收入不足迫使裁员，减少了对养老基金的缴款，而经济衰退又降低了现有养老基金的价值，增加了该市对养老金的欠款。

陷入经济困境的城市有时会采取复杂的、高风险的，甚至可能是非法的策略。银行、投资公司和金融顾问急于赚钱，将这类计谋兜售给焦灼的市政官员。当这些安排无法见效时，这个城市就背负着难以承受的债务。在底特律的故事中，这种问题重重的安排是非常典型的。

2005 年，底特律工人成功起诉，迫使该市缴纳拖欠的养老金款项。由于没有钱执行法院的判决，市长想借款存入养老金。然而，该市已经达到了州规定的债务上限，普通借款根本不可行。

此时，金融顾问和银行家帮助制定了一项计划来突破该上限。于是，该市创立了两家服务公司将拥有独立借贷能力的部门从市政府剥离出来，其唯一的职能是代表城市借钱。为了鼓励和保护潜在投资者，市政府同意对大部分借款采用可变利率。如果利率上升，该市将为其借贷的 14 亿美元支付更高的利率。在银行和金融顾问的鼓励下，市政府将可变利率贷款与利率为 6% 的固定利率贷款进行掉期操作，以防止利率上升。但随后，利率非但没有上升，反而下降，于是该市面对着昂贵的固定利率，而非较便宜的可变利率。如果取消这个掉期合同，则需要缴纳高额罚款。2009 年，该市的信用评级被下调，违反了掉期协议的条款，该市重组了协议，以降低对银行违约的风险，将赌场收入直接存入代管基金，如果该市违约，银行可以从中提取资金。后来，当市政府违约时，银行果然拿走了该市的赌场收入。

2013 年 3 月，斯奈德（Synder）州长任命琼斯戴律师事务所的凯文·奥尔（Kevyn Orr）为该市的紧急财务经理。琼斯戴律师事务所在破产程序中同时代表该市和州政府，奥尔的权力很大，他可以改变该市的预算、重新谈判或使工会合同无效、出售城市资产、将服务私有化，还可以代表城市与债权人谈判。根据密歇根州法律，只有在州长指定的紧急财务经理建议的情况下，城市才能宣布破产。

奥尔拒绝了以非法为由豁免市政府某些债务的可能性。他声称，在法庭上胜诉的机会只有一半，市政府没有时间进行冗长的法庭诉讼。作为破产法的专家，他无疑知道，在联邦破产程序中，利率掉期和其他衍生品可以得到优惠待遇。

奥尔开始与该市的债权人进行谈判。对他认为没有担保的债务偿还很少的钱，结果不出所料，他无法让各方都同意他的提议。由于没有达成偿债协议，他建议该市申请破产。他希望将养老金制度改为固定缴款而非固定福利计划，这给雇员而不是雇主带来了更大的风险，他还主张大幅削减雇员的医疗护理，大幅削减养老金作为强迫工人让步的手段，他还建议只适度减少对持有利率掉期合同的银行的欠款。在他管理该市财政的阶段，他跳过了政府对养老基金的付款，却一直支付未偿付债券和利率掉期合同，此外，还继续偿付"部分重要的"供应商。[1]他夸大了养老金不足的程度（实际上由于借款，养老金相当充足），也夸大了养老金和健康保险债务与城市其他债务相比的重要性。

破产法官裁定底特律有资格破产，尽管该州宪法禁止削减养老金，但此时却有可能被削减。然而，奥尔提议应该付给银行一笔资金来终止利率掉期合同，以及将相应收回的赌场收入用于减少未来借款并帮助恢复城市服务，均遭到法官拒绝。奥尔首先向破产法院提出，向持有利率掉期合同的银行支付 80% 的欠款，这一提议被否决时，他提议支付 60%，再次遭到拒绝时，奥尔和银行同意按 30% 达成和解。破产法官最终批准对养老基金的削减也远比奥尔最初提议的幅度小很多。

在这一过程中，州长一直保持低调，但在他的支持下，州政府最终还是提供了一些资金，防止债权人强迫出售该市博物馆的艺术品，并减少了对退休人员养老金的削减。尽管有这种后期支持，《华盛顿邮报》依然认为，是斯奈德州长"把底特律推入了破产"，[2]《纽约时报》同样指出，"上周五，密歇根州长里克·斯奈德为自己迫使底特律破产的决定进行了辩护，认为这是遏制数十年来的衰退、解决不断恶化的债务危机的必要步骤。"[3]

在该破产程序中，同时代表州和底特律市的琼斯戴律师事务所的律师们认为，破产是解决底特律问题的唯一途径，紧急财务经理不可能与所有债权人达成自愿协议，从而避免破产。在自己人凯文·奥尔被任命为紧急财务经理之前，他们在电子邮件中就已经表达了这种观点。他们认为，紧急财务经理的目的就是完成任务清单，使情况看起来似乎所有可能的选择都已用尽，从而使底特律符合破产资格。[4]因此，州长、同时代表州和市的律师事务所以及紧急财务经理看起来都认为底特律必须宣布破产。一个潜在的原因是，破产后可以削减城市的养老金，从而绕过对养老金的宪法保障。

221

对底特律来说，除了破产，可能确实没有其他现实的选择，但即便所有可能的选择都已经尝试过并以失败告终，强迫该市破产看起来似乎依然是预先就确定的，其他的救援方案也没有认真讨论过。有些州更想避免本州的城市破产，因为他们可以通过紧急财务经理对结果施加更多控制，还因为一个城市的破产会对其他城市造成连锁伤害。但是，如果存在州宪法防止削减养老金，那么破产似乎就是绕过州宪法和减少养老金的好办法。同时，联邦破产法保护对各种金融衍生品的支付，如利率掉期。如果目标是削减工人和退休人员的养老金，保护银行，破产确实是合理的策略。破产法官不一定完全同意州指定的财务经理的提议，但破产程序总是有这种风险存在的。

1　The quotation marks are in the original reuters article. "Property Taxes, Skipped Pension Payments Boost Detroit's Cashflow," Oct. 16, 2013, *Reuters*, http：//www. reuters. com/article/2013/10/16/usa - detroit - quarterly - idUSL1N0I62I620131016.

2　Michael Fletcher, "Gov. Rick Snyder Could Be the Country's Most Unusual Republican. Can he save Detroit?" *Washington Post*, June 13, 2014, http：//www. washingtonpost. com/business/economy/gov - rick - snyder - could - be - the - countrys - most - unusual - republican - can - he - save - detroit/2014/06/13/ccea36e8 - e7b6 - 11e3 - afc6 - a1dd9407abcf_story. html.

3　Bill Vlasic, "Michigan Judge Rules Against Bankruptcy Push," *New York Times*, July 19, 2013, http：//www. nytimes. com/2013/07/20/us/breadth - of - bankruptcy - fight - detroit - faces - becoming - clear. html.

4　Alan Pyke, "Banking on Bankruptcy: Emails Suggest Negotiations With Detroit Retirees Were Designed To Fail," July 23, 2013, Thinkprogress. com, http：//thinkprogress. org/economy/2013/07/23/2342511/banking - on - bankruptcy - emails - suggest - negotiations - with - detroit - retirees - were - designed - to - fail/.

底特律财政崩溃的关键因素是，该市与银行达成了复杂的金融安排，以支付养老基金的不足。这种看起来好得不真实的复杂金融交易，也是亚拉巴马州杰斐逊县破产的部分原因（详情见后面杰斐逊县宣布破产的小案例）。在亚拉巴马州和密歇根州，州政府的作用都至关重要。这两个州不仅必须决定是否愿意救助其境况不佳的地方政府，提供新的收入来源，或以自己的信用评级取代失败的地方政府，使其能够借款，还必须决定是允许还是阻止地

222

方政府宣布破产。在这两个案例里，法院也扮演了重要角色。在底特律，法院裁定该市必须支付养老金，后来，破产法官裁定，尽管有宪法保障，工人的养老金仍可削减；在杰斐逊县，法院裁定，该县必须修复下水道系统泄漏的问题，而一个法官裁定新的收入来源非法。尽管理论上，无论由法院指定官员还是由州指定官员接管地方财政，结果可能都是相同的，但破产通常意 223 味着要与所有主要债权人进行谈判，使他们都蒙受一些损失，而由州指定的官员可能控制地方政府、削减支出或减少劳动合同，以确保银行和债券持有人得到全额偿付。其结果可能是较贫困的居民税负较高，接收到的服务水平较低，而较富裕的投资者得到的服务条件更好。在议会中，代表较富裕地区的人可能会对救助较贫穷地区的要求感到不满，并抵制任何此类付款。而在破产程序中，州选出的官员则失去了对结果选择的控制权。

正如人们所想象的那样，债券保险公司，即那些在某司法管辖区宣布破产时必须保证完整偿付债券持有人的公司，反对破产程序。一家2012年唯一活跃的债券保险公司建议，不要接受一个没有审查程序、可能不会阻止地方政府宣布破产和放弃债务的州的债券投保，因为结果只会是让保险公司买单。[42]

小案例：为什么亚拉巴马州的杰斐逊县宣布破产？

1996年12月，由于泄漏的下水道系统违反了联邦清洁水法案遭到诉讼，该县为此发行债券以修复下水道系统。该项目的成本高于最初的计划，融资成本也比预计要高，导致业主支付的排污费大幅上升。在2002年和2003年，摩根大通公司为这些债券提供了再融资，将主要是固定利率的债券转换为可变利率债券，并将债券的销售与利率掉期挂钩。这笔交易本来是为了省钱，因为债券的利率应该基于短期内的拍卖，任何因拍卖而导致的利率提高都应该被利率掉期合同所抵销，这是一项由该县与银行进行的投资，如果利率上升，这项投资应该会回报更多的资金。

但这笔交易从一开始就存在很多腐败行为。为了达成这笔生意，银行向县官员及其朋友们支付了数百万美元的贿赂，有些与交易毫无关系，然后向该县收取更高的费用（但当时这一信息并没有披露），以弥补这

224 些额外的支出。但真正严重的麻烦始于 2008 年，当时拍卖市场冻结。按照惯例，杰斐逊县出售了已投保的下水道债券以保护买家，但由于房产危机，债券保险商失去了其信用最高评级。许多机构投资者只允许投资于评级最高的公司提供保险的债券，这一情况迫使他们抛售评级较低的公司保险的债券。由于购买量太少，许多债券拍卖都以失败告终。[1] 投资者将杰斐逊县的下水道债券抛售给那些同意作为最后买家的银行，从而触发了该县在四年内偿还债务的合约要求，而不是预期的三四十年。[2]

由于没有拍卖价格来确定利率，该县被迫支付违约利率，这远远高于之前的拍卖利率。一般而言，发行市政拍卖利率票据时，通常会包括违约利率，本次这一利率上限设为 12%。[3] 与这些债券相关的投资，即在当时利率条件下签订的利率掉期合同，因为利率急剧下降，并没有如想象的那样为该县带来更多收入。在经济衰退期间，银行没有放贷，因此也没有支付高利率来吸引资本。因此，该县不得不为其债券支付很高的利率，而相关投资的回报却很低，同时还要支付高昂的交易费用。2008 年 9 月，杰斐逊县违约，未能支付 4600 万美元的债券本金。

债券违约使得该县无法以较低的利率再融资，没人会借钱给无法及时还债的县。更糟的是，2009 年法院宣布新开征的税收是非法的。该州再次尝试开征不同的税种，2011 年再次被宣布为非法。这一系列事件，使该县在收入方面陷入了绝境。

该县试图与其债权人进行谈判，以达成协议减少对银行的债务，但需要州政府合作为该县补充收入，还需要建立独立的下水道部门，以该县的名义发行债券，并由州提供担保。但亚拉巴马州拒绝合作，迫使该县破产。

---

1   William Selway, "Jefferson County's Path From Scandal to U. S. Bankruptcy Filing: Timeline," *Bloomberg*, November 9, 2011, www. bloomberg. com/news/2011 – 11 – 09/jefferson – county – s – path – from – scandal – to – u – s – bankruptcy – filing – timeline. html.

2   Goodwin Proctor, "Jefferson County, Alabama, Files Historic Municipal Bankruptcy," November 18, 2011, www. goodwinprocter. com/Publications/Newsletter – Articles/Goodwin – Alerts/ 2011/Jefferson – County – Alabama – Files – Historic – Municipal – Bankruptcy. aspx.

3   Gretchen Morgenson, "As Good as Cash, Until It's Not," *New York Times*, March 9, 2008.

市级预算平衡的政治

225

虽然大宗破产案吸引眼球，但毕竟较少发生。经济衰退来临时，大多数城市会试图维持年终平衡，以渡过难关，但他们往往无法预测经济下滑，因此只能削减支出来平衡预算。

在地方层级，如同州一级政府，相当多的努力会花在掩盖或缩小赤字规模上，尤其是那些并非由直接环境灾害造成的赤字。市级政府使用的策略也大致与州相同，包括在基金之间借款（有时是隐性的，而且不打算归还）、改变会计处理基础将部分支出计入下一年预算、推迟支付账单，以及通过作为雇主不按规定付款的办法从养老基金中借款。市级政府也可能通过向城市之外借款运营，将其假装为资本性支出借款以掩盖赤字，或者将支出从金额较小的账户转移到金额较大的账户。

根据对赤字定义的不同，市政府有时会采取降低储备金的方式来使预算看起来平衡，这在技术上可能是合法的，但掩盖了城市赤字运营的事实。或者通过出售财产、补贴或获取其他一次性收入来实现平衡。高估收入也能使预算看起来比实际更加平衡。

当赤字在年中突然发生时，通常的反应是收集未动用资金，将其推迟支出，直到危机结束或市议会有机会对优先事项进行调整。其结果可能是某些领域的削减比另一些更重，此时削减的意图不是选择项目领域，而是发现哪里还有尚未使用的资金。如果资金尚未花销，或承诺尚未确定，资本性项目经常会被推迟。

当下一年的预算即将出现赤字或赤字从一年结转到下一年时，政务市长或市长会就如何弥补赤字提出建议，市议会必须做出支持或拒绝的选择。在此情况下，必须确定项目的优先次序，要权衡是增加收入还是减少支出，并重新评估公共服务范围。正式来讲，市议会通常有法定决策权，但在现实中，权力是在市长、政务市长、管理人员一边，还是在市议会一边，变数非常大。

针对年中收入下降的问题，调整公共服务范围不太可能作为应对措施提出来。但如果地方政府正在为下一年运营预算中迫近的赤字而焦头烂额时，情况就不同了。例如，在20世纪70年代，当大部分城市面临财政压力时，如果市政府需要履行一系列职能，它们往往会试图将其中一部分转 226 移给其他各级政府。如法院、城市大学和博物馆等服务就被交给其他各级 政府或私营部门。有些城市将其规划职能交给县政府。在有些州，城市将 其部分或全部福利份额及部分治安费用移交给州政府。[43]还有很多县把法 院的责任交给了州。

下面小案例：赤字政治——一个城市的例子，说明预算是如何变得结构 性不平衡的，即一定时间内收入的增长比支出慢。这一案例也说明，当每个 项目似乎都有政治保护者或可以免于削减时，想要削减支出是多么困难。在 这个小案例中，预算结构的调整必不可少，以加强收入和支出间的联系，并 有足够的中心权力削减支出提案。这个案例发生在 20 世纪 70 年代，当时还 可以申请增加联邦援助，如果发生在近期，结局可能又会不同。

小案例：赤字政治——一个城市的例子

南塞德市（虚构的城市名以保护相关人员）从 1972 至 1976 年间一 直在财政预算中隐藏着赤字运营。[1]在这段时期后期，没有任何可以推卸 责任的经济衰退。赤字的最初原因是因为同时雇用了一位缺乏经验的年 轻政务市长和一位同样缺乏经验的预算官员。但该市的问题远远超出雇 用了几个没有经验的人。由于当地重工业衰退，导致许多人失业，住房 需求减少，经济基础长期受到侵蚀。其结果是销售税和财产税收入冻结 或增长缓慢。各部门负责人和民选官员似乎不愿或也不能按比例削减支 出。尽管成本不断上升，民选官员还曾一度降低了财产税税率。这位年 轻的政务市长没有足够的权力迫使各部门负责人削减支出，所以他试图 削减劳工成本，这激怒了市雇员联合会，实际上反而增加了劳动力成本。

这位年轻的政务市长起初隐瞒了赤字，然后又将其公之于众，想迫 使市议会做出必要的支出削减决策。他用预算信息来提醒议员们注意赤 字的紧急情况，但议员们后来声称，他们不明白预算必须按基金来平衡。 他们说他们只看底线，而底线显示着现金余额。可是现金余额在年底几 乎总是正值，无法反映赤字存在的误导性指标。

227

通过不适当的、秘密的内部借款，尤其是从水利基金中借出的现金流，财政赤字被隐瞒了。在此情况下，水利部门的主任担心自己无法做好工作，在预算听证会上，他激动地为自己辩护。因为该基金记录不完整，审计人员拒绝对水利基金发表鉴证意见，这是公众第一次了解存在严重的财务问题。

让赤字进入公众视野的第二个关键因素，是市议会和政务市长努力应对该市经济基础长期衰退的努力，他们当时正帮着推动市郊新建地区购物中心。为了这一交易，他们需要兼并、收购财产，修建水利、道路、设立交通信号和一个新的警察分局等方面的资本性支出。南塞德市不得不发行债券来借款。债券发行意味着穆迪，主要的债券评估者之一，将审查和评估该市的信用度，否则潜在的买家不会冒险购买债券。对城市信用度的评估简直是一场灾难，工作人员不得不全力确保信用评级。问题已经公开了，市政府在尽力维持其债券销路的同时，不得不采取行动避免自取其辱。

这位年轻的政务市长试图削减各部门支出，但受到各部门负责人独立性的阻碍。警察局长和消防队长均是由市长指定的警察和消防委员会雇用和解雇的。因此，他们不直接对政务市长负责，完全不理会他的预算建议。消防部门的支出超过了其预算拨款，而警察部门的支出也由于几年前的城市骚乱而迅速增加，政务市长完全无法削减。他要求其他部门的负责人削减支出，他们也拒绝了。他转而试图削减对议员们"拍马屁"的资本项目，也没有成功，这进一步阻碍了他的工作。失望之下，他尝试削减一些工会合同，为了更容易与之打交道而重组工会，但结果却带来了昂贵的仲裁协议，进一步加剧了预算失衡。此时，这位政务市长遭到解雇，取而代之的是一位更加资深的政务市长。

新的政务市长冻结了部门预算并通过增加联邦援助提高了收入，这种做法在20世纪70年代依然可行。更重要的是，他改变了预算流程，控制住对他负责的街区部门①的负责人并解雇了他。政务市长禁止各部门负责人跳过他而直接与议会联系，防止他们为了将其支出纳入预算而

---

① 街区部门：指管理城市财产、街巷、交通控制系统等事务的部门。——译者

228　从议会那里争取到迂回的保护。这位新的政务市长坚持自己有权雇用警察局长和消防队长，并取得了成功，结果他们向他报告。消防部门的费用从普通基金中划出，并为其设立了专用税收来源，大大降低了花费其他基金的做法。新的政务市长控制平衡的权利大多了。

　　南塞德市的情况表明，各城市有时仍会遇到赤字，但由于赤字非法，其规模可能被掩盖。发生这种情况时，赤字可能会大规模增加，导致在政治上很难纠正。因为决策者都有这样一种共识，即公众不会容忍增加财产税，所以只能探索减少支出的选择，但年轻的政务市长最终还是失败了。当该市最终决定解决赤字问题时，选择了预算流程改革作为解决方案，赋予政务市长更多权利以平衡预算。这次财政赤字的产生，部分由于经济环境，部分由于预算结构不合理造成，因此结构改革是合乎逻辑的对策。

1　Irene Rubin, *Running in the Red: The Political Dynamics of Urban Fiscal Stress* (Albany: State University of New York Press, 1982).

总结和结论

　　预算平衡不仅仅是重新调整支出和收入决策的技术活动，它与政府范围的问题有关，因为平衡取决于是提高税收以维持政府职权范围，还是削减支出以减少服务或将服务转移到其他地方等一系列决定。平衡还与支出优先事项相关：当支出减少时，有些项目会受到保护，另一些则会更深地被削减，或所有项目都会按比例全面削减。预算平衡还与联邦制有关联，因为某级政府可能以牺牲其他层级政府的利益来平衡自己的预算。州和地方政府的关系会因州对其下辖地方政府的财务状况负责而变得复杂，各州如果将支出负担转嫁给地方政府太多，就必须亲自去解决其财务问题。有些州已经通过允许地方政府根据联邦破产法宣布破产，来摆脱这一困境。最后，预算平衡的政治还与预算编制流程的政治相关联，随着政府努力强化纪律、控制支出，预算编制的权利不断调整，有体系地、权威性地将收入和支出联系在了一起。

229　　　涉及预算平衡的这些问题，揭示了民主党和共和党、自由主义者和保守

主义者、商界和劳工之间的意识形态差异。预算平衡政治与预算执行的政治
密切相关。在年中，可能会因为环境变化或使用了一些会计花招而导致预算
不平衡，而这最终会引发问题。预算工作者可能会高估收入，低估支出，让
预算在申请时看起来平衡，但真正实施时则会变得不平衡。在州和地方层
级，可能需要在年中对预算进行调整以重新平衡。对平衡的要求也会刺激在
年中进行基金间调拨，使预算看起来比实际情况更平衡。下一章将讨论年中
所发生的各种变化的重要性。

相关网站

数据治理网（www. governing. com/data）及其相应的通过数字治理网
（www. governing. com/blogs/by – the – numbers）为新闻中的量化数据，如
就业人数、市政破产地点和公共部门裁员等提供了有用的、通常是图表型
的解释。

布鲁金斯学会（www. brookings. edu）经常把研究报告寄给预算人员。
其中一篇文章特别能为本章提供深入研究，即"结构性不平衡：加利福尼
亚和山间西部的周期性和结构性赤字"，作者是马修·默里（Matthew Mur-
ray）与苏·克拉克 – 约翰逊（Sue Clark – Johnson）、马克·穆罗（Mark
Muro）和珍妮佛·维伊（Jennifer Ve）（www. brookings. edu/ ~ /media/re-
search/files/papers/2011/1/05%20state%20budgets/0105_state_budgets. pdf）.

与雨天基金（rainy-day funds）有关的三项特别有用的资源如下：雨天
基金的简要介绍（www. taxpolicycenter. org/briefing – book/state – local/fiscal/
dainere. cfm），关于雨天基金结构的详细介绍（www. itep. org/pdf/pb25rdf.
pdf），关于雨天基金改革的最新经验和建议（www. cbpp. org/cms/in-
dex. cfm? fa = view&id = 3387）.

关于如何重新平衡联邦预算，已有若干委员会和政策建议。总统的国家
财政责任和改革委员会在 2010 年发布了一份报告，名为"真相时刻"
（www. fiscalcommission. gov/sites/fiscalcommission. gov/files/documents/TheMo-
mentofTruth12_1_2010. pdf）。这份报告被称为辛普森 – 鲍尔斯报告，以其共
同主席埃尔斯金·鲍尔斯（Erskine Bowles）和参议员艾伦·辛普森（Alan

Simpson）的名字命名。委员会的会议记录和录像已在网上公布（www. fis-calcommission. gov/meetings）。

230   第二套建议是由两党政策中心制定的，与辛普森－鲍尔斯报告同时发布，这份报告题为"恢复美国的未来：振兴经济，削减支出和债务，建立促进增长的简单税收制度"，由艾丽丝·里夫林（Alice Rivlin）博士和来自新墨西哥州的民主党参议员皮特·多米尼奇（Pete Dominici）共同担任主席，http：//bipartisanpolicy. org/library/responing－americas－future/。

        在美国法院网站，http：//www. uscourts. gov/services－forms/bankruptcy/bankruptcy－basics/chapter－9－bankruptcy－basics，有关于联邦破产法"第九章：破产基础"作用的出色描述。

第七章
预算执行：调整中的政治

这项立法的大量条款均是旨在规定官员的支出或重新分配资金的权力必须得到国会委员会的批准。除了颁布法令之外，在法律执行过程还有各种各样不该允许的立法机关权力强化的形式……行政分支的支出决定不应被视为国会委员会批准的附庸。

——贝拉克·奥巴马总统，2009 年 3 月 11 日

……尽管总统可能会将委员会的否决视为无法律效力或效果，但各行政部门的态度却不尽相同。他们必须年复一年地与各审查委员会一起工作，有更大的动力与他们和谐相处、患难与共。

——路易斯·费希尔（Louis Fisher），国会研究服务中心，1993 年

经过长时间分析、辩论、分歧和妥协之后，预算才得以通过。因此，从表面来看，它似乎是预算流程的终点，但由于经济形势的变化、对收支的预测不足、持续不断的政治斗争、领导层变动，以及公共关注焦点的转移，都会导致预算在通过之后发生变化。当环境变化发生在年中时，就需要预算有足够的灵活性来适应。随着无可避免的情形而改变，同时确保预算所依据的政策协议得到遵守，就是预算执行的任务。

预算执行的重点在于按照通过的法案准确执行预算，这导致预算执行似乎是高技术性的工作，成为行政管理人员和会计师们的特有领域，缺乏政治

内涵。事实上，预算执行也具有政治性，因为它决定了预算中公共问责的程度，还涉及行政分支和立法分支之间的政策控制斗争，即便是最技术性的问题，如消除浪费、欺诈，或滥用职权，都可能成为政治运动的组成部分。

在一个财政年度开始之前，如果预算流程尚未完成，提案就可能会发生变化。例如，在国家层面，12 个拨款法案中的一部分经常拖延。为保持联邦部门的运作，国会会通过持续决议，在最终预算获批之前，暂时为这些部门提供资金，通常比照上一年的资金水平。如果持续决议到期时拨款依然未获批准，则再通过一项或多项持续决议。有时持续决议持续期很短，有时会延续到年终。

预算参与者可能会尝试解决某个问题，并将这情况体现在公开的预算里，但后来可能又决定不这么操作，引入了新的协定。有时预算参与者为了便于协商一致而曲解某些信息，但结果是预算难以执行，不得不随后修改。在预算年度内有一定的灵活性和变化是必要的，但一旦打开了变化的大门，就可能出现不适当的变化，可能会导致公开达成的协议废除，或挑战宪法规定的权力平衡。

如果行政长官利用预算的酌情处理权僭越立法分支的初衷，就会导致这两个分支之间的斗争（参见下文密苏里州的小案例）。如果预算与政策之间有着广泛明确的联系，那么年中修改预算，就可能导致暗中的第二次预算流程，避开公众的审查，从而威胁到政府通过预算代表公众决策的能力。因为根据公共问责制的要求，预算应在公众的充分监督下，在公民和利益集团的参与下通过并实施。

小案例：密苏里州行政部门滥用酌情处理权？

2014 年 11 月，密苏里州议会提议的全民公投通过了 10 号修正案，按其规定，如果不能获得议会三分之二多数票，州长扣留或减少已颁布预算的权力将会受到制约。这项措施限制了州长在年内减少或增加预算条目的权力，并禁止州长提议议会尚未通过的收入税基。尽管债券评级部门反对，但这不同寻常地降低州长权力的情况还是发生了。部分原因是民主党州长遇到了共和党主导的议会，部分原因是州长似乎不仅是为

233

了重新平衡预算而进行年中削减，他会根据自己的偏好重新编制预算，因为担心被否决，也不提交州议会审批。

当尼克松州长从议会批准的预算中取消了 45 个项目，导致 1.7 亿美元的削减，其中 5000 万美元原计划用于救灾，此事引发了冲突。反对者指责州长用暴风雨救灾款要花招，按照他的偏好重新安排预算。后来的一项研究声称，实际用于救灾的只有 780 万美元。州长因越权而被起诉，但诉讼被法庭驳回，反对者因此才通过 10 号修正案来削弱州长的权力。该修正案以 56.8% 支持 43.2% 反对获得通过。

资料来源：Allison Hiltz, "Missouri Voters To Decide Governor's Role in The Budget Process," NCSL, October 24, 2014, http://www.ncsl.org/blog/2014/10/24/missouri-voters-to-decide-governors-role-in-the-budget-process.aspx.

如何解决预算的适应能力和公共问责之间的紧张关系？首先，预算通常应该按照批准的法案执行。这一要求非常严肃，因此如果本年度有些重要的政策问题需要商议，通常也会推迟到下次全面、公开的预算流程中考虑。其次，立法分支会认真监测预算的执行情况，以确保重要的政策决定不会在常规的调整中遗漏。

在某些特殊条件下，允许在年中做出某些政策性预算决定。如新总统当选时，就可能会被赋予广泛的酌情处理权来修改现有预算，以适应他的政策。或者，国会为了减轻旱灾中受到损失的农民或帮助经济大衰退时期的失业者，设计并实施新的项目。这些决定是由常设委员会通过正式途径做出的，其不同寻常之处仅仅在于年中新增，时间上较为仓促。但在这些情况下，对预算的改变也会有很高的透明度和广泛的公众接受度，不会损害公共问责制。

尽管预算通常会得到审慎执行，但与预算之间非常规的较大偏离也时有发生。一般有两种情况：一是违反财政控制，导致超支或浪费、欺诈或滥用职权；二是违反政策控制，即行政分支中有些人在没有通过公共事务需要履行的正式立法程序时，就对预算做出了政策性调整。如果后果足够严重，激起公愤，或令人难堪，行政长官或立法分支就可能会加强对预算执行的控

234

制，以防止此类情况再度发生。立法分支也会加强对行政分支的控制，而行政长官则会加强对下属部门的控制。结果是对预算执行采取限制的数量或严厉程度会增强。

改变预算的工具

在预算年度开始后，只能以特定方式改变预算，包括补充拨款及取消支出、延期支出及其他扣留、账户或基金间调拨，以及重新安排项目，也就是在账户或基金内的不同方案或项目间调拨资金（州和地方政府使用基金作为控制点，联邦政府使用账户，其作用类似）。

补充拨款是在年中为某些已有职能或为新用途增加资金的预算法案。资金可能来自基金结余、意外收入增加、紧急账户，也可以来自取消支出，也就是收回以前给出的法定补贴。但有时，可能通过了补充拨款，但却没有额外资金支付。在这种情况下，补充拨款通过借款拨付，形成财政赤字。

延期支出是联邦层级使用的术语，指行政部门对特定项目确定划拨的资金延期支付。在州或地方一级，行政长官可能会要求扣留，即要求所有或几乎所有部门对已经批准的预算中一定比例的小部分资金禁止支出。还可以用下述方法取代，或同时采取这些方法，如冻结资本性支出或人员编制。扣留金可以用来防止收入波动或意外支出，也可以用来建立资金池，用于某些特殊的、政治上受欢迎的项目。

基金间调拨是指从一个拨款账户或指定用途的基金中提取资金，并将其用于目标相关的不同的拨款账户或基金中。这种调拨通常需要回到立法分支批准，代表某种预算修改和优先次序重排。与此相对的是重新安排项目，通常指的是同一个行政单位的同一个基金或账户内部的资金转移，可能涉及从预算的一行转到另一行，或一个项目转到另一个项目，或从一个支出类别，如资本性改善，转到另一个类别，如供给品或合同服务。一般而言，有法规明确此类可转移的金额，有时甚至明确了资金来源。在联邦层级，有些重新安排项目需要提前通知国会相关委员会，而有些只需要事后报告。如果没有这些报告，国会可能会失去对预算执行的控制，也无法得知议员们批准的资金实际的使用情况。

补充拨款、取消支出和延期支出

在联邦层级，补充拨款和取消支出是最常见的年中预算调整的工具。两者均是经正常渠道通过的法案。可以由总统或国会发起，如果由总统发起，则国会有权增加、减少或否决。在 20 世纪 70 和 80 年代，补充拨款曾广泛使用。图 7.1 说明了 2010 年前补充拨款金额与赤字规模和预算总额的比较。2011 年，国会没有通过适当的预算，只有一系列持续决议为各部门提供全年资金，当年也没有补充拨款。补充拨款通常直接增加财政赤字，因为其中大部分被视为紧急拨款，预算法规并没有要求增加收入或减少支出来抵销这些额外支出。

1998 年实现预算平衡后，由于限制紧急拨款的压力减少，它们就开始再次增长。一些不明显的紧急项目或不可预测的项目被偷偷塞进紧急补充拨款里，不必由新增收入或预算削减来抵销。其中最明目张胆的例子就是 2000 年人口普查由紧急补充拨款资金提供，换句话说，是由赤字支出提供的。民选官员怎么也不能说人口普查无法提前准备，属于紧急情况吧。

2002 年之后，《预算执行法案》失效，为了应对 2001 年 9 月 11 日事件，导致反恐活动和战争支出增加，因此通过补充拨款的支出激增，赤字也飙升。在 2008 年前，阿富汗战争和伊拉克战争的经费都是通过紧急补充拨款提供的，尽管其中很多支出本来可以列在经常预算中。其结果是财政赤字急剧扩大。

为什么用补充拨款提供战争支出？第一，将大笔支出从经常预算中划出，并在当年晚些时候再为其提供资金，总统就可以在提交年度预算提案时使赤字看起来更小。如果过度宣传赤字的实际规模，政府将面临削减赤字的较大压力，从而限制作为布什政府基石的减税手段。第二，对战争进行紧急 236 补充拨款几乎不可能遇到反对票，国会极少审查，在资金使用上也给国防部提供了最大的灵活性。国防部喜欢补充拨款，因为其酌情处理权比经常拨款更多。第三，政府借钱支付战争费用时，不需要现在的选民承担，因此他们也不太可能反对发动战争的政策。因此，战争的成本被掩盖了。

图 7.1　2000—2010 年补充拨款支出占赤字和占预算的比例

资料来源：For the supplemental appropriations, Congressional Budget Office, "Supplemental Appropriations 2000 – 2010," http：//www. cbo. gov/sites/default/files/cbofiles/ftpdocs/66xx/doc6630/suppapprops. pdf；budget authority and deficit data are from the Office of Management and Budget, "Budget of the U. S. Government," Historical Tables, 2012, Tables 1 – 1 and 5 – 2. The figure for the deficit includes both on – budget and off – budget；the on – budget figure alone would be considerably higher.

奥巴马政府承诺停止通过紧急补充拨款的方式为战争提供资金，因为其大部分资金需求可以提前估算。事实上，他确实降低了补充拨款的规模。在奥巴马执政期间，预算中预估了战争费用，但大部分支出依然是从海外应急行动基金的"预算外"账户中列支的。因为是"预算外"，该账户的支出不需要由额外的收入或削减其他项目所抵销，实际上和补充拨款一样，增加了财政赤字。2011 年或 2012 年均没有补充拨款；2013 年的补充拨款额为 505 亿美元，主要用于救济飓风桑迪造成的破坏，几乎没有国防支出；2014 年，补充拨款数额再次降至 2. 25 亿美元。[1]

尽管紧急补充拨款不必被抵销，但有时也会被抵销，而非紧急补充拨款照例是需要被抵销的。取消支出或合法撤销某一项目支出的许可，是常见的为补充拨款融资（即抵销）的方式。但有时，撤销决定会独立于补充拨款而做出，必须由国会两院通过，像其他立法一样由总统签署。

在联邦政府层级，直到 2000 年前，总统们一直广泛使用取消支出的方式，但乔治·布什和奥巴马政府用的就不那么多。在布什政府执政的八年中，国会继续使用取消支出的方式削减了 800 亿美元，奥巴马执政的头四年中又削减了 400 亿美元。这些历史让人们对只有总统才有意愿削减预算，因而必须将更多权力转移到行政分支这一说法产生了疑问。

虽然通过对项目选择性的取消支出方式来支付特定的补充拨款已经不那么常见，但将许多项目同时削减一定比例的取消支出方式目前更加普遍。"2013财政年度通过全面取消部分支出的方式实现的预算削减总额超过23亿美元。"这种取消支出是强制执行预算总额的一种方式。[2]

在州一级，取消支出很常见。因为各州禁止出现赤字，如果年中收入意外下降，州政府就不得不取消预算中已经列出的一些部门支出。预计到这类情况，各部门有时会扣下一些预算，而不是按正常的进度支出，如果发生支出取消，手里还会有些钱。新的雇佣合同可能会被推迟，直到确认不会发生取消支出，或取消支出的金额较小。资本性项目可能会推迟，考虑到为它们预留的资金未必需要在本年度使用，还可以在未来几年再申请。如果是当年已经发生的支出，要将其取消是非常困难甚至是不可能的，削减的通常是那些尚未兑现的项目。如果取消支出成为常用手段，各部门就可能将其支出进行重新规划，以便在年中有资源可削减。如改变长期雇员与临时雇员的比例，以便随时裁减足够的临时雇员。一年中，取消支出发生得越晚，就越难实施。在财政年度下半年决定11%的取消支出，实际上等于削减了该年度剩余收入的22%。在有些州，州议会授予州长在年中削减预算一定百分比的权利，无须获得议会批准。这是所谓的年中削减，而非取消支出，因为根据定义，取消支出必须得到立法分支的批准和州长的签署。

延期支出的依据则不是由立法分支通过并由行政分支签署的正式法规。行政分支决定推迟（延期）部分支出，可能是出于技术原因，如项目尚未准备就绪。然而，在过去，总统们发现，在某种程度上使用延期支出相当诱人，就像州长们使用择项否决权一样，这样就能删除行政预算提案中立法分支增加的项目。总统只需要无限期地拖延任何他不赞成的支出即可。这种以政策为基础的延期支出违反了宪法要求的权利平等法则，因为总统们无视了他们不赞成的国会决策。结果，国会在1974年的《国会预算改革法案》中加入了一项要求，要求总统必须将延期支出方案提交国会，如果国会没有否决，该项支出才能被延期。这一程序，在1983年移民归化局诉查达（Chadha）一案中被宣布违宪，因为根据1974年《国会预算改革法案》，只要参众任何一院而非两院就可以否决总统提案。从那时起，这一所谓的立法否决被认为是非法的。

对于取消其对延期支出方案的否决权，国会的反应是将自己的反对意见加到补充拨款的方案中，并像通过其他立法那样将其通过。1986 年，罗纳德·里根延期支出了约 100 亿美元，"国会的反应是在当年的补充拨款法案中加入一项条款，取消了大部分政策性延期支出方案"，[3] 如果总统想要这个补充拨款，就必须签署包含否决他的延期支出方案的法案。

国会质疑总统出于政策目的延期支出的合法权力。1987 年，美国哥伦比亚特区上诉法院同意国会的意见，禁止任何种类的政策性延期支出。[4]

"延期支出"是适用于联邦预算的术语。在州和地方层级，相关机制被称为"扣留"，州一级大部分扣留与政策无关。如果收入不够，无法为已通过并签署成为法律的预算提供资金，则将扣留部分支出用作年中重新平衡预算的工具。因为州长通常会有择项否决权，有时还能行使修正否决权，当议会要求在某些项目增加预算时，他们一般没有必要扣住支出，他们只需要择项否决或否决预算法案的部分即可。

虽然目的是让州长有权在收入不能达到预期的情况下减少支出以重新平衡预算，但州长也能简单地利用扣留权阻止议会增加到预算提案里的项目。过度依赖这一工具进行支出削减，已经引发了大量诉讼。

例如，2010 年纽约州长帕特森（Paterson）扣留了大量学校和地方政府基金，导致教师联盟、校董事会和其他人对他提起诉讼。议会否决了州长提出的包括学校支出在内的预算削减计划。州长签署了立法机关批准的预算，但随后扣留了这些支出。在这场诉讼里，州长被指控违反了宪法规定的三权分立和教育资助强制支出。[5] 诉讼提起之后，州长支付了费用，但诉讼并没有停止。到了年中，州长第二次推迟了对学校的付款，说他会在两个月后手头有现金时再支付，后来他又说在规定的时间内没有足够的现金付款。第二次延期引发了第二次诉讼。

早些时候在康涅狄格州的两个城市和学区的案例表明，当预算收入不足以支付预算支出时，州长扣留资金的权力不能牵涉到对城市和学区的援助款，而仅适用于州政府各部门的预算支出。[6]

小案例：利用扣留资金改变项目的法定次序——马里兰州

霍根（Hogan）州长在 2015 年扣留了议会拨给教育平权方案的补贴款 6800 万美元，想把这笔钱花在养老基金上，因为议会通过的预算把该用于养老基金的钱用在了其他项目上。霍根还计划用这 6800 万美元来为公务员一次性提高工资，以及恢复之前对医疗补助和精神健康项目的支出削减。这一做法颠覆了议会的决定，激起了当地受影响官员的强烈反对。尽管如此，他却没有退缩。因此议会通过法案，要求州长在未来支付教育项目。州长说，立法就立法吧，但他不愿意在法案上签字，因为就算他反对这一做法，也无法搞到足够票数防止被推翻。

资料来源：Len Lazarick，"Hogan Rejects Pressure for School Aid, But Surrenders in the Long Term," *The Maryland Reporter*，May 14，2015，http：//marylandreporter. com/2015/05/14/hogan－rejects－pressure－for－school－aid－but－surrenders－in－the－long－term/.

240

重新安排项目

重新安排项目是指在财政年度内，将同一个拨款账户或基金中的部分或全部资金在具体项目之间进行调拨。在不能按照预算适当使用资金，而年中又有其他紧急需要时，重新安排项目就具有很好的管理意义。

重新安排项目有助于一个部门在无须要求补充拨款的情况下对未曾预料的紧急情况作出反应。然而，有些部门也会为了这种能调拨的资金，而有意降低支出。广泛使用重新安排项目这一方式会改变已批准的预算及其法定优先次序。为了监测所发生的变化，防范威胁政策的改变，立法分支可能会制定有关重新安排项目的指引、限制能转移的资金总额、减少存在弹性选择的项目（如从总账户到子账户）规模、要求对重新安排项目提前通知并加以解释，或在重新安排项目后提供全面的季度报告。另一种办法是禁止年终大量结转预算或重新安排项目的其他资金来源。

州和地方层级确实会发生重新安排项目，不时会引发争议，而在联邦层级，这一做法是个可见度更高的问题。国会曾致力于既保持各行政部门适应环境变化的能力，又禁止各行政部门利用重新安排项目来违背国会的意愿。

国会的做法是通过发布指引加以控制，而不是禁止这一操作。指引通常包括如下文字："重新安排项目可用于不可预见的事件，但只有在延期支出到下一个预算年度会造成过高费用或损失的情况下才能使用。"而对于所有曾被国会拒绝支付，或刚削减过预算的项目，则禁止纳入重新安排项目之中。这些指引通常以委员会报告的形式（不具法律效力）或拨款法案的形式（具有法律效力）来表述。委员会要求各行政部门对超过一定金额的重新安排项目提前报告，以便对其中有政策影响或存在问题的情况有反对的机会。

总之，国会对重新安排项目的控制是成功的。行政部门要求重新安排项目的数量不多，很少滥用这一方式。然而，近年来，重新安排项目又引发了争议。为了平衡预算、减少支出，特别是针对可酌情处理部分，人们对重新安排项目再次产生了兴趣。战争和反恐活动似乎也需要更多的预算灵活性。美国总统呼吁应有较大的酌情处理权，可以在账户内转移资金，但国会坚决反对，担心一旦重新安排项目的权力扩大，预算法案中项目的优先次序可能会被篡改。

有关重新安排项目产生的冲突可能是某行政部门和某国会委员会之间紧张关系的反映，但也可能表明总统和国会之间存在政策分歧。在联邦层级，拨款法案会为每个行政部门分配一笔资金，再根据不同目的分入不同账户。这些账户一般都很大，里面包含许多不同内容。每个账户的总额是依法确定的，不得突破，账户间的资金转移要通过严格控制和监督。但在这些拨款账户之内，理论上行政部门有权根据需要自行支配支出。在联邦层级，拨款并不是按照详细的子账户，或者更详细的按行细列项目来迫使行政部门按照国会的指示花钱。国会只对相对宽泛的账户的总金额严格控制，同时赋予行政部门根据需要调整账户内预算的权力，但议员们担心行政部门会如何使用这种酌情处理权，还担心他们特别关注的项目或政策是否会被忽略或推翻。

国会拨款委员会分为十二个小组委员会，每个小组委员会负责几个特定的行政部门。每个行政部门向国会的拨款小组委员会提交预算申请理由，概述其如何使用资金的打算。这些理由就是拨款听证会的主题。在听证会上，委员们讨论预算提案，并就应该或不应该使用该资金提出建议。他们进一步阐述其关注点，并在随拨款法案下发的委员会报告中提出相应要求。委员会报告并不具有法律效力，但行政部门通常会遵从委员会的要求。

国会各委员会希望各部门根据已批准的预算理由来使用预算，有时甚至明确到组织架构和核定的职位数。他们希望行政部门在预算执行过程中，至少在没有知会相关委员会的情况下不要做出重大调整。

为了平衡行政部门灵活支出的需要和国会控制的需要，国会制定了重新安排项目的指引，以规范各部门在什么情况下允许和不允许调整，什么时候必须将调整情况通知国会委员会，以及必须报告哪些变化。有些小组委员会要求各部门只有提前获得批准才能对预算作出重大调整。

国会委员会为行政分支提供了灵活性，条件是，如果委员会成员们对这一酌情处理权已经使用或即将使用的方式有异议，他们可以邀请讨论、谈判、建议替代办法、"否决"，或阻止这一做法。国会对行政分支如何使用资金的影响能力越大，越愿意赋予行政部门更广泛的酌情处理权。

总的来说，总统们希望就年中如何使用预算有更多的酌情处理权，而国会则试图在行政酌情处理权和国会政策控制的需求之间取得平衡。但是赫伯特·胡佛（Herbert Hoover）总统是个例外，他能够看到立法分支控制政策对预算的重要性（详见下文小案例）。

小案例：赫伯特·胡佛和立法否决

虽然有些总统对其自认为在拨款账户内进行调整的合法权力受到立法分支的干预感到恼火，但通过立法分支控制（否决）行政部门的酌情处理权的想法，最初是由赫伯特·胡佛（1929—1933 年任总统）提出的。[1] 胡佛曾要求国会赋予他单方面重组行政部门的权利，他建议国会保留否决他的酌情处理权的权力。胡佛认为，总统们僭越了太多立法权力，应该想办法恢复国会在预算编制方面的作用。他写道："我深感立法分支的独立性必须得到尊重和加强。"[2]

---

1 Louis Fisher, "The Legislative Veto: Invalidated, It Survives," *Law and Contemporary Problems* 56, no. 4, Symposium Elected Branch Influences in Constitutional Decisionmaking (Autumn, 1993), pp. 273 – 292.

2 Herbert Hoover, *The Memoirs of Herbert Hoover: The Cabinet and the Presidency* 1920 – 1933 (New York: MacMillan, 1952), www.ecommcode.com/hoover/ebooks/pdf/FULL/B1V2_Full.pdf.

243 　　国会确定的重新安排项目的规则，尽管包含了对行政部门的否决权，但也提供了一定的灵活性，因此持续了几十年，直到 1983 年最高法院在移民归化局诉查达一案中宣布国会的否决权违宪。这一判决是针对国会否决总统延期支出的权力，即总统决定扣留国会批准的资金。法院对延期支出的立法否决违宪的判决，按理说应该包括对重新安排项目在内的所有立法分支否决在内。尽管有了该判决，但立法分支对重新安排项目的控制，包括立法否决权在内，一直延续到现在。查达一案或许加强了总统的酌情处理权，但国会并没有放弃为控制酌情处理权的使用目的而进行的斗争。

　　目前尚不清楚查达判决是否应该适用于对重新安排项目的约束。但美国政府责任署认为，通过委员会沟通和报告这一类非正式的控制程序，并没有被查达判决禁止。此外，美国政府责任署提出其部门意见，认为查达判决只适用于国会向行政部门授予明确酌情处理权的情况，在这种情况下，如果未经进一步正式的立法程序，就不能撤回，但如果国会没有给予或没有明确给予行政部门酌情处理权，查达判决就不适用。[7]根据这种解释，当国会通过一项法规，禁止一个账户增减超过 10% 的幅度，或禁止重新安排项目来支持国会已经拒绝的项目，此时要求行政部门向国会提请例外批准才能重新安排项目，这种情况国会并没有违反查达判决，因为一开始它就没有授予行政部门酌情处理权。对重新安排项目指引的合法性，还从未在法院检验过。

　　撇开对法律条款咬文嚼字，现实情况是：如果行政分支过于强烈地坚持自由使用已划拨账户中的资金，或用其酌情处理权来反对国会的意愿，那么
244 国会可以通过减少或砍掉拨款或减少赋予行政分支的酌情处理权来回应。尽管有些总统会抱怨，有关重新安排项目的正式或非正式制度仍然存在。这对双方都有好处：行政部门拥有一定酌情处理权，而国会对如何使用这种酌情处理权也有一定控制权。

　　大多数国会委员会或小组委员会通过委员会报告的形式提出国会的反对意见，这并没有法律效力，或仅仅要求行政部门向国会报告情况，来绕过查达判决对立法否决的禁令。但是，有些委员会坚持要求行政部门就预算目标的重大改变，或违反国会意图之前必须获得委员会或小组委员会的批准。

　　在乔治·W. 布什政府执政期间，对国会赋予然而同时监督和控制行政部门酌情处理权这一做法颇有争议。当布什总统签署立法提案成为法律时，

他会发表声明说，他正在签署的法律有些部分是违宪的，行政部门不会执行。在这些签署声明中，他引用查达的话，声称国会一旦赋予了酌情处理权就不能以任何方式限制使用，在特定的预算账户之内，行政部门可以按照自己认为合适的方式支出。

布什还反对提前通知国会关于重新安排项目的意图，他说他可以事后通知，但只是出于礼貌，而非义务。布什政府特别批评有时写入法律、有时在委员会报告里的关于重大调整必须得到拨款委员会批准才能实施这一规定。他在签署声明中声称，如果一项重新安排项目必须回到委员会批准，这就好比仅有参众任意一院或一个单独委员会就能拒绝总统的延期支出，根据查达法案，这是违宪的。

布什总统称，如果国家安全需要的话，他作为军队总司令的角色使他能够自由启动新项目，无须通知国会。反之，国会一般禁止在没有国会批准的情况下以重新安排项目的方式来启动新项目。

奥巴马在其政府早期签署声明中，重申了布什关于重新安排项目的一些观点。他特别反对国会事先批准的要求，但同意提前通知国会。在 2011 年底的一份签署声明中，奥巴马重申了相似的观点，表明这是有意为之的政策声明，而不是对布什观点的简单重复。[8]

面对行政分支的指责，国会并没有退缩。[9]为了处理查达一案关于立法否决的禁令，国会拨款小组委员会要求行政部门对专用账户内资金用途的变更要经国会的事先批准，最初赋予行政部门的酌情处理权就很小，因此，在没有法律支持的情况下，也并没有进一步缩减现有的酌情处理权。2003 年，245国会交通、住房和城市发展小组委员会的以下表述说明了国会赋予行政部门的酌情处理权有多少：

与往年一样，委员会重申，未经各拨款委员会事先书面批准，行政部门每个账户内的方案、项目和活动之间的资金重新安排项目必须限制在 50 万美元以内。除非法案或报告另有说明，预算说明中所列的最详细拨款事项一旦经批准，任何偏离均须按照正常的重新安排项目的程序要求执行。[10]

2015 年，众议院对国会交通、住房和城市发展小组委员会的拨款报告保留了事先批准这一要求，指出这类批准必须同时来自两院的拨款委员会，但也赋予了行政部门更多的酌情处理权，将启动重新安排项目批准程序的总额提高到 500 万美元，或现有方案、项目或活动资金的 10%。[11]行政部门未经事先许可不能做的事项清单包括：创建或终止项目、为国会已经否决的任何项目增加资金或人员、将报告中指定目的的资金改变用途、增减任一项目或活动资金 10% 以上，或以与预算说明中所述不同的方式重组办公室。

　　内政部、环境部以及相关部门的拨款报告均包含了重新安排项目的指引，对总额超过 100 万美元的调整要事先报批，这一限额很低，几乎没有酌情处理权。尽管委员会对事先报批的表述较为温和，但目的相同。如果小组委员会不反对，前述部门可以在向委员会提出请求后随即重新安排项目。包括组织架构变化在内的任何严重偏离预算说明的情况，都需要走重新安排项目的流程。[12]国会委员会还密切关注行政部门建立资金池的动向，因为此类资金池可能会调整国会已批准的预算。

246　　2015 年众议院对国防部的拨款批复中明确了按支出类型重新安排项目的详细要求，包括事先报批的要求。超过 1000 万美元的人员经费调整必须走正式的重新安排项目报批程序，但更重要的是，对低于 1000 万美元的重新安排项目，也禁止用于增减国会所关注的项目。换句话说，国会禁止国防部采用大量无须报告的小额调整来规避国会对特定事项的政策目标。[13]

　　正如这些例子所表明的，行政分支在预算通过后究竟有多大程度的酌情处理权来改变，仍然是一个有争议的问题。行政部门可能会陷入行政分支和立法政策的矛盾之中。如果某个行政部门违反了重新安排项目的指引，遵守总统以及行政管理和预算办公室对法规的解释而不是国会的要求时，国会议员们会告诫行政部门的官员，有时还会采取惩罚手段。

　　例如，住宅与城市发展部一直在呼吁更多的灵活性，但在 2010 年，立法分支拨款委员会反馈如下：

　　委员会重申，任何方案、项目或活动如被解释为具有政策影响，非经拨款委员会事先批准，不得作出任何改变。令委员会感到惊愕的是，在许多情况下，贵部在没有按照拨款法第 405 条的要求寻求或在得到正式批准之前就采取了行动。例如，委员会很不高兴地获悉，贵部新设立了救灾强化基金，该重新安排项目的举动未经委员会批准就转移了资金，类似行为降低了贵部的可信度，尤其考虑到贵部最近正在要求增加预算的灵活性。[14]

　　国会一直非常在意重新安排项目有关规定的执行情况。强化执行的一种方法是要求行政部门在预算拨款通过后 60 天内提交报告，以确定启动重新安排项目正式程序的基线。如果账户资金变更超过 10% 就需要启动，那么国会希望了解是多少资金的 10%，哪些项目或计划会受到影响。同样重要的是，国会希望行政部门在这些报告中注明国会关注的问题，这一要求是为了确保行政管理人员注意并了解这些具体事项。

如果行政部门违反重新安排项目的指引，委员会就会威胁减少或取消行政部门的酌情处理权。以下摘要摘自 2013 年商业、司法、科学和相关部门的拨款报告：

247

委员会担心的是，在某些情况下，在这项拨款法案下获得资金的部门或机构没有遵守委员会在本报告及所附法案第 505 条中明确规定的重新安排项目指引。委员会希望，法案所资助的每个部门和机构将严格遵守这些规定，在向委员会提交请示报告前，不能重新分配资源或重组活动。

重新安排项目的程序基于拨款委员会和行政分支之间的彼此尊重。商业、司法、科学及相关部门的拨款法案在拨款报告及相关附件中附有具体指引。这一程序的目标是提供一定灵活性以适应不断变化的环境及各部门的紧急需要，如果行政部门和国会协商一致，就可以作出调整。重新安排项目的程序就是提供必要时在财政年度中协商调整的手段，并确保各委员会对未经拨付的资源用于项目要求的情况保持警觉，如在制定拨款法案时未考虑的收费和未指定用途的结余等。

如果行政部门普遍缺少对拨款委员会和国会的尊重和礼让，委员会将别无选择，只能在拨款法案中明确具体的项目限制和细节。在这种情况下，各方案、项目和活动的资源将绝对不可调整，行政部门如果不寻求某种形式的立法支持，将失去通过重新安排项目的方式提议改变拨款用途的能力。[15]

来自弗吉尼亚州的共和党人，小组委员会主席弗兰克·沃尔夫（Frank Wolf）显然对重新安排项目的违规行为感到恼火："去年，你们无视委员会的要求，对 1.65 亿美元进行重新安排项目，用于购买伊利诺伊州汤姆森监狱，尽管参议员德宾（Durbin）积极为此主张专项拨款，但这一计划并没有列入总统的预算或任何拨款法案。事实上，国会在 2011 年已经否决了类似的重新安排项目，随后也取消了收购汤姆森监狱的资金。"[16] 为一个已经被国会否决的项目进行重新安排显然违反了指引的要求。主席总结说，其结果就

248

是该部门将失去管理上的灵活性。

因为大多数重新安排项目都是常规的，所以并不是很明显。相比之下，无论出于何种原因，如果不能遵循指引，就很可能导致公开的冲突。在最近的一个案例中，国家气象局的一位负责人被发现在几年甚至更长时间内未经授权批准重新安排项目。这一披露导致他在压力下辞职（见下文国家气象局的小案例）。

249

小案例：国家气象局重新安排项目

2012 年春，有一则报道称，国家气象局在没有上报国会的情况下，至少在两年的时间内，即 2010 年和 2011 年，一直将技术现代化账户内的资金重新安排项目，用于列支工资。多年来，该部门的官员们一直在努力解决资金结构性失衡问题，但显然已经无计可施。从技术现代化账户中挪用资金似乎是唯一可行的选择。

经费不足的原因之一是联邦雇员的工资增长。每年，总统都会提出加薪指令，国会或通过或对联邦雇员加薪的额度进行调整，但国会一般不会为此拨出足够的资金。国会的想法是，大多数行政部门至少能够从空缺编制中为加薪提供部分资金，同时，高薪的高级雇员退休或离职同时招募年轻、薪水较低的员工代替，也能节省部分人员经费。行政的管理和预算办公室在其预算分配中也考虑了每个部门的经费上涨幅度，但增加的数额可能大于或少于加薪幅度。对国家气象局来说，管理和预算办公室给出的经费增加额往往远低于工资上涨幅度。

为了按照法案支付加薪，国家气象局只好减少员工人数。然而，国会不同意该部门减少外勤，特别是飓风预警中心的工作人员，只允许裁减总部的行政人员。经过几年如此操作，想尽了各种办法。该部门的一个管理人员开始挪用技术现代化账户的资金转发工资，以维持外勤工作人员的规模。问题是，他没有按照相关指引向国会报告这类重新安排项目的调整。

对于为什么没有按要求报告，该部门的正式答复是，工作人员没有接受过有关重新安排项目指引的充分培训，但很可能是他们以为自己不必受这些指引的约束。

此事一旦被发现并公开，没有国会的批复就无法继续。国会委员会对这起滥用资金和违反程序的事件非常愤怒，责令该部门向国会委员会提交正式报告。虽然商务部的重新安排项目指引仅要求向国会报告，而不是预先批准，但双方此刻的做法看上去就好像需要国会批准一样。如果国会阻止或推迟这一重新安排，国家气象局的员工将被迫停薪休假以弥补飓风季节的资金缺口。

授权委员会的一些成员对未经授权重新安排项目的影响深感不安，他们要求拨款委员会推迟该部门的预算，直到弄清楚情况，提出解决基本问题的建议，包括资金不足和不遵守程序的问题。最后，拨款小组委员会批准了国家气象局重新安排项目的请求。

国家气象局的故事说明了有关重新安排项目的争议的复杂性。在这个案例里，行政管理人员有系统地挪用了国家气象局的技术资金，这是国会议员非常感兴趣的。结果导致重新安排项目没有向国会报告，或许由于行政部门的政策或许由于对这一程序缺乏了解。随着事情公开，资金挪用的程度和持续时间更加清楚。同样有趣的是，指引中的提前通知被视为提前许可，这可能是国会绕过查达限制的一种方式。

应急基金

应急基金是为未知及无法预测的用途而编入预算的资金。在联邦层级有一些应急基金，也称为可酌情处理资金，但应急基金在州和地方一级更为重要。在联邦层级，应急基金一般由补充拨款提供，如果不能用支出削减或增加收入相抵消，就会增加赤字规模。在州和地方一级，因为赤字是违法的，所以必须为不同的紧急情况预留特别基金。在地方一级，预算中通常会列入部门预算的原因说明，因此，预算法案中包括关于如何使用资金的详细计划。大多数城市的行政部门在如何使用预算资金方面没有太大的自主权。为了获得一些酌情处理权，行政管理者不得不在当年预算中放入部分未承诺花销的收入，并设立资金池。

州和市政府可以将其年终结余，即上一个财政年度剩余的资金，作为一种应急基金，并为其设立单独账户来处理突发事件。应急基金的资金越多，对年终结余资金的需求就越少，反之亦然。有的州或市可能有意少花一些钱，来设立资金池，以便必要时可以重新调整预算。如果对岁入估计较为悲观，行政部门可能会大量削减支出来设立较为灵活的资金池。例如，在对辛辛那提市财政紧张时期的研究表明，该市按照最低财政收入估计值大量削减了支出，在紧缩预算中反而创造出部分闲置资金。经过 1976 年裁员之后，市议会利用这笔闲置资金增加了警察和消防人员。1980 年，政务市长要求各行政部门提交补充支出需求，来使用预算中超过悲观预计的收入。然后他从中挑出了他认为最重要的、解决延期支付维修费的支出请求。[17]这些"结余"要如何使用、由谁来控制是政策性很强的问题。

有些城市没有削减支出，而是通过故意夸大支出或低估收入来建立资金池。下面节选了对一位政务市长的采访，他相信某些城市会在年中利用结余来做一些较小但具政策性的改变。

问：那年终结余呢？是如何使用的？

答：严格意义上来说，这就是个会计工具。我们不会对会计报表玩游戏。其实我本可以这样做，因为大多数人根本就不看会计报表。有些政务市长确实使用了结余。他们故意低估收入，高估支出，所以这种情况会发生。市议会可能会在年中要求政务市长为某个项目筹钱。这时，政务市长就会这么做。而市议会则认为这简直是奇迹。

市议会在年中要求提供资金的项目，可能是在年度中期逐渐变得必要的，也可能就是个政治交易的拍马屁项目，无法写入常规预算。但在年中，在无须与其他项目进行比较和审查的情况下，通过结余形成的应急基金，就可以得到资金支持。

虽然地方层级对应急基金的需求很大，但在中等或大城市，年终结余和应急基金加起来也很少超过预算的 8%～10%。对于预算灵活性有限、规模较小的小城市、村庄或县来说，这一比例可能会相对大些。这类应急基金的主要作用之一是为劳动协议提供资金，但也可以为某些资本性项目提供资金，或帮助城市渡过经济衰退，以避免年中削减。有时，在一些城市，应急基金的一部分会被用于特定的议会项目，但须经议会明确批准。因此，预算可能在年中发生一些变化，对公共问责制产生消极影响，但这种情况所涉金额一般很小，大约占总预算的2%。

基金间调拨

基金间调拨是指不同拨款账户或基金间的资金转移。在联邦层级，由于单个拨款账户的规模很大，绝大部分资金转移可以在本账户内通过少量重新安排项目来解决，而不必大肆声张。然而，在市一级，与联邦拨款账户类似的单独基金账户范围狭窄，通常仅承担一项职能，资金量也小。而部分基金的花销有可能功能相关，所以可能会提前进行基金间调拨的计划和预算。在年中进行正式的资金调拨会被视为对预算法案的修正案，必须得到市议会的批准。因此这种做法并不是秘密，也不违背正规的预算程序。

计划外的基金间调拨几乎没有理由，通常也很少见。但有时会有一些非正式借款，特别是从现金充裕的基金借款给现金不足的基金。如果这类借款未经市议会同意、或变成了长期借款、或无法足额偿还，其意义就是政策性的而非技术性的了。比如，如果普通基金从供水基金中借款且没有偿还，供水基金就会出现赤字。[18]出现赤字的基金将不得不削减服务或增加使用税费来消除赤字，结果可能是提高水费来支付警察服务，不仅不公平，还很隐秘。如果赤字无法消除，供水基金的借款成本可能会上升，迫使市政府为未来的供水项目支付不必要的高额利息。这种现象可能并不常见，但确实时有发生，每次发生均有政治意义。

总结和结论

出于维护对公众的责任和管理上的可预见性，大部分预算都会严格按照通过的法案执行。然而，由于受到如河流泛滥、某国入侵另一国、飓风摧毁树木和房屋等环境的影响，必须在预算执行时建立某种灵活度。经济的起伏，导致超出预期的收入增减，有资格享受权益的人数也不断变化。如果更多的人犯罪或被捕，被判入狱，即便编制预算时无法准确预计，也必须想办法为囚禁他们而提供资金。预算还得与新当选官员的偏好相适应，他们一上任就必须在前任编制的预算框架内工作。

可以通过一系列技术手段对预算进行调整，包括补充拨款、取消支出、延期支出、重新安排项目、应急基金和基金间调拨。有些技术手段在某级政府的使用比其他层级政府更为普遍。联邦政府可以出现赤字，所以一旦出现紧急情况，可以借款来应对。州和地方政府一般不能合法地赤字运营，因此必须建立储备金和应急基金，以便在紧急情况下动用，他们在年中常常扣留支出，以防范收入不能实现。这种类型的应急基金和延期支付在州和地方层级很普遍，而补充拨款则相对较少。基金间调拨在地方层级相当普遍，而由于联邦层级单个账户规模较大，在账户内转移资金通常能提供充分的灵活性，因此账户内重新安排项目更为重要。

预算在执行过程中的大部分变化都是技术变化和适应环境的结果，但预算编制绝对必要的灵活性也导致了某些基于政策考虑的变动。如果国会在总统提交的预算案上有所增加，总统可能会试图削减或推迟那些他认为不必要的支出；而为了避开总统的反对，国会可能会将总统不赞成的支出与总统迫切需要的支出打包进同一个补充拨款法案之中。特别是行政分支和立法分支由不同政党主导时，众所周知行政部门在预算执行期间会改变立法分支批准的预算，将其用于他们偏好的优先事项。州长通常会否决他不喜欢或不想要的支出，但如果在议会中否决票占多数，州长的否决就会被推翻，因此在年中重塑预算可能是一个更好的选择。

总之，在财政年度当中能用于政策相关变化的资金数额相当有限，在某些情况下，正如联邦政府的政策性延期支出，这种可能性已经降至接近零，但数额也可能会上升或下降。年中政策性预算变动如果太过明显，冲突就可能把预算执行问题推到舞台中央。

253　相关网站

签署法案时，总统可以反对法案的某些部分，反对理由是这部分内容违宪，他（或她）不打算实施这些内容。其中有些签署声明涉及预算执行，说明了国会和总统在预算执行上的斗争。要阅读总统的签署声明，请参阅美国总统项目（www. presidency. ucsb. edu/signingstatements. php？year = 2011&Submit = DISPLAY#axzz2CDlcsNQX），对签署声明的解释，请参阅国会研究服务中心的报告《总统签署声明：宪法和体制影响》，2012 年著，作者托德·加维（Todd Garvey）（www. fas. org/sgp/crs/natsec/RL33667. pdf）

美国政府责任署对总统和/或国会发起的取消支出的历史进行了良好的总结，见《最新取消支出统计数据，1974 至 2011 财政年度》（www. gao. gov/assets/600/592874. pdf）。此外，国会预算办公室会定期公布补充拨款报告。

美国海军研究生院提供了一篇有趣的论文（www. dtic. mil/dtic/tr/fulltext/u2/a473540. pdf），题为《国防部重新安排项目的本质》。在这篇文章中，查德·罗姆（Chad Roum）分析了 2000 年至 2006 年国防部重新安排项目的请求和国会的反馈。罗姆博士的论文还可在以下网站查阅 http：//calhoun. nps. edu/bitstream/handle/10945/3406/07Jun ＿ Roum. pdf？ sequence ＝ 1&isAllowed ＝ y.

重新安排项目的部门和机构通常会留下书面记录。哥伦比亚特区每季度公布经批准的重新安排项目清单，包括那些没有达到需要走正式流程限额的小项目。相关形式和用途见 http：//cfo. dc. gov/page/reprogramming － report，为 2012 年的季度数据。国防部非保密支出的重新安排项目请求的例子参见 http：//comptroller. defense. gov/Portals/45/Documents/execution/reprogramming/fy2013/prior1415s/13 － 14_PA_Replacement_Sources_for_FY_13_09_PA_Implemented. pdf.

第八章
控制浪费、欺诈和滥用

我被告知，如果（这份工作）我恪尽职守，最终会有人想办法让我辞职走人。

——斯蒂芬·斯特里特（Stephen Street）监察长，路易斯安那州

被州审计局调查就像自己的会计师来访，但监察长的调查更像是来了一队得克萨斯骑警。

——丹·加蒂（Dan Gattis）众议员，得克萨斯州

254　　　随着时间的推移，预算控制的动态过程趋向于这样一种模式：（1）最初赋予行政分支或各行政部门广泛的酌情处理权；（2）发现权力滥用；（3）强化监督和报告责任，可能在委员会报告及立法中写入额外制约；（4）行政部门对减少酌情处理权有所反应。要是政治家们觉得预算执行中无关政治的决策太多而导致负担太重，或如果最初的问题似乎已经解决，那么（5）监督的力度可能会逐渐减弱。

　　　这一过程的核心就是察觉酌情处理权滥用并对此反应。几年前，来自缅因州的民主党参议员埃德蒙·马斯基（Edmund Muskie）曾说过，当行政部门违背国会或委员会的意图时，他对加强预算执行控制的冲动就会变得非常强烈。当他听说环境保护署（Environmental Protection Agency，EPA）滥用了其预算酌情处理权时，他告诉环境保护署的官员："授予行政部门合法的
255　酌情处理权是为了使用资金，而不是破坏预算目标。而你们的做法扭曲了这

一点，就是想让本参议员下次真的将你们的手给铐上。"[1]"手铐"指的当然就是在拨款法案里写入详细的限制条款，减少该部门在预算执行方面的酌情处理权。

在本书的前面，通过国家气象局在预算执行过程中没有遵循国会的重新安排项目指引，滥用了酌情处理权，以及密苏里州州长尼克松在年中削减州议会批准的支出，按照自己的偏好重新分配部分资金的案例，说明了对酌情处理权的滥用及控制循环。气象局最终获得了预算，尽管有所耽搁，但该部门的负责人却丢了工作，而尼克松州长则永久地（根据州宪法）失去了部分行政预算酌情处理权。

有时，并不是因为预算执行与所通过的预算有偏差，而是执行上的失败，如腐败、效率或效果低下，触发了控制。这些问题统称为浪费、欺诈和滥用。有各种各样的监督人员负责发现和提出这些问题。[2]其中，监察长是最为重要的。监察长系统或多或少是独立的，其财务审计师们与具体行政部门内部或跨部门的团队合作。他们审查财务报告，查找是否存在欺诈、浪费和滥用的情况，并提出解决这些问题结构性根源的建议。监察长在联邦政府层级广泛存在，在州一级普遍存在，部分城市和县也设立了监察长制度。

总的来说，各级政府的监察长工作均卓有成效，为政府节约了数百万甚至数十亿美元的公共资金，在腐败问题曝光后还有助于恢复公众对政府的信任。例如，运输部监察长办公室最近对丰田公司提起了一项欺诈指控，指控该公司欺骗公众和国家公路交通安全管理局，谎称其修复了车辆上存在的安全问题。协商要求丰田公司支付 12 亿美元的罚款。[3]2014 财政年度，联邦监察长们一共"发现潜在节约超过 465 亿美元，同时提升了项目的效率和效果"。[4]

在州一级，目前还没有关于跨州的节约或影响的统计，但还是有不少例子说明了监察长办公室的绩效。这些成果报告并不一定能代表其他州的监察长办公室，也可能夸大成效，因为监察长办公室报告的是可能回收的资金或节约的金额，而非实际金额。但这些成果报告仍然令人印象深刻。

马萨诸塞州监察长办公室 2013 年度报告指出如下成就："本办公室的 256工作推动了州和联邦的公诉案，形成了新的立法举措，帮助州和地方各级的改革和政策调整。协助达成和解及罚款，金额合计 400 万美元。此外，本办公室每年为联邦政府发现 4250 万美元的潜在成本节约。在 2013 财政年度，

对本办公室的直接拨款为 230 万美元。这意味着立法分支每拨给本办公室一
美元，都能为联邦和其他政府单位节约和收回 20 美元。"[5]

路易斯安那州的监察长报告说："在 2013—2014 财政年度，从州普通基
金拨给监察长办公室的每一美元，均对应着 9.93 美元的欺诈、腐败和浪费
发现。其中包括从卫生部和医院盗窃 100 多万美元，罪犯被判处 10 年监禁；
发现超过 180 万美元的税收抵免欺诈，罪犯被判处 70 个月的联邦监禁；对
飓风艾萨克灾后跟踪调查发现超过 1500 万美元浪费。这些数字中还不包括
监察长办公室提前制止的另外 4 578 286 美元的欺诈性税收抵免。"[6]

在市一级，拥有广泛权力和独立性的监察长也取得了令人印象深刻的成
绩。例如，华盛顿特区监察长办公室报告称，2014 年发现了 4200 万美元的
潜在节约，并宣称 220 万美元的罚款、处罚、归还、追回是自己的工作成
果，此外，还涉及民事经济诉讼以及超过 370 万美元的民事追回。该办公室
还吹嘘自己参与了关闭家庭卫生机构的多部门联合行动，据信这些机构在华
盛顿特区骗取了超过 1 亿美元的资金。[7]

这样的成绩来之不易。调查政府部门的浪费、腐败和欺诈行为是非常敏
感的过程，有许多意想不到的陷阱。

发现浪费、欺诈和滥用的政治

当浪费或腐败变得普遍或严重时，公众的愤怒就可能会推动设立监察长
办公室。监察长是恢复财务诚信和公众信任的英雄，但他们越成功，就越会
威胁到习惯的商业运作方式。监察长会让项目、管理人员和行政部门看起来
很糟糕。如果发现了欺诈或腐败的证据，他们还可能面临彻头彻尾的危险。
为了防止被起诉或负面宣传，监察长办公室可能会因少拨资金而瘫痪、被捆
住手脚无法开展调查或被迫专注于一些小问题。他们可能无法获取信息，工
作得不到配合。其结果是，监察长的工作看上去只是形式上的改革，并没有
实质内容。有时人们把监察长比作垃圾场的看门狗，会咆哮、吠叫，威胁要
咬人，但其实被拴得很紧。[8]

只有独立于直接的政治控制之外，监察长才能有效地发挥其作用，但独
立性也可能导致他难以与行政部门进行有效合作，以及推动行政部门内部管

理的变革。对前任政府的批评可能会受到欢迎，但描述现任政府部门管理不善或腐败则很可能引起骚乱，看起来有党派倾向。

想要在完全独立和完全服从之间找到平衡非常困难。如果监察长与任命他们的部门负责人或行政长官关系太过密切，结果会怎样？收回自己的拳头？如果监察长滥用权力恐吓员工该怎么办？如果监察长总是保持沉默，或在证据不足的情况下得出结论并谴责所调查的部门又该怎么办？应该根据什么理由，用什么证据来罢免监察长，由谁来罢免？如果是政治家负责罢免，想做到真正的独立就会比较困难，而这就意味着监察长必须进行自我监管。但这种期望合理吗？这一过程有效吗？为了发挥作用，监察长自身必须无可指责，但这是非常严苛的要求。

注：监察长被比作垃圾场的狗，它们可能有威胁性的吠声，但常被短绳拴得紧紧的。

联邦层面的监察长："在有铁丝网的栅栏上骑墙" 258

联邦层级监察长办公室的设立充分说明了酌情处理权—滥用—控制循环。一系列丑闻和滥用导致联邦《监察长法案》（Inspector General Act）通过。[9]1961 年，针对比利·索尔·艾斯特斯（Billie Sol Estes）丑闻，农业部任命了第一位监察长，"人们发现艾斯特斯利用伪造仓库收据、抵押契据和财务报表，从农业部搞了一大笔钱，尽管农业部内部三个不同审计机构均怀疑过他的行为。"[10]关于医疗保险和学生贷款中的作弊行为，以及对医疗补助病人的超额收费及过度检测的广泛报道，促使国会于 1976 年在卫生、教育和福利等部门和机构设立了监察长办公室。1978 年通过了《监察长法案》，随后在联邦政府的 12 个部门和机构设立了监察长，并明确规定监察长由总统任命，并同时向部门负责人和国会报告。监察长制度逐渐扩展到其他部门和机构，在较小的机构里，监察长并不是由总统任命。

随着时间的推移，监察长审查的事项范围和强制被调查单位提供信息的权力有所扩展，但其预算和人员配置有时却有所减少，或并没有按职责规模相应增加，从而削弱了其工作能力。此外，近年来，部分监察长办公室一直仅设临时负责人，在一段时期内弱化了他们的工作。

人员配置与工作量不平衡。 1993 年，共有 60 个联邦监察长办公室，雇员 1.5 万人，[11] 到 2003 年，只有 57 个办公室，雇员 1.1 万人。[12] 目前，联邦层级共有 72 个监察长办公室，其中 32 个由总统提名，并经参议院批准，其中 1 个由总统单独任命，其中 39 个由所在部门负责人任命。这些办公室共雇用约 1.4 万人。尽管工作职责大幅扩大，规定报告不断增加，办公室也有新增，其 2014 年的雇员总数还是比 1993 年要少。

工作人员减少与联邦政府缩减带来的部门重组和相关机构取消相关。部门规模越小，需要的监督人员相应越少，而且据报道，不少监察长认为他们应随所在部门相应缩减。当然，并非所有缩减都是自愿的。如果所在部门或 259 机构负责人对监察长的意见不满意，就可能会削减其预算和人员配置。此外，在克林顿和戈尔执政期间进行的国家层级绩效评估把矛头指向了那些监督很细的办公室，认为过细的监管对前线管理人员形成了威胁，导致他们规避风险，妨碍了创新。因此，监察长办公室也成为大幅裁员的对象之一。

1993—2003 年间，监察长办公室的裁员幅度大约是联邦政府文职人员的两倍。联邦文职人员减少了大约 13%，[13] 而监察长办公室的工作人员缩水了约 26%。在监察长中广为流传的是，如此比例不相称的人员削减，反映了对其作出的不利或批评性结论，以及带来的负面影响的报复。[14]

尽管工作人员在减少，监察长的职责却在不断扩大。《首席财务官法案》要求各联邦部门编制财务报告并进行审计，于是监察长被召唤来审计财务报告。此外，监察长在刑事调查和计算机安全方面也承担了更多责任。但由于人员被削减，监察长办公室只能增加外包服务，但却没有足够的内部人员来督促外包合同的执行。这反而带来了更多的工作量。可见，预算和工作人员的削减低估了监察长办公室所面临的工作压力。

例如，国防部的预算翻了一番，从 3000 亿美元增加到 6000 亿美元，但国防部监察长办公室的人员几乎没有变化。根据一份报告，"在 1997 财政年度，国防部的合同中每 6.42 亿美元就有一名审计人员，到 2007 年，这一比率已降至每 20.3 亿美元合同有一名审计人员"。[15]

从 2001 到 2006 财政年度，为了在全球反恐战争中发挥更大的作用，国务院的预算从 137 亿美元增加到 240 亿美元左右，扣除通货膨胀因素后增加了 55%。同期，国务院监察长办公室的预算从 2900 万美元增加到 3100 万美元，扣除通货膨胀因素后下降了约 6%。此外，2006 年财政年度国务院监察长办公室人员编制为 318 名，实际平均在职人员为 182 人，约为核定人数的 57%，比 2001 财政年度减少了约 20%。[16]

近年来，监察长办公室的人员配置从 2003 年的 1.1 万人的低点有所恢复。2005 年至 2011 年，16 个内阁部门监察长办公室的预算平均增加了 45%，其人员配置增加了 17%。[17] 然而，2011 年通过、2013 年生效的"全面自动削减"似乎又阻止了这一增长势头。2013 年至 2015 年间，据调查，32% 的监察长称其员工人数下降了 5% ～ 10%，13% 的监察长称员工人数下降了 10% 以上。[18] 尽管该调查没有明确说明接受访谈的是哪些个人或办公室，但主要部门的一些例子表明，在人员配置不变或减少的情况下，工作职责不断扩大的问题持续存在。从 2012 年到 2015 年，农业部监察长办公室的人员配置减少了 3.5%，而卫生和公共服务部监察长办公室的人员数量从 2012 年的最高峰 1800 人降至 2013 年的 1660 人，再降至 2014 年的 1557 人，下降了 13.5%。2014 年的下降发生在《平价医疗法案》实施期间。这一时期司法部监察长办公室的人员数量相对稳定。美国劳工部报告说，从 2013 年到 2015 年，由财政拨款支付的员工数量下降了 7.5%。

日益独立。联邦层级监察长的调查范围不断扩大、独立性更强的趋势非常明显。例如，随着监察长对欺诈案件的深入调查，他们开始要求更广泛的权力进行刑事调查。几年前，有相当多的人反对监察长涉及刑事调查，商界的支持者和那些被调查者的代表希望削弱监察长调查他们活动的权力。联邦调查局和司法部则担心自己的调查失去控制。这种担心部分源于地盘保护，但也可能是因为司法部部长希望有能力终止特定调查。但对监察长开展刑事调查的反对声音逐渐减弱，因为工作结果表明，在调查政府欺诈案件中，他们可以为政府节省很多钱。

最初的程序是，监察长办公室的每位调查员参与刑事案件调查时，都必须请求司法部（美国执法服务部门）的批准，而且每次许可只适用于单一案件。这种个案处理的方法过于烦琐，后来逐渐被一年一次给特定监察长办公室授予刑事调查全面许可的方式代替，通常还附有一份包含培训要求的谅解备忘录。但这一许可，也可能会因为滥用权力等原因而被撤销。监察长们担心此类许可在发放管理中出现延误，可能威胁到或终止正在进行的调查，因此要求获得法定许可，在司法部的总体监督下进行刑事调查。他们的假设并不是除非司法部批准，否则他们不能进行此类调查，而是除非司法部反对，否则他们就能够进行刑事调查。

261 联邦调查局和司法部最初反对将调查权授予监察长。然而，到 2000 年，司法部放弃了反对意见，称因为忙于监督对监察长办公室的委托，将其主业执法服务都淹没了，还不如正式立法委托，可能会减少一些额外的工作量。[19]2001 年以后，刑事司法部门专注于反恐活动，因此监督每个监察长办公室的刑事调查似乎就没这么重要了。到了 2002 年，该提案作为设立国土安全部门立法的一部分获得通过（总统任命的监察长获得了法定权力，但各行政部门任命的监察长仍然需要在司法部许可的基础上运作）。

结果只是稍有改善。作为支持的代价，司法部部长要求在立法中加入一个条款，允许他无须撤回对某个办公室的许可就能单独取消任一调查。[20]否则，为了阻止一项可能会有安全影响、与现行执法案件相矛盾，或具有政治威胁的特定调查，司法部部长就必须撤销对某个监察长办公室的调查权，这可能会带来负面影响。司法部部长所要求和得到的是更为精准的控制。在这些调查案件中，监察长确实获得了更多独立性，但其实也并没有从行政管理者的控制中获得多少自由。由于某些系统性的原因，如未能充分培训工作人员应对危险情况，或使用枪支，或滥用权力，整个办公室的调查许可仍然可能被撤销。

早在乔治·W. 布什执政初期，几次与政治有关、备受质疑地解雇和任命监察长事件，激起了监察长们对其独立性的担忧。其中一次是，美国宇航局的一位颇有成就、受人尊敬的监察长被迫辞职，总统立即任命了一名在白宫工作了一年的人来接替他。被解雇的监察长一直批评宇航局大幅削减预算及其合同外包的程度和做法。[21]无论被迫辞职是否因为监察长本人的强硬和批评立场，其他监察长们均深感压力和威胁。

监察长们开始争取其余的立法议程，包括监察长理事会的立法基础及其资金来源，争取监察长的固定任期而不是看总统的脸色。他们还努力厘清解雇监察长的理由。有了固定任期，监察长就只能在理由明确的情况下才能被解雇。

与监察长们工作合作最为密切、见证他们执行行政政策而非自己偏好的行政部门，即管理和预算办公室（OMB），却反对监察长的固定任期。在一次听证会上，管理和预算办公室的代表认为监察长们不需要更多独立性。

2008 年，国会通过了一项关于监察长独立性的改革法案。在法案通过之前，布什总统对提案作出回应，威胁说，如果该提案包括固定任期以及只有在理由正当的情况下才能解聘监察长的条款，他就会否决该提案，因为这样的条款会减少他解雇监察长的权力。他还反对另一项条款，该条款允许监察长绕过正常的行政审查和批准程序，直接向国会提交自己的预算提案。此外，布什反对给监察长理事会法律基础，但不清楚他反对的理由。针对总统的反对意见，最终对法案进行了修改，但其中确实也包含了一些加强独立性的条款：

• 该法案规定，任命每一位监察长时，不应考虑政治派别，而只应基于其在会计、审计、财务分析、法律、管理分析、公共行政或调查方面的诚信和能力。

• 要求总统或部门负责人在解聘或让监察长转岗时，必须提前至少 30 天将相应理由通知国会两院。在该法案通过之前，总统被要求将理由知会国会，但并没有要求在解聘或转岗之前。

• 法案为监察长提供了加薪，按照高级行政雇员支付薪酬，但禁止奖金或现金奖励。这是为了减少监察长们对各部门负责人的依赖。

• 该法案为监察长理事会提供了法律基础，将现有的两个理事会合二为一，规定由监察长们选出主席，尽管仍有一位来自管理和预算办公室的"执行主席"。还明确了理事会的资金来源。理事会将向总统提交一份候选人名单，尽管没有要求总统必须从名单中挑选他要提名的人员。

• 监察长的传唤权特别扩大到包括能获取电子及有形物品，该法案明确指出，所有监察长都可以根据《项目欺诈民事补救法案》的规定，从所在部门追讨被诈骗的资金。同样，所有监察长目前都拥有明确的执法权力。

• 允许监察长有自己的法律顾问。该法案允许他们从其他监察长办公室寻找律师，或用直接向他们报告的内部律师，或从监察长理事会找律师。

263

　　● 在监察长、各部门负责人和总统的要求下，为监察长办公室的运作、培训和支持设立单独的预算条目，以便国会能清晰跟踪总统计划提供的资源。

　　● 要求各部门在其官网主页上设立监察长办公室的直接链接，这样可以方便获取监察长的报告和材料，同时方便公众直接举报浪费、欺诈和滥用权力的问题。[22]

　　布什总统并没有如他所说的那样否决这项法案，他签署了这项法案，但在签署声明中明确表示他不会受其约束。总统反对监察长可以获得独立于所在部门法律顾问之外的法律顾问，尽管大多数主要的监察长已经拥有这方面的独立性。他还反对在总统的预算提案中除了他自己的建议之外还要列入监察长最初的预算申请，如果他的建议是削减监察长办公室的工作，则还要附上监察长办公室对该建议的讨论意见。总统拒绝这一指令，声称这侵犯了他根据宪法向国会提出建议的权利。

　　对于非经总统任命的监察长，其独立性经过 2010 年《多德弗兰克法案》（Dodd Frank Act）得到了提升。该法案规定，在监察长向行政负责人报告的行政部门，该"部门负责人"指的是部门的董事会或委员会全体人员，如果要解雇监察长，须经三分之二的大多数通过，任何个人无权解聘。大多数监察长认为这一变化使他们更加独立了。[23]

　　总体来说，监察长改革法案按预期执行。尽管总统并不总是按照法案要求在预算提案中单列监察长办公室的预算，[24]但其预算已经比 2008 年之前清楚多了。管理当局允许监察长办公室列出他们的预算要求，并与管理和预算办公室的建议进行比较，如果某监察长办公室觉得预算建议太低，监察长现在也终于能够公开抱怨。在几个主要案例中，由于透明度提高，可以清楚地看到，随着政府部门整体支出增加，监察长办公室的支出却在缩减：在 2011 年总统预算提案中，国防部的支出增加了 3.4%，其监察长办公室的支出则削减了 2%，更引人注目的是，能源部的预算支出建议增加 7%，而其监察长办公室的预算则计划削减 17%。[25]

　　虽然监察长的独立性确实已经提高，但仍然存在一些问题。尽管总统不

264 能在没有事先通知国会并说明原因的情况下解雇监察长，但各部门仍有可能通过让监察长非自愿带薪休假而使监察长靠边站。参议院的一份报告提到了国家档案记录署的一个例子，在调查对他的指控期间，监察长被迫自 2012

年休了两年带薪假。[26]

　　对 2008 年监察长改革法案的一个重大挑战发生于 2009 年，当时奥巴马政府看起来是出于个人和政治原因解雇了一名监察长，因为管理当局要求美国志工团（Americorps）的监察长辞职。美国志工团是与和平队（Peace Corps）有些类似的国内志愿者社团。通过要求辞职而不是解雇监察长，管理当局其实是试图规避 2008 年法案中规定的提前 30 天向国会解释解雇原因的改革要求。然而，该监察长不愿辞职，最终提起诉讼要求复职（他后来输了这场诉讼）。然后，管理当局让该监察长非自愿休假，同时向国会递交了解雇他的一系列理由。据此，管理当局遵守了 2008 年改革法案的文字要求，而非其精神意图（详情请参阅下文案例《奥巴马总统解雇一名监察长》）。

　　2014 年，很多监察长向国会抱怨，说有些部门拒绝提交文件和资料，要么拖延调查，要么使调查无法进行。有些部门声称，根据包括国家安全要求在内的其他法律要求，那些信息优先于监察长获取文件的权力，但监察长回应说，有些部门拒绝提交的文件与敏感材料无关。比如，联邦调查局就拒绝了向监察长提供组织架构图的要求，声称提供该资料必须先经过其总法律顾问办公室同意。[27]

　　2015 年 8 月，在"司法部法律顾问办公室裁定，只有在监督相关案件的其他司法官员允许的情况下，该部门的监察长才能获取诸如窃听和大陪审团证词等敏感信息"之后，监察长理事会请求国会对其独立性予以更加明确的阐述。虽然在请求之下，监察长可能会获准接触信息，但依然有部分信息完全禁止监察长获取。[28]明确监察长获得相关资料的有关提案已经向国会提交，但截至 2015 年，这些提案还停留在国会的委员会层面。

小案例：奥巴马总统解雇一名监察长

　　杰拉尔德·沃宾（Gerald Walpin）是美国志工团的监察长，由乔治·W. 布什总统选中，在奥巴马执政期间继续留任。沃宾之前从未从事过调查或审计工作，也没有监察长办公室的工作经历。他不了解监察长办公室的工作规则，如不能向新闻界透露正在进行的调查案件；也不熟悉行政部门的运作方式，如他曾承认完全缺乏调查就业歧视指控程序的经验或知识。专栏作家和博客作者们认为他是一个积极的共和党人，为共和党候选人捐款，支持他们的竞选活动，不过他其实从未在白宫或国会工作过。但是，即便他是一个谨慎的、经验丰富的无党派人士，在民主党执政时期任监察长，面对给总统和总统夫人"拍马屁"的项目，他也很难找准位置。监察长批评的所有事几乎都会被认为有政治倾向、与政府对立。

共和党曾长期追踪美国志工团的情况，对它进行攻击，说它与一系列问题有关，如其志愿者护送妇女进入堕胎中心，还有少数志愿者帮助为 ACORN 募捐，ACORN 是一个社区组织，因为帮助贫穷选民注册登记（因而可能投票给民主党候选人），引起了共和党的愤怒。而布什在美国志工团任命了这位监察长，就是想挖掘可能导致其失败的违规行为。

无论沃宾是否有意执行共和党的计划，从现任政府当局的角度看，沃宾的报告显然都有潜在的害处。他最有争议的发现是经营慈善机构的前篮球明星凯文·约翰逊（Kevin Johnson）滥用资金，而美国志工团正好对该慈善基金进行资助。约翰逊是奥巴马的著名支持者。由于对要求该慈善机构还款的某项依据不满意，沃宾施加压力，禁止任何联邦补贴资助约翰逊。后来约翰逊竞选并赢得了萨克拉门托市长的职位，但由于这项禁令，该市无法从联邦政府获得抗击经济衰退的资金。于是代理司法部长接手谈判，并达成了一项和解协议，认为不能因禁令的存在而将萨克拉门托市全体居民的利益作为牺牲品。沃宾到处抱怨，说这一协议的安排既减弱了惩罚力度，又纵容了对政府资金的滥用。

当美国志工团董事会向政府提出解除沃宾职务的要求时，联邦政府迅速作出反应，要求沃宾辞职，但沃宾拒绝了，于是联邦政府让沃宾休行政假，并针对国会关于未事先通知的质疑，进行了详细的理由说明。尽管刚开始没做到，但最终政府还是遵守了提前通知国会的要求。

无论行政当局要求沃宾辞职的理由是否正当，双方各执一词。但从2009 年到 2012 年，美国志工团的常设监察长职位一直空缺，其预算也大幅削减。这些举措无疑表明，政府想要保护受到严重攻击的美国志工团，但此时众议院的态度，却是投票取消了对美国志工团的资助。此时，

266

人们不禁要问，监察长工作的效果好像是摧毁了一个部门，而不是让它运转得更好？在这种情况下，董事会怎么会想要跟他合作，或执行他的建议呢？合法调查与制造威胁之间的界线到底何在？政府应该如何处理由反对党前总统任命的监察长，如果已经知道当初的选择就是出于政治忠诚考量而非基于经验，而且这个监察长看起来还正计划着通过推翻一个象征现任总统的目标和价值观的项目来公开让政府难堪？

负责安排协商谈判的代理司法部长将沃宾的案件提交给美国监察长理事会，要求对他采取可能的纪律惩戒，因为沃宾不遵守公认的证据规则，还在调查完成前向公众公布。但监察长理事会的诚信委员会并没有对沃宾进行纪律处分，他们启动调查的标准很高，也就是说，只有当案件涉及严重管理不善、严重浪费资金、滥用权力或行为不当，严重到会损害监察长或高级监察长的诚信或独立性的程度时，才会进行（见2009年程序手册）。诚信委员会认为，对沃宾的指控并没这么严重，而且他已经令人满意地处理了此事，没有进一步调查的必要。在本案中，自我监管没有产生有效的解决之道，也没有公开澄清调查的规范和规则。

资料来源: Andrew Walzer, "Media Trumpet Walpin Claims Without Noting Acting U. S. Attorney's Allegations," Media Matters for America, June 18, 2009, http://mediamatters. org/research/2009/06/18/media - trumpet - walpin - claims - without - noting - acti/151309; a series of articles by Byron York in the *Washington Examiner* detail the case from an pro - Walpin perspective, beginning with "What Is Behind Obama's Sudden Attempt to Fire the AmeriCorps Inspector General?" June 10, 2009, http://washingtonexaminer. com/article/135590; Evan Harris, "More Details Emerge In President Obama's Firing of Inspector General," June 13, 2009, ABC News, http://abcnews. go. com/blogs/politics/2009/06/more - details - emerge - in - president - obamas - firing - of - inspector - general/; Ed O'Keefe, "Documents Detail Case for Walpin's Dismissal," *Washington Post*, July 1, 2009; Committee on Oversight and Government Reform, U. S. House of Representatives, "Politicization of Inspectors General," October 21, 2004, http://oversight - archive. waxman. house. gov/story. asp? ID =726; Huma Khan, "President Obama Fires Controversial Inspector General," ABC News, June 12, 2009; "Letter to Senator Grassley From the Board of the Corporation for National and Community Service," *Washington Post*, June 17, 2009, www. washingtonpost. com/wp - srv/politics/documents/board_ letter _ to _ grassley. pdf; Senate Finance Committee, Sen. Charles E. Grassley, Ranking Member and House Committee on Oversight and Government Reform, Rep. Darrell

267

Issa, Ranking Member, "The Firing of the Inspector General for The Corporation for National and Community Service," Joint Staff Report, 111th Congress, November 20, 2009, http://oversight. house. gov/wp - content/uploads/2012/02/20091120JointStaffReport1. pdf; Justin Elliott, " GOP Inquiry Fails to Show Obama's Firing Of AmeriCorps IG Was Politicized," November 20, 2009, TPM-Muckraker, http://tpmmuckraker. talkingpointsmemo. com/2009/11/issa _ grassley _ inquiry _ hits _ white _house_on_walpin. php; Molly Ivins, "Attacks on AmeriCorps Are Mean - Spirited, Stupid," Seattle Times, October 30, 1995, http://community. seattletimes. nwsource. com/archive/? date = 19951030&slug = 2149598; Lee Speigel, " White House Plays Hardball; Says Fired IG Walpin Was 'Confused, Disoriented' Engaged in 'Inappropriate Conduct,'" June 16, 2009, ABC News, http://abcnews. go. com/blogs/politics/2009/06/white - house - plays - hardball - says - fired - ig - walpin - was - confused - disoriented - engaged - in - inappropriate - co/; Josh Gerstein, "W. H. v. Grassley on Walpin Clearing," November 10, 2009, Politico, http://www. politico. com/ blogs/joshgerstein/1109/WH_v_Grassley_on_Walpin_clearing. html; "Gerald Walpin, Response of IG Gerald Walpin and the OIG to the Complaint," ABC News, http://a. abcnews. go. com/images/Politics/PCIE_Response_Report_FINAL_5_20_09. pdf; Ed O'Keefe, "Records Indicate Tension Between Agency's Fired IG and Officials," Washington Post, July 1, 2009.

在本案中监察长理事会认为，对沃宾的指控没达到其严重性标准。但如果真的是严重的指控呢？这个案子到底是如何曝光的，又是谁调查的，监察长理事会又做了什么？如果监察长想要独立于政治，他们就必须能够自我监管。小案例：谁"看守"看守？不是看守们自己表明，监察长理事会在自我监管方面并不十分有效，不仅因为缺乏调查人员，而且还往往把监察长的申辩当作真相，此外，由于监察长控制着其下属的工作，如果下属想要报告上级的不良行为，就会威胁到自己的职业前途。因此，对监察长严重不当行为的举报可能永远不会提交到理事会。

268

小案例：谁"看守"看守？不是看守们自己

托德·津瑟（Todd Zinser）是 2007 年任命的商务部前监察长，于 2015 年 6 月在国会的压力下辞职。津瑟成为国会调查的焦点，起因是他的办公室未向国会报告有关国家气象局规避重新安排项目指引的行为，该办公室之前曾收到过热线举报。令人奇怪的是，津瑟让国家气象局自行调查，他辩解说他不知道自己的办公室已经进行了初步调查，对此，国会委员会主席认为根本不可能。

后来，还有人向监察长理事会举报津瑟保护了某个与他有过不正当亲密关系的女人，还给她升了职。但津瑟否认这一指控，而理事会对他的否认则表示接受。随后，津瑟亲自任命的亲密助手，可能还包括津瑟本人在内，一起强迫员工签署了"封口令"，禁止他们向理事会提出举报。从国会的角度看，已经启动了调查，却不通报国会相关违规问题，随后又将调查权转移给被调查部门，而此事也从未向监察长理事会报告，这一系列行为才是更为严重的问题。最后，一个国会委员会启动了对津瑟的调查，并要求他下台。

资料来源：Josh Hicks, "Lawmaker Seeks Ouster of Commerce Department Inspector General," *Washington Post*, March 30, 2015, http://www.washingtonpost.com/blogs/federal-eye/wp/2015/03/30/lawmaker-seeks-ouster-of-commerce-department-inspector-general/; Sarah Westwood, "Commerce Inspector General Resigns Amid Growing Scandal," *The Washington Examiner*, June 4, 2015, http://www.washingtonexaminer.com/commerce-inspector-general-resigns-amid-growing-scandal/article/2565597.

监察长很容易太接近管理当局，给予所在行政部门太多保护，因此不愿发布严厉的批评报告；同时也很容易远离管理当局，因为过于同情其对手，而急于找出所在行政部门的错误，致力于摧毁或羞辱，而不是解决问题。而所在行政部门的负责人，由于担心监察长的批评和不良的公众形象，有时会不愿与监察长合作。跟以往任何时候相比，现在总统解雇监察长的权利都要小，即便是想解雇前任总统指定的监察长也很困难，此外，也不能指望监察长的忠诚，因为这也会导致各部门采取其他措施，如削减监察长的预算和人员配置，以及不任命常设监察长等等。

未任命常设监察长。近年来，许多联邦行政部门的监察长办公室只有代理主管，有时这种情况持续多年。与总统任命、国会批准的监察长相比，代理主管的影响力和知名度要低得多。截至 2015 年 10 月，在 33 个总统任命的监察长办公室中共有 9 名代理监察长，从其中，总统提名了 4 位常设候选人。

内务部监察长办公室的代理监察长已超过六年半。在提名候选人的压力下，奥巴马总统终于在 2015 年 6 月提名该代理监察长担任这一常设职位。但截至 2015 年 12 月，参议院似乎还未确认他的选择。国际开发署已经有四年没有常设监察长了，而退伍军人事务部超过一年半都只有代理监察长，此前，还有投诉者要求他下台，指责他无所作为，没有努力去查找欺诈和滥用权力问题。在他之后，又任命了一个代理监察长，但还是持续了四个月，总统才任命了一位常设监察长。中情局的监察长一职空缺也超过半年，总统一直没有提名填补。[29]此外，从 2008 年 1 月到 2013 年 6 月，国务院也一直只有代理监察长。

参议院国土安全和政府事务委员会主席参议员罗恩·约翰逊（Ron Johnson）在一次听证会上指出，临时任命的监察长"无法做到真正独立"，而且因为其临时身份，"无法推动办公室的工作，更有可能为了取悦所在部门或总统而妥协"。约翰逊特别关注的是退伍军人事务部没有提名候选人，他声称，代理监察长理查德·格里芬（Richard Griffin）"已经显示出令人震惊的迹象，表明他缺乏独立性，共有 140 多份报告未向公众和国会发布，他还竭力不让国会收到文件，还有报告称他已经失去了该部门投诉者对他的信任"。[30]

监察长的地位日益独立，导致总统解雇现任监察长甚至由反对党前任命的监察长所遇到的困难，可能是总统提名常设监察长步伐缓慢的原因。但由于代理监察长往往期望转任为常设主管，他们可能会为了讨好部门负责人而不出重拳，对应该调查的部门过分保护。因此，比起总统提名和国会批准的监察长，他们就更容易被控制（关于与所在部门关系太近的代理监察长的例子，参见后文国土安全部的小案例）。

小案例：国土安全部的代理监察长与部门关系太密切

在国会对国土安全部的代理监察长查尔斯·K. 爱德华兹（Charles K. Edwards）被指控利用裙带关系、滥用职权以及与管理当局关系过于密切进行调查后，他下了台。[1]

他被指控拖延调查以及修改调查报告以保护管理当局。最初有人报告说，爱德华兹隐瞒了消息，对总统的安全人员调戏哥伦比亚妓女的事件轻描淡写。根据国会监督委员会的报告，他"与所在部门负责人共进晚餐，并向他们提供有关调查时间和结果的内部信息"。此外，据说有三份报告的措辞和时间安排，他都接受了部门负责人的政治顾问的指导。此外，他还向部门负责人的秘书请教在听证会上应该如何回应。监督委员会官员的结论是，由于他正积极谋求转为常设监察长，所以没有对所在部门进行真正的监督。[2]

就在准备就这些问题作证之前，2013 年 12 月爱德华兹辞职了。这次被迫辞职是由于国会，而不是监察长理事会的调查。国会委员会，特别在行政分支由另一党主导的情况下，非常渴望能读到监察长对所在部门严厉批评的报告。如果代理监察长太过温顺，太迫切地想转为常设岗，因而不能提供深刻和认真的分析报告，国会委员会成员就可能会任命更激进的人员来将其取代。而监察长理事会，从另一个角度看，则更倾向保护监察长整体，只要是反对的声音，不论是针对常设或临时监察长，监察长理事会都有很高的证据要求。

爱德华兹在为自己利用裙带关系和滥用职权的指控辩护时，声辩说监察长理事会曾经审查并驳回了针对他的类似指控。然而，理事会是否认真对待了这些指控，却没人知晓。"参议院在六月份开始调查爱德华兹之后，理事会才指定了交通运输部门监察长对他展开调查……在那之前，对他的投诉要么被驳回，要么遭到冷遇"。此外，"监察长理事会的诚信及效率委员会通常一年只召开四次会议，缺乏调查和追究监察长滥用职权责任的手段。"[3]

1　U. S. Senate Subcommittee on Financial and Contracting Oversight，Committee on Homeland Security and Governmental Affairs，"Investigation Into Allegations of Misconduct by the Former Acting and Deputy Inspector General of the Department of Homeland Security," Staff Report，2014，04 – 24.

2　Carol Leonnig，"Probe：DHS Watchdog Cozy With Officials，Altered Reports as He Sought Top Job," *Washington Post*，April 24，2014，http：//www. washingtonpost. com/politics/probe – dhs – watchdog – cozy – with – officials – altered – reports – as – hesought – top – job/2014/04/23/b46a9366 – c6ef – 11e3 – 9f37 – 7ce307c56815_story. html.

3　Susan Crabtree，"Internal Government Watchdog System Broken，Experts Say，"*The Washing-ton Examiner*，May 16，2014，http：//www. washingtonexaminer. com/internal－government－watch-dog－system－broken－experts－say/article/2548508.

271　　　独立性是监察长开展调查工作所必须的，但即便是常设监察长，其独立性也可能因为政治任命、因其预算在部门负责人面前处于从属地位，以及需要对国会和部门负责人双重负责而大打折扣。监察长们需要不断争取，才能保持足够的预算、人员配置和工作的独立性。

　　监察长可能会因为夹在本部门和国会之间左右为难，而变得毫无用处。美国政府责任署对第一任设在农业部的监察长办公室的评价，就相当负面："该办公室作为管理工具的用途很有限，部分原因在于他们担心通过向国会委员会和其他部门发出例行报告，会导致调查结果外泄"。[31]监察长制度的一个观察员说，"我认为，对监察长独立性的界定，现在并没有做得更好，而且将始终存有争议。监察长们正'在有铁丝网的栅栏上骑墙'"。[32]

州和地方监察长

　　有33个州至少在一个主要行政部门或机构设立了监察长（见表8.1）。有些监察长办公室是由立法设立，因而是永久性的；有些则是根据行政命令设立，下一任行政长官可以撤销或继续设立；有些仅是根据部门负责人的命令设立。在有些州，只有一个或几个部门有监察长，但共有11个州的监察长制度是覆盖全州或几乎覆盖全州的。这些州往往是以腐败文化著称的州，如伊利诺伊州、路易斯安那州、纽约州和马萨诸塞州。

272 –283　表8.1　　　　　　　　　　　　　　　　州一级的监察长

州	建立年度	E/S/A	部门	由谁任命/向谁报告	独立性
亚利桑那州	1991	S	管教部	工作独立于部门负责人	资料未能获取
	2004	E	交通部	向交通部负责人报告	低

续表

州	建立年度	E/S/A	部门	由谁任命/向谁报告	独立性
亚利桑那州	2009	S	医疗补助计划；健康护理成本控制系统	直接向州健康护理成本控制系统负责人报告	拥有全面传唤权，可以罚款，移送犯罪案件
			经济安全部	资料未能获取	
			儿童和家庭服务部	资料未能获取	
阿肯色州	2013	S	医疗补助计划	州长根据参议院的建议和同意任命，直接向州长报告，根据州长要求开展工作	低
加利福尼亚州	1994	S	青少年和成人管教部，自1998年配备人员	州长任命，参议院同意	中，无固定任期
	2005	S	矫正与康复部	州长任命，参议院同意，6年任期，有理由才能免职	高
	2011	S	矫正与康复部	2011年，办公室预算减少45%，大部分员工转到州审计办公室，职权范围显著减少，根据州长、参议院规则委员会主席或者大会发言人的要求进行调研	低
	资料未能获取	A	公路巡逻队	直接向公路巡逻队专员报告	低
科罗拉多州	1995	S	管教部	管教部负责人进行任免	低
佛罗里达州	1994	S	全政府范围	每个部门的监察长向部门负责人报告，由部门负责人任免，州有总监察长	中，部门负责人不能阻止或禁止监察长"发起、实施或完成任何审计或调查"

州	建立年度	E/S/A	部门	由谁任命/向谁报告	独立性
佐治亚州	2003	E	全政府范围	州长任免，向州长报告	
	2007	A	社会服务部		
	2008年前	资料未能获取	社区健康部，包括医疗补助计划	由社区健康专员任命，向其报告	低
伊利诺伊州	2003	E	州长办公室监察长	州长任命，向州长报告	低
	2008	S	法定，包括所有执行官	执行监察长，州长任命，参议院确认；免职需有理由；5年任期	法规禁止基于政治而任命，免职需有理由，独立性相对高
	1993	S	儿童和家庭服务部	向部门首长、州长报告，向立法分支年度报告，有独立预算；州长任命，参议院确认；4年任期	中偏高
	1994	S	健康护理/医疗补助计划	州长任命，向州长报告，必须先担任执行监察长，经参议院确认；4年任期，预算在部门内	中
	2007	S	社区服务	州长任命，向州长和部门负责人报告；4年任期；独立的预算条目	中
	1993	S	司法总长监察长	司法总长任命，参议院经五分之三同意确认；向司法部部长报告，也会向道德委员会报告；5年任期；免职需有理由，要经过听证会；独立预算	中偏高
	1993	S	政府秘书长监察长	秘书长任命，参议院经五分之三投票确认；5年任期；免职需有理由，要经过听证会；独立预算	中偏高
	1993	S	主计长办公室	主计长任命，参议院经五分之三投票确认；5年任期；免职需有理由，要经过听证会；独立预算	中偏高

续表

州	建立年度	E/S/A	部门	由谁任命/向谁报告	独立性
伊利诺伊州	1993	S	州财政局局长	州财政部部长任命，参议院经五分之三投票确认；6 年任期；免职需有理由，要经过听证会；独立预算	中偏高
	1993	S	立法分支监察长	立法分支任命，由立法分支领导层而非监察长选择员工；立法分支控制预算，发起调查须经立法分支道德委员会批准	5 年任期，但雇佣职员要获得立法机关 4 个领导中 3 个赞同；整体偏低
印第安纳州	2005	S	行政各部门	州长任命，任期与州长一致，只能因不当行为或渎职行为而被免职	高
堪萨斯州	2007	S	健康与环境部	由部长选择并向部长报告；部门控制其预算和行政管理；参议院确认，免职须有理由	中
			医疗补助	参议院确认，本州医疗补助私有化，部门建议职位公开（需取悦于州长，独立性差）职位通常空缺，参议院建议削减这一职位	相当低
	1998	A	青少年审判部	该部委员长任命并向其报告	
	1989	资料未能获取	交通部	向财政和资产管理局局长报告，该局长向部长报告	
肯塔基州	1977	S	健康，包括医疗补助	部长雇佣并解聘	低
	1999	S	环境部	州长任免	低
	2002	E	交通部	州长任免	低

州	建立年度	E/S/A	部门	由谁任命/向谁报告	独立性
路易斯安那州*	1988 2008	E/S	全政府范围	向州长报告，根据 2008 年法案，州长对是否将报告公开无选择权	开始低，2008 年后提高
马里兰州	1990	A	人力资源部，包括负责医疗补助公正性的主席团	向部长报告	低
	1994	A	公共安全部	向部长报告	低
马萨诸塞州	1998	A	精神健康部	向部长报告	低
	1981	S	全政府范围	州长，审计长，州审计师选择，其中两人同意即可免职；5 年任期	高
密歇根州	1972	S	家庭独立署	部门负责人任命	低
	2010	E	医疗补助 – 健康服务部	州长任命，独立于部门，有自己的预算，监察长是公务员，向部长和州长报告	中偏高
明尼苏达州	2011	A	社会服务部，包括医疗补助	向部门专员或副专员报告	资料未能获取
密苏里州	2004	A	管教部	部门的一支调查力量，向部长报告	低
内布拉斯加州	2012	S	青少年福利和管教部	调查官、立法机关健康和社区服务委员会主席及立法机关执行委员会主席任命；5 年任期，可续签；是立法分支的一部分	高
	2015	S		公共律师办公室的一个部门；由公共律师任命，须立法委员会执行委员会主席和立法分支的审判委员会主席同意；向管教部部长和州监狱局理事会报告	相对高；受到公共律师的控制，但有 5 年任期，免职需要立法委员会执行委员会主席和立法分支的审判委员会主席允许

续表

州	建立年度	E/S/A	部门	由谁任命/向谁报告	独立性
内华达州	资料未能获取	资料未能获取	管教部	向管教部长和州监狱局理事会报告	永久职员，免职需要理由
新泽西州	2005 年，至 2010 年终止，职能与主计长合并	S	全州范围		中偏高
	1988		交通部	向部长报告	
新墨西哥州	1989	A	社会服务部，包括医疗补助	由部长任命	低
	2012	资料未能获取	管教部	向管教部负责行政管理的副职报告	
纽约州	1996 年前	A	管教服务	向部长报告	资料未能获取
	1996 **	E	全政府范围，州长领导的所有部门	州长任免，向州长秘书报告，薪酬由州长确定但有最低线，任期与任命他的州长一同到期	低/中
	1992	S	福利部	州长根据参议院的建议和同意任命	低
	1996	S	劳工补偿	州长聘用	低
	2006	S	医疗补助	州长经参议院批准后任命，根据州长意愿解聘	低
	2008	E	主计长	主计长任命，免职需理由；任期到主计长任期结束	低

州	建立年度	E/S/A	部门	由谁任命/向谁报告	独立性
北卡罗来纳州	2008	S ***	交通部	由部长任命并向部长报告	2013 年修正案中要求具有内部审计师的经验和培训经历，但不是很明确，可能较弱；误导审计师或者阻挠调查将判二级轻罪。低
俄亥俄州	1990	S	州长所管辖部门	州长根据参议院的建议任命	中，任期与州长一致
俄克拉荷马州	1979	A	社会服务部，包括医疗补助	部门负责人任命	低
俄勒冈州	1990	A	管教部	向部长或副部长报告	资料未能获取
宾夕法尼亚州	1987	E	州长所辖的部门；1994 年部门监督福利舞弊	州长任免，向州长报告	低
南卡罗来纳州	资料未能获取	A	管教部	部门负责人	资料未能获取
	2011	E，然后 S	内阁办公室；2012 年 7 月 1 日后，州所有部门	州长根据参议院的建议经同意任命；向州长和被调查的部门负责人报告	开始低，现在中，2012 年议会在州长办公室外设立单独办公室，只有 6 名调查员；被免职需要具体原因，四年任期，有传唤权，要求部门合作
田纳西州	2004	A	青少年关爱部，包括医疗补助	州长任命，向州财务专员报告	中，并不向所在青少年关爱部负责人报告，有传唤权
	资料未能获取		社会服务部	向部长报告	资料未能获取

续表

州	建立年度	E/S/A	部门	由谁任命/向谁报告	独立性
得克萨斯州	1999	S	刑事司法部	州长任命，向部门委员会报告	中，有传唤权
	2003	S	社会服务部：贫困家庭临时救助，医疗补助，补充营养援助项目	州长任命，州长要求监察长向州长报告，部门要求监察长向专员报告，监察长不控制自己的预算	非常低
犹他州	2007	S	青少年委员会	由青少年委员理事会聘用并向其报告	中，2011年，独立性有小幅提高
	1984	S	公共安全部	由公共安全委员会任命，在其具体指导下工作并向其报告	中，2011年有提高
	2011	S	医疗补助项目	州长根据参议院的建议经同意任命；两年任期，州长可根据理由免职	中
弗吉尼亚州	1984	S	管教部	向管教部报告，其次向公共安全部长和管教委员会报告	中
	1999	S	精神健康部	向州长报告，议会确认	中，任期与州长不一致
	2000	A	交通部	向交通部部长、委员会，秘书长和州长报告	资料未能获取
	2012	S	全州范围的监察长	州长任命，议会确认；5年任期，可续签，立法分支的一部分	中

续表

州	建立年度	E/S/A	部门	由谁任命/向谁报告	独立性
西弗吉尼亚州	1979	A	社会服务部，包括医疗补助	部门负责人聘用，直接向部门负责人报告	低
威斯康星州	2011	A	社会服务部，包括医疗补助	公务员身份，非政治任命，单独预算条目	中偏高

注：该表在前几版书中的最初版本是由布赖恩·弗雷德里克（Brain Frederick）的研究助理编制的。作者在本次做了更新，数据也是最新获取的。如果监察长办公室最初由州长设立但之后由立法重新设立，在表中也提供了相应日期和法定地位。此外，可获得信息的水平并不均衡。对独立性的判断有一定主观性，利用可获得数据综合了变化情况，包括办公室的任期（有任期比无任期的独立性更强，任期与州长任期不一致的比与州长任期几乎一致的独立性更强）；解聘需要理由比随意解聘的独立性更强；法定权力比根据行政命令设立意味着更高的独立性；但根据行政命令设立的又比由管理部门设立的独立性更强；监察某部门范围，但向州长汇报的独立性也相对多一些；州长控制报告发放比监察长办公室控制报告发放的独立性要弱，特别是对公开报告的控制权。有自己的预算条目和最低额比依靠部门或项目控制的监察长预算的独立性更强。目前无法获得每个监察长办公室的所有信息；如果信息更多，也可能会改变此表对独立性程度的评价。

＊路易斯安那州的监察长是由行政分支命令设立的，可以从一届行政当局延续到下一届，但2008年获得了立法支持；

＊＊自1986年起，纽约州对行政分支（部门首长由州长任命的）有了一位监察长，但1996年帕塔基（Pataki）州长废除了前任科莫（Cuomo）州长的行政令并颁布了新的行政令，赋予了监察长更广泛的权力。

＊＊＊北卡罗来纳州交通部监察长并不是根据法律设立的，但却是执行2007年通过的要求在较大的行政部门开展内部审计的法案的一部分。

E =（州长的）行政命令，必须由每一任州长更新，否则该办公室就会停止。

S = 法定的，永久性的，除非由法律撤销。

A =（部门负责人的）管理命令，取决于部门负责人的喜好。

有些监察长拥有广泛的权力，包括传唤权和刑事调查权，有些则权力有限。同样重要的是，各办公室在对于政府部门负责人或州长的独立性方面差异很大。在某种程度上，这些因素互相影响，例如，一些州赋予监察长广泛的权力，但又通过让监察长仅对部门负责人报告来限制该权力。只有马萨诸塞州是例外，监察长拥有广泛的权力，也不受州长或部门负责人的控制，其结果是历任州长们做出了一系列撤销监察长办公室的努力，并控制其调查职能（见后文小案例：马萨诸塞州的监察长与州长）。

很多州已经赋予监察长调查医疗补助资金滥用的职责。最近在密歇根

州、明尼苏达州、犹他州和威斯康星州设立的监察长办公室都是针对此任务
而设的。医疗补助是由联邦和州联合资助、向穷人提供医疗护理的计划，是
州一级的主要支出之一，因此，人们期望确保该计划尽可能少发生欺诈行
为。但是，由于这是一个联合计划，联邦政府也希望确保州的管理中尽可能
没有欺诈行为，同时还能保证所提供医疗护理的质量。联邦卫生和公共服务
部的监察长负责监督和报告根据联邦法律设立和管理的州一级医疗补助欺诈
控制处的工作结果，全国一共设立了 49 个州一级的欺诈控制处，再加上哥
伦比亚特区的一个。这些处大多数设在州司法总长的办公室，而不是设在监
察长办公室，这就产生了一个问题，即两者之间的分工如何，以及为什么会
设有两个类似部门。将欺诈控制处设在州司法总长办公室之下，意味着关注
重点是刑事起诉和财务追讨，但是根据法律，联邦政府设立的欺诈控制处关
注的应该是医疗服务的提供者，而不是医疗援助的接受者。

在得克萨斯州，既有设在州司法总长办公室的医疗补助欺诈控制处，又
有设在卫生部门、专门处理医疗补助欺诈的监察长，州司法总长办公室对责
任分工是这样描述的：

得克萨斯州医疗补助欺诈控制处成立于 1979 年，是州司法总长办公室
的一个部门。该处有三项主要职责：

● 调查医疗补助提供者的刑事欺诈；

● 调查医疗补助计划批准的医疗护理机构对病人的身体摧残及导致犯
罪的严重忽视，包括养老院、得克萨斯州老龄和残疾服务局；

● 协助地方和联邦当局起诉。

该处不调查医疗补助接受者的欺诈行为，这一行为由得克萨斯州卫生与
健康服务委员会监察长办公室负责调查。[33]

纽约州和得克萨斯州一样，在州司法总长办公室有一个医疗补助欺诈控 285
制处，在卫生部门有一个监察长办公室，均专注于医疗补助欺诈行为。监察
长更关注民事案件和资金追讨，刑事案件则移交州司法总长，此外还负责预
防欺诈，并协调为病人服务的各州办公室之间的欺诈控制工作。该办公室就
协助防止欺诈的程序提出建议，并监督其执行。监察长可以同时对服务提供
者和服务接受者进行调查。而联邦政府指定的医疗补助欺诈控制处的重点，
和得克萨斯州一样，是调查和起诉医疗服务提供者不当或欺诈性的医疗补助

账单里要的花招、回扣以及低于标准的药品和设备。

与关注项目失败、低效以及官员腐败的监察长相比，州政府更加信赖关注补助接受方的虚假索赔，或政府外的供应商欺诈行为，因而能为政府追回更多资金，对民选官员的威胁也较少的监察长。医疗补助计划的监察长对现任官员的威胁相对较低，加上公众对公共福利计划中欺诈行为的关注，可能是各州愿意设立这一特殊监察长的原因。然而，由于他们可以追讨在欺诈中发现的资金，监督的强度也可能会成为问题，如下文纽约州医疗补助计划监察长的小案例所述。

小案例：纽约州的医疗补助计划

2005 年《纽约时报》披露了医疗补助计划过度支付和被欺诈困扰的情况后，纽约州就设立了一个监察长办公室来监督其运行。由于是联邦与州的联合计划，联邦政府向纽约提供了 16 亿美元的贷款以推动该计划全面实施，条件是需要在 2011 年之前归还。新成立的医疗补助计划监察长办公室热衷于揭露浪费和欺诈行为，要求追回错误支出的款项，以便州政府能偿还联邦政府的贷款。

业内人士对这种"吹毛求疵"的审计表示反感，声称监察长办公室将文书工作中的错误也视为欺诈。说监察长要求追回欺诈的款项，却不允许医疗服务提供者修改错误的账单。那些对医疗补助服务提供者负有责任的议员们接受了这些反对意见，敦促监察长让步。在重重压力下，科莫州长解雇了监察长。

随后，州议会通过了一项削减监察长权力的法案，但被州长否决。同时，州长敦促下一任监察长找到与服务提供商之间更友好的工作程序。第一任监察长开始调查的一些案件被撤销了。州议员们还威胁说，如果新的协商安排不令人满意，他们将重新立法，限制监察长的权力。联邦政府的还款期限到期后，追回的金额就急剧下降了。

本案例的第一个重点是媒体在用强烈和令人尴尬的方式揭露系统中的浪费和欺诈程度里所起的作用。如果没有最初的披露，对医疗补助计划就不会单设监察长。

第二，本案例的关键是需要了解这是一个各级政府共同承担的项目。在大多数年份里，联邦政府承担了纽约州近一半的医疗补助账单，因此联邦政府非常希望能减少该计划中的浪费和欺诈。通过贷款给州政府以改进这一体系，同时向纽约州施压在五年内还款，联邦政府要求州政府从供应商那里收回足够的资金，以偿还借款。因此，监察长不能只找问题，还必须要求供应商归还收错了的款项。按照贷款条件，州政府很快从宽松转变为严格的监管和执行。而当联邦债务偿还后，政策又逐步缓和起来。

第三是医疗补助提供者并非无能为力。他们大多是该州的主要商人，也是政治运动的主要捐助者。当他们抱怨执法太严以及要求他们偿还资金时，议员们就妥协了。

资料来源：Based on Nina Bernstein, "Under Pressure, New York Moves to Soften Tough Medicaid Audits," *New York Times*, March 18, 2012.

有时，那些关注非政府服务提供商的监察长们不得不处理他们所监管对象带来的后坐力。对于关注政府雇员的监察长们来说，后坐力来自各部门、议会和州长。如果监察长在政治上无法控制，他们的办公室可能会被撤销。新泽西州就有一个州长合并了监察长办公室，而下文马萨诸塞州的小案例则有着不同的结局（参见下文）。

新泽西州在 2000 年成立了一个监察长办公室，负责审查学校建筑项目的承包商，并禁止那些有腐败或劣质工程记录的人投标。由于许多腐败案件不属于现有监察长的工作范围，代理州长理查德·科德（Richard Codey）在 2004 年以行政命令将监察长的职责扩展到全州范围。2005 年，州议会赋予该职务法定依据，并增强了其独立性。监察长的任期是固定的，必须有合理原因才能由州长免职。监察长有双重报告职责，即向州长和参议院主席及众议院议长报告。监察长的报告向公众公开。但这一独立性肯定被认为是一种威胁，因为在第一个五年任期之后，监察长办公室于 2010 年被合并到主计长办公室。前监察长现在成为主计长的手下，"监察长"的头衔也取消了。主计长则由州长任命，任期六年，可连任（2007 年之前，主计长是直接选举产生的）。主计长马特·博克瑟（Matt Boxer）是州长克里斯·克里斯蒂（Chris Christie）担任州司法总长时的下属，尽管是由民主党前州长乔恩·科尔津（Jon Corzine）任命的，但克里斯蒂成为州长后，其预算、权威和职员都得到了极大的扩充。克里斯蒂州长将州政府的监察长和医疗补助部门的监察长都合并到了主计长办公室，尽管主计长能独立开展工作，但州长似乎对这种安排以及让老朋友和老同事控制调查职能更为满意。[34]

小案例：马萨诸塞州的监察长与州长

马萨诸塞州是第一个建立全州监察长体系的州。这个监察长办公室是针对广为人知的公共建设项目中的腐败文化，特别是波士顿马萨诸塞州大学校园建设中的腐败而依法设立的。监察长被赋予了相当强的独立性和职权，任期五年，可连任一次。监察长的报告依法公开，并且在最初的立法中，就被授予了传唤权。但四年后，这项法规被修改，传唤申请必须经过监察长理事会通过，该理事会由州司法总长、审计师、主计长和公共安全部长 8 名成员组成，至少需要 6 名成员同意才能通过。这个程序后来证明行不通。监察长于 2012 年 12 月要求独立的传唤权，但这一要求遭到了多方反对。

马萨诸塞州的监察长不是由州长单独任命的，而是由州长、州司法总长和州审计长以多数票任命的。由于监察长并不完全向州长负责，有固定任期，而且只能由雇用他或她的多数人才能解雇，因此监察长相当独立于州长。监察长拥有广泛的调查权，这在政治上造成一定威胁。虽然州长不能直接控制监察长，但他或她可能会提议削减监察长办公室的预算或完全撤销监察长办公室，当然这些提议必须得到议会批准才能生效。

2003 年，州长米特·罗姆尼（Mitt Romney）提议撤销该办公室，将其部分职能移交给州主计长，后者向州长报告。他提议取消监察长的传唤权以及对州官员配合监察长调查的要求。根据他的计划，监察长的报告应该保密。尽管缺乏立法支持，罗姆尼还是一年年地继续他的活动，试图撤销监察长办公室。前任州长保罗·切卢奇（Paul Cellucci）也曾试图撤销监察长办公室。大多数州不像马萨诸塞州那样赋予监察长这么大的独立性，因此，监察长与州长之间的冲突就不会这么大，即便有，也没这么公开。

资料来源：Frank Phillips，"The Governor Looks to Cut the IG's Office," *Boston Globe*，February 28，2003；Scott S. Greenberger，"Legislators, Romney Budget Aide Spar Over Inspector General Office," *Boston Globe*，January 30，2004；Office of the Inspector General, Massachusetts, Annual Report for 2005，August 2006；Sean P. Murphy，"Vetting Urged on Inspector General Power Bid," *Boston Globe*，December 3，2012；Pamela H. Wilmot, Executive Director for Common Cause, Testimony to the Massachusetts House and Senate Ways and Means Committee，March 28，2003，partly reprinted in *South Coast Today*，www. southcoasttoday. com/apps/pbcs. dll/article? AID =/20030401/OPINION/304019918&cid = sitesearch.

如果监察长办公室是由州长设立的，他或她通常希望能限制监察长的权力，在无须担心尴尬或更糟事件被公开的情况下为自己制造一个正直的外表；如果监察长办公室是由议会设立的，其目的往往是为了发现腐败并使行政当局难堪，而后者可能是对立党。在这种情况下，议会可能需要一个强有力的、独立的监察长。但是，当议会设立了监察长，却在立法机关中发现腐败现象或提出道德规范时，议会可能就不那么热衷于授权了。伊利诺伊州在州议会中就设有监察长职位，但该职位是兼职的，而且没有给办公室增加工作人员，甚至没有秘书。因此，许多值得探讨的问题都从他的视线逃开了。在该职位设立后的十年里，监察长一共处理了163起投诉，平均每年16起。法律仅允许有限的调查，软弱的惩罚（罚款），几乎不公开披露报告。"要启动调查，霍默（Homer）需要得到议会道德委员会的批准，该委员会由八名议员组成，每个议院各占一半，每个政党各占一半。"他只能调查违反道德的行为，不能调查贿赂、勒索、个人使用竞选资金等问题。[35]

市、县的监察长

近年来，由于腐败和缺乏公众信任，许多市和县也采用了监察长模式。包括新奥尔良、芝加哥、费城（由行政命令创立）、纽约、休斯敦、巴尔的摩、阿尔伯克基、华盛顿特区和棕榈滩县。2014 年，佛罗里达州杰克逊维尔增加了一个监察长办公室。马里兰州的蒙哥马利县、佛罗里达州的迈阿密－戴德县、伊利诺伊州的库克县，也都有了监察长。棕榈滩县的监察长不仅对县有管辖权，而且对县内的自治市①有管辖权。

这些监察长办公室的独立程度和权力差别很大。监察长可能会幻想自己是凶猛的垃圾场狗，但实际情况可能是权力不足够大，或者被县司法总长或市长办公室用绳子拴着或驯服了（见下面巴尔的摩的小案例）。可以调查的案件可能会被大幅削减，报告也可能无法公开。他们最终可能会落得只能去调查市议员是否发送了一封不适当的电子邮件，或是否有员工滥用了信用卡，而不是浪费、欺诈和滥用等更为深入和系统的问题。

小案例：巴尔的摩市离职的监察长

有时监察长自愿离职去干另一份工作。他们的离职，往往是对缺乏合作、资源或独立性的一种反映。巴尔的摩市的监察长戴维·麦克林托克（David McClintock）在任期结束前离开了该市，引起了人们的疑问。他的解释是自己在路易斯安那州的杰斐逊教区找到了工作，因为在那里，监察长的独立性更强。巴尔的摩市的监察长办公室是 2005 年根据市长命令成立的。市长可以随时以任何理由解雇市监察长，其年度预算也取决于预算委员会的估计和市议会的决定。因此，市监察长办公室无法不受政治影响或干涉。此外，监察长向市长任命的司法长报告，而该司法长是个看市长脸色行事的人。而这些问题在杰斐逊教区已经得到了很好的解决，监察长办公室的设立被纳入市宪章，并获得了专门的收入来源。

资料来源：Mark Ruetter, "Inside City Hall: Sharpening the teeth of Baltimore's Watchdog," *The Baltimore Brew*, February 5, 2013, https://www.baltimorebrew.com/2013/02/05/inside – city – hall – sharpening – the – teeth – of – baltimores – watchdog/.

---

① 在美国，行政隶属关系为县辖市。——译者

在有腐败历史的城市中，有一种倾向，喜欢设立强大而独立的监察长，290 但这类监察长更多会引起恐惧而不是合作，可能很难获得开展工作所需的资料。芝加哥就是这么一个例子，芝加哥监察长的权力很大，可以自行启动调查，有传唤权，只有在有理由的情况下才能将其免职，并且此时监察长还有机会向市议会提出上诉，其任期为四年，与市长或议会的任期并无重叠。该市依法令建立了监察长办公室，要求所有部门配合其传唤权，并规定拒绝传唤或阻止调查是犯罪。

芝加哥市的监察长约瑟夫·弗格森（Joseph Ferguson）一上任就面临着一场斗争，他的前任曾起诉行政当局，因为法律部门拒绝交出与调查有关的文件，该调查涉及未经招标与一位原城市工作者签订合同。在这场正在持续的诉讼中，弗格森成为原告，法律部门则继续进行抵制，不交出未经编辑的文件，声称监察长没有权力自己雇用律师起诉市政府，还说文件受到律师和当事人保密特权的保护。

巡回法庭支持市法律部门，但上诉法庭推翻了这一决定，作出了有利于监察长的裁决。这个问题最终提交到伊利诺伊州最高法院。法院裁定监察长可以发出传票并强制执行，但无权自己雇用律师将市司法长送上法庭。这种权力只授予市司法长，而在本案中，该权力的对象是传唤权。结果似乎很荒谬，因为貌似只有市司法长可以在法庭上起诉自己。法院的结论是，由于监察长向市长报告，他应该向市长提出他的观点，并请求解决。

因为法院判决的意思是，市司法长办公室有权发出或阻止监察长的每一份传票，除了请求市长帮助之外，如果市司法长不同意，市监察长就没有办法执行其传唤权，其他的独立性因素并不重要。[36]故事的结局或多或少令人愉快，因为市长和监察长最终达成了共识，并开始合作。

新奥尔良和芝加哥一样，也有腐败的历史。新奥尔良设立了一个非常强大，独立的监察长来清理该市并保持其清廉。由道德委员会确定监察长，任期四年，只有在该委员会三分之二多数通过的情况下，监察长才能被解雇。[37]要裁减监察长办公室，则必须获得市议会三分之二票数通过，该办公 291 室在运作上独立于市长、道德委员会和市议会。这项设立法令赋予了监察长传唤权。[38]芝加哥试图约束其监察长，说他应该向市司法长报告，因此间接由市长控制，但在新奥尔良，监察长显然独立于市长，但这一策略也有些拖后腿，因而监察长办公室的建立非常缓慢，每一步都障碍重重。

在市长的支持下，市议会于1995年投票提出了一项设立监察长的建议。公众批准了宪章条款，该条款与州或国家层级的宪法条款类似，因而为监察长办公室提供了坚实的法律基础。虽然公众可能希望设立监察长办公室，但政府官员们却不那么愿意执行公众的强制要求。对该法案的实施2006年才获得通过，而监察长办公室则直到次年才开始运作。即使到了那时，资金来源仍然成问题，因此无法雇用工作人员。2008年对宪章进行第二次修正，为办公室设立了收入来源，这样它就不用再依赖市长或议会的批准来向员工支付薪酬。

第一个监察长是罗伯特·切拉索利（Robert Cerasoli），17个月后离职，据报道是因为健康原因，但其实很可能是因为新建办公室的压力，资金来源不确定以及难以获取调查资料。他说，在新奥尔良，"信息技术处于一种可怕的状态。在其他地方可以轻松获取、习以为常的信息，在这里却是大问题。即使有公共文件也没有被公开，也可能根本就不存在。而且我不认为市政府真的明白监察长是干什么的，当然，也可能越明白阻力就越大"。[39]

获取资料的问题在切拉索利继任者时期继续存在，因为警察局长拒绝提供档案，他们发生了冲突。结果是签署了一项关于分享文件的议定书，并改进了计算机数据库。这位监察长职权范围广泛，有一套雄心勃勃的调查计划，他定期向公众发表报告，还找到了为政府节省支出的重要机会。市长答应合作，问题似乎正在逐步得到解决。

休斯敦控制监察长的方式不太一样。这座城市于2004年通过行政命令设立了一个"没有牙齿"的监察长，其被赋予的调查权十分有限，设立依据比法令（芝加哥）或宪章（新奥尔良）都弱。监察长办公室最初设在警察局，负责调查政府雇员的不当行为。市司法长的任务之一是保护监察长办公室文件，并决定什么文件可以公布。2010年，监察长办公室被转移到了市长办公室下属的司法长办公室。监察长随时可能被解雇，这是缺乏独立性
292 的另一个表现。

2010年转到司法长办公室后，该市雇用了一位新监察长。当一位记者提问时，这位监察长表示，他认为公布调查结果并不合适，但可以公布有关目标和完成情况的全面报告。[40]

该监察长在工作 14 个月之后辞职。他说自己并不是以辞职来抗议，但他建议，监察长办公室必须独立，而不是通过市司法长在市长的领导下工作，监察长应该拥有传唤权。但该办公室的任务却仅仅是调查违反城市规则和程序的事情。[41]正如一名记者所认为的，"其他城市的监察长根除欺诈和利益冲突的情况，而休斯敦的监察长只有权调查语言粗俗或非法贩卖玉米卷饼的投诉"。[42]在该监察长辞职前的一年里，其办公室没有发布任何报告。

休斯敦把监察长捆在司法长办公室中，使他在预算上依赖于市司法长，还允许监察长被随意解雇，不授予任何刑事调查权。这样的监察长，民选官员无须害怕。棕榈滩县则问题不同，解决办法也不同。该县几年来一直在处理腐败指控，从 2007 年到 2009 年，四名县和市委员会委员均被判犯有联邦腐败罪，2009 年，另一名长期任职的县委员会成员被指控，她曾将债券出售给她丈夫工作的公司，而且显然接受了与城市签订合同的开发商的贿赂。

面对这一腐败情形，大陪审团在 2009 年建议成立道德委员会和监察长办公室。县委员会接受了这一建议，通过法令（相当于州一级的法律）设立了监察长办公室。第一任监察长于 2010 年 6 月就职，同年 11 月，公众以压倒多数通过了一项宪章修正案，赋予监察长办公室以宪章权利（相当于州一级的州宪法要求），并扩大了其工作职责，将县内的各市也包括在内。

棕榈滩县设立的监察长办公室相对强大、独立。监察长任期四年，未来的监察长将由监察长委员会选出，该委员会由道德委员会、州司法长和公设辩护人组成。监察长被授予传唤权。然而，当监察长的职权范围扩大到包括该县的各市时，问题出现了，其中一些市不愿同意该计划。还有人抗议为监察长的服务付费的安排，而有些人则试图重新定义"浪费、欺诈和滥用"的概念，从而减少监察长有资格调查的案件数量。在制定与监察长调查相关的程序时，一些市级官员制定了员工需要遵守的规定，以防监察长办公室与他们联系，从而阻碍调查。这些规定将来自监察长办公室的每一项询问均视作刑事调查，要求律师在场，并要求会议由雇员的上级安排。如果下属想要举报上级的可疑行为，这种做法将产生令人胆寒的效果。[43]在这些情况尚未得到法律意义上的解决时，县里先垫付了各市不愿支付给监察长办公室的 40 万美元的成本。

到了 2015 年，法官驳回了 14 个城市关于他们不该支付部分监察长调查

293

成本的论点后，他们请求重新审理。法官并不同情他们，告诉他们应该尊重全民公投的结果。据报告，这些城市对监察长的持续抵制导致该办公室瘫痪，只剩下一半的必要预算和少数工作人员。[44]当重新审理的请求被拒绝后，13 个市对这一决定提起上诉。目前还不清楚，他们的反对到底是由于需要为调查支付资金，还是因为不愿让监察长审查他们的活动。

总而言之，近年来很多市、县均设立了自己的监察长体制。要么是重大丑闻，要么是腐败文化，催生了监察长办公室的成立，但与州或联邦层级的行政官员相比，市长和其部门负责人不太可能欢迎不受约束的调查。当政府官员们面对一个强大的、他们担心无法掌控的监察长时，他们该怎么办？前述例子已经列举了可以采用的各种手段，从限制调查范围，到剥夺传唤权，到控制预算或拒绝提供未经编辑的文件。在新奥尔良，是尽可能拖延设立时间；而棕榈滩县的城市则想出了一个新方法，即重新定义"浪费、欺诈和滥用"，将启动调查的严重程度提高。

对于学习预算的学生而言，不仅要关注监察长系统的建立和扩展，还应该关注它们的实际结构和独立程度。在地方一级，如同州和国家层级，总体趋势是逐渐增加监察长的独立性、权力和责任范围。虽然这种结果并不容易实现，需要年复一年地斗争，有时监察长会因为沮丧或被捆住手脚而辞职，或最终只能调查一些小小的人事纠纷，还不能发出调查报告。但是，应该铭记于心的是，被绳子拴着、需要向部门负责人、市长或政务市长报告的监察长们，反而是最有可能让减少浪费的建议得到实际执行的人，当然，他们也可能会避免调查那些有能力解雇他们，或阻止他们展开调查的管理人员的渎职行为。

减少浪费、欺诈和滥用的运动

指定官员来对调查进行政策控制，与监察长的独立性之间存在的紧张关系，是监察长制度所特有的，这给预算执行增加了一些政治性因素。此外还有一个现象，就是减少浪费、欺诈和滥用职权已经成为了一种政治运动。与前任一样，里根总统在其第一个任期内就发起了一场全国性的运动，来减少联邦政府中存在的浪费、欺诈和滥用职权现象。这一运动不仅上了新闻头条，随着舞弊和浪费案例不断爆出，使该问题显得尤为突出。如军队采购

2000 美元的马桶座、600 美元的锤子、7600 美元的咖啡壶，均已被公开，导致军队的采购成了国会听证会的主题。而在里根的第二个任期内，军队的采购就成了广为人知的丑闻。

减少浪费、欺诈和滥用职权，看起来就像一场理想的政治竞选活动，因为它符合公众认为政府存在浪费行为的想法，政府承诺清除浪费，并通过减少"油水"，在不触动公共服务的前提下，减轻税收负担。然而，再仔细研究就会发现，这样的运动不管从政治上还是技术上，开展起来都非常困难。

首先，反对浪费、欺诈和滥用职权的运动往往会产生一种天真的假设，即公共预算中油水很多，而且这些油水很容易被识别并能以外科手术般的手段去除。事实上，油水的总数不容易确定，而且几乎总是与某种价值观联系在一起。比如，要把健全人从残疾人名册上删除，就需要对资格认定进行严格控制。不可避免的是，总会导致有些既有资格且贫困的人从名册上删除。在拒绝给需要的人提供帮助，以及防止无资格的人获得资助之间，确实很难两全其美。

其次，不管有多少报道说已经根除，浪费、欺诈和滥用职权现象总是一再出现，因为在任何庞大而复杂的操作中，都不免会出现一些小的错误。[45]因此，一场旨在消除浪费、欺诈和滥用的运动，结果可能会令人尴尬，因为"节省"的越多，就证明存在的浪费、欺诈和滥用职权越多。"不管哪个部门受到追究，长期对此喋喋不休，其作用本来应该是威慑，实际上却最终损害了政府在公众心目中本来已经岌岌可危的形象，也是没有必要的。"[46]

此外，浪费的主要根源是系统性的，也就是说，真正触及问题的根源，可能意味着揭示出严重的组织架构问题，需要新的流程和架构重组。要消除军用采购中的浪费问题，就必须彻底改革军队的资金和管理模式。这种改变 295 需要长期的筹划，而不是始于高调宣传终于寂然无声的短期政治运动就能实现的。

反对浪费、欺诈和滥用的运动，对于打击对手或诋毁前任是有用的政治工具，但也可能自食其果，被用来反对自己的管理当局。因而，这种运动本质上就是政治性的，尽管其中也有技术性的成分。

总结和结论

当立法分支认为他们的意愿被违抗的时候，他们往往容易生气。对于财务管理薄弱的问题，国会倒没有这么在意，但审计师们以及监察长们对这类问题却深感不安，尤其是在导致了大量资金流失的时候。监察长和审计师们并没有直接提高管理的权力，他们能做的，是推动相关部门接受他们的建议。他们必须与所监督的管理者们发展出一种建设性的工作关系，同时又保持独立性，并向行政长官，或有时是立法分支及公众报告。

就算是私下进行的，改善财务管理也并非中立的技术性问题，但当管理不善涉及数百万或数十亿金额，并有损政府形象时，报告此事的人就不大会受欢迎。试图控制审计师或扭曲所发现问题的性质，常常会玷污监察长的独立性。

难道监察长的权力和独立性已经太高了吗？如果监察长引起恐惧和抵制，对他们工作的合作度就可能降低，调查可能会失败，节约或收回的资金也会更少，而他们提出的改进内部控制系统的建议也就难以落实。监察长的工作并不轻松，他们需要具备刑事调查、财务审计、公共关系和政治谈判等多项技能。他们需要知道何时该向前推进，何时该后退。过分强调资金收回，就像纽约州的情况一样，可能会让监察长变得过于挑剔，并由此带来负面压力削弱其工作。以政治忠诚度来挑选并任命监察长很诱人，因为他们可以在政治上伤害对手，但也可能因此危害整个系统。尽管关系紧张，但监察长的工作依然非常重要，不仅因为他们确保公共资金的有效使用，而且还维持着社会公众对政府的支持。

如果监察长出了偏差又会发生什么？如果他们太走极端，过于保护或攻击某个部门？如果监察长自己违反规则又会怎样？他们能有效地自我监管吗？本章表明，联邦层级的监察长理事会作为"看门狗的看门狗"作用并不大，因为它更关心如何保护整个监察长制度和地位，而不是惩罚或训诫个别监察长。为了提高效率，他们必须投入更多的时间和资源来调查引起他们注意的不当行为，但有些不当行为也可能根本不会引起他们的注意，因为那些（少数）行为不端的监察长有权阻止自己的下属向理事会提起诉讼。因此，检查和限制监察长的角色就落在了总统和国会身上，但当他们试图扳倒一个在任监察长时，很可能掀起轩然大波。在州和地方层级，对监察长的约束并不是很明显的问题，部分原因是总的来说他们已经被捆得很紧。新闻界报道的攻击事件，更多的是针对监察长办公室，对其预算、调查范围和权力的攻击，而不是针对监察长个人。

相关网站

在联邦层级，2008 年创建的监察长理事会诚信及效率委员会维护了一个网站，其中发布了监察长们向总统提交的年度报告，包括潜在节约金额和其他成果指标（2011 年的报告，见 www. ignet. gov/randp/FY2011 – Annual – Progress – Report – to – the – President. pdf）。它还列示了任一年度联邦层级监察长办公室的数量和大概的人员配置水平。

国会研究服务中心对监察长的立法问题做了有用的总结。由温迪·金斯伯格（Wendy Ginsberg）和迈克尔·格林（Michael Greene）2014 年 12 月 8 日所写的《联邦监察长：历史、特征和最近的国会行动》，参见 https：// www. fas. org/sgp/crs/misc/R43814. pdf。

各级政府监察长办公室大多有自己的网站。有些网站会公布监察长的报告、办公室的职权范围和报告结构。在芝加哥监察长一案中，涉及该监察长权力的大量法律案件已在网站上公布（http：//chicagoinspectorgeneral. org/major – initiatives/ferguson – v – patton/）。

包括州和地方监察长在内的监察长联合会（http：//inspectorsgener-al. org/）网站里有设立监察长办公室的示范立法，及监察长们关注的其他问题。

政府监督项目设立了方便查询的网站，题为《看门狗们在哪里?》追踪全国监察长职位的空缺情况（www. pogo. org/tools – and – data/ig – watch-dogs/go – igi – 20120208 – where – are – all – the – watchdogs – inspector – gener-al – vacancies1. html）。

第九章
预算决策和政治

预算决策包括五个截然不同又相互关联的环节：收入、预算编制流程、支出、预算平衡和预算执行。之前对每个环节进行分别描述倾向于强调其独立性。本章则介绍如何将它们整合为一个完整的决策过程，从这个角度看各个环节，也能说明其区别和共性。

一个简单的预算决策模型需要在支出决策之前就对平衡、预算编制流程、收入估计等因素定义到位，这样才保证花费决策有据可循，并保持在收入估计数之内，此外，在下一年的预算编制之前也应该对上一年的实际花销进行评估。然而，真实生活里的预算却没那么循规蹈矩，而是更加灵活，也更具有适用性。

实时预算

预算编制的特点是五个依赖彼此提供关键信息的决策环节，这几个环节并不遵循某一逻辑顺序。它们发生的时间间隔不同，持续的时间长度也各不相同。要在任何一个环节做出关键决定，参与者们可能必须回头看，看看另外一个环节最近做出的决定是什么，或必须向前看，看看预期的决定是什么，甚至必须环顾左右，看看其他环节正在做什么决定。这些信息大多是试探性的，随着预算走向实施，这些信息可能而且确实在发生变化。预算是个实时不断调整的过程，是对来自环境、来自其他决策环节的信息综合权衡的结果。

　　预算决策呈现出本书第一章所描述的公共预算的特点所赋予的情状。第一点也是最重要的一点，就是预算对环境开放——经济、天气、各种紧急情况、法院和其他级别政府要求的强制支出，以及公众喜好和政治领导力的变化均能影响这一过程。对环境的开放性就意味着在预算编制过程中，随着可获取信息质量的提升，可能需要对收入和支出的估计进行多次修订。不能在开始时只做一个估计数然后就再也不进行调整。对环境的开放性还意味着即便是大家都同意过的预算决定，也可能需要重做。

　　公共预算的第二个特点是，怀有不同目标的诸多参与者争夺有限的资源。预算必须能够应对这些参与者之间的竞争。当人们产生分歧时，可能会在预算编制过程中坚持己见，因此预算必须能调和这些冲突以及由此产生的拖延，与其他许多政治决定不同，预算有确实的最后期限。预算完成得越晚，用处就越小，所以必须以某种方式处理决策迟缓的问题。

　　预算编制流程是可分割的：每个部分，甚至每组参与者在不了解全貌的情况下，都可以单独推进。比如，当政策分歧导致国会无法通过一项规定了收入和开支限额的预算决议时，参众两院会分别"推定"一系列指引继续工作，晚些时候再去担心彼此的计划能否达成一致。这种非正式调适让决策得以继续进行。

　　不同的决策环节可以独立推进，互相引述，必要时彼此讨价还价以达成调适。如果某个决策环节暂时无法推进，如正在考虑增税但却尚未决定，其他环节的决策者可以针对将要发生的事项作出假设然后继续工作，并在获知收入环节的最终结果时再进行调整。

　　每个决策环节需要彼此的信息才能完成自己环节的工作。如果不了解支出需求以及平衡限制，收入环节就无法进行。要决定如何减少赤字也需要先搞清楚收入和支出的预计数。而对支出的预计则取决于收入估计和平衡限制。预算执行环节则取决于整个过程中所有的决策汇聚到这一点的决定，特别是低估收入或高估支出的程度，以及平衡的限制。而收入、支出、平衡和执行均在预算编制流程中进行组织及权力分配。来自其他决策环节的信息可能会表现为约束，但它同时也是灵活的，而非全然刚性。因此，如果经济环境发生了变化，那么按照原预测的收入数来决定的支出也会发生相应变化，或者，在支出环节已经做出的决定也可能需要更多的收入来匹配。

来自其他决策环节的约束是灵活的，不仅因为环境变化，还因为一个环节中的参与者有时会强迫另一个环节进行改变。想多花钱的参与者可能会迫使税收结构或收入估算发生改变，甚至可能强迫对预算平衡的定义改变。想要减少收入的参与者可能会采取行动削减开支，并将预算平衡的定义修订以符合这一目的。

实时决策让各个环节被打搅、被中断且重复。预算参与者必须做出应急计划来处理丢失的信息或延迟的决策。他们可以通过将事件与其他紧急事项联系的方式，来提升目前产生障碍的决定的紧迫性。决策环节的重叠也能让一个环节中的解决方案解决另一个环节中的障碍。收入环节的解决办法可以解决支出环节的问题，而流程的改变则可能会解决不同环节之间的联动问题。

不同决策环节的区别

本书的重点是要让公共预算中的政治性质更加清晰。预算中的政治到底是什么样子取决于观察者的角度。小利益集团彼此争夺税收减免或支出增加，而广泛的利益联盟组织则争夺阶层利益对政府服务范围的控制。在部分决策环节，利益集团几乎没发挥什么作用。预算的某些领域政策色彩更加浓重，而其他方面则表现出政策中性，更偏技术。要想在预算中找到一个现实的政治观点，就需要看看每个环节的预算决策。

税收中的政治有两个特点，一是政策导向，二是利益集团积极参与。政策问题包括谁会被征税，税收水平该如何。小利益集团尽力让税收从其选民身上转移出去，而广泛的利益联盟则能参与制定不同收入群体中的税收分配及总体征税水平。在这个决策环节，税收的公平性是主要考量因素。

预算编制流程中的政治围绕着几个政策问题，此外还有参与者之间的讨价还价。政策问题首先就是，预算中应该关注多少政策重点、政策问题应该阐述得多清楚，以及在预算决策流程中应该表达并解决多少冲突。其次，是300 如何表达公民和利益集团的喜好，包括个人、利益团体、各部门主管和新闻界在预算决策过程中有多少访问权，应该保留多少保密？这些政策选择的结果不仅影响预算流程的可问责程度，而且也会影响所产生的公共支出及冲突的水平和性质。再次，就是预算编制流程应该有倾向性到什么程度，例如，是倾向于降低税收还是降低支出还是更高的问责制和透明度。流程的政治还围绕预算参与者针对权力和预算选择间的讨价还价。权力分配的讨价还价和有关关键政策问题的谈判常常交织在一起。

　　支出环节的特点是积极的利益集团参与以及广泛的讨价还价和竞争。利益集团之间的竞争通常能防止由某一个利益集团控制预算决策。有时，对于政策的强调会胜过利益集团的相互作用。选择在何种程度资助哪些方案，可以对照公共利益的理想进行仔细分析和考虑。进行选择的时候，议员甚至可能抵制强大的利益集团，为了做到这一点，他们利用预算流程将可能的反弹隔绝掉。

　　预算平衡中的政治涉及三个关键问题：（1）预算在经济管理中的作用；（2）政府项目的范围；（3）哪级政府的预算会以哪级政府的利益来进行平衡。哪些项目会被终止，谁的项目会被削减，在收入增加和支出减少之间如何平衡？这些政策决定的结果是深远的。因此，代表广泛阶层的利益集团联盟在平衡的政治里采取了不同的立场，其中自由派和保守派，民主党和共和党，则持彼此相反的立场。

　　预算执行中的政治则表现为压力。一方面，预算执行的目标是通过几乎完全按照通过的预算来执行以保证问责，另一方面，也允许必要的改变来适应不断变化的环境。此外，一些参与者会在年中敦促对预算进行调整，以达成在预算审议期间未获得同意或资金不足的政策目标。一般而言，技术问责制的模式是成功的，但代价是在监测潜在的政策性预算变化方面付出了相当大的努力。预算执行的政治可能导致行政酌情处理权与议会特权的竞争，引发政府两大分支间的宪政争斗，直至要求法院裁决。这是法院发挥重要作用的一个领域。

　　简而言之，没人会认为预算中的政治是单独存在的。在预算决策中，参 301
与者之间有讨价还价的余地，但总体是通过能表达政策重点的预算编制流程框定的。利益集团在预算决策中非常积极，但他们依然可以并确实已经通过彼此间的竞争和预算编制流程而受到控制，因而获得或失去决策机会。在预算编制中，偏技术性的方法和偏政策导向的方法存在着竞争，但在大多数领域，它们之间有某种平衡。预算中有政策问题，但透过预算编制流程和格式，也可能放大或缓和这些问题。此外，还存在着规定政府间关系和各分支权力分配的宪法限制，这些限制有时会由州或联邦最高法院强制执行。

共性

虽然预算决策的每个环节都有自己的政治模式，但也有共性贯穿其间。一是开放性与保密性之间的张力；二是激烈的党派主义和意识形态的增加，结果是立场僵化及裹挟预算；三是作用和反作用、退化和改革、改革和退化的模式；四是在大多数决策环节中，联邦制在政府各层级间的相互作用非常明显。

开放性与保密性

贯穿各环节的第一个共性是，一方面需要保持决策公开、报告准确、信息有意义；另一方面，又想要限制公众参与，或不报告信息或为公众提供难以解释的分散数据。

在税收方面，征税可以更明显，例如所得税按年一次性支付，也可以较隐形，如销售税是每次小额支付，或者更隐形，如增值税，看起来是对企业征收但其实包含在最终售价中。税收支出就更不明显了，尽管有时也会列出来，也有估计数，但它们不像收入那样会出现在预算里。预算编制流程可以或多或少对公众和利益集团开放。至于支出方面，不同合同的支出可以合并，以掩盖个别合同或签约人。支出还可以通过复杂的规则和不太明显的支出工具（如担保贷款和保险）来使之模糊。所谓的"黑色预算"就阻隔了国防和安全开支的信息。在预算平衡中，赤字可以通过各种会计技术，包括使用收付实现制核算和基金间转移资金的方式来掩盖。而支出方面，则可以通过让预计花费大于实际花费的其他项目少花的部分，也就是虚假的节余，来抵消增加的支出。在预算的事后问责中，代理监察长可以诱使检查工作留有余地，甚至改写报告中可能产生破坏性的部分。关于预算该多开放的问题并不简单。开放的预算编制流程有很大的公共参与度，不仅花的时间更长，而且时有争议产生。这种方式可能会将各方的期望值提高到不切实际的水平，反而造成普遍的失望和沮丧。公众和利益集团的要求可能会使削减开支或消除税收减免变得困难或不可能，即便已经达成共识，即整体税收需要降低或需要消除赤字，情况也是如此。例如，1986 年联邦税收改革的设计和通过的决策，就没有对公众和利益集团公开。如果这一过程更加开放，游说团体就会要求维持自己的税收减免，这样一来，改革就很可能无法实现。

此外，预算很难同时兼具包罗万象和可读性于一体。如果预算提供了所有相关信息，即便只是一个小政府的信息，也可能会长达成千上万页，很快就会使读者对细节不堪重负。每个预算都必须选择需要呈现的信息。问题是，这种选择在多大程度上是由逃避问责、包庇任人唯亲、掩饰浪费或腐败、避免责怪的愿望来驱动的。分析预算中不包含的内容常常与检查包括哪些内容一样能给人以启示。

尽管预算不可能十足开放，但对预算保密，甚至是基于良好意图的保密，对民主社会而言均是严重问题。如果纳税人期望或要求某特定结果，但民选官员们却做了不同的决定，通过保密就可以切断民选官员与纳税人之间的关系。预算与相应的审计报告是问责制的主要工具。一份经过承包商修订的关于政府合同的审计报告，会让人们怀疑该合同的目的、项目是否成功，以及政府是否愿意追究承包商的责任。多年来，预算编制的总体趋势是不断增加公开性和问责制。目前，很多问责网站都会发布关于公共合同以及承包商的详细信息，包括预算、审计报告及分类账核对，这些都强化了这一趋势。为了避免导致读者被类似电话号码簿般的细节淹没，这些网站都允许读者根据自己的需要找到概述的同时也能对细节进行深层挖掘。国家政府和许多州均公布了税收支出报告，尽管质量参差不齐，但税收减免的成本和目的也变得更加公开。在联邦层级，自从 2008 年改革以来，监察长都在自己办公室的网站发布报告，让公众和新闻界能够获取。在各级政府中，越来越多的监察长办公室都建议增加开放性。

尽管总体趋势如此，但也有一些重要的倒退。联邦层级的一些监察长最近抱怨说，有些部门阻挠或拖延他们获取必要文件。最近，司法部法律顾问办公室发出了一份长达 68 页的相关裁定，其中声称"所有文件"并不意味着"所有文件"，因此司法部的总监察长并不能获取法律规定的所有文件。监察长协会的主席担心这种解释会影响到各监察长获取信息的完整性，正在努力进行立法澄清。[1] 监察长在州和地方政府中的独立性往往存疑，其中有些监察长从不公布任何可供公众使用的报告。对监察长们的政治控制，看起来就好像有些潜在的重要事项不允许公众看到。有些州已经开始为查阅公共文件付费，不仅在获取副本时，甚至将员工搜寻信息的时间也算在内。这些费用可能会降低公众和新闻界对这些文件的查阅。

在国家层级，"黑色预算"或称"秘密预算"的规模自"9·11"事件后跃升。上百亿美元的支出没有名目，不能讨论和辩论，也不能与其他支出的优先次序相比。这个数字已经开始下降，现在也已经公开发布了总计数，但依然没有提供详细信息。尽管在州或地方层面还没有黑色预算这种东西，但议员有时确实会隐瞒预算信息，或者以非常零碎的形式发布，导致新闻界需要花费数月的团队合作以及大量金钱，才能让这些信息具备可用性。

通过综合立法，也就是将许多重要的决定汇集成一个巨大的法案包，并迅速予以通过，不给议员们阅读、评估，或反对某部分的机会，也制造了一种保密性。预算编制流程形式上可能是开放的，但真正的决定却是闭门作出的。在州一级，各州使用"空壳提案"（即可以在晚些时候议会举行会议时修改成全新内容的提案），使公众或新闻界很难追踪特定立法建议的进展情况。这种提案有时也被称为"僵尸提案"或"一切可修订提案"，① 很多州都用过，如伊利诺伊州、佛罗里达州、加利福尼亚州、得克萨斯州、俄克拉何马州、亚利桑那州，[2] 南达科他州、华盛顿州、康涅狄格州、科罗拉多州、明尼苏达州和阿肯色州。采用这种方式，有时甚至能将反对派议员也蒙在鼓里。

304   公共预算的开放性不是由社会的民主程度决定的，事情正相反：预算的公开性和问责程度决定了社会的民主程度。预算中的公开性和问责制的程度是会受到侵蚀的。

预算开放的单薄性及其作为问责主要工具的能力，表明了将似乎能增减保密性水平的因素隔绝的重要性。根据本书所述的观察结果，以下是研究人员可能想要进一步调查的假设：

1. 腐败的数量越大，秘密的数额就越大。高度公开的腐败导致似乎必须消除或减少腐败，因而刺激了诸如监察长办公室这样的监督机构的设立或扩张，同时又要控制这些监督员和看门狗，使他们不至于通过揭露效率低

---

① "僵尸提案"即借尸还魂的意思，即将既有的格式提案替换成新内容，也就是"一切可修订提案"的意思。——编者注

下、欺诈或残余腐败而让民选官员们尴尬。

2. 发动战争和恐怖主义的经验导致在国防预算编制中植入秘密更加容易。给予国防部门进行战争越多的自由度和灵活性,公众对这些钱是如何花销的了解就越少。为了方便起见和政治上的权宜之计,这一切就可以隐藏在显然必要的战争秘密之中。

3. 纽约州模式表明,一个完全削弱了某关键参与者的预算编制流程将产生非正式的、绕过该流程的方式,这第二个隐形流程能更公平地分配权力。因此,将太多权力转移到行政部门的预算流程,最终却很可能导致秘密交易的发生。

4. 由于人们或利益集团不仅要求不同,而且在支出和征税优先次序上存在冲突,秘密的数量(或至少灰色地带的数量)就可能会上升。近年来,减税的压力很大,但公共服务的接受者仍然需要福利,纳税人也坚持获取的服务水平不能降低。当民选官员屈服于这些互相矛盾的需求时,赤字就会产生。这些官员于是常常试图掩盖由此产生的赤字及其后果。赤字总的来说很容易产生更多的预算游戏和预算操纵。

5. 预算的片段化以及使用各种手段将部分项目从预算的竞争中剔除,助长了保密性。认为应当能自我供血的项目可能会被隔绝于公众审查,这类 305 项目的进出资金也可能被掩盖。此外,预算外项目的可见度必然低于预算内项目。将此类项目放入预算外,不仅能让其免于竞争,还能免于规则的制约,获得包括免于监督和报道的自由。

6. 通过税收减免而非直接支出也有助于保密,因为没有收上来的钱比收上来又花出去的钱更隐蔽。在地方层面,尽管政府会计准则委员会正在努力解决,但缺乏税收支出报告使这个问题更为严重。一个州或地方政府越是注重通过征税的例外事项,而不是更为广泛地改革税收结构,支出项目就会变得越复杂、越不容易被看到并理解。由于经济越恶化就越倾向于增加这些税收减免,经济衰退因此也可能会降低预算的信息质量。

7. 即便非常关注提升效率,但越重视外包,在关键财务决策中的信息就越少。尽管可以改进对合同的报告,但这种合同的性质就如同黑箱:也就是说,大家普遍认为承包商如何做这项工作并不相干,只要工作是按合同描述的规定和价格进行即可。这一观点表明,政府除了对价格和所交付产品或服务的描述外，无权了解承包商雇员的数量、生产成本、节余情况，或其他任何东西。如果外包更多，那可以想象，预算中的信息就会越少。

8. 两极分化的加剧导致了夸大或最小化的政治，导致仗势强辩。两极分化越严重，估计就越不可靠。因此，养老金的成本可能会被夸大，以强迫削减现有雇员和退休人员的福利；战争的成本可能被隐藏，让战争看起来更能承受；希望将公共资金用于体育场或机场的人们可能会夸张这些项目的经济效益；那些希望削减向穷人提供的服务，或希望改变政策的人们，可能会通过不提供给信息收集机构充足资金，或取消研究或报告的方式，来掩盖当前政策所依据的信息。他们可能会夸大错误率或作弊情况，以暗示当前的支出是一种浪费。

306　　　幸运的是，依然有持续的压力想要维持或恢复开放性和问责制。保持开放性的一个有力的要求是，必须执行公开达成的预算协议。预算执行通常非常接近在公众面前通过的预算，在这个环节很少能对政策选择幕后重做。需要就下一个预算达成协议的参与者们并不希望看到上一套协议在预算年度中间被他人撤销或改造。为了保证整个决策过程顺利进行，预算参与者们必须相信，他们之前达成的协议会被严格执行。

环境变化有时会降低保密性。如冷战结束就有助于减少国防部的保密性，而阿富汗和伊拉克战争则增加了保密性。赤字带来的压力、想要找出并减少浪费、缩小项目的范围，这些也促使国会扩大监察长们的权威。正在与经济衰退引发的赤字搏斗的各州设立了新的办公室，以减少医疗补助等政府项目里的欺诈行为。经济状况改进则降低了给企业减税的压力，让支出项目更加显性。

虽然这些压力有助于维持预算的公开性，但有时可能还不够。在最坏的情况下，预算会失去其作为问责工具的大部分效用。

两极分化的增加

第二个贯穿各章的共性是近年来公共预算的政治里表现出的两极分化加剧，导致了僵化、思想立场分化、政府停工，以及象征性选票。难以处理的冲突比过去更加明显。

国会的超级委员会未能就 2011 年如何削减开支做出决定，导致了无人

想要的全面削减，无法达成一致的情形非常明显。而超级委员会的失败则被
广泛归咎于党派僵局。

使用债务上限作为强制削减方式的意愿，对国家信用度的威胁，说明了
预算政治正在变成新的力量导向的，而非讨价还价的过程。2011 年和 2013
年，债务上限遭到裹挟，除非支出减少到指定的金额，共和党人拒绝投票提
高债务上限以及支付政府开支。结果之一是 2013 年部分政府部门关闭，结
果之二是，根据几个评级机构的报告，美国政府借款信用等级降低。

由于党派对峙，在州政府一级，政策分歧也导致了未能通过预算以及政 307
府长期停工的情况。明尼苏达州政府在 2011 年就关闭了 20 天。2015 年，
伊利诺伊州共和党州长威胁要否决任何议会预算提案，除非民主党主导的议
会屈服并批准他所支持的亲企业、反工会的政策清单。这个财政年开始时就
没有预算，而且整个年度中双方均没有妥协，只批准了部分零星预算。在这
种情况下，州政府并没有完全关闭，政府工作人员奉命继续工作。州长告诉
依赖州预算的非营利机构以及医疗补助提供者继续提供服务，等着政府给他
们报销，但在没有资金的情况下这些机构能撑多久，却并不清楚。很多非营
利性服务提供商因缺乏资金而倒闭，其中还有许多削减了服务。到 9 月中
旬，州政府已经停止支付州自我保险计划中所涵盖的雇员医疗费用，影响了
14.6 万人。议会投票允许用"联邦穿透基金"来帮助社会服务机构，但州
预算僵局仍然继续。

2015 年在宾夕法尼亚州，类似的党派僵局阻碍了预算被通过。该州的
州长是民主党人，而议会则是共和党主导。州长最初否决了议会的全部预算
提案，要求为公立学校提供更多资金，以缓解贫富地区间巨大的资金缺口。
共和党议会则要求结束政府雇员的传统养老金，并希望对购物中心减税。有
传言说共和党人可能会支持为学校增资，即使这意味着税收增加，只要州长
支持终结政府雇员的传统养老金即可。争论进行期间，各部门的经费就被耗
尽，公立学校系统也变得非常紧张。让州长最终屈服并签署预算花了整整六
个月，但这样做的同时，他择项否决了共和党人通过的 300 亿美元预算中的
70 亿美元。结果，他为学校发放了经费，同时维持了部分迫使议会批准他
的政策的力量。

北卡罗来纳州在 2015 年完全错过了预算的最后期限，但原因并非两党

间，而是同时主导议会的两院和州长的共和党人内部的分歧导致的。众议院
和参议院因为参议院在其预算提案中所包含的政策以及如何分配开支的削减
问题而展开了斗争。拖延导致了几项类似联邦政府的"持续决议"，能够保
证政府支出与去年持平，而当前预算年的未知削减使所有依赖于预算的人都
坐立不安。学校在不知道人员编制会发生什么变化的情况下开门，因为有一
项建议是削减助教人数以增加初级职等人员的编制。茶党成员想要更深的削
减，而且还在推动科罗拉多式的纳税人权力法案（TABOR），使讨论更加复
杂。参议院则表示，如果众议院接受更深层次的支出削减，就同意从预算讨
论中删除部分颇具争议性的提议，对其另行考虑。

　　比起不时通过讨价还价的方式来找到中间立场，大部分情况似乎更为极
端，有时立场似乎难以调和。一些预算参与者威胁并已经实施了会导致损害
的行为，以强制执行其期望优先的政策。而最近的模式简直可以称为"最
后通牒式"的政治。在最极端的情况下，看起来与勒索和劫持人质无异。

　　在本书的税收章节中，已经对僵化的意识形态的预算进行了说明，也讨
论了格罗弗·诺奎斯特的不增税承诺。这一承诺成为共和党人以及民主党人
在共和党选区竞选的试金石，并受到监督和执行。这一政策产生了些奇异的
后果，例如，当收入未能跟上已经削减的开支时，既无法消除巨额赤字，也
不能取消税收减免。

　　反税的推力，加上削减开支的压力，导致了政治上忽略或掩盖后果的做
法。在堪萨斯州，随着税收减免而来的，是拒绝遵守法院关于教育支出的裁
定，因为这项裁定导致花销，最终需要增加税收。州长的反应似乎是，我根
本不在乎法院，因为我可以不给他们拨经费，以此逼他们批准我的决定。在
伊利诺伊州，州长和部分议员在试图削减养老金时似乎忽略了法律，尽管宪
法以平白晓畅的语言表明养老金不能减少。官员们宣称，如果援引警察的权
力，他们就可以无视宪法。新泽西州长未向养老金支付年度应付款时，也根
本没有履行自己与雇员签订的协议义务。路易斯安那州长一意孤行想要削减
公司税，导致了巨额赤字。威斯康星州州长带着超过 20 亿美元的减税通过
了议会的审批，导致赤字、支出削减，以及债务"重组"，也就是推迟对短
期债务的支付。

　　上述事件的影响远远超出了对当年预算的影响。当一个州因为削减或冻

结税收，导致自己付不起账单，然后又拖延应该支付给票据持有人和供应商的债务，并没法完成合同强制规定的养老金支付义务时，会发生什么？如果经过集体谈判或签订合同，也可以单方违约却不会遭受责罚，那么这些手段的用处又是什么？如果按照合同已经提供服务却不能获得支付，还成为了政府的累赘，那么一个州的企业（或更广泛的社会）会发生什么情况？当那些为富人减税并为此深陷债务的州最后以增加穷人的税负来平衡预算时，结果会是什么？政府是想通过税收政策来扩大贫富差距，而不是抵消私营企业产生的贫富差距吗？ 309

如果政府决定利用自己的预算权利来控制法院，那么法院的独立性何来？我国政府的基本结构是三权分立，以彼此的制衡来保证民主的继续。如果制衡都受到了侵蚀，下一步又会怎样？

更狭义地说，如果州政府可以减税，然后再声称自己太穷，付不起他们选择不支付的任何账单，那么政府的信用等级和借钱能力又会发生什么情况？商业集团的代表们经常站在一旁为各州欢呼，并敦促他们削减对公共雇员的付款，并认为结果将会降低他们的税收，让他们获得更多的利润，但一旦政府成功地违反了已成为累赘的合同，难道未来不会决定不向供应商支付已经提供服务的款项吗？似乎各方都不愿意去看或去讨论更为极端的党派政策所带来的更广泛的影响。

当行政和立法分支分别由不同政党把持时，对峙和僵化的立场就特别明显。在国家层级，共和党议员希望取消国防经费上限，民主党总统和他的民主党盟友们则拒绝取消国防经费上限，除非其他项目的支出上限也被取消。民主党人愿意以增税为代价来取消上限，共和党人则反对这样的行动。共和党人希望通过削减应享权益来抵消增加的支出，而不是通过任何新增税收让公司将利润带回家然后缴税。战线既明确又坚定：商界对阵劳工，富人对阵穷人。

在州一级，分裂的界线有时会导致对宪法的挑战。阿拉斯加州的议会就正在起诉州长扩大医疗补助。州长青睐，议会反对。州长决定一意孤行，议会则声称，州长违反了权力分立的原则，对医疗补助扩大或不扩大，必须由议会立法决定。

尽管部分争论问题上升到了宪政冲突的程度，但有些似乎更像是民主党和共和党之间将预算作为武器的个人争斗。比如，缅因州议会的一些民主党人开始支持弹劾共和党州长，因为他威胁说如果学校雇用民主党众议院议长，他就停止为问题儿童学校提供资金。而当两党议会的监督机构同意调查此事时，宪法问题出现了，这时州长的法律顾问声称立法委员会并无宪法赋予的权力来调查州长。一位调查委员会联合主席描述了为缓和冲突而做的努力，"这是党派政治中经常发生的事，似乎有些人会立即走向自己的角落，准备战斗。"[3]

310

划分民主党人和共和党人的关键问题之一，就是选择与商界还是与劳工并肩。在失业保险问题上，共和党人想保持企业支付较低廉（事实是过低的）的保费，同时减少失业人士可以领取保险的周数，而民主党人则希望对企业征收更为现实的税收，以减轻在经济衰退期对劳动力的冲击。这是一个商界对阵劳工的清晰例子。

激烈的党派对抗的结果之一是符号政治的增加，也就是在任何问题上，输的一方都会一遍又一遍，不断提出撤销赢家的立法或政策。其目的无非是想向支持者表明，他们正在努力扭转自己不赞成的政策。符号政治鼓励极端的立场，鼓励对观众而不是对另一党派的同事表演。这样公开的立场会令自己难以让步或妥协。

两极分化政治的增加也提供了一些可能的研究途径：

1. 民主党人和共和党人是否使用相同、相似或不同的预算策略？

2. 威胁对预算编制引发何种反应？要化解这种威胁，哪些策略可能奏效或已奏效？

3. 过去政府关门停工的次数和持续时间？主要原因是什么？是否有可识别的趋势、模式或差异？

4. 我们能否追踪从赤字鹰派到反税派的转变？是什么导致了这种转变？看起来能否持续？策略是否是阶段性的，先削减收入让野兽挨饿，然后再说平衡预算需要削减特定的服务和支出项目？

5. 用什么机制能缩短两极？至少已经有部分不增税承诺者打破了自己的承诺，之后他们的处境如何？是否存在某种趋势？如果减税的州面临巨额赤字，被迫放慢减税或增加新的收入来源时，又会发生什么？增税对象是否存在模式？在收入环节有反应之前，财政状况需要恶化到什么程度，服务需要削减多深？

作用和反作用

311

多个决策环节的第三个共性是钟摆运动，极端行动引发反应，有时引发的是同样极端的行动，而这，又可能产生额外的调适。

当联邦层级议会专项拨款的数量急剧增加，贪污腐败非常明显时，专项拨款会被完全禁止。国会和政府从一个极端走到另一个极端。要绕过禁令，有些议员在委员会报告中建议或暗示，或要求提交某部门购买的特定产品的报告。

当某州长被授予广泛的酌情处理权但他却将之用于推翻议会意图时，愤怒的议会就会率先举行公民投票，否决给州长如此广泛的酌情处理权。而新的禁令被纳入州宪法，其不灵活程度正对应着最初授权的灵活程度，均可能会刺激其他形式的非正式控制。

如果贪污腐败变得常见，令人尴尬，可以设立监察长办公室来赢回公众的支持。但如果该办公室被赋予了较为广泛的独立性，那么就会同时存在对它削弱、控制，或取消的势力。这种特性会持续很长一段时间。

如果规则很强或过于收紧，就可能会遭到忽略，就如同《预算执行法案》的要求最终导致自己的终结一样。但如果没有被忽略，这些规则就可能会导致非正式的调适手段来绕过它们。规避策略通常不会公开，而且很可能产生奇怪的后果。在马里兰州以及纽约州，州长均拥有极高的预算权力，同时也均出现了非正式的规则，让议会具备一定的影响力。州长们可能随后会想办法限制这些议会的调适手段。因此，当议会照例拖延预算以迫使州长谈判时，纽约州州长就提议说如果议会错过了最后期限，就会失去其预算控制权。

如果赤字变得太大，会迫使预算编制流程改变以减少赤字的压力；而当规则被认为过于限制时，最初会被忽略（非正式反应），然后规则本身会被改变（正式反应）。

这种将情况推到极端、又导致或许同样极端的反应，有时仅仅是作用和反作用，也提供了下述可以进一步调查研究的方法和线索。

1. 我们能找到多少此类作用—反作用链？
2. 将某些策略推向极端的原因是什么？而出现反制的刺激点又是什么？

312　是什么情况触发的？是否一旦开始保密，就会变得越来越极端，因为太过方便，不必受制于公开审查？如果答案是肯定的，那么若不依靠举报，如何能使保密程度降低？在决定逐渐减缓和逆转之前，对减税和服务削减的程度有什么内在限制吗？这些作用—反作用链是否已经达到了平衡，还是某些振荡会随着时间的推移而变大？芝加哥的市长和监察长最终达成了共识，这个情况是怎么发生的？是可推广的模式吗？

3. 随之发生的后果重要吗？如果采取了极端的政策手段，目标达成了吗？还是公开论证仅关乎偏好的意识形态，而不在乎对结果的评估或证明呢？

联邦制

出现在多个章节里的第四个共性是联邦制在公共预算中的重要性。在大多数情况下，各州都是独立的，并不处于国家政府的直接控制下，但也有不少联合项目，由两级政府同时提供资金，由各州量身定做。联邦政府可以给各州提供补贴，说服他们做一些事情，比如扩大医疗补助。与此相反，地方政府则隶属于各州。一方面，各州可以命令地方政府；另一方面，各州对其地方政府负责。

在收入环节，州政府可以控制地方政府的收入。他们可以通过适用于州内的规则和法律，允许部分地方政府在自己授权范围内增税。另一方面，他们也可以通过适用于各市县以及各校区的税收和开支限制。他们可以禁止地方政府征收特别税，将这些资源留给自己。他们甚至可以直接利用地方政府的收入，就像加利福尼亚州过去曾经做的那样。他们可以与地方政府分享/不分享收入，他们可以强制地方政府提供特定服务水平，提供或不提供配套资金以补偿其成本。各州还可以授权地方一级的税收减免。

在支出环节中，一些项目是由州和联邦政府共同分担的。其中一个例子就是失业保险计划，该计划的结构使某些州有可能对自己的企业征税极少，因为如果在漫长而深刻的经济衰退中用光了钱，他们可以向联邦政府借钱。很多州不愿意增加企业负担来支付经济衰退期失业人口薪酬中自己应分担的部分，反而减少失业者的福利。他们可以这样做是因为该共担计划的设计，
313　其资金池大小、可获福利期间、资格标准都是由州政府决定的。

在预算平衡那一章中，某些州试图通过削减地方政府的资金来平衡自己的预算，导致地方政府的预算更难平衡。在密歇根州，这种削减导致了底特律的财政崩溃，并最终导致政府破产。有时州政府会接管深陷麻烦的地方财政管理。有些州允许地方政府根据联邦破产法宣布破产。底特律的例子表明，该州不仅允许、甚至鼓励、并且还促成、并可能迫使该市破产，结果则将州政府拯救该市的责任降到了最低。各州不仅可以转移针对地方政府的收入，而且还能强制地方政府支出，有时这些支出会提供配套资金，有时不会。州政府对地方财政困难的积极反应，就是尽力削减无配套资金的强制支出。

至于预算执行和控制方面，有些州针对医疗补助项目设立了复杂的双重监督体系，原因是联邦政府要求对服务提供者进行监督，而州政府要求对补助接受者进行监督。纽约州之所以产生对医疗补助过于挑剔的监察长，就是因为医疗补助项目是联邦政府与州政府共担费用的项目，因此对发现和减少其中的舞弊行为很有兴趣。联邦政府贷款给州政府，以改善其控制系统，而监察长则期望能从供应商处回流资金以偿还贷款。

如果不了解联邦制的背景，不了解各州及其地方政府相对于联邦政府既有独立性、又彼此共担项目及责任的情况，不明白各州对地方政府的财政权威，前述故事就没什么意义。

概念重建的改革

对于实时预算编制以及随着时间推移而变化的模式的描述，其目的是想要描述出关于公共预算里的政治是如何进行的，以及怎样的改革才可取或有效的一种理论。

本书对预算编制的描述，强调了怀有不同动机、随着时间推移拥有不同权力的多个参与者。议员们不仅对选区利益，同时对维护自己以及立法分支的权力感兴趣。同样重要的是，他们不时也有兴趣为公众提供好处。当个人 314 或选区利益与公共利益发生冲突时，议员们有时会选择公共利益。有时他们看不到问题出现，或低估了个人行动可能造成的公众后果的严重性，但他们会从灾难中吸取教训，往往能够重组流程来增加纪律，或将决策权授予别人以更好地缓冲利益集团的要求。如果有必须避免灾难的共识，重组是能够成功的。

这种基于观察的结论表明了改革的模式。那些想改进预算决策、进一步规范预算平衡、相对减少小集团利益、开放预算编制流程和文件以进行更公开审查的人们，正努力地工作，以搞清楚过去采取的类似行动产生的后果，或记录可能导致的未来结果。比如关闭政府？上次这么做的代价如何？关闭军事基地？上一轮关闭军事基地实际上省了多少钱？由于决策者和员工的流动性很大，我们不该假设过去的经验均已知，或可能的后果均能理解。

预算决策中的波动表明，确实存在内部平衡的机制，但这些机制并没有得到很好的监管。这些机制依赖于对因果的知识，但这类知识通常很难找到。此外，对问题的反应可能会被锁定，无法随着条件而变化。同样的解决方案可能会被一用再用，直到走到极端和不可接受的程度。每次设计出新的约束机制，对可能产生的长期副作用就会关注太少。例如，从历史上看，每当城市出现巨额债务时，各州的反应就是限制该市长期借款的能力。但因为同时还有征税限制，就会导致城市无法合法地解决增长导致的问题。其后果是，为了持续运作，短期债务一年年不断累积，最后财政状况恶化，预算中的信息质量下降。面对问题更极端的政策反应通常都不考虑它们的次级影响，但这么做产生无法接受的长期问题时，终究会导致规则改变或政策失效，为新一回合的滥用和控制布置好了舞台。如果设计最初那套解决方案的人，能更好地预见潜在的长期后果，他们可能会更温和地表达建议，解决问题的同时就能避免造成规避或最终导致政策湮灭的副作用。

315   历史模式表明研究和改革应该集中于找出何时及何地，也就是历史上曾经发生过的从危险的极端摆动回来的平衡范围或转折点，或机制。也就是说波动的大小或许是可以缩小的。

例如，对赤字进行更仔细的监测，以及对早期预警信号多一些公开宣导，也许就有助于避免小规模赤字被隐避或被忽视，最后累积起巨额赤字。如果赤字增长可控，就不会有这么强烈的刚性及长期约束的压力，那么控制和规避的恶性循环就可能被打破。认为所有预算都应该平衡的信念，导致公共部门没有退路和调整机制。如果能建立一种共识，关于赤字以怎样的方式在多长时间范围可以被接受，或者设计赤字范围然后监测不同程度的赤字对经济的影响，这些可能都有意义。结果或许是在可接受的一个时间范围内，我们愿意接受由某些来源导致的赤字，而不接受源于另一些因素导致的赤字。如果可以通过一系列定义让模糊的概念清晰，而主要的决策群体也能分别接受，那么赤字的水平和程度就可能更加平缓，消除赤字的努力也会更加有效。

第二个问题是，在预算保密性方面，如果有更好的预警信号也会有所帮助。如果预算中的秘密开始增加，也许就该警铃大作，例如当专项支出被塞入"黑色预算"，无关支出被塞入海外应急行动账户里，如果有项目被纳入"预算外"，或如果监察长们保留或编造审计报告。如果预算审议故意被设计得如此仓促，导致议员在投票前根本没有时间阅读提案，也许就应该发出警报。如果已经公开通过的预算提案在执行过程中被严重改变，也许就应该用高音喇叭公开宣布其失败。如果预算问题在早期就能被标识出来，就可能长不了这么大，以至于最后以导致管理不善、公信度丧失，或无法集体解决公共问题等恶名捆住政府的手脚。

违反流程的事项代表了对民主的严重威胁，应该被标记并公开，并对照规则检查及制止。部分类似措施也已经到位，但这些措施尚有弱点。例如，联邦和部分州政府就已经建立了禁止无配套资金的强制支出的法律。当转移的成本达到一定重要性水平，禁令就会介入干预。然而，联邦政府的《无配套资金强制支出法》并没有禁止配套资金不足的项目，因而在适用范围上有限。在州一级，类似法律和宪法也存在许多漏洞。同样，对同一基金重 316 新安排项目以及在不同基金间转移资金的控制可能也需要一些微调。

在设计和采取改革之前，我们需要将平衡或失衡，资金到位或不到位，线上预算或线下预算的简单二分法定义替换为包含连续性的、关注能造成重大政策后果的严重违规行为的更为微妙的定义。

从本书中得出的第二个关于改革的问题和预算角色的互换性有关。简单赋予行政分支更大权力的改革并未被证明是解决预算纪律或平衡的长期有效手段。州长的角色时而局限，时而扩张，议会也是如此。历史经验并不支持增强行政分支权力就能解决赤字或其他预算问题这一结论。

调整预算权力位置的改革通过在短期内将权力转移给某个具有特定目标的参与者而改变了结果。如果某州有一个改革派州长，以及充斥着腐败并渴望"猪肉"项目的非改革派议会，那么权力转向州长可能会带来短期改善。但对州长权力无休止的强化却并不能带来持续的预算改善。伊利诺伊州在预算权力方面拥有最强势的州长之一，但几年前，吉姆·汤普森（Jim Thompson）州长的财政会计政策从稳健向较少稳健转变，他经常隐瞒赤字来为资本项目提供赞助。在他的领导下，尽管有强大的行政预算权力，该州仍有赤字。最近，罗德·布拉戈耶维奇（Rod Blagojevich）州长又将该州的财政管理不善和赤字融资提升到一个新水平，并最终进了监狱。

在行政和议会之间保持权力平衡，使其中一方做坏事时能被另一方抓住，从长期来讲，可能比削弱一方同时持续强化另一方，运行起来更为健全。19 世纪中叶，对政府的不信任感导致同时极大地削弱州长和议会的权力，但这一做法也并不是特别成功，我们需要的不是软弱的政府，而是平衡的权力。这一结论呼应了关于建国的争论。在过去十年里，总统权力增加的支持者声称，总统需要更多的预算权力来控制赤字。他们认为国会是挥霍无度的，只有总统才能使纪律严明。但历史经验表明，向总统转移更多权力并非长期改善之计，布什政府的总统权力增加了，也进行了大幅减税，但并没有获得更平衡的预算。

317   尽管不能依靠在行政或议会分支的预算权力分布来预测预算结果，但本书依然表明预算编制流程与结果之间存在着关系。然而，并不存在一个理想流程能长时间保证预算平衡以及税收限制。强调财政纪律的预算改革必须有关键参与者的强力支持才能成功，如果对纪律的认知受到侵蚀，或主张未能很好地坚持，这个流程也不会产生期望的结果。流程不会自我建立，它需要对不羁的、不情不愿的众多参与者强加纪律约束才能实现。创建流程的参与者们会努力遵守这一流程，但如果这一流程不能为他们和公众所用，流程就会被改变，无论采取正式或非正式的方式。

改革的第三个问题是预算能将公众需求清晰地表达给政府的能力。预算曾经是语义含混的一堆文件，而审计报告也曾经落满灰尘。公众之所以对这些东西没兴趣是因为这些文字里并不关注政策问题。此外，预算听证会也通常在已经作出决定之后才举行。官员们有时会害怕让公民参与预算编制，以免公众提出无法满足的要求，或要求与官员眼里的优先次序相抵触的事项。公众参与让已经很复杂的流程变得更加复杂。同时，如果不允许公众在预算编制流程中表达自己的利益诉求，那么公民能在什么时候、以什么方式来表达他们赞同还是反对呢？公民们可能会越来越多地通过约束性和非约束力的公民投票来将决策权收到自己手里，而这往往会导致过于简单、过于僵化的限制。许多司法管辖区都急需一个既允许异议，也能阐明利益的管理能力更好的流程。公职人员需要以某种形式征求公众意见，据此行动，并证明他们听取并执行了这些意见。

允许争议被说出来，而非使用预算权力来防止讨论以及寻求可能的解决之道，这也许是更好的公共政策。预算一直都在处理冲突，它设计之初的目的就是为了应付悬而未决的、有争议的政策问题造成的断档。

研究之道

本书尽力为学生和学者提供建设性研究的渠道。同时也给出一些可能成效较低的调查线索。如将去年的拨款总额和今年的拨款总额比较就不怎么有助于理解预算编制流程，这种方式仅仅关注太短一个时间段的预算，而忽视了政府赞助企业、预算外项目，以及能给自己带来收入的部门。如果对预算工作的方式能采取实事求是的看法，对预算交易的研究就能产生良好的洞察。即我们必须假定收入限制是可变的，而不是僵化固定的一个数，而大部分常见的预算交易权衡都发生在部门内部，发生在资本预算的范畴，而非跨越预算的各个部分之间；此外，支出优先次序的重大变化也仅仅在相当长的一个期间才会发生；而预算结构可以使部分支出比其他支出更为灵活，这一差异非常重要，因为预算政治在很大程度上都是围绕着灵活程度以及试图锁定某些支出而发生的。 318

本书对预算描述的大框架还需要进一步记录并详细阐述。关于州和地方预算以及决策环节间的联系尚需深入研究。我们仅轻轻触及了酌情支出权和控制之间的张力问题。本书描述了预算实施的"酌情支出－控制"周期，但并没有深入涉及管理者在控制预算中重新建立酌情处理权的方式。还需要进一步描述这些不同资源依赖不同酌情处理程度而来的内部动态及迥异的政治价值。在严格控制的预算中，新资金、未支配资金和无条件资金都具有特殊的价值，因此实际上可能有两个预算并存，其中一个酌情处理权较少，而另一个则较多。管理者可能会努力在预算里获得更多的钱，获得更大的酌情支出权。情况变化导致的酌情支出的金额降低，与从严格控制的预算中降低部分金额，这两者对预算政治的影响可能非常不同。

需要未来进一步研究的第二个主题是对决定的锁定和解锁的过程。预算编制涉及很多决定，而权利最高的预算参与者则试图使他们的决定长期化。但一旦决定作出，也经常需要解锁决定，扭转决定。在什么情况下锁定或解锁策略会起作用？还需要对这一过程进行更多研究，如在州或国家宪法中写入禁止某种征税形式、建立信托基金或公共企业。此外，对于设立基于权利的应享权益也需要更加明确的研究。在这些情况下，应该更多关注对前述行为的撤销或逆转的情况及程序。

本书还需要进一步探索的第三个主题是预算编制的技术和政治的关系。预算编制的技术问题包括对支出和收入的准确估计、对经济的现实评估、遵守平衡要求（不论是如何制定的）、及时完成决定、防止部门超支，以及制319 订计划在适当的地方投入足够的资源以完成强制支出任务。而预算的政治方面则关心包括建立及执行优先次序、降低税收或获得足够的税收支持支出及预算平衡、创立可行的预算编制流程、设计并实施平衡规则、满足可见的选区利益。这些功能无法一刀切地划分为民选官员和职业官僚分属的职能。那么到底谁该履行哪些职能？经济预测在政治的扭曲下变形到怎样严重的程度，就会迫使采用更中性的估计？技术努力实现平衡到什么时候会导致重大政策变化？谁负责维持预算信息的完整性、有用性，以使之能成为公众问责的工具？诚信要被侵蚀多严重才会产生反作用？

泛言之，本书描述了随着时间的推移预算编制进行的钟摆运动。朝某个方向的变化会立刻产生反方向的力量，当前系统的明显缺陷会刺激对新系统的需求。但关于转折点，关于从一个政策极端返回中心或走向另一个极端的动力和时机，尚需进一步研究。在某些情况下，可能会存在平衡点，某方向上的作用力会抵消另一方向的推力，能导致暂时的稳定。那么，这种稳定是什么时候发生的，有什么影响？

上述建议只是非常初步的研究清单，还有很多不同的可能性。这些研究不管从定性或定量的方面均非常有意义，只要涵盖足够长的时间跨度，灵活看待预算约束，并对预算及预算编制环节中不同种类的资源保持足够的敏感。

总结和结论

公共预算是高度政治性的，但它又与一般的政治不同。它占领了政治的一个特殊的角落，有许多自己的特点。税收中的政治或许能说明避免不受欢迎的决定这种普遍的政治愿望，但通过税收减免及最终的改革将税收转化为分配政治的过程、支出和税收间的张力、偶尔通过新税种或增税等等，则是预算政治的独特之处。实时决策是预算决策所特有的，它具有强烈的环境灵敏度、可中断性、嵌套选项及时间限制。预算编制有底线，有到期日，这些特点有别于其他许多政治决定。预算编制本身就自带衡量成败的手段，引发了作用及反作用的压力。

320

预算编制是政治的特别重要的竞技场，因为许多政策决定如果无法通过预算流程予以执行，就没有意义。当政治参与者想增强自己的权力时，他们往往会专注于通过预算权力来实现。因此，本来看起来枯燥、技术的预算过程的争斗，就变成了鲜活的比赛。某些个人努力进入预算权力的某些位置，然后全力提升这些位置的权力。预算编制是行政和立法分支针对分权和平衡进行重大竞赛的舞台。在联邦层级，立法委员会为了管辖权而相互争斗，预算权力变得支离破碎，协调统一变得问题重重。

预算文件在政治体系中发挥了独特的作用。它本来是旨在计划支出和维持财政控制的工具，它可以反映预算编制流程中作出的重要政策决定，从而代表了政府主要行动的总括，它还能向纳税人解释他们的钱是如何花费的。预算在提供公共问责方面的作用对民主制度非常关键，但预算并不总是能很好地发挥这一作用。在执行过程中预算有时会发生变化，预算中的数字并不总是很准确，这些信息可能以模糊的方式呈现，而非阐明关键决定。预算必须保持一定灵活度，但这可能会降低其作为公共问责工具的功能。决策过程中有时需要保密，以缓冲特殊利益的要求，但保密性也可能被利用做一些期望但被正式禁止的行为。

预算中的保密程度需要仔细监控。当保密性上升，预算决策背着社会公共做出，当被政治损害的判断导致随意修改审计报告、对监察长和各部门主管的遴选是根据对行政长官的忠诚度来进行的，民主就会受到沉重的打击。而保密性下降，公民就可以利用预算流程和预算文件来追究政府的责任，政府的强制权力可能会迫使公民为自己不想要的项目纳税，但这依然是一种民主，公民可以而且确实反抗过。

相关网站

全国州预算官员协会（National Association of State Budget Office，NASBO）（www. nasbo. org），有一份关于冬季风暴预算的出版物（www. nasbo. org/publications – data/issue – briefs/analyzing – costs – associated – winter – storms）。冬季风暴是在每年预算中需要处理的许多紧急情况之一。

由于各州通常必须每年保持预算平衡，外部紧急情况可能会由特别的储备基金提供，或需要在年中削减其他项目。各州也会依靠联邦政府对自然或人为重大灾害提供援助。联邦紧急事务管理局（The Federal Emergency Management Agency，FEMA）每年均会提供资金，以支付紧急情况下十年的平均费用。最近的 FEMA 预算说明可以在线查询（www. fema. gov/pdf/about/budget/llf_fema_disaster_relief_fund_dhs_fyl3_cj. pdf）。

预算中的保密程度很难直接衡量，但有一种方法是监测联邦"黑色预算"总额的新闻情报（最近的例子，参见 www. dni. gov/index. php/news-room/press – releases/96 – press – releases – 2012/756 – dni – releases – fy – 2012 – appropriated – budget – figure）。这些资料是由国家情报总监办公室（Office of the Director of National Intelligence）发布的。

有些非营利组织也会追踪问责问题，例如无党派的新闻机构公共诚信中心（Center for Public Integrity）（www. publicintegrity. org）。比如，他们评估州预算编制流程的开放性及可能发生的舞弊行为。最近有一篇特别有趣的关于亚利桑那州预算编制流程的文章，谈到这一流程在过去十年间已经变得不那么透明（www. publicintegrity. org/2012/08/01/10493/transparency – missing – arizonas – legislature）。其中一个原因是经常使用"一切可修订"修正案，即在最后时刻将原预算提案置换成完全不同的内容，让公民或利益团体无法跟上。伊利诺伊州也有类似的程序，叫作"空壳提案"，即整个提案均是空的，只在最后时刻才会被填满。关于伊利诺伊州预算编制流程的信息，参见伊利诺伊改革之声（Illinois Voices for Reform）的"空壳提案"（http：//ilvoices. com/shell – bills. html）。

注释

Chapter 1

1. Patricia Ingraham and Charles Barrilleaux, "Motivating Government Managers for Retrenchment: Some Possible Lessons from the Senior Executive Service," *Public Administration Review* 43, no. 3 (1983): 393 – 402. They cite the Office of Personnel Management Federal Employee Attitude Surveys of 1979 and 1980, extracting responses from those in the Senior Executive Service, the upper ranks of the civil service, and appointed administrators. In 1979, 99 percent of the senior executives said that they considered accomplishing something worthwhile very important; 97 percent said the same in 1980. By contrast, in response to the question, "How much would you be motivated by a cash award?" only 45 percent said either to a great extent or to a very great extent.

2. Lance LeLoup and William Moreland, "Agency Strategies and Executive Review: The Hidden Politics of Budgeting," *Public Administration Review* 38, no. 3 (1978): 232 – 239; 12 percent of LeLoup and Moreland's Department of Agriculture requests between 1946 and 1971 were for decreases. See Lance LeLoup, *Budgetary Politics*, 3rd ed. (Brunswick, Ohio: King's Court, 1986), 83. See also the case study of the Office of Personnel Management, in Irene Rubin, *Shrinking the Federal Government* (New York: Longman, 1985) and Irene Rubin, *Running in the Red: The Political Dynamics of Urban Fiscal Stress* (Alba-

ny: State University of New York Press, 1982).

3. For a good discussion of this phenomenon, see Frank Thompson, *The Politics of Personnel in the City* (Berkeley: University of California Press, 1975).

4. See Rubin, *Shrinking the Federal Government*, for examples during the Reagan administration.

5. U. S. Senate, Committee on Governmental Affairs, *Office of Management and Budget: Evolving Roles and Future Issues*, Committee Print 99 – 134, 99th Cong. , 2d sess. , prepared by the Congressional Research Service of the Library of Congress, February 1986. OMB's role changed some in the 1990s, as it was engaged in helping implement the Government Performance and Results Act (GPRA) and various efforts at downsizing to help balance the budget. But it still remains a more top-down agency, implementing presidential policy, doing analysis, and making recommendations to the president. See Shelley Lynn Tomkin, *Inside OMB: Politics and Process in the President's Budget Office* (Armonk, NY: M. E. Sharpe, 1998), for both the history of OMB and its later roles.

6. See, for example, Kenneth Shepsle and Barry Weingast, "Legislative Politics and Budget Outcomes," *in Federal Budget Policy in the 1980s*, ed. Gregory Mills and John Palmer (Washington, DC: Urban Institute Press, 1984), 343 – 367.

7. Quoted in Rubin, *Running in the Red*, 56.

8. Rachel La Corte, "Legislative Bills Put Spotlight on Cost of Citizens Initiatives," *The Seattle Times*, February 15, 2015, updated June 15, 2015, online at http: // www. seattletimes. com/seattle – news/legislative – bills – put – spotlight – on – cost – of – citizens – initiatives/.

9. Linda Harriman and Jeffrey Straussman, "Do Judges Determine Budget Decisions? Federal Court Decisions in Prison Reform and State Spending for Corrections," *Public Administration Review* 43, no. 4 (1983): 343 – 351.

10. John Higgins, "Washington's Pending Showdown on School Funding: Legislature vs the Supreme Court," *The Seattle Times*, February 14, 2015, http: //old. seattletimes. com/html/education/2025702421 _ mcclearystate compar-

sionsxml. html; Joseph O'Sullivan and Jim Brunner, "School Funding Back on Table as Court Fines State $100 000 a Day," *The Seattle Times*, August 14, 2015, file: ///C: /Users/puss/Documents/ppb15/washstcourtrl. htm.

11. Rubin, *Class*, *Tax*, *and Power: Municipal Budgeting in the United States* (Chatham, NJ: Chatham House, 1998).

12. For more on budget strategies, see Irene Rubin, "Strategies for the New Budgeting," in *Handbook of Public Administration*, 2nd ed. , ed. James Perry (San Francisco: Jossey – Bass, 1996), 279 – 296.

Chapter 2

1. Alan Meltzer and Scott F. Richard, "Why Government Grows (and Grows) in a Democracy," *The Public Interest* 52 (Summer 1978): 111 – 118.

2. Tim Mak, "Grover Norquist Defends No – Tax Pledge," *Politico*, October 19, 2011, www. politico. com/news/stories/1011/66359. html.

3. www. atr. org/pledge – database.

4. Bruce Bartlett, "Higher Taxes Are Not Politically Impossible," *Tax Notes* 133, no. 9 (November 2011).

5. Margaret Butler, "Oregon Unions Save Services, Tapping Voter Anger to Tax Wealthy," *Labor Notes*, February 18, 2010, http: //labornotes. org/2010/02/ oregon – unions – save – services – tapping – voter – anger – tax – wealthy.

6. Eric Black, "Grover Norquist Looms Over Minnesota's Budget Impasse," *Minnesota Post*, July 8, 2011, www. minnpost. com/eric – black – ink/2011/07/ grover – norquist – looms – over – minnesotas – budget – impasse.

7. John F. Witte, *The Politics and Development of the Federal Income Tax* (Madison: University of Wisconsin Press, 1985), 68.

8. Drew Desilver, "The Biggest U. S. Tax Breaks," PEW Research Center, April 13, 2015, http: //www. pewresearch. org/fact – tank/2015/04/13/the – biggest – u – s – tax – breaks/.

9. Institute on Taxation and Economic Policy, "Tax Incentives: Costly for States, Drag on the Nation," 2013, http: //itep. org/itep_reports/2013/08/

tax – incentives – costly – for – states – drag – on – the – nation. php#. VdyaaCV-Viko; Kenneth Thomas, *Investment Incentives and the Global Competition for Capital* (New York: Palgrave Macmillan 2010).

10. Louise Story, "As Companies Seek Tax Deals, Governments Pay High Price," *New York Times*, December 1, 2012, http://www.nytimes.com/2012/12/02/us/how – local – taxpayers – bankroll – corporations. html? _r = 1.

11. Congressional Budget Office, "The Distribution of Major Tax Expenditures in the Individual Income Tax System," May 29, 2013, http://www.cbo.gov/publication/43768.

12. Alejandra Cancino, "Effort Stalls to Revamp Illinois' Corporate Tax Breaks Program," *Chicago Tribune*, December 19, 2014, http://www.chicagotribune.com/business/ct – tax – breaks – stall – 1221 – biz – 20141219 – story. html#page = 1.

13. Philip Mattera, Kasia Tarczynska, Leigh McIlvaine, Thomas Cafcas, and Greg LeRoy, "PAYING TAXES TO THE BOSS: How a Growing Number of States Subsidize Companies with the Withholding Taxes of Workers," *Good Jobs First*, April 2012, http://www.goodjobsfirst.org/sites/default/files/docs/pdf/taxestotheboss. pdf; Warren Vieth and Mark Lash, "State Program Diverting Workers' Tax Payments to Businesses," *Oklahoma Watch Data Center*, June 2015, http://oklahomawatch.org/2015/06/09/state – program – diverts – workers – tax – payments – to – businesses/.

14. Letter of comment 121, to David Bean, GASB, December 2014, from Zach Schiller, Gordon MacInnes, Elliot Richardson, and Jason Bailey, http:// www.gasb.org/cs/BlobServer? blobkey = id&blobnocache = true&blobwhere = 1175829984993&blobheader = application%2Fpdf&blobheadername2 = Content – Length&blobheadername1 = Content – Disposition&blobheadervalue2 = 582515&blobheadervalue1 = filename%3DTAD _ ED _ CL121. pdf&blobcol = u rldata&blobtable = MungoBlobs).

15. David Cay Johnston, "Taxed by the Boss," Reuters, April 12, 2012, www.reuters.com/article/2012/04/12/us – column – dcjohnston – report – idUS-

BRE 83B0XQ20120412; and Philip Mattera, Kasia Tarczynska, Leigh McIlvaine, Thomas Cafcas, and Greg LeRoy, "Paying Taxes to the Boss."

16. Pat Kimbrough, "Rethinking Incentives: Recession Brings Changes in Ways Cities Use Economic Development Tool," *High Point Enterprise*, November 29, 2010, www. hpe. com/view/full_story/10478576/article – Rethinking – incentives—Recession – brings – changes – in – ways – cities – use – economic – development – tool?

17. Tim Bartik and George Erickcek, "The Employment and Fiscal Effects of Michigan's MEGA Tax Credit Program" (Working Paper 10 – 1064, W. E. Upjohn Institute for Employment Research, Kalamazoo, Mich. , 2010, http://research. upjohn. org/up_workingpapers/164).

18. "Do Tax Incentives Really Create Jobs?" Editorial, *Los Angeles Times*, September 10, 2014, http://www. latimes. com/opinion/editorials/la – ed – tesla – incentives – 20140911 – story. html.

19. William Luther, *Movie Production Incentives: Blockbuster Support for Lackluster Policies*, Special Report No. 173, Tax Foundation, January 2010, http://taxfoundation. org/sites/taxfoundation. org/files/docs/sr173. pdf.

20. Brian Sala and Maeve Roche, "The Motion Picture Industry in California: A Brief Update," California Research Bureau, March 2011, www. stop – runaway – production. com/wp – content/uploads/2009/07/2011 – CA – research – bureau – update – on – film – industry. pdf.

21. Ibid.

22. Pew Charitable Trusts, "States Make Progress Evaluating Tax Incentives," January 21, 2015, http://www. pewtrusts. org/en/research – and – analysis/fact – sheets/2015/01/tax – incentive – evaluation – law – state – fact – sheets.

23. Philip Mattera, Thomas Cafcas, Leigh McIlvaine, Andrew Seifter, and Kasia Tarczynska, "Money for Something: Job Creation and Job Quality Standards in State Economic Development Subsidy Programs," Good Jobs First, December 2011, www. goodjobsfirst. org/sites/default/files/docs/pdf/money forsomething. pdf.

24. Robert S. McIntyre, Matthew Gardner, Rebecca J. Wilkins, and Richard Phillips, "Corporate Tax Dodging in the Fifty States, 2008 – 2010," Institute for Taxation and Economic Policy and Citizens for Tax Justice, November 2011, www. ctj. org/corporatetaxdodgers/CorporateTaxDodgersReport. pdf.

25. Robert S. McIntyre. Matthew Gardner, Richard Phillips, "The Sorry State of Corporate Taxes: What Fortune 500 Firms Pay (or Don't Pay) in the USA and What They Pay Abroad—2008 to 2012," Citizens for Tax Justice and the Institute on Taxation & Economic Policy, February 2014, http: //www. ctj. org/corporatetaxdodgers/sorrystateofcorptaxes. php.

26. Citizens for Tax Justice, "Who Pays Taxes in America in 2015?" April 9, 2015, http: //ctj. org/ctjreports/2015/04/who_pays_taxes_in_america_in_2015. php#. VYsLMhtVik.

27. Carl Davis, Kelly Davis, Matthew Gardner, Harley Heimovitz, Sebastian Johnson, Robert S. McIntyre, Richard Phillips, Alla Sapozhnikova, and Meg Wiehe, "Who Pays: A Distributional Analysis of the Tax Systems in All Fifty States," ITEP, 5th ed. , January 2015, http: //www. itep. org/whopays/.

28. Drew DeSilver, "Global Inequality: How the US Compares," PEW Research Center, December 19, 2013, online at http: //www. pewresearch. org/fact – tank/2013/12/19/global – inequality – how – the – u – s – compares/.

29. "The Distribution of Household Income and Federal Taxes, 2011," Congressional Budget Office, 2014, https: //www. cbo. gov/publication/49440.

30. "Tax Preferences: The Struggle Goes On," September 10, 2013, Washington House Democrats, http: //housedemocrats. wa. gov/the – advance/tax – preferences – the – struggle – goes – on/.

Chapter 3

1. National Association of State Budget Officers, *Budget Processes in the States*, 2015, http: //www. nasbo. org/sites/default/files/2015% 20Budget% 20Processes% 20 – % 20S. pdf. In thirty – three states, in 2015, the governor could make reductions in the budget without legislative agreement (Table 7). In the

2002 edition, the number of states where the governor could do this was thirty – seven. In twenty – six states, in 2015, the departments' budget requests appear in the governor's budget proposal, giving the legislature the opportunity to see what the departments asked for and what the governor approved or disapproved and hence the possibility of disagreeing with the governor's recommendation and substituting their own (Table 21). In 2002, the number of states where the department request was included was thirty – two. Thus the governors have increased their control over the departmental budget requests, minimizing the legislature's ability to make end runs around the governor, but at the same time, the governors are increasingly required to consult with the legislature before withholding funds during the year.

2. NASBO's *Budget Process in the States* 2015 edition. http: //www. nasbo. org/ sites/default/files/2015% 20Budget% 20Processes% 28S% 29. pdf. Table 8, Governor's veto powers.

3. Robert Bland and Wes Clarke, "Performance Budgeting in Texas State Government" (paper delivered at the meetings of the Association for Budgeting and Financial Management, Chicago, October 7, 2004).

4. Glenn Abney and Thomas P. Lauth, *The Politics of State and City Administration* (Albany: State University of New York Press, 1986), esp. chap. 9.

5. Allen Schick, *The Capacity to Budget* (Washington, DC: Urban Institute Press, 1990), chap. 6. See also Shelley Tomkin, *Inside OMB* (New York: M. E. Sharpe, 1998).

6. Robert Bland and Wes Clarke, "Performance Budgeting in Texas State Government," in *Budgeting in the States*, *Institutions*, *Processes and Politics*, ed. Edward Clynch and Thomas P. Lauth (Westport, CT: Praeger, 2006); and *Budget* 101: *A Guide to the Budget Process in Texas* (Austin: Senate Research Center, 2011), www. senate. state. tx. us/src/pdf/Budget_101 – 2011. pdf.

7. Carolyn Bourdeaux, "Legislative Barriers to Budget Reform" (paper presented to the Association for Budgeting and Financial Management meeting, Chicago, October 9, 2004) and personal communication.

8. The Georgia Budget and Policy Institute, *Georgia Budget Primer*, 2015 (Atlanta: Georgia Budget and Policy Institute, 2014), http: //gbpi. org/wp - content/uploads/2014/08/Budget – Primer – Online – Version. pdf.

9. Jennifer Grooters and Corina Eckl, *Legislative Budget Procedures: A Guide to Appropriations and Budget Processes in the States and Territories* (Denver: National Conference of States, 1999); Kentucky revised statutes 48. 050; Florida Office of Public Information, *Florida's Budget Process*, http: //www. myflorida house. gov/Handlers/LeagisDocumentRetriever. ashx? Leaf = housecontent/opi/ Lists/Announcements/Attachments/45/OPI% 20Pulse% 20 – % 20Florida% 27s% 20Budget% 20Process% 202 – 7 – 12. pdf&Area = House.

10. Nelson C. Dometrius and Deil S. Wright, "Governors, Legislatures, Partisanship, and State Budget Processes" (paper prepared for delivery at the annual meeting of the State Politics and Policy Conference, Kent, Ohio, April 30 – May 1, 2004).

Chapter 4

1. Howard Shuman, *Politics and the Budget: The Struggle between the President and the Congress* (Englewood Cliffs, NJ: Prentice Hall, 1984), 27.

2. Ibid. , 28.

3. Allen Schick, *Congress and Money* (Washington, DC: Urban Institute Press, 1980), chap. 2.

4. Congressional Budget Office, *The Economic and Fiscal Outlook: Fiscal Years, 1992 – 1996* (Washington, DC: Government Printing Office, January 1991), chap. 2.

5. Ibid. , 57.

6. Allen Schick, *The Federal Budget: Politics, Policy and Process* (Washington, DC: Brookings Institution Press, 1995), 41.

7. Allen Schick, "The Deficit That Didn't Just Happen: A Sober Perspective on the Budget," *Brookings Review* 20, no. 2 (Spring 2002): 45 – 48.

8. Philip Joyce, "Federal Budgeting after September 11th: A Whole New

Ballgame, or Is It Déjà Vu All over Again?" *Public Budgeting and Finance* 25, no. 1 (Winter 2005): 15 – 31.

9. Megan Lynch, "Provisions in the Bipartisan Budget Act of 2013 as an Alternative to a Traditional Budget Resolution," Congressional Research Service, May 8, 2014, https://crsreports.com/download? hash = 247ee90a58090b6a27 a4c925ad159dfffa3c9f9d5d5efc7fcee5a5796e5b6166.

10. Alexander Bolton and Jonathan E. Kaplan, "Congress Veils Appropriations Spending Totals," TheHill.com, May 28, 2003.

11. Peter Cohn, "Senate Spending Process to Go Forward Even Without Budget Deal," *Government Executive Magazine*, June 8, 2004, http://www.govexec.com/management/2004/06/senate – spending – process – to – go – forward – even – without – budget – deal/16892/.

12. Ken Nakamura, "AFSANET Legislative Up – Date: The FY 05 Omnibus and State and Commerce Funding," December 10, 2004 (circulating e – mail from AFSA, the union for the employees of the State Department). Ken Nakamura was the American Foreign Service Association director of congressional relations.

13. "Improvisational" and "ad hoc budgeting" are terms used by Allen Schick in his book *The Capacity to Budget* (Washington, DC: Urban Institute Press, 1990). He meant by these terms making up or adjusting budget procedures as you go along, instead of using budget rules or routines that are known in advance, agreed to by all parties, and repeated from year to year. He argues that improvisational budgeting is a sign of reduced capacity to budget, which involves reasoned comparisons between possible items of expenditure.

14. Megan Lynch, "Provisions in the Bipartisan Budget Act."

15. Ronald Snell, "The Power of the Purse: Legislatures That Write State Budgets Independently of the Governor," National Conference of State Legislatures, March 2008, www.ncsl.org/issues – research/budget/the – power – of – the – purse – legislatures – that – write – st.aspx.

16. Data come from the NCSL, *Legislative Budget Procedures in the 50 States*, 1983; *Legislative Budget Procedures in the 50 States*, 1988; and Jennifer

Grooters and Corina Eckl, *Legislative Budget Procedures: A Guide to Appropriations and Budget Procedures in the States, Commonwealths, and Territories*, 1999 (Denver: National Conference of State Legislatures, 1999), chap. 3, n. 6.

17. Nelson C. Dometrius and Deil S. Wright, "Governors, Legislatures, Partisanship, and State Budget Processes" (paper prepared for delivery at the Fourth Annual Meeting of the State Politics and Policy Conference, Kent, Ohio, April 30 – May 1, 2004).

18. Interview with deputy county attorney, July 20, 1995. The example is taken from Irene Rubin, *Class, Tax, and Power: Municipal Budgeting in the United States* (Chatham, NJ: Chatham House, 1998).

19. Claude Tharp, *Control of Local Finance Through Taxpayers Associations and Centralized Administration* (Indianapolis: M. Ford Publishing, 1933), p. 16.

20. The federal government also passes on unfunded mandates to both the state and local levels. However, because local governments are legally subordinate to the states, the potential scope of mandates is much greater from the states to the local level. The states could, if they wished, completely preempt local decision – making.

21. David Barron, Gerald Frug, and Rick Su, *Dispelling the Myth of Home Rule: Local Power in Greater Boston* (Cambridge, MA: Rappaport Institute for Greater Boston, Kennedy School of Government, Harvard University, 2004), www. ksg. harvard. edu/rappaport/research/homerule/chaptertwofinance. pdf.

22. Ibid.

23. Martin Schiesl, *The Politics of Efficiency: Municipal Administration and Reform in America* (Berkeley: University of California Press, 1986), 91.

24. Ibid. , 92.

25. Charles Glaab and A. Theodore Brown, *A History of Urban America*, 3rd ed. (New York: Macmillan, 1983), 200.

26. Caitlin Rother, "Is Shift in Structure of Power Ahead? Strong Mayor Model Getting Another Look," *San Diego Union Tribune*, March 21, 2004, http: // pqasb. pqarchiver. com/sandiego/.

Chapter 5

1. David Willman, "Seventeen Years and \$2.7 Billion in, Pentagon's High – Tech Blimps Fail to Deliver on Promise," *The Baltimore Sun*, September 24, 2015, http://www.baltimoresun.com/business/federal – workplace/bs – md – blimps – 20150924 – story.html.

2. Travis J. Tritten, "Base Closure Proposal Meets Resistance in Senate," *Stars and Stripes*, March 11, 2015, http://www.stripes.com/news/base – closure – proposal – meets – resistance – in – senate – 1.333890.

3. Sean Reilly, "2014 Budget Guidance: Cut Another 5%, More for IT," *The Federal Times*, May 21, 2012, www.federaltimes.com/article/20120521/AGENCY01/205210302/1001.

4. Travis Madsen, Benjamin Davis, and Phineas Baxandall, "Road Work Ahead, Holding Government Accountable for Fixing America's Crumbling Roads and Bridges," the U.S. PIRG, April 2010, p.3, http://www.frontiergroup.org/sites/default/files/reports/Road – Work – Ahead – vUS.pdf.

5. Pamela M. Prah, "Businesses to Bear Cost of State Unemployment Insurance Debt, Employers in 20 States to Pay More in Taxes," *Chicago Tribune*, December 19, 2011, http://articles.chicagotribune.com/2011 – 12 – 19/business/ct – biz – 1219 – unemployment – insurance – 20111219_1_unemployment – insurance – unemployment – loans – wayne – vroman.

6. Claire McKenna and George Wentworth, *Unraveling the Unemployment Insurance Lifeline: Responding to Insolvency, States Begin Reducing Benefits and Restricting Eligibility in* 2011, National Employment Law Project, August 2011, http://nelp.3cdn.net/833c7eeb782f18bdb3_a5m6b0wvp.pdf.

7. Government Accountability Office, *Unemployment Insurance Trust Funds: Long – Standing State Financing Policies Have Increased Risk of Insolvency* (Washington, DC: GAO 10 – 440, April 2010).

8. Testimony regarding [Connecticut] House Bill 5402, National Employment Law Project, www.nelp.org/page/ – /UI/2012/CT _ UI _ testimony _

HB5402. pdf? nocdn = 1.

9. Congressional Budget Office, "Competition and the Cost of Medicare's Prescription Drug Program," July 2014, https: //www. cbo. gov/publication/ 45552.

10. Margot Sanger – Katz and Kevin Quealy, "Medicare: Not Such a Budget – Buster Anymore," *New York Times*, Aug. 27, 2014, http: //www. nytimes. com/2014/08/28/upshot/medicare – not – such – a – budget – buster – anymore. html? _r = 0&abt = 0002&abg = 1.

11. Kaiser Family Foundation, "The Facts on Medicare Spending and Financing: Overview of Medicare Spending," based on CBO data, Jul 28, 2014, http: //kff. org/medicare/fact – sheet/medicare – spending – and – financing – fact – sheet/.

12. Organization for Economic Co – operation and Development, *Health at a Glance* 2011: OECD *Indicators*, www. oecd. org/dataoecd/12/16/49084355. pdf.

Chapter 6

1. National Conference of State Legislatures, *NCSL Fiscal Brief: State Balanced Budget Provisions*, October 2010, www. ncsl. org/documents/fiscal/ State-BalancedBudgetProvisions2010. pdf.

2. Ibid.

3. Jason Mercier, "From Near Last to Almost First on State – Balanced Budget Requirement," Washington Policy Center, April 17, 2012, www. washington policy. org/blog/post/near – last – almost – first – state – balanced – budget – requirement.

4. Reining Petacchi, Anna Costello, and Joseph Weber, "The Unintended Consequences of Balanced Budget Requirements" (working paper, April, 2012), www. hbs. edu/units/am/pdf/Patacchi and Weber_AssetSale_2012. pdf.

5. OMB, *Historical Tables of the United States Budget* (Washington, DC: Government Printing Office, January 1996), Table 1. 1.

6. House Permanent Select Committee on Intelligence, Inquiry into Septem-

ber 11.

7. Federation of American Scientists, "Intelligence Resource Program," www. fas. org/irp/budget/index. html.

8. Neta C. Crawford, "U. S. Costs of Wars Through 2014: $4. 4 Trillion and Counting, Summary of Costs for the U. S. Wars in Iraq, Afghanistan and Pakistan," Watson Institute at Brown University, Cost of War project, 25 June 2014. http://costsofwar. org/sites/default/files/articles/20/attach ments/Costs% 200f% 20War% 20Summary% 20Crawford% 20June% 202014. pdf.

9. Quoted in the U. S. Department of Treasury, Office of Financial Stability, *Troubled Asset Relief Program: Two Year Retrospective*, 2010, www. treasury. gov/presscenter/news/Documents/TARP% 20Two% 20Year% 20 Retrospec tive_10% 2005% 2010_transmittal% 201etter. pdf.

10. CBO, "Report on the Troubled Asset Relief Program—March 2015" (March 18, 2015), https://www. cbo. gov/publication/50034.

11. Jonathan Weisman, "House Bill Offers Aid Cuts to Save Military Spending," *New York Times*, May 7, 2012, www. nytimes. com/2012/05/08/us/house – bill – offers – aid – cuts – to – save – military – spending. html?

12. Quoted in *Brian Faler*, "U. S. Senate Defeats Two Balanced – Budget Amendment Proposals," *Bloomberg Business Week*, December 20, 2011, www. business – week. com/news/2011 – 12 – 20/u – s – senate – defeats – two – balanced – budget – amendment – proposals. html.

13. Alan Fram, "Balanced Budget Amendment Injected Into Debt Ceiling Fight," *Huffington Post*, July 14, 2011, www. huffingtonpost. com/2011/07/14/balanced – budget – amendment_n_899301. html#.

14. Quoted in U. S. Congress, House, *Hearings Before the Committee on the Budget*, 102d Cong. , 2d sess. (May 12, 1992), 8.

15. Example modified from ibid. , 14.

16. Robert Albritton and Ellen Dran, "Balanced Budgets and State Surpluses: The Politics of Budgeting in Illinois," *Public Administration Review* 47, no. 2 (March – April 1987): 135 – 142.

17. Illinois Economic and Fiscal Commission, *Revenue Estimate and Economic Outlook for FY 1978* (Springfield, IL: June 1977), 17; quoted in Albritton and Dran, "Balanced Budgets," 144.

18. Ron Snell, "State Experiences With Annual and Biennial Budgeting," NCSL, 2011, http://www.ncsl.org/research/fiscal – policy/state – experiences – with – annual – and – biennial – budgeti.aspx.

19. National Association of State Budget Officers, *Budget Process in the States*, 2015 (Washington, DC: NASBO, 2015), Table 7, Gubernatorial Budget Authority and Responsibility, http://www.nasbo.org/sites/default/files/2015%20Budget%20Processes%20 – %20S.pdf.

20. State of Wisconsin Legislative Reference Bureau, "Funding Federal and State Mandates," Legislative Reference Bureau Informational Bulletin 96 – 3, April 1996, 11, www.legis.state.wi.us/lrb/pubs/ib/96ib3.pdf; Joseph Zimmerman, "Trends in State Local Relations," Council of State Governments, 2007 book of the states, http://knowledgecenter.csg.org/kc/system/files/Zimmerman_ Article_3.pdf.

21. King County [Washington] Budget Office, *Review of Legislative Mandates Imposed on King County, 1995 – 2000* (October 11, 2000).

22. California Legislative Analyst Office, *Overview of Mandates* (January 31, 2011), www.lao.ca.gov/handouts/state _ admin/2011/Mandates _ 1 _ 31 _ 11.pdf.

23. Tim Cromartie, "Understanding State Mandates and Suspended Mandates: Local Government Impacts," Western City, March 2014, online at http:// www.westerncity.com/Western – City/March – 2014/Feature – Understanding – State – Mandates/.

24. Ken McLaughlin, "Bid to Halt State's Tax Grab Has Wide Push; Little Opposition to Proposition 1A," *San Jose Mercury News*, October 23, 2004, www.mercurynews.com/mld/mercurynews/.

25. Ballotpedia, "California Proposition 22, Ban on State Borrowing from Local Governments," (2010), http://ballotpedia.org/California_Proposition_

22, _ Ban_on_State_Borrowing_from_Local_Governments_ (2010).

26. Michael Leachman and Chris Mai, "Most States Still Funding Schools Less Than Before the Recession," Center for Budget and Policy Priorities, October 16, 2014, http：//www. cbpp. org/research/most – states – still – funding – schools – less – than – before – the – recession.

27. Tamarine Cornelius and Jon Peacock, "Local Governments Continue to Lose Ground Under 2013 – 15 Budget," Wisconsin budget project, July 3, 2013, http：// www. wisconsinbudgetproject. org/local – governments – continue – to – lose – ground – under – 2013 – 15 – budget.

28. Wendy Patton, "Three Blows to Local Government：Loss in State Aid, Estate Tax, Property Tax Rollback," Policy Matters Ohio, July 24, 2013, http：// www. policymattersohio. org/wp – content/uploads/2013/07/72313 – Tthree – blows – to – local – government. pdf.

29. Michael Cooper, "States Pass Budget Pain to Cities," *New York Times*, March 23, 2011.

30. Jeff Van Wychen, "Problems With Minnesota's State Aid System," Minnesota 2020, December 7, 2008, www. mn2020. org.

31. Julie Liew, "No Increase in Governor's Supplemental Budget," LGA Archives, Coalition of Greater Minnesota Cities, March 20, 2015, http：//greatermn cities. org/blog/no – lga – increase – in – governors – supplemental – budget/.

32. Michigan Municipal League, "Revenue Sharing Fact Sheet," http：// www. mml. org/advocacy/2014 – revenue – sharing – factsheet. html.

33. Jonathan Oostling, "How Michigan's Revenue Sharing 'Raid' Cost Communities Billions for Local Services," MLive. com, March 30, 2014, updated April 13, 2014, http：//www. mlive. com/lansing – news/index. ssf/2014/ 03/michigan_revenue_sharing_strug. html; and Anthony Minghine, "The Great Revenue Sharing Heist," Michigan Municipal League, March April 2014, http：//www. mml. org/advocacy/great – revenue – sharing – heist. html.

34. New York State Assembly, Ways and Means Committee, "Graphic Overview of the 2014 – 2015 Executive Budget," January 2014, online at http：//

assembly. state. ny. us/Reports/WAM/2014graphic _ overview/2014 _ graphic _ over-view. pdf

35. Office of Policy Analysis, Department of Legislative Services, Overview of State Aid to Local Governments Fiscal 2014 and 2015 Allowance (two different volumes; Annapolis, MD: Department of Legislative Services Office of Policy Analysis, January 2013 and 2014) http: //mgaleg. maryland. gov/Pubs/ Bud-getFiscal/2014fy – state – aid – local – governments. pdf. ; and http: //dls. state. md. us/data/polanasubare/polanasubare _ intmatnpubadm/polanasubare _ int mat-npubadm_staaidrep/Overview – of – State – Aid – to – Local – Governments. pdf.

36. Thanh Tan, "Sine Die Report: What Survived, What Died," *The Texas Tribune*, June 30, 2011, www. texastribune. org/texas – legislature/82nd – legis-la tive – session/sine – die – report – what – survived – what – died – /.

37. "Kasich Signs House Bill 30 – School Mandate Relief Act" (Press Re-lease, Office of Governor John Kasich, March 30, 2011), www. governor. ohi-o. gov/ Portals/0/pdf/news/03302011. pdf.

38. Mandate Relief Redesign Team, 2011 *Mandate Relief Redesign Team Re-port: Mandate Relief, Final Report* (report to the Governor of New York, Decem-ber 2011), www. governor. ny. gov/assets/documents/FInal_Mandate_Relief_ Re-port. pdf.

39. Pew Charitable Trusts, "The State Role in Local Government Financial Distress, 2013," http: //www. pewtrusts. org/ ~ /media/Assets/2013/07/23/ Pew_ State_Role_in_Local_Government_Financial_Distress. pdf.

40. "Municipal Bankruptcy, State Laws," Governing Data website, based on 2012 data, http: //www. governing. com/gov – data/state – municipal – bank-ruptcy – laws – policies – map. html.

41. Congressional Budget Office, *Fiscal Stress Faced by Local Governments*, notes omitted.

42. "Municipal Bankruptcies: We're Not Going To Take It Anymore," *Bond-view*, November 18, 2011, www. bondview. com/blog/municipal – bankruptcies – were – not – going – to – take – it – anymore/.

43. Charles Levine, Irene Rubin, and George Wolohojian, *The Politics of Retrenchment* (Thousand Oaks, CA: Sage, 1981).

Chapter 7

1. CBO, "CBO Data on Supplemental Appropriations Budget Authority: 2000 — Present," 2014, https://www.cbo.gov/sites/default/files/17129 – SuppApprops 2000 – Present – 8 – 2014. pdf.

2. CRS, "Jessica Tollestrup, Across – the – Board Rescissions in Appropriations Acts: Overview and Recent Practices," September 2, 2015, https://www.fas.org/sgp/crs/misc/R43234. pdf.

3. Allen Schick, *The Capacity to Budget* (Washington, DC: Urban Institute Press, 1990), 113.

4. City of New Haven, Connecticut v. United States of America, slip opinion 86 – 5319 (D. C. Circuit, 1987). See also Walter Oleszek, *Congressional Procedures and the Policy Process*, 3rd ed. (Washington, DC: CQ Press, 1989), 65.

5. Michael Hirsch, "NYSUT Sues Governor for Withholding State School Funding," United Federation of Teachers, January 11, 2010, http://www.uft.org/news – stories/nysut – sues – governor – withholding – state – school – funding.

6. Bridgeport v. Agostinelli, 163 Conn. 537 (1972), http://law.justia.com/cases/connecticut/supreme – court/1972/163 – conn – 537 – 2. html.

7. Government Accountability Office, Letter to the Honorable Silvio O. Conte, Ranking Minority Member, Committee on Appropriations House of Representatives, B – 196854. 3, March 19, 1984.

8. Signing statement, December 23, 2011. pl. 112 – 74, Consolidated Appropriations Act 2012.

9. House Reports included prior permission constraints not only for Transportation and Housing and Urban Development; Interior and Related Agencies; and Defense, described here, but also for Military Construction, Veterans Administration, and related agencies, and Financial Services and General Government. Thus at least five of the twelve appropriations subcommittees continued to re-

quire prior approval for reprogramming. The Department of Homeland Security was under a somewhat looser control: it needed only to provide advanced notification on proposed reprogrammings to the committee; the department did not need advanced permission, but it is not clear what the committee would do if it were informed of a reprogramming of which it disapproved.

10. *Congressional Record*, V. 149, Pt. 3, February 12, 2003, to February 24, 2003.

11. House of Representatives, Departments of Transportation, and Housing and Urban Development, and Related Agencies Appropriations Bill, 2015, report 113, http: //appropriations. house. gov/uploadedfiles/hrpt – 113 – hr – fy2015 – thud. pdf.

12. House Report 112 – 151—Department of The Interior, Environment, and Related Agencies Appropriation Bill, 2012.

13. Department of Defense Appropriations Bill, 2015 Report of the Committee on Appropriations, 2014.

14. Departments of Transportation, Housing and Urban Development, and Related Agencies Appropriations Bill, 2011, July 26, 2010, 111 –564.

15. Report accompanying the 2013 appropriation for Commerce, Justice, Science and Related Agencies, 112 – 158, April 19, 2012.

16. Chairman Frank Wolf Subcommittee on Commerce, Justice, and Science, and Related Agencies House Appropriations Committee, United States Department of Justice FY 2014 Budget Hearing, April 18, 2013 Opening Statement as Prepared.

17. Charles Levine, Irene Rubin, and George Wolohojian, "Resource Scarcity and the Reform Model: The Management of Reform in Cincinnati and Oakland," *Public Administration Review* 41, no. 6 (November/December 1981): 619 –628.

18. See Irene Rubin, *Running in the Red* (Albany: State University of New York Press, 1982), for an example of a general fund borrowing from the water fund and causing deficits in the water fund.

Chapter 8

1. U. S. Congress, Senate, *Joint Hearings Before Committees on Government Operations and on the Judiciary*, *Impoundment of Appropriated Funds by the President*, 93d Cong. , 1st sess. , 1973, 411; quoted in Louis Fisher, "The Effect of the Budget Act on Agency Operations," in *The Congressional Budget Process After Five Years*, ed. Rudolph Penner (Washington, DC: AEI Press [American Enterprise Institute], 1981), 173.

2. For a good summary of the tools, offices, and roles of various budget overseers, along with some detailed case studies, see Daniel Feldman and David Eichenthal, *The Art of the Watchdog*: *Fighting Fraud*, *Waste*, *Abuse and Corruption in Government* (Albany, NY: State University of New York Press, 2013).

3. Department of Justice, "Justice Department Announces Criminal Charge Against Toyota Motor Corporation and Deferred Prosecution Agreement with $1. 2 Billion Financial Penalty," press release, March 19, 2014, http: // www. justice. gov/opa/pr/justice – department – announces – criminal – charge – against – toyota – motor – corporation – and – deferred.

4. Council of the Inspectors General on Integrity and Efficiency, "Inspector General Community Accomplishments Will Receive Recognition," press release, October 2015, https: //www. ignet. gov/sites/default/files/files/ CIGIE% 20awards% 20press% 20release% 20 – % 20Oct% 2020. pdf.

5. Office of the Inspector General, Commonwealth of Massachusetts, 2013 Annual Report, April 30, 2014, http: //www. mass. gov/ig/about – us/annual – reports/office – of – the – inspector – general – 2013 – annual – report. pdf.

6. Annual Management and Program Analysis, Fiscal year 2013 – 2014, http: // oig. louisiana. gov/assets/docs/OIG% 20Annual% 20Management% 20and% 20Program% 20Analysis% 20Report% 2012 – 5 – 14. pdf.

7. D. C. Office of the Inspector General, Report on Activities, 2014, http: //app. oig. dc. gov/news/view2. asp? url = release10% 2FFY + 2014 + Annu-

al + Report + + − + Electronic. pdf&mode = release&archived = 0&month = 00000&agency = 0.

8. Mark H. Moore and Margaret Jane Gates, *Inspectors General, Junkyard Dogs or Man's Best Friend*, Social Research Perspectives 13 (New York: Russell Sage, 1986).

9. Charles Dempsey, "The Inspector General Concept: Where It's Been, Where It's Going," *Public Budgeting and Finance* 5, no. 2 (Summer 1985): 39.

10. Moore and Gates, "Inspectors General," 11.

11. Al Gore, *The National Performance Review: From Red Tape to Results, Creating a Government That Works Better and Costs Less* (Washington, DC: U. S. Government Printing Office, 1993), Chap. 1.

12. U. S. Congress, House, "25th Anniversary of the Inspector General Act— Where Do We Go from Here?" Hearing before the House Government Reform Committee, Subcommittee on Government Efficiency and Financial Management, 108th Cong. , 1st sess. , October 8, 2003.

13. *The Historical Tables of the* 2005 *U. S. Budget* (table 17. 1), www. gpoaccess. gov/usbudget/.

14. U. S. Congress, House, *Hearing, 25th Anniversary of the Inspector General Act.*

15. Florence Olsen, "Report Finds Understaffing in DOD IG's Office," *Federal Computer Week*, May 28, 2008, www. fcw. com.

16. GAO testimony, GAO − 08 − 135T, October 31, 2007, www. gao. gov.

17. Government Accountability Office, "HUD Office of Inspector General Resources and Results," 2012, GAO 12 − 618, http: //www. gao. gov/ assets/ 600/591270. pdf.

18. Kearney and Company for the AGA, "Accelerating Change: The 2015 Inspector General Survey," September 2015, http: //www. kearneyco. com/ pdfs/AGA − IG − Survey − 2015. pdf. It is not clear from the survey report how many respondents there were from each IG office or whether all IG offices responded to the survey. The results reported here are therefore suggestive but not definitive.

19. There are many sources for this information. See, for example, the statement of Gaston L. Gianni Jr., July 19, 2000, in *Legislative Proposals and Issues Relevant to the Operations of the Inspectors General*, *Hearing before the Committee on Governmental Affairs*, U. S. Senate, 106th Cong., 2d sess.; and Senate Report 106 – 470, *Amending the Inspector General Act of 1978 (5 U. S. C. App.) to Establish Police Powers for Certain Inspector General Agents Engaged in Official Duties and Provide an Oversight Mechanism for the Exercise of Those Powers*, 106th Cong., 2d Session, 2000, the report of the Committee on Governmental Affairs, to accompany S. 3144.

20. Amendment 4893 to Bill S. 2530 in the Senate reflected this change in 2002.

21. Jason Peckenpaugh, "IG Raps NASA's Use of Service Contractors," *Government Executive Magazine* February 20, 2001, www. govexec. com; Paul Light, "Off With Their Heads," reprinted in *Governance*, April 3, 2005 (Brookings Institution publication; originally in *Government Executive*, May 2002).

22. "Bill Improving Inspectors General Independence Passes Congress," OMBwatch, October 7, 2008, www. ombwatch. org. My comments are interspersed with the report from OMBwatch; "IG Reform Sent to the White House," *IEC Journal*, October 1, 2008, www. iecjournal. org/iec/inspectors_ general/; Beverley Lumpkin, "At Long Last Congress Passes IG Reform Act," Project on Government Oversight (POGO) blogpost, September 29, 2008, http: // pogoblog. typepad. com/pogo/2008/09/at – long – last – co. html.

23. Government Accountability Office, *Inspectors General: Reporting on Independence, Effectiveness, and Expertise*, September 2011, www. gao. gov/new. items/d11770. pdf.

24. Government Accountability Office report, ibid.

25. Stephen Power and Ian Talley, "Inspectors General at EPA, OPM Complain About Their Budgets," *Wall Street Journal*, February 1, 2010.

26. S. Report 114 – 136, May, 2015, Inspectors General Empowerment

Act 2015, Homeland Security and Governmental Affairs Committee.

27. "House Committee Approves Legislation to Give IGs More Power," Fierce Government, http: //www. fiercegovernment. com/story/house – committee – approves – legislation – give – igs – more – power/2014 – 09 – 18.

28. "IG Council Asks Congress to Codify Their Independence," Fierce Government, http: //www. fiercegovernment. com/story/ig – council – asks – congress – codify – their – independence/2015 – 08 – 05.

29. POGO, "Where Are All the Watchdogs?" Project on Government Oversight, vacancy monitor, http: //www. pogo. org/tools – and – data/ig – watchdogs/go – igi – 20120208 – where – are – all – the – watchdogs – inspector – general – vacancies1. html.

30. Opening Statement of Chairman Ron Johnson: "Improving the Efficiency, Effectiveness, and Independence of Inspectors General" June 3, 2015, http: // www. hsgac. senate. gov/media/majority – media/opening – statement – of – chair man – ron – johnson – improving – the – efficiency – effectiveness – and – independence – of – inspectors – general.

31. Thomas Novotny, "The IGs—A Random Walk," *The Bureaucrat* 12, no. 3, (Fall 1983) p. , 39.

32. Ibid.

33. Texas Medicaid Fraud Control Unit, https: //www. texasattorneygeneral. gov/ files/cj/mfcu_pf. pdf.

34. Ryan Hutchins, "N. J. Comptroller Matthew Boxer Not Afraid to Take on the State's Power Brokers," NJ. com, July 28, 2003, http: //blog. nj. com/perspective/2013/07/nj_comptroller_matthew_boxer_n. html.

35. Patrick McCraney, "Mission Unaccomplished," *Chicago Tribune*, June 26, 2013, http: //articles. chicagotribune. com/2013 – 06 – 26/opinion/ct – perspec – 0626 – inspector – 20130626_1_inspector – general – ethics – commission – ethics – act.

36. Joseph M. Ferguson, Inspector General of the City of Chicago v. Stephen R. Patton in the Supreme Court of the State of Illinois, March 21, 2013.

37. Article XIII. Office of Inspector General （OIG）, New Orleans City Code.

38. Sec. 2 – 1120. Office of Inspector General, New Orleans City Code.

39. Quoted in Brian Thevenot, "New Orleans Inspector General Robert Cerasoli Quits Post, Citing Health Issues," nola. com, January 29, 2009, www. nola. com/news/index. ssf/2009/01/new_orleans_inspector_general_1. html.

40. Steven Miller, "New City of Houston Inspector General Says There's 'a Place to Come' with Allegations of Wrongdoing," *Texas Watchdog*, December 17, 2010, www. texaswatchdog. org/2010/12/new – city – of – houston – inspector – general – Robert – Hoguim – says – theres – a – place/1292599872. column.

41. Chris Moran, "Houston's Inspector General Resigns," *Houston Chronicle*, January 16, 2012.

42. Steve Miller, "Houston's Inspector General Quits, Says Authority 'Not There,'" *Your Houston News*, February 8, 2012, www. yourhoustonnews. com/news/ houston – s – inspector – general – quits – says – authority – not – there/article_ e94e4d1e – e42d – 5b8e – 84c9 – a8582f9d7467. html.

43. Status report of the grand jury regarding Palm Beach County governance and public corruption issues, September, 2011.

44. Eliot Kleinberg, Palm Beach County Cities Want Rehearing in Inspector General Suit, *Palm Beach Post*, March 27, 2015, http：//www. palmbeach post. com/news/news/local – govt – politics/palm – beach – county – cities – want – rehearing – in – inspect/nkgn6/.

45. The complexity of federal programs and the inevitability of some waste, fraud, and abuse are the central points made by John Young, "Reflections on the Root Causes of Fraud, Abuse, and Waste in Federal Social Programs," *Public Administration Review* 43, no. 4 （July/August 1983）: 362 – 369.

46. Thomas W. Novotny, "The IGs—A Random Walk," *Bureaucrat* 12, no. 3 （Fall 1983）: 37.

Chapter 9

1. Letter, from Stephen Street, President of the Association of Inspectors General, to Honorable Chuck Grassley et al. , November 19, 2015, http: //inspectorsgeneral. org/files/2015/11/Letter – from – AIG – to – Chairmen – and – Ranking – Members – on – IG – Records – Access – 11 – 19 – 20151. pdf.

2. Arizona posts its "strike everything" amendments on the legislative website, see for example, http: //www. azleg. gov/StrikeEverything. asp. Nevertheless, budget legislation may be considered very quickly, without time for citizens or interest groups to follow or comment.

3. Steve Mistler, "Maine Watchdog Agency to Investigate LePage's Funding Threat in Mark Eves Hiring," *Portland Herald Press*, July 2, 2015, http: // www. pressherald. com/2015/07/01/lepage – attorney – to – watchdog – agency – you – don't – have – power – to – investigate – governor/.

人名索引[1]

术语索引①

---

① 索引中的数码为原著所在页码，在本书正文中标为旁码，仅供读者参考。——编者注

Vietnam War, 110 – 111

Virginia, 144 – 145, 147

　　inspectors general, 282 (table)

　　zombie program in, 150

Wage (s)

　　living, 59

　　taxes, 46

Walker, Scott, 188

Walled programs, 167 – 174

Walpin, Gerald, 264 – 266

Washington (state), 15

　　budget balance, 190 – 191

　　court mandated expenditures, 166

　　film subsidies, 61

　　unfunded mandates, 210

Washington, D. C. *See* District of

　　Columbia

Washington Post, 161, 221

Waste, fraud, and abuse, 254 – 256,

　　295 – 296

　　campaigns to reduce, 294 – 295

　　See also Inspectors general

(IGs), city and county;

　　Inspectors general (IGs),

　　federal; Inspectors

　　general (IGs), state

West Virginia, inspectors general of,

　　283 (table)

Wilder, Douglas, 144 – 145

Wisconsin, 39

　　aid to local governments, 212

　　budget balance, 188

　　increased polarization in, 308

　　inspectors general, 283 (table)

　　Kohl's Stores in, 50 – 51

　　state aid cuts, 212

Wolf, Frank, 38, 247

Workforce Restructuring Act, 25

World War I, 110

World War II, 110

Zero-based budgets,

　　80, 81 – 82

Zinser, Todd, 268

Zombie programs, 150